L'ALCOOLISME ADOLESCENT

EN FINIR AVEC LE DÉNI

Frédérique GARDIEN

L'ALCOOLISME ADOLESCENT

EN FINIR AVEC LE DÉNI

L'Harmattan

5-7, rue de l'École-Polytechnique ; 75005 Paris

http://www.librairieharmattan.com
diffusion.harmattan@wanadoo.fr
harmattan1@wanadoo.fr

ISBN : 978-2-296-03949-0
EAN : 9782296039490

INTRODUCTION

La rédaction d'un travail de thèse à 35 ans me laisse à penser qu'il y a eu une urgence certaine à questionner à cet âge de petite maturité un sens plus profond des valeurs qui gouvernaient jusque-là ma vie d'adulte. Et pour reprendre à mon compte le propos de J.B. Pontalis dans l'introduction qu'il fait de l'œuvre de D.W. Winnicott, depuis très longtemps, pour ne pas dire depuis toujours, je cherchais la réponse à cette simple question : « … *qu'est-ce qui nous fait nous sentir "vivants" au-delà de l'adaptation, toujours marquée de soumission à notre environnement* » [1] ? Il m'est apparu une évidence, c'est que c'est la somme de tout ce qui fait notre identité, notre personnalité et notre histoire, qui nous permet de nous exprimer sur un sujet, et de questionner un objet de recherche. C'est une somme de petits « moi » qui vont se transformer en un « je » à la rédaction finale du travail de recherche, travail qui ne sera en fait que le reflet d'un instant *t* de ce qui me définit, moi, observateur/chercheur, et réduit de fait à une infime partie de son expression ce qui peut définir un objet.
Un travail de recherche ne trouve intérêt à mes yeux que lorsqu'il est possible de faire le lien entre l'objet étudié et son auteur. Plus généralement, je dirais que la recherche renseigne, éclaire d'abord celui qui des années durant va chercher dans l'infinie connaissance et l'infinie expérience une réponse qui ne manque qu'à lui seul, comme s'il lui était nécessaire de théoriser, d'être sur le terrain, à la bibliothèque, et se donner ainsi l'illusion, par la scientificité (relative) du propos, qu'il a, lui, vraiment approfondi le sujet.
Je ne sais pas si les chercheurs se reconnaîtront dans cette relation qui selon moi lie intimement l'objet de recherche à son auteur, mais c'est en tout cas bien ainsi que je l'ai vécu, et de nombreuses illustrations me viennent à l'esprit pour en souligner la spécificité. Prenons l'exemple de Melanie Klein, dont personne ne peut réfuter la contribution à l'avancement de la psychanalyse avec l'introduction de la cure analytique de l'enfant. Pourtant, pas plus qu'elle ne parvint à se défaire de l'idéalisation qu'elle avait de sa mère et de leur relation pourtant très destructrice[2], elle ne sut pleinement faire bénéficier ses enfants de son génie. La question n'est pas de connaître véritablement ce qu'elle fut en tant qu'individu, dans sa vie privée, mais de constater qu'elle n'aura peut-être pas su appliquer en tant que mère ce qu'elle savait par intuition et qui lui manquait dans l'intime,

« *à travers ces schémas rigides que l'analyste-mère semble plaquer sur ces enfants et qui traduisent ses propres défenses contre sa culpabilité, sinon sa haine de mère envers sa progéniture...* » [3].

S'il me faut trouver un point de départ, un événement déclencheur à ce travail de recherche qui débuta en 2002, je dois remonter en 1994, période qui amorçait de profonds bouleversements personnels. Ebranlée par certaines épreuves heureuses et malheureuses, la question du SENS s'est brutalement posée, alors même que la raison ne pouvait plus m'être d'aucun secours. Le sens des épreuves, des souffrances inexpliquées, le sens du monde dans sa diversité la plus absolue, le sens de sa violence si brutale. Pour répondre à ces questions, et surmonter l'épreuve, il m'est venu à l'esprit (je ne peux pas écrire « j'ai pensé ») qu'il devait nécessairement y avoir un sens à tout cela, et que sa découverte, ou plus modestement, une amorce de compréhension me conduirait à un certain soulagement.

Si la foi m'a apporté quelques réponses, en m'offrant un sens global, collectif, pour l'humanité, la découverte de la psychanalyse m'a permis d'accéder véritablement à une autre réponse, plus individuelle et plus subjective. J'ai alors pris pleinement conscience de la puissance de l'inconscient. Soudainement, ce n'était plus mental !

C'est à cette même période que je suis devenue tabagique : à 24 ans, je fumais ma première cigarette ! Une semaine plus tard et c'était un paquet quotidien, en commençant dès 7:00 le matin. Et bien qu'il me soit fort peu plaisant de l'affirmer, cette tabagie tardive coïncida jour pour jour avec la rencontre de l'homme qui allait devenir mon premier mari, me poussant (très tardivement) hors du domicile maternel !

Ce ne fut qu'en 1999, alors que j'avais 30 ans, que j'eus l'énergie nécessaire d'aller affronter cette question, en m'inscrivant à une formation privée sur les dépendances. La formation exigeait pour chaque étudiant la participation à des groupes de parole d'anciens buveurs, puisque, je le découvris très vite, le président de l'université, le docteur Irampour, président du syndicat national des alcoologues, orientait sa formation beaucoup plus vers la dépendance à l'alcool que vers toute autre.

La première réunion à laquelle j'ai assisté était une réunion des Alcooliques Anonymes (AA), qui se déroulait dans une cave parisienne, rue des Bernardins. J'ai eu la sensation de pénétrer dans un monde parallèle, une ville dans la ville. Douze ou treize personnes étaient présentes, beaucoup d'hommes dont un jeune de 25 ans, ainsi qu'une jeune femme de 32 ans, et qui me firent l'effet d'être des éducateurs, en dépit de ce que je *savais* déjà de l'alcoolisme. Malgré l'acquisition récente de toutes ces connaissances, dans ma propre représentation de l'alcoolisme, il m'était impensable d'envisager que de si jeunes personnes *puissent* être alcooliques.

Chaque témoignage, chaque partage de ce premier soir provoqua chez moi une très vive émotion, et sur le moment, j'ai pensé en mon for intérieur qu' « *il m'avait fallu descendre dans une cave d'alcooliques abstinents pour découvrir une famille psychique !* », car tout ce qu'ils exprimaient sur leurs difficultés à vivre au quotidien, auxquelles se surajoutait l'absence d'alcool, je les avais éprouvées, sans alcool. Lorsque vint mon tour de m'exprimer, pour me présenter et expliquer ma présence, j'ai éclaté en sanglots.

Je suis retournée tous les mardi soir à cette même réunion durant un an, écoutant au travers de chaque partage, la souffrance indicible de l'enfant intérieur présent dans chaque parole prononcée par ces adultes qui exprimaient un combat avec un produit, alors que ce produit n'avait été qu'un révélateur d'une souffrance beaucoup plus ancienne. C'est en tout cas ainsi que je le ressentais. Mais d'aucun ne souhaitait vraiment s'aventurer sur ce chemin douloureux de l'introspection. C'est alors qu'a émergé en moi l'idée de pouvoir « utiliser » cette part si impalpable de la psyché humaine lors d'interventions de prévention de l'alcoolisme auprès d'adolescents, non pas en les mettant en garde contre les excès d'alcool et leurs conséquences, l'expérience existait déjà et ne semblait pas concluante, mais, à l'aide de démonstrations simples, en tentant de leur faire effleurer du doigt l'importance pour leur avenir des actions, croyances et expériences qui leur échappaient en temps réel. J'eus l'intuition que l'information qui pouvait manquer aux adolescents ne concernait pas tant le produit, mais bien le processus particulièrement captieux qu'était l'alcoolisme, et ce à une période de transformations physiques et psychiques où ils se montraient particulièrement vulnérables, inconscients qu'ils étaient de leur fonctionnement propre, et des modes défensifs[4] qu'ils pouvaient utiliser pour se protéger de la dureté de certaines épreuves.

Même si je pense aujourd'hui que les interventions de prévention n'ont pour fonction que de semer des graines qui pourront, pour quelques uns seulement, devenir des signaux d'alerte pour des temps futurs, est-ce pour autant qu'il ne faut pas agir ? Ce type d'interventions nécessiterait pour obtenir des résultats (visibles, mesurables) une possibilité de suivi sur le long terme qu'il ne m'a pas été possible de mettre en place dans le cadre scolaire. Il convient donc, momentanément, d'optimiser toutes les formes d'actions visant à réduire le caractère pathogène de certaines pratiques d'alcoolisation de l'adolescence.

Problématique

A questionner la permanence de l'alcoolisme dans de nombreuses sociétés modernes (industrialisées) en dépit des efforts constants de compréhension du phénomène - naissance de l'alcoologie - qui vient s'appuyer sur de plus anciennes disciplines, l'intuition m'est venue que la dépendance alcoolique n'était peut-être pas seulement ce que l'on avait écrit d'elle. S'il est admis aujourd'hui que cette pathologie doit sa complexité à de nombreux ancrages, psychologique, familial, culturel, social, politique et économique, que pouvais-je rajouter qui n'ait été déjà écrit ou pensé ?

Premières rencontres et pré-requis implicites

Comme je le mentionnais en préalable, un premier contact avec « le monde alcoolique » durant une année de formation en 2000[5], alors que je ne connaissais pour ainsi dire rien sur le sujet, me fit mesurer à quel point, lors de partages en réunions d'anciens buveurs – les Alcooliques Anonymes (AA) – ou au cours d'entretiens informels[6], les sujets alcooliques (abstinents) étaient incapables de s'exprimer sur leurs souffrances d'enfant. Ayant depuis un certain nombre d'années découvert la psychologie, et surtout la psychanalyse, cette attitude, mais je peux déjà écrire cette « réaction », m'interpella quelque peu. Pour certaines des personnes que j'avais interrogées, ce refus pouvait aller jusqu'à sa plus simple expression, soit un refus catégorique d'exprimer, ne serait-ce que deux mots, sur les relations qui les unissaient à leurs parents[7]. Au contraire, les sujets alcooliques abstinents rencontrés montraient un certain plaisir, ou du moins une absence de réticence manifeste à parler *sur* leur alcoolisme et sur ce qu'ils estimaient en être la cause, la source de cette dérive vers la « maladie ». Il me faut m'arrêter sur ce concept de « maladie alcoolique », parce qu'il a également orienté certains des pré-requis implicites de ce travail : lors de ces réunions ouvertes d'AA, j'ai rencontré des individus abstinents qui ne se maintenaient dans cette abstinence qu'en observant le programme, lequel s'appuie notamment sur le concept de maladie (extériorité/absence de responsabilité). Aussi est-ce la raison pour laquelle je souligne plus haut l'emploi à dessein du terme de « réaction » parce qu'il m'a paru, au terme de cette année de rencontres, que cette attitude - le silence sur l'enfance et les relations avec leurs parents - relevait plus d'une protection, d'une volonté d'éloigner le souvenir de la mémoire que d'une quelconque défiance à mon égard. Mais cet emploi signifie également l'extrême importance que revêt à mes yeux cette discipline qu'est la psychanalyse comme pratique efficace de soulagement de nos souffrances sans cesse réactivées par les épreuves que nous traversons adultes. Acceptant l'idée que toutes nos blessures et souffrances actuelles, qui se traduisent dans le choix d'un comportement ou dans l'adhésion à un corpus idéologique plutôt qu'à un autre, nous renvoient en fait, nécessairement, à la façon dont nous avons vécu nos premières relations, nos premières émotions, angoisses et frustrations, donc à notre relation à la mère dans un premier temps, au père dans un second temps, il me paraissait improbable qu'un fonctionnement aussi pathologique que l'alcoolisme puisse échapper à cette causalité. Je ne pouvais dès lors accepter le concept de « maladie alcoolique », qui laisse croire au sujet concerné, et à tout un chacun, que l'alcoolisme s'attrape comme un rhume. Je lui préfère le concept de pathologie, qui fait entrevoir « l'héritage » d'un dysfonctionnement relationnel autant que la responsabilité individuelle du choix de s'être engouffré dans une solution qui, en temps réel, apparaissait comme la moins douloureuse au sujet, ce qu'elle était en effet.

En 1996-97, j'avais également travaillé, dans le cadre d'une recherche commandée par le CREFOI[8] sur la prise en charge de la maltraitance intrafamiliale, sur les conditions affectives et éducatives « idéales » au bon développement psychique et physique de l'enfant. J'avais donc eu l'opportunité d'un premier contact avec l'alcoolisme (ou conduites, agissements sous emprise d'alcool) comme facteur de passage à l'acte dans les maltraitances à enfant.
En croisant ces deux données : 1) le silence des sujets alcooliques sur leur enfance (incapacité de verbalisation) et 2) l'incidence de l'éducation et de la qualité des premières relations sur les caractères et comportements des enfants, j'ai inévitablement été amenée à m'interroger sur l'ancrage de l'alcoolisme, et l'exigence indispensable d'un certain nombre de facteurs de vulnérabilité chez l'individu pour qu'il puisse *devenir* alcoolique. J'entends par facteurs de vulnérabilité la somme de conditions psychiques, familiales, culturelles et sociales, dans l'histoire du sujet, qui permettent à l'alcoolisme de s'installer. Mais ce qui s'est peu à peu imposé, comme une véritable intuition, puisqu'à cette période je ne détenais encore que peu de connaissances sur le sujet, c'est que l'alcoolisme ne pouvait toucher, s'ancrer que sur certains profils psychiques, sur certaines *personnalités*[9].
Ma première hypothèse[10], en relation avec ma problématique de recherche (la prévention de l'alcoolisme) partait donc de l'idée qu'il fallait redonner au processus de l'alcoolisme toute la portée de cette notion de temps d'installation, sachant que le diagnostic de cette pathologie ne s'établit, dans la plupart des cas, qu'une fois la dépendance physique pleinement installée. Partant de ce constat, il était évident que la dérive d'une consommation « normale » vers une consommation pathologique s'étalait sur un laps de temps indéterminé, parfois dissocié, lequel n'était absolument pas pris en compte dans les différentes définitions communément admises de l'alcoolisme[11].
Les premières expériences d'alcool ayant lieu soit en famille, soit entre amis, autour de la période adolescente[12], une deuxième hypothèse se fit jour : se pouvait-il que l'alcoolisme s'installe dès les premières consommations d'alcool chez certains adolescents, *déjà* plus fragiles sur le plan psychique, et qu'il soit possible de repérer une véritable mise en danger avec ce produit, alors même que la pratique individuelle d'alcoolisation observée ne rentrait dans aucun critère retenu pour affirmer un diagnostic d'alcoolisme (régularité, quantité, augmentation des doses, syndrome de sevrage, etc.) ?
Enfin, dernière hypothèse, en admettant que l'alcoolisme soit affaire de personnalité et de contexte, se pouvait-il, dans le cadre de mes interventions, qu'en diffusant auprès des adolescents qui y assistaient, une somme d'informations en accord avec ce qui précède, je puisse parvenir à modifier à court, moyen et/ou long terme certaines pratiques d'alcoolisation perçues comme potentiellement dangereuses pour l'équilibre psychique ?
Le propos de G. Mendel, qui dans l'un de ses ouvrages sur l'autorité, décrit la compréhension de son objet de recherche comme un pari de l'impossible[13], illustre bien le cheminement de ma pensée tout au long de ce travail de thèse pour

parvenir à cette compréhension de l'alcoolisme, compréhension qui me semble déterminante de l'orientation pédagogique des interventions effectuées dans ce domaine : j'ai donc à mon tour entrepris d'effectuer ce « saut dans le vide », au même titre que celui qui se retrouve sur le divan en cure analytique se doit de dire « tout ce qui lui vient à l'esprit » pour ensuite comprendre, seul, le lien qui unit ses propos et fait enfin sens pour lui : partant de l'idée que la prévention de l'alcoolisme auprès d'un public adolescent ne pouvait être efficace si ce processus ne lui renvoyait que la seule représentation d'un ivrogne déchu, il m'est apparu nécessaire d'offrir, dans le cadre d'interventions en milieu scolaire, des informations *sur l'installation* particulièrement captieuse de l'alcoolisme.
En établissant un lien entre l'incapacité de toute anticipation sur l'ancrage dans le processus de l'alcoolisme d'une part, et la fragilité de la situation d'abstinence d'alcool dans notre société (pour les mêmes raisons) d'autre part, j'ai émis l'hypothèse d'une autre compréhension possible de l'alcoolisme en partant de l'idée tellement simple, mais lourde de conséquences si l'on n'en mesure pas l'impact sur le développement de cette pathologie, que celle-ci était d'abord un *processus*, et que pour cette raison, il serait préjudiciable pour son appréhension, de confondre ce qui est de l'ordre de son commencement avec ce qui est caractéristique de son installation. Car comme toute pathologie, l'alcoolisme ne se découvre qu'avec l'apparition des premiers symptômes. D'où la nécessité d'agir, d'anticiper au moment de son (éventuelle) installation. Pour qu'une telle prévention puisse agir, il me fallait me placer non seulement avant les premiers verres, mais au-delà même de l'expérience des premiers verres. Par prévention, mais j'y reviendrai tout au long de la troisième partie, j'entends prévention secondaire, ce qui ne remet pour autant pas en cause la nécessité de questionner l'alcoolisme au regard du temps qui précède les premières expériences d'alcool, puisqu'il est déterminant d'un certain rapport au produit, d'une « prédisposition » à l'alcoolisme pourrais-je même dire. Cette « prédisposition » n'en demeure pas moins, heureusement, compensée par l'histoire de chacun, les aléas de la vie, les heureux hasards, et ne signe à mon sens aucun déterminisme.
Il existe trois niveaux de prévention qui ont été codifiés par l'Organisation Mondiale de la Santé, la prévention primaire, la prévention secondaire et la prévention tertiaire. La première vise à anticiper l'apparition de la pathologie, et pour ce qui nous intéresse ici, elle est destinée à un public adolescent qui n'a pas encore fait l'expérience de l'alcool. L'objectif est donc de mettre en garde contre les risques sanitaires et sociaux de ces types de consommation. Le *Plan gouvernemental de lutte contre les Drogues illicites, le tabac et l'alcool de 2004-2008* mène en ce sens une réflexion autour de la nécessité de retarder, mais aussi de dissuader les premières expériences initiatiques. Dans le cadre de mes interventions, il a pu m'arriver de me situer dans ce registre lorsque je me trouvais en face de certains adolescents consommateurs occasionnels. Le discours de prévention qui doit leur être adressé est très différent des stratégies à développer dans le cadre de la prévention secondaire, et il me semble nécessaire d'en faire d'ores et déjà la distinction, car les stratégies d'approche que je décrirai dans la troisième partie

s'adressent beaucoup plus à des adolescents qui s'inscrivent déjà dans des modes de consommation que je qualifie de potentiellement pathogènes.
La prévention tertiaire se situe à l'inverse de cette stratégie, puisqu'il s'agit alors d'accompagner un public qui a inscrit sa consommation dans le registre pathologique, et est parvenu à cesser définitivement toute consommation (abstinence nécessaire et définitive). L'objectif de la prévention tertiaire vise donc à maintenir le public concerné dans la voie du rétablissement à l'aide de différentes mesures qui vont essentiellement permettre d'éviter la rechute, et s'inscrit dans de nombreux champs d'action, sur un plan médicamenteux, psychologique, social, etc.
La prévention secondaire est de loin le champ d'action le plus complexe, car elle va concerner un public qui s'étale sur une échelle d'âge importante, avec des modalités de consommation nécessairement très diverses mais qui ont toutes pour caractéristique commune d'être des consommations à risque. La prévention secondaire s'adresse donc à un public concerné par des pratiques d'alcoolisation qui pourront s'inscrire dans le processus d'installation de l'alcoolisme. S'agissant plus spécifiquement du public adolescent, les stratégies qui seront développées dans ce cadre ne consistent pas à prôner l'abstinence d'alcool, mais ont pour objectif d'essayer de réintroduire un mode consommation sain (s'il en est), en tout cas conscient. Il pourra s'agir d'interventions comme celles que j'ai pu effectuer, mais également, déjà, d'accompagnements à visée thérapeutique, puisque dans les modes de consommation que j'ai identifiés, deux pratiques sont questionnées : les adolescents qui consomment trop d'alcool (aspect social et culturel) et ceux qui consomment mal l'alcool (relation toxicomaniaque au produit). Nous verrons que les actions menées dans le cadre scolaire répondent difficilement à la deuxième exigence de l'accompagnement thérapeutique.
J'avais à l'origine de ce travail « pensé » me situer dans le domaine de la prévention primaire, mais deux raisons ont justifié la nécessité de m'inscrire dans le champ de la prévention secondaire : tout d'abord, en intervenant auprès d'adolescents qui avaient pour la plupart déjà fait l'expérience de l'alcool, je me retrouvais en contradiction puisque je ne me situais que très rarement en amont des expériences initiatiques. Surtout, il m'est apparu, à la suite d'intervenions auprès de classes de cinquième sur Angers (en prévention primaire ici) que la question de la prévention n'y avait pas sa place. L'infirmière scolaire m'avait fait remarqué le changement de discours des élèves qui bénéficiaient d'interventions en classe de cinquième puis en troisième. A 12, 13 ans, ils étaient de fervents détracteurs des consommations de substances psychoactives. Deux ans plus tard, et leur discours s'était complètement modifié. Je ne mesurais cette réflexion qu'un an plus tard. Certes, en cinquième, la plupart des élèves n'a jamais expérimenté l'alcool, ou très épisodiquement, à l'occasion d'un anniversaire ou des fêtes de fin d'année. Mais cela ne constitue pas un argument suffisant. Car je le développe tout au long de ce travail, ce qui représente pour moi un critère de vulnérabilité au produit dans le fonctionnement de l'adolescent, c'est la *fonction* qu'occupe l'alcool. En classe de troisième va se poser la question de la sexualité, en termes d'expérience ou de

désir d'expérience. Je pense qu'il est nécessaire de faire un lien entre ces deux types d'expériences initiatiques, et la fonction substitutive que peuvent occuper les alcoolisations pathogènes au lieu et place de cette prise de risque que représente l'expérience sexuelle. Aussi non seulement il ne me paraît pas souhaitable, car inutile, de faire de la prévention auprès d'un si jeune public, mais je pense également qu'il n'est pas possible à cet âge d'évaluer, pour les raisons qui viennent d'être énoncées, une quelconque relation pathogène au produit. A mon sens, des expériences précoces d'alcoolisation relèvent d'autres problématiques et donc d'un discours de prévention plus adapté que celui que je revendique ici. C'est donc également une des raisons qui a nécessité la modification du titre de ma thèse[14].

La prévention de l'alcoolisme a son intérêt auprès des adolescents, et non des jeunes, catégorie beaucoup plus large et extensible. La définition de l'adolescence pose tout autant problème, sans cesse remaniée, questionnée. Il m'a paru important de n'en retenir que les aspects qui la définissent en temps que période de transformations physiques (la puberté) et psychiques. Il n'est évidemment pas question de faire abstraction de la lecture sociale et culturelle de l'adolescence, et je les envisagerai l'une et l'autre tout au long de ce travail, mais plutôt de privilégier les changements physiologiques et plus encore les remaniements psychiques qu'ils vont entraîner. Il m'a en effet semblé intéressant de faire le lien entre les alcoolisations adolescentes et la question de la sexualité. Au-delà des différents critères de vulnérabilité qui peuvent expliquer l'alcoolisme, il m'a paru nécessaire de questionner la fonction substitutive des alcoolisations « utilisées » pour éviter, retarder voire détourner l'enjeu de l'expérience sexuelle.

L'alcoolisme questionne de nombreuses disciplines, certains la qualifient ainsi de « maladie bio-psycho-sociale »[15]. Il me semble que ce n'est pas suffisant, car c'est une pathologie qui ne peut s'entendre, à un instant *t*, qu'en fonction des représentations que tout un chacun s'en fait. D'où l'urgence d'en questionner non seulement les représentations sociales, lesquelles ne seraient être totalement appréhendées sans un regard historique, culturel et anthropologique. C'est en adoptant un tel point de vue que j'ai constaté des similitudes psychologiques et socioculturelles entre des pratiques d'alcoolisation chez des individus qu'a priori rien ne semblait rapprocher (en prenant l'exemple des Bretons et des Créoles de l'Ile de La Réunion). C'est enfin et surtout en remontant dans l'histoire individuelle de sujets alcooliques que je suis parvenue à dégager certaines récurrences propres à l'installation de l'alcoolisme. Car si d'aucuns ne souhaitent définir le sujet alcoolique comme présentant un type de personnalité spécifique, force est de constater que ce dernier n'en présente pas moins certains traits, et la similitude d'un chemin de vie, tel un train qui n'aurait jamais la même locomotive mais s'arrêterait toujours aux mêmes gares.

En questionnant les nombreux ouvrages sur l'alcoolisme, je me suis aperçue que très peu d'alcoologues reconnaissaient l'existence d'un alcoolisme prenant son ancrage dans l'adolescence. La définition de l'alcoolisme s'appuyant d'abord sur une idée de quantité et de régularité plutôt que sur l'investissement affectif,

libidinal[16] de l'individu qui consomme, il faut toujours attendre les conséquences de cette pathologie pour la constater de manière rétroactive.
A la différence de certains auteurs, je pense qu'il n'y a pas lieu de distinguer entre alcoolisme primaire et alcoolisme secondaire, dans la mesure où il m'apparaît que l'alcoolisme primaire n'existe pas en tant que tel, puisqu'il ne s'inscrit dans le fonctionnement de l'individu que comme un mode de réponse à une impasse psychique. Le sujet qui va s'installer dans la dépendance alcoolique présente, et ce bien avant son ancrage dans le processus alcoolique, *déjà*, des symptômes de mal-être profond, une « économie addictive »[17], et comme dans la situation de ceux qui présentent un alcoolisme secondaire, l'alcoolisme que l'on dit primaire ne se développera comme processus pathologique que parce qu'il est consécutif à un mal de vivre préexistant, tout comme en est victime le sujet schizophrène pour ne citer que cet exemple (de situation d'alcoolisme secondaire). Et bien qu'il ne soit pas considéré dans ce dernier exemple comme un mode de défense, l'alcoolisme n'en présente pas moins, à mon sens, la même fonction.
La question qui se pose est donc de savoir si en tenant compte de ces différents éléments (modifier, développer la définition de l'alcoolisme en insistant sur l'idée d'un processus qui ne peut s'accomplir que s'il est renforcé par un certain nombre de facteurs de vulnérabilité), il m'était possible d'agir sur le terrain de la prévention, en travaillant principalement sur les représentations sociales que l'adolescent peut avoir de l'alcoolodépendance ?
En 1961, S. Moscovici[18] remet « au goût du jour » la notion sociologique de « représentations collectives » de E. Durkheim[19], en questionnant les représentations sociales de la psychanalyse à travers trois types de discours, la presse communiste, la presse religieuse et la presse à grande diffusion, non liée aux deux précédentes. De ces trois médias, il dégage trois modèles de communication : la diffusion, la propagation et la propagande, chacun s'inscrivant dans une relecture plus ou moins minutieuse du propos initial en fonction de son public et de sa lecture du monde. L'auteur fait ressortir de son analyse deux points qui m'intéressent particulièrement, soit non seulement l'interaction observable, dans l'élaboration des représentations sociales, entre le psychologique et le social à travers deux processus, l'objectivation et l'ancrage, mais également comment ce processus d'élaboration cognitive et symbolique va influencer les comportements. Afin d'éviter toute répétition, je développerai plus avant dans la troisième partie le travail de catégorisation opéré pour apprécier les représentations sociales de l'alcoolisme/de la personne alcoolique des adolescents, mais il est déjà nécessaire de mentionner ici que le discours scientifique participe malgré lui à la pérennisation des alcoolisations adolescentes en ne questionnant pas les alcoolisations en général.
En me situant à une frontière relativement éloignée de l'alcoolisme dans ce qu'il a de plus destructeur : les cirrhoses, les pancréatites, etc., ou de plus spectaculaire : les tremblements, la sudation, l'ivresse, la misère humaine, je m'attaquais, plus qu'à un problème de santé publique, à une pratique reconnue unanimement comme festive.

En intervenant auprès d'un public jeune, originaire pour certains d'une région particulièrement concernée (le Finistère est l'un des départements les plus touchés par l'alcoolisme et ses conséquences meurtrières, en France, mais également en Bretagne[20]), dans une tranche d'âge sensible, en pleine mutation identitaire (15 - 19 ans), affectivement fragilisée du fait des conditions de vie en internat[21], j'ai pu observer les conditions les plus « favorables », si ce n'est à l'installation de l'alcoolisme, ce que je tenterai de démontrer, du moins à des pratiques d'alcoolisations pathogènes.

Il me faudra répondre au moins à trois questions afin d'étayer ma démonstration :

1) les alcoolisations répétées à l'adolescence ne sont-elles que l'expression d'un phénomène transitoire, ou faut-il au contraire les considérer comme les débuts annonciateurs d'un alcoolisme précoce ?
2) Dans quelle mesure une nouvelle approche de cette pathologie peut-elle être d'une quelconque efficacité en matière de prévention ?
3) Comment, avec quels outils, la diffuser pour espérer la modification de certains comportements pathogènes ?

Méthodologie

Ce travail de recherche s'est déroulé sur plusieurs années (entre 1999 et 2005) durant lesquelles j'ai alterné, au gré des opportunités qui se présentaient, les interventions, les entretiens et l'analyse de ces données. Si ce que j'appréhendais alors comme un découpage chaotique de mon travail ne fut pas « rassurant » au moment où je l'expérimentais (incertitude des lendemains), il m'a cependant permis d'opérer un salvateur « détachement » du terrain et une relecture régulière des premières analyses couchées « à chaud » sur le papier. Parallèlement, le fait de voir coexister une nouvelle expérience d'interventions avec un travail d'écriture concernant un précédent terrain a considérablement enrichi mon analyse et ouvert de nouveaux questionnements sur la transmission du contenu pédagogique que je souhaitais livrer[22].

Ce travail de recherche s'est appuyé sur le terrain sur une série d'interventions effectuées au cours de l'année scolaire 2002-2003 dans un établissement de Quimper[23]. J'ai également réalisé des interventions auprès d'élèves de classe de cinquième (cinq classes au total) durant l'année scolaire 2004-2005 dans un établissement scolaire d'Angers, mais ai préféré m'appuyer essentiellement sur les interventions de Quimper, et ce pour deux raisons : l'âge des élèves correspondait plus à ma problématique puisqu'il s'agissait d'adolescents consommant déjà de l'alcool, ce qui permettait une analyse de leurs représentations d'après leur expérience individuelle, mais également parce que dans le cadre des interventions auprès des élèves d'Angers, je n'ai pu bénéficier de plusieurs interventions par

classe, alors que cette exigence figurait comme priorité dans le cadre de mon projet. Il n'est en effet pas possible de prétendre évaluer les représentations des élèves dans un laps de temps aussi ridicule (une heure et demi par groupe).
J'ai cependant pu intervenir sur Angers dans une relative liberté de parole, et pour cette raison, je m'appuierai également sur ces interventions, en toile de fond, notamment parce qu'elles m'ont permis d'être observateur pour les deux premières classes et que cette posture m'a donné la possibilité de vérifier certaines hypothèses que je développerai tout au long de ce travail, notamment celle de l'inefficacité relative de l'information *sur* l'alcool et les autres substances psychoactives.
J'ai également participé à plusieurs interventions ponctuelles (de type « Semaine prévention santé ») dans différents établissements scolaires d'Angers au cours de l'année 2004-2005 auprès d'élèves de seconde professionnelle (Lycée de Sainte-Marie en janvier) en tant qu'observateur, en tant qu'intervenant au Centre de Formation des Apprentis (mai). Bien que ne répondant pas non plus aux exigences d'interventions susmentionnées (plusieurs rencontres, contenu pédagogique), cette posture m'a permis de mieux observer les réactions des élèves à l'écoute de certaines informations, et de réitérer certaines critiques quant au déroulement et au contenu des informations transmises dans le cadre de ces interventions.
Je me suis aussi appuyée sur les informations recueillies auprès de personnes abstinentes pour réaliser un mémoire dans le cadre d'une formation sur les dépendances dispensée par l'Université privée de Sciences Humaines de Paris (année 1999-2000), informations obtenues lors de réunions ouvertes (formelles) de groupes d'anciens buveurs (les Alcooliques Anonymes) et de réunions (informelles) qui suivaient au café du coin.
Enfin, des entretiens avec quelques personnes alcooliques abstinentes se sont déroulés en 2005, les questionnaires ayant été réalisés à cette même période. Enrichis par mes rencontres de l'année 2000 et les trois années de recherche précédentes, ils ont été élaborés en vue d'approfondir certaines questions (la question de l'enfance et du rapport à la mère par exemple) et m'ont amenée à d'autres développements jusque-là non encore abordés : la question du rapport au travail par exemple. C'est un sujet que j'avais *déjà* négligé pour la rédaction de mon mémoire en 2000, alors même qu'il était longuement abordé par A. De Mijolla et S.A. Shentoub[24], ouvrage de référence s'il en est, et dont la lecture remontait à l'année 2000.

Approche anthropologique

Ce travail de recherche s'inscrit dans la discipline des sciences de l'éducation, et devait initialement se limiter à définir un contenu pédagogique d'interventions de prévention primaire. Progressivement s'est imposée la nécessité de scinder deux types de discours, celui qui s'inscrit dans ce premier type de prévention, et un autre qui s'articule dans le cadre de la prévention secondaire, et qui sera

essentiellement étudié dans ce travail. S'est également imposée la nécessité d'aller questionner de nombreuses autres disciplines afin de nourrir ce contenu pédagogique, faute de ne pas intégrer les spécificités et angles de lecture qui permettent de comprendre l'alcoolisme : « *pour comprendre un fait social, il faut l'appréhender* ***totalement***[25]*, c'est-à-dire du dehors comme une chose, mais comme une chose dont fait cependant partie intégrante l'appréhension subjective (consciente et inconsciente) que nous en prendrions si, inéluctablement hommes, nous vivions le fait comme indigène au lieu de l'observer comme ethnographe* »[26]. Appréhender l'alcoolisme comme les alcoolisations adolescentes devait nécessairement intégrer l'historicité de ces conduites, leur spécificité contemporaine s'il en est une, et les analyser respectivement en tant que « *phénomène social total* », c'est-à-dire d'un point de vue interdisciplinaire (psychologique, social, culturel, économique, religieux, etc.). Il me semble en effet que la difficulté à définir un contenu pédagogique de prévention réside principalement dans ce découpage scientifique du savoir, lequel reflète et renforce les découpages produits dans la réalité elle-même.
En convoquant de multiples disciplines, j'ai souhaité approcher l'alcoolisme sous un angle résolument culturel (plutôt que social), ce qui exige de comprendre les conduites d'alcoolisation, qu'elles soient ou non pathogènes ou pathologiques, comme des comportements caractéristiques d'un groupe humain ou d'une société donnée, ces comportements étant acquis par un processus d'apprentissage, et transmis à l'ensemble de ses membres[27].
Enfin, selon la tradition herméneutique, centrée sur la spécificité des sciences humaines, et la conviction que l'étude des conduites humaines présuppose une méthodologie adéquate fondée sur la compréhension des significations immanentes, mon choix s'est porté en faveur de l'observation participante afin de mieux saisir les problématiques sous-tendues par les pratiques d'alcoolisation. Le choix de cette posture aura eu pour but de mettre en évidence, derrière chaque information recueillie, chaque représentation découverte, l'ordre caché du discours, et de « *ne pas attribuer à la nature ce qui relève de la culture ; autrement dit, de ne pas considérer comme universel ce qui est relatif* » [28]. C'est dans ce sens que j'ai souhaité aborder la personne alcoolique, dans sa spécificité psychique individuelle autant que dans les quelques généralisations que l'on peut établir de son profil, sous la condition de comprendre ces dérives pathologiques comme participant d'une certaine logique culturelle autant que d'une utilité sociale. L'observation participante, loin d'entraver une possible objectivité, m'a permis d'éviter certains écueils qui consistent à distinguer les alcoolisations de l'alcoolisme comme relevant de pratiques radicalement opposées, ce qui n'est pas le cas, en ce sens qu'elles participent l'une et l'autre à un mieux-être. Le fait que certains vivent l'alcool comme une solution à leurs problèmes ne doit pas masquer cette fonction chez d'autres, même quand cette solution est savamment et intelligemment utilisée.
Le deuxième écueil est également lié à l'implication, telle qu'elle a été définie par R. Lourau. L'auteur critique notamment l'observation participante des ethnographes[29], telle qu'elle a pu être vécue et restituée. Pour autant, comme tout un chacun, il me

semble nécessaire de ne pas généraliser les erreurs des uns en estompant les succès des autres. Tout travail de recherche implique une marge d'interprétation irréductible de subjectivité qui échappe à son auteur, et la théorie de l'implication qu'il a proposée en retour doit éclairer sur les exigences d'objectivité du chercheur face à son objet d'étude, l'objectivité ne devant pas alors s'entendre comme une analyse totalement dénuée d'affect à l'égard de l'objet de recherche, mais au contraire comme la prise en compte par le chercheur de cette éventualité, ce qui loin d'atténuer la scientificité de ses propos (c'est-à-dire leur reproductibilité), l'enrichit bien au contraire. Par analogie, on pourrait comparer cette exigence de posture à celle du psychanalyste et à l'inévitable contre-transfert. Il me semble nécessaire de défendre l'observation participante en ce sens qu'elle renvoie le chercheur à la nécessité de s'inscrire à l'intérieur de son objet d'étude, en ne délimitant pas ce qui serait de la nature ou de la culture de l'autre de ce qui relèverait de la sienne. Dans cette continuité, l'implication préconisée par R. Lourau[30] participe de la même façon à cette exigence d'authenticité, qui impose au chercheur la nécessité d'intégrer dans son analyse les émotions et sentiments révélés à l'occasion de sa recherche, ce qui constitue pour lui une somme d'informations éclairantes et offre à son étude sa véritable originalité.

Approche compréhensive

Définir au plus juste la méthodologie employée lors de mes interventions me semble a priori difficile car si elle s'est appuyée sur différentes « techniques » qui seront développées dans la dernière partie, elle a également et surtout fait l'objet d'une adaptation constante aux réponses apportées aux élèves. Il ne s'agit pas ici de réponses à des questions verbalisées par les élèves, face auxquelles il ne m'était nullement difficile de garder le même contenu pédagogique, mais bien plus de découvrir, lors de chaque intervention, pour chacun des élèves, l'information, la phrase, la démonstration qui allait leur permettre de comprendre, d'intégrer, ne serait-ce qu'une infime partie du contenu du message que je souhaitais leur faire passer. Plus encore que les moyens cognitifs sur lesquels je me suis appuyée pour tenter de faire comprendre aux élèves ce que, les concernant, pouvait signifier le terme même de processus, soit un ancrage de la pathologie bien en amont des signes avant-coureurs, mon intérêt dans ce travail de recherche est allé vers cette possibilité offerte à tout intervenant qui en manifeste le désir de capter l'attention d'un élève en le réassurant dans son estime de soi. J'ai pu observer qu'il est toujours possible de transmettre un savoir dès lors qu'une relation de confiance s'est installée entre celui qui informe et celui qui reçoit, simplement parce que cette relation s'applique réciproquement pour chacun des participants : en acceptant de recevoir de l'élève, j'ai pu à mon tour lui transmettre quelque chose. Ce que j'affirme ici en préambule s'applique à mon sens à tout contenu pédagogique, qu'il s'agisse de prévention de l'alcoolisme ou de mathématiques. Parce que cette découverte a été riche d'enseignement, elle fera l'objet d'un

chapitre à part, où seront définies les différentes techniques d'approche des élèves expérimentées, façonnées « à chaud », ainsi que leur objectif.
L'intérêt d'une telle « posture » pédagogique m'a permis lors de mes interventions de prendre véritablement en considération la diversité d'un même public représentant un peu plus de 120 élèves, tous internes à l'établissement : diversité de sexe, d'âge, d'origine sociale et géographique, etc., en réajustant indéfiniment, chaque fois que cela m'était possible, le contenu du discours en fonction d'une certaine spécificité qui caractérisait chaque groupe, tant dans sa capacité à s'exprimer sur le sujet que sur sa réceptivité selon le thème abordé (représentation de la personne alcoolique, l'alcoolisation dans le cadre de l'internat, etc.). L'objectif n'était évidemment pas de manipuler les élèves pour obtenir une information, encore moins de leur faire comprendre « de force » mon propos, mais bien plutôt d'utiliser *tout* ce qui pouvait me définir, mon sexe, mon origine sociale, ma personnalité, etc. pour libérer l'échange avec eux. De ce point de vue, l'aptitude que j'ai pu développer avec ces adolescents s'appuie avant tout sur l'empathie[31] réelle que j'ai pour cette tranche d'âge, mais elle a également participé de ma sensibilité au sujet, sensibilité qui s'est aiguisée grâce aux témoignages recueillis lors des années 1999/2000 et 2005 auprès des nombreux sujets alcooliques abstinents[32].

Analyse qualitative

Si l'analyse qualitative est une production de sens, et ce travail de recherche tentera ici de répondre à la question de l'efficacité d'une prévention via une certaine compréhension des pratiques d'alcoolisations adolescentes, la question de la contextualisation comme fondement de l'approche compréhensive de W. Dithley a suscité chez moi quelques interrogations. Pour cet auteur, « *ce qui caractérise les sciences humaines, c'est la recherche des significations. Pour atteindre le sens, il faut s'efforcer de comprendre le contexte présent, car seul le contexte peut faire apparaître la signification* [et jusque-là, je partage cette position], *laquelle n'est pas dans la connaissance des causes mais dans la connaissance de tous les éléments présents reliés entre eux* » [33]. En revanche, je n'agrée pas cette dernière proposition. J'aurais pu ne pas citer cet auteur, qui écrivait voilà plus d'un siècle, sauf que cette posture continue d'être partagée par nombre de chercheurs en sciences humaines, et pour ce qui me concerne plus particulièrement, par nombre d'intervenants en matière de prévention de l'alcoolisme[34].
A mon sens, questionner un phénomène pour en appréhender le sens revient bien à le contextualiser, mais avoir l'illusion que « *la connaissance de tous les éléments reliés entre eux* » exclut la connaissance des causes me paraît une affirmation totalement erronée, simplement parce que chaque « élément » à lui seul contient sa propre causalité, en tout cas sur un sujet comme l'alcoolisme.
Pour comprendre les pratiques d'alcoolisations des adolescents, il faut d'abord en appréhender la spécificité, c'est-à-dire non seulement le sens qu'ils leur prêtent, mais également les systèmes dans lesquels elles s'inscrivent. Il convient également

de les apprécier d'un point de vue culturel, car il n'est pas possible de comprendre la fonction de l'alcool pour l'adolescent en faisant abstraction de ce contexte français très particulier. Contextualiser, cela a pour moi signifié également la nécessité d'une compréhension anthropologique préalable de l'alcoolisme, en appréhendant le sujet alcoolique dans toutes ses dimensions, biologique, psychologique, sociale et culturelle. La question du politique n'est pas absente non plus, loin s'en faut, de la problématique alcoolique. La prévention à destination des adolescents se résume aujourd'hui bien souvent sur le terrain à une politique de réduction des risques, qui fait l'hypothèse que la seule information sur les risques de consommation excessive peut suffire à mettre en garde les adolescents, affichant alors un total mépris pour celles et ceux, plus vulnérables, et dès lors inégaux devant l'alcool.

J'ai souhaité rapporter ici quelques remarques qui m'ont été faites par la MILDT, à l'occasion d'un refus motivé faisant suite à une réponse à un appel d'offre auquel j'avais répondu, et dont la thématique n'était que le prolongement de ma problématique[35]. L'objectif n'est pas de régler mes comptes avec cet organisme, mais bien de souligner l'absence de questionnement analytique de la politique de réduction des risques, qui ne peut donc dès lors se prétendre politique de prévention. A toutes ces remarques, j'ai tenté de répondre dans ce travail de recherche, pointant tantôt les résistances de tout un chacun sur la question alcool, tantôt le refoulement de l'adulte quant à la période adolescente dont parle E. Kestemberg[36]. Je ne ferai ici que mentionner ces critiques, puisque j'y réponds tout au long de ce travail.

- « *Les procédures d'application de l'outil et les analyses qui devraient suivre… appellent deux questions : est-il légitime d'amalgamer sur la problématique considérée (identité et produits psychoactifs) adolescents et jeunes adultes ?* ***La posture de chercheur est-elle cumulable avec celle de pédagogue ?*** ».
- « *Ce projet propose de promouvoir la prévention des usages de drogues chez les 14-25 ans, en partant d'un lieu commun : l'information des jeunes ne suffit pas à diminuer leurs consommations. L'idée est originale : plutôt que de communiquer sur les risques encourus, il faut être à l'écoute des jeunes pour comprendre, et leur faire comprendre, les motifs de leur usage, et apporter d'autres réponses à leurs problèmes existentiels que celle que constitue le recours aux drogues. C'est là que les choses se gâtent :* ***comment être à l'écoute des jeunes et comprendre leur point de vue, si l'on se représente un adolescent comme un sous-adulte, voire un sous-homme*** *: l'adolescent ne serait pas "doté d'une capacité à agir au-delà de ses pulsions", il ne serait pas capable de s'adapter à la réalité, et souffrirait d'une "incapacité à penser et agir autrement que dans la seule immédiateté"* ».
- « *Ensuite, l'idée soutenue tout au long du projet,* ***selon laquelle il n'existe pas d'usage festif****, toute consommation devant au contraire être interprétée comme une stratégie d'adaptation, une "solution magique" recherchée pour fuir la réalité, dominer la peur ou atténuer la souffrance psychique face aux difficultés de la vie, est très contestable. Les auteurs se proposent d'aider les ados à résoudre leurs problèmes existentiels,* ***et font l'hypothèse qu'alors ils***

cesseront de consommer. *Je pense plutôt qu'au mieux ce projet permettra aux adolescents de continuer à consommer, mais le cœur léger et moins anxieux face à l'avenir* ».

- « *Le projet est d'ailleurs émaillé de références à l'alcoolisme.* ***Or l'alcoolisme n'est pas un problème à cet âge-là : le problème se situe plutôt au niveau des conséquences de l'usage de l'alcool en termes de comportements violents ou d'accidents de la route*** ».

- « ***La consommation exprimerait un désir de socialisation et d'intégration, mais surtout pas un rite de passage : quelle est la différence ?*** ».

Par ailleurs, bien que je ne me sois pas exclusivement appuyée sur ce mode d'interprétation, je ne partage pas plus la position de P. Caillé et A. Mucchielli sur le travail analytique qualitatif, qui le réduisent à « *une lecture limitée de la complexité du monde* » [37]. Dans le cadre de la recherche-action qui fut la mienne, j'ai souvent utilisé ce que les auteurs appellent « *l'avenue interprétative large, à l'intérieur de laquelle existe la possibilité d'interprétation d'ordre psychanalytique, mais dans une logique de facto, ou a posteriori, c'est-à-dire lorsque ce type d'interprétation « s'impose » ou apparaît instructif* »[38], et c'est essentiellement en m'appuyant sur la psychanalyse comme discipline première de compréhension, comme posture[39], indispensable selon moi, que j'ai pu appréhender non seulement l'alcoolisme dans sa complexité, mais bien plus encore les alcoolisations adolescentes. Il m'a paru une évidence, voire une nécessité d'intégrer dans le contenu de mes interventions cette lecture de l'individu dans le champ social pour tenter d'offrir une autre compréhension des pratiques d'alcoolisations aux adolescents qui s'y adonnent. En ce sens, tout ce qui va suivre, le fruit de mon travail d'observation et d'analyse, ne se veut qu'une construction de second degré, l'approche psychanalytique étant comme un allant de soi, une posture implicite. Cette posture théorique qui est la mienne ne constitue cependant qu'une toile de fond et concerne uniquement « qui je suis », car pour reprendre la distinction opérée par P. Paillé et A. Mucchielli, « *la posture concerne « qui je suis » du point de vue théorique large, au moment de l'enquête, alors que l'attitude relève du « comment » : comment je vais considérer, approcher, appréhender, traiter les données de l'enquête. Autrement dit, la posture renvoie à l'état d'une construction des repères théoriques alors que l'attitude relève du type de regard posé sur le réel ainsi que du statut accordé aux données de l'enquête* » [40]. Ainsi, lors de mes interventions et de l'analyse qui en est ressortie, il n'a plus été question de psychanalyse (je ne suis pas psychanalyste) mais de ma compréhension des données récoltées et de ce qu'il m'était possible de réaliser dans le cadre de cette recherche-action en faisant appel à cette discipline.

L'établissement Le Likès (Quimper)

Le Likès est un établissement privé, à la réputation prestigieuse. Il accueille chaque année plus de 3500 élèves et comprend des filières classiques, européennes, techniques et professionnelles. Il reçoit les élèves à partir des classes de sixième jusqu'au BTS. Il offre également la possibilité de recevoir les élèves qui le souhaitent au sein de son internat.

Mon interlocuteur sur toute l'année a été un conseiller principal d'éducation, spécialement missionné pour gérer les actions ayant trait à la santé des élèves de l'établissement. Il était à cet effet régulièrement formé sur les thèmes de l'usage de substances psychoactives, les conduites à risque, etc.

Les interventions

J'ai eu l'opportunité d'intervenir auprès d'un public très hétérogène puisque devaient assister aux interventions les élèves de quatrième, de troisième et de seconde de l'internat de l'établissement[41]. La grande diversité du public m'a permis d'explorer plus en profondeur l'exigence d'adaptation dans l'art et la manière de transmettre mes propos selon que je me trouvais face à tel élève plutôt que tel autre, la diversité se manifestant sur différents registres :

1) une tranche d'âge de 14 à 19 ans ;
2) une mixité filles - garçons ;
3) des filières classiques (littéraires, scientifiques, etc.), professionnelles (BEP) et techniques (commerce - vente, comptabilité, etc.) ;
4) des origines sociales et géographiques très diverses du fait de l'internat, qui accueille des élèves dont le domicile est trop éloigné de l'établissement, et/ou issus d'une région rurale, ou dont les parents exercent des professions obligeant le recours à ce type de structure, voire pour des raisons disciplinaires, etc.

La question de l'obligation pour les élèves d'assister aux interventions ne m'a pas posé de difficultés, dans le sens où j'ai, dès le début, tenté de clarifier cet état de fait avec les élèves. Dans la mesure où ils étaient contraints (trois fois de suite !) d'être présents, je leur ai fait remarquer que le temps leur serait sans doute plus agréable s'ils l'exploitaient au mieux. Puisque nous étions réunis pour parler d'alcool, je me tenais à leur disposition pour répondre à *toutes* leurs questions. Par ailleurs, les ayant informés dès la première minute de ma qualité de chercheur, je leur avais également précisé qu'il était important pour moi de comprendre comment ils fonctionnaient. En leur spécifiant mes attentes, ce qui signifiait également mon intérêt pour leur personne et les informations qu'ils avaient à m'apporter, il m'a semblé que cette interactivité précisée, beaucoup d'élèves se sont montrés soucieux de me renseigner, à défaut de s'intéresser (ou d'avoir envie d'échanger avec moi). Ce que je souhaite préciser ici, c'est que mon souci d'honnêteté à leur égard a été largement récompensé, mieux sans doute que si je ne m'étais présentée que comme une simple intervenante. Mes espoirs et attentes de les entendre parler, expliquer, analyser a probablement donné à leurs yeux plus de valeur à leurs propos qu'ils n'en prêtaient habituellement, au moins sur le sujet, en tout cas dans ce type de rencontres[42].

Cette précision faite, je dois également souligner la richesse de leur hétérogénéité, qui présentait l'avantage d'offrir une palette de pratiques d'alcoolisations très diverses, très enrichissantes pour mon travail de recherche ; l'inconvénient reposait pour mes interventions de trouver un fil conducteur qui puisse captiver le plus grand nombre d'élèves pour chacune d'entre elles.

Au cours de cette année scolaire 2002-2003, je suis intervenue sur la base de trois interventions par groupe de 20 à 25 élèves (il y avait six groupes), réparties sur chaque trimestre, une avant les vacances de Noël, la seconde courant janvier/février et la dernière en mars/avril.
Pour les deux premières interventions, un questionnaire a été distribué[43] afin de connaître puis d'apprécier l'évolution des représentations de chaque élève en ce qui concerne l'alcoolisme par rapport à l'intervention précédente et à la réflexion qu'elle avait pu amener. C'était en tout cas l'objectif de départ, assez illusoire, de croire qu'il me serait possible d'évaluer en un si court laps de temps une évolution (rapide) des représentations de l'alcoolisme qui entraînerait à son tour une modification (rapide également et visible) des différentes conduites d'alcoolisation perçues comme dangereuses.
Après la première intervention pour chaque groupe, j'ai rapidement réalisé que les choses ne pourraient pas fonctionner de la sorte, et apprécié mon illusion sur l'effet immédiat du contenu d'un discours. Aussi me suis-je concentrée sur la modification de certaines conduites d'alcoolisation dans le strict cadre de l'internat et posant de réels problèmes à l'administration - ivresses dès le matin, etc. -, lors des deux dernières interventions pour chaque groupe : cet objectif plus humble fut de faire comprendre aux élèves que leurs « pistes », leurs « cuites » d'internat n'avaient pas d'objectif festif du fait de plusieurs aspects de leur déroulement.
Devant certaines difficultés rencontrées lors de la première intervention, notamment l'impossibilité de noter chaque réflexion, les échanges entre élèves sans restitution pour le reste de la classe, le silence de certains, etc., j'ai également élaboré un autre questionnaire beaucoup plus complet à distribuer lors de la deuxième intervention afin de mieux identifier l'élève et ses représentations[44].
Pour préserver l'anonymat de ceux qui ne souhaitaient pas s'exprimer haut et fort, j'ai demandé que soit apposé sur chaque questionnaire un pseudonyme que chaque élève garderait pour chaque questionnaire rendu, et ce dès la première intervention.
Les entretiens, préférés aux questionnaires, en ce qu'ils représentent une source d'informations, un discours étant aussi une « parole en acte », avec ses dévoilements, ses contradictions en temps réel, etc. restent cependant insuffisants en l'état, puisque quelques rencontres ne sauraient justifier une connaissance de chaque élève, aussi me suis-je également appuyée sur plusieurs questionnaires afin d'enrichir la source d'informations déjà récoltée par les échanges oraux formels et informels lors des interventions.

Les questionnaires

La rédaction des questionnaires s'est faite en deux temps : trois questionnaires avaient initialement été rédigés en vue des interventions, mais dès la première rencontre, j'en ai mesuré les limites : trop courts, composés de 3 ou 4 questions ouvertes[45], traduisant trop de nuances dans la formulation qui échapperaient nécessairement aux élèves, dont je supposais, après l'expérience de la première intervention, qu'ils auraient très vite l'impression de répondre toujours aux mêmes questions. Enfin, compte tenu du nombre très important d'élèves par groupe, je me suis rendue compte que beaucoup d'informations m'échapperaient si je ne demandais pas aux élèves de me les mettre « sur papier ». J'ai donc élaboré un nouveau questionnaire en vue de la deuxième session d'interventions, beaucoup plus complet, avec de nombreuses questions, ouvertes et fermées, interrogeant l'adolescent sur ses représentations de l'alcoolisme et du sujet alcoolique, sur ses façons de consommer, son ressenti et ses attentes par rapport au produit, etc. mais également sur sa façon de gérer ses émotions, ses sentiments, et ses épreuves, notamment celle de la solitude dans le cadre de l'internat. L'analyse des réponses des deux premiers questionnaires a également justifié ma décision de ne pas distribuer le troisième, qui devenait de toute évidence très redondant et ne pourrait que lasser les élèves.

Organisation du travail de rédaction

Une dernière précision s'impose sur l'organisation de ce travail de rédaction. Ce qui fait l'efficacité de la prévention, on l'aura compris, c'est la capacité de l'intervenant à développer des arguments qui fassent sens pour l'adolescent. J'analyserai dans la troisième partie les différentes approches qui furent les miennes pour aller à la rencontre de ce jeune public. Pour autant, les différents courants théoriques sur lesquels je me suis appuyée pour définir un certain mode d'approche du public adolescent autant qu'une certaine compréhension de ses comportements ne leur sont pas restitués. Ainsi n'évoqué-je pas la question de leur émancipation, pas plus que n'est mentionnée la question de leur structure psychique comme facteur de vulnérabilité au produit. C'est la raison pour laquelle les deux premières parties seront entièrement consacrées à la théorie, afin de préciser quelles ont été, parmi les nombreuses références bibliographiques en la matière, celles qui m'ont influencée. Il n'est pas question ici de discuter les nombreuses théories développées en psychanalyse ou en pratique d'alcoologie, lesquelles ont toutes participé à la compréhension du sujet, mais bien de questionner le sens d'une pratique (l'alcoolisme) afin de mesurer jusqu'à quel point la compréhension d'un processus peut aider individuellement à modifier un comportement jugé nocif pour l'équilibre psychique. L'objectif de ces deux premières parties n'est donc pas d'asseoir un objet de connaissance se suffisant à lui-même, mais d'explorer son utilité dans la compréhension du phénomène de l'alcoolisme, de produire du sens autour de l'expérimentation adolescente des pratiques d'alcoolisation, et dans un sens plus global, de percevoir la place, voire la fonction de la pathologie dans une structure psychique. Ce sera l'objet de la deuxième partie, qui sera consacrée à une analyse plus personnelle de l'alcoolisme.
Une dernière remarque s'impose enfin quant à la façon dont se sont déroulées les différentes opportunités de rencontres : qu'il s'agisse des personnes abstinentes ou des élèves avec lesquels j'ai pu avoir des discussions en face à face, ils se sont avérés majoritairement de sexe masculin. Le contenu de ce travail de recherche

s'est donc construit essentiellement d'après les informations recueillies auprès d'un public masculin, et si cet état de fait ne remet pas en cause le contenu pédagogique des interventions qui sera développé, certaines réflexions pourront, durant le déroulement de mon développement, et notamment dans la première partie, concerner plus spécialement les personnes de sexe féminin ou masculin. Je ne manquerai pas de le signaler à cette occasion.

Dernières remarques : le contexte français

De tout temps, en tout lieu, l'alcool est présent et occupe une fonction particulière, que les sociétés soient traditionnelles ou modernes. Interroger l'alcoolisme à travers le prisme de la prévention, c'est nécessairement questionner la consommation d'alcool d'un point de vue historique mais également anthropologique. Car il n'est possible de comprendre toutes les limites de la politique de prévention actuelle autour de l'alcoolisme (et pas seulement celle destinée aux adolescents) qu'en intégrant la réalité sociale dans laquelle les publics concernés par cette question évoluent. Cette même réalité ne peut être appréhendée qu'après une lecture historique de la relation à l'alcool telle qu'elle a été vécue et véhiculée en France. On peut retenir deux fonctions essentielles de l'alcool, l'une sociale, l'autre sacrée. Dans la première situation, la consommation d'alcool a pour fonction première de favoriser ou de créer du liant, et renvoie à différentes symboliques, celle de la terre (la vigne), celle de l'hospitalité, celle du partage et du plaisir. Plus indirectement, les propriétés de l'alcool favorisent également la communication, car c'est un produit qui délie les langues et échauffe les esprits. La subtilité de certains alcools a d'ailleurs donné une existence à un mode de consommation « scientifique » des vins, avec la naissance de l'œnologie. L'alcool a également une fonction sacrée. Le vin, la bière ou encore le cidre seront utilisés, à différentes époques, dans des contrées plus ou moins lointaines, et sous le respect de certains rituels, pour approcher le Divin. En Egypte, sous Cléopâtre, c'est le vin, par l'ivresse et la transe qu'il peut procurer, qui permet aux gens de la Cour de se rapprocher des Dieux. Chez les Aztèques, le pulque est également considéré comme moyen de communication privilégié avec les Divinités, tant qu'il est consommé durant des fêtes rituelles et sacrées. Toute ivresse publique est au contraire condamnable car facteur de désordre social. Chez les Celtes, c'est la cervoise que l'on servira durant les cultes pour célébrer les forces de la nature[46]. Ce que l'on peut déjà retenir, c'est que plus la consommation d'alcool perdra de sa fonction sacrée, et plus la fonction sociale sera détournée de ses objectifs et sera mésestimée en termes de dangerosité.
La puissance financière que représente aujourd'hui en France le lobby vitivinicole limite encore beaucoup l'action de prévention, dans la mesure où le coût social de l'alcoolisme n'est rien au regard de ce que la taxation des différentes opérations liées à la circulation et à la consommation de l'alcool rapporte à l'Etat, et du pouvoir électoral qu'il représente[47] .

Est-il nécessaire de rappeler que la France est (avec l'Italie) l'un des deux premiers producteurs mondiaux de vin, et qu'elle occupait en 2002 la quatrième place des pays européens en litres d'alcool pur par habitant et par an ? Environ 600 000 personnes travaillent en France dans le secteur des vins, bières et spiritueux, dont 270 000 emplois directs[48]. Le secteur des boissons alcoolisées rapportant à l'Etat quelque 460 millions d'Euros d'excédents à la balance commerciale de la France, soit le quart de l'excédent des échanges commerciaux de notre pays[49], on comprend aisément l'ambiguïté des différentes politiques de prévention qui ont pu être mises en œuvre jusqu'à aujourd'hui[50]. Pourtant, l'alcoolisme représente en France un véritable problème de santé publique[51].
Aujourd'hui, on estime à 5 millions le nombre de personnes présentant un problème d'alcool[52]. Des patients de généralistes, 29,5% des hommes et 11% des femmes sont des buveurs excessifs, ce qui signifie qu'ils consomment plus de 28 verres par semaine pour les hommes, plus de 14 verres pour les femmes. On recense également environ 1000 cas par an de naissances subissant les incidences du syndrome d'alcoolisme fœtal[53].
En 2001, une étude réalisée par l'Observatoire Français des Drogues et des Toxicomanies (OFDT) à la demande de la MILDT sur la santé et la consommation de produits psychoactifs des adolescents (ESCAPAD) présente des chiffres significatifs :
- A 17 ans, 5,5% des filles contre 16% des garçons déclarent un usage répété d'alcool (avoir bu 10 fois ou plus au cours du mois). Cet usage concerne 22% des garçons à 19 ans.
- A 17 ans, 50% des filles et 64% des garçons ont déjà été ivres au cours de leur vie (75% des garçons à 19 ans).
- Les garçons sont trois fois plus nombreux à avoir connu au moins 10 ivresses au cours de leur vie (15% contre 5% des filles). Ils sont un sur quatre à 19 ans[54].
Le coût social de l'alcool est pourtant bien supérieur à celui du tabac[55], en dépit des successives campagnes d'information très médiatisées engagées par le gouvernement Raffarin contre le tabagisme de plus en plus précoce des jeunes. L'alcool est également la première cause de mortalité chez les jeunes. Ce qui, très concrètement, signifie que l'alcool et ses excès sont la cause de beaucoup plus de décès, maladies, passages à l'acte violents, etc. que le tabac[56] :
- 15% des malades hospitalisés en hôpital général ont une consommation à risque.
- Sont provoqués par l'alcool :
1. 20 à 30 % des accidents du travail par an ;
2. 20 % des accidents domestiques ;
3. 50 % des violences conjugales ;
4. 30 % des accidents mortels de la route, soit 2700 morts par an ;
5. 1/3 des incarcérations pour crime ;
6. 35000 décès par an, dont 20000 directement, soit 3,5% des décès[57].

Sur un plan financier, bien qu'il soit difficile d'évaluer très précisément le coût de l'alcoolisme, puisqu'il s'agit de tenir compte du coût direct (coût sanitaire, frais d'accidents, de justice, etc.), mais également du coût économique (absentéisme, arrêts de travail, etc.) et enfin du coût social (incidences sur la famille, violences, etc.), on a pu estimer à 17,53 milliards d'Euros par an, soit 1,42 % du produit intérieur brut (contre 0,8 % pour le tabac), ce qui équivaut à quelque 305 Euros par Français[58]. Le traitement de l'alcoolisme et des pathologies qui lui sont associées entraîne un coût direct de 10 milliards d'Euros, soit environ 10% du total des dépenses de consommation médicale. Le coût du dispositif spécialisé (Centres d'Hygiène Alimentaire et d'Alcoologie, devenus C2A3, centres de cure et de post-cure, etc.) s'élève à 76 millions d'Euros. Enfin, le coût de l'hospitalisation pour alcoolisme est estimé à 990 millions d'Euros[59].

Concernant plus spécifiquement les adolescents, prés d'un sur cinq prend des risques excessifs en matière de consommation d'alcool, les plus exposés étant les 15-25 ans toute classe sociale confondue[60]. Ils dépenseraient de 26 à 42 millions d'Euros par mois dans l'alcool[61].

L'alcoolisme demeure une pathologie très difficile à appréhender : nombreux sont les médecins alcoologues à reconnaître l'insuffisance du seul traitement médical et à devoir s'appuyer sur d'autres relais : soutien thérapeutique, groupes néphalistes, accompagnement médicamenteux. La prise en charge de l'alcoolisme nécessite un tel arsenal thérapeutique dont on peut questionner l'amplitude, lorsque l'on constate à quel point la rechute est fréquente, et qu'il est donc toujours très difficile de justifier un tel coût pour une « guérison» finalement réduite à une fragile abstinence d'alcool .

Les professionnels de l'écoute, alcoologues, psychologues, psychanalystes, quant à eux, reconnaissent volontiers à quel point la personne alcoolique n'est pas toujours un patient « gratifiant », amenant le psychanalyste à une «*position contre-transférentielle spécifique*»[62] pour A. de Mijolla et S.A. Shentoub, ou un « *dialogue de sourds du médecin et de l'alcoolique et qui repose sur une méconnaissance bilatérale et complice* » pour J.-P. Descombey[63].

Enfin, il convient de rappeler qu'une des preuves de l'efficacité réduite de la prise en charge médicale se situe à l'heure de son intervention, quand la dépendance au produit s'accompagne d'aggravations physiques (alcoolopathies). Point n'est besoin de démontrer dès lors à quel point la prévention reste un domaine totalement inexploité[64]. Bien que les raisons soient multiples, et je les développerai plus longuement dans les prochains chapitres, il en est au moins deux que je souhaiterais avancer dès maintenant :

- aucune définition de l'alcoolisme, entendu comme processus spécifique, n'a pu à ce jour être fournie qui ne donne tout son sens à ce que sous-entend une telle qualification, ce qui selon moi traduit une certaine réticence de la part des chercheurs et praticiens, à comprendre, dans tous les sens du terme, ce qu'englobe le phénomène de l'alcoolisme[65].

- une position inadaptée en matière de politique préventive de lutte contre l'alcoolisme.

Deux raisons à cette lacune, qui présentent entre elles un lien de causalité :

- la première est que la consommation d'alcool, même excessive, est largement banalisée en France, où l'alcool est un liant entre individus, un vecteur relationnel, un prétendu rite de passage entre adolescents et de l'adolescence à l'âge adulte, etc. L'alcoolisation étant en France historiquement très ancrée culturellement, certains praticiens préfèrent rester prudents quant à soutenir un diagnostic d'alcoolisme lors de l'adolescence, et ne voir dans ces passages à l'acte qu'un aménagement transitoire de cette période troublée. Le concept d'organisation psychique est alors préféré à celui de structure psychique[66], pour mieux inscrire la temporalité de ce qui ne serait qu'un fonctionnement temporaire plutôt qu'un trait dominant de la personnalité.

- La seconde, qui découle de la première, s'exprime dans le déni qui existe autour de cette consommation : dans la mesure où l'alcool offre en première lecture un caractère festif, la rencontre de l'adolescent avec le produit semble non seulement inévitable, mais elle participe d'une (re)production sociale. Aussi la position de l'adulte, quel qu'il soit, est-elle largement influencée par cette représentation sociale. La tolérance qui est la sienne face à de tels comportements rend de fait peu influente la limite qu'il peut poser. L'unique option sera alors de s'en tenir à la seule réduction des risques, une somme d'informations visant à prévenir les dangers d'une consommation excessive, plutôt que de penser un vrai discours de prévention qui questionne d'abord le sens de l'alcoolisation.

A mon sens, deux critiques peuvent être faites à l'actuelle politique de prévention définie par la MILDT[67] en matière d'alcoolisme :

- le contenu se résume, comme je viens de l'énoncer, à une seule réduction des risques, ce qui ne constitue donc pas à proprement parler une prévention de l'alcoolisme, puisqu'elle ne vise pas à modifier le rapport à l'alcool, et encore moins sa fonction dans le système de consommation de l'adolescent, mais simplement à réduire les conséquences de ces comportements. Il conviendrait alors de parler de prévention des alcoolisations pour être précis ;
- le deuxième reproche, qui découle du premier, est la contre productivité du discours de prévention de la MILDT à l'égard des adolescents.

La réduction des risques

Le seul titre du *Plan gouvernemental de lutte contre les drogues illicites, le tabac et l'alcool 2004-2008* suffit à définir très clairement la position et les objectifs gouvernementaux : non seulement l'alcool n'est pas catégorisé comme une drogue « licite », mais la lutte contre l'alcoolisme n'est pas clairement énoncée, et l'on doit s'interroger avec raison sur ce que signifie « lutter contre l'alcool ». Car si par cet objectif, il faut entendre lutter contre la consommation d'alcool, en pratique il n'en est rien. Le Plan ne vise pas à lutter contre les alcoolisations, mais contre ses conséquences.

Dans ce même document, plusieurs thèmes prioritaires peuvent être recensés s'agissant de l'alcool qui seront intégrés par les adolescents comme autant d'injonctions paradoxales discréditant totalement les différentes actions de prévention souhaitées par la MILDT[68] :

- la priorité donnée à la prévention à destination des adolescents (et non aux adultes), afin notamment de décourager l'initiation et repousser l'âge de la première expérience.

- par le biais d'actions sur « *l'offre par le jeu des taxes, des limitations très strictes de la publicité, des restrictions de vente en particulier aux mineurs de moins de 16 ans, une communication préventive intense par de multiples canaux*[69] »[70]. La comparaison au chapitre 5 qui s'intitule « rétablir la portée de la loi » entre les mesures concernant le tabac et celles concernant l'alcool illustre la limite en matière publicitaire qui appellerait aux commentaires évoqués déjà précédemment dans l'introduction générale : on interdit pour le tabac, on limite pour l'alcool[71].

- On notera également que le Plan « *s'attaque à l'acceptation encore trop complaisante des nuisances liées à l'alcool* », et compte « *poursuivre l'amélioration de la sécurité sur la route et en milieu du travail* »[72]. Pour autant, le rétablissement de la portée de la Loi s'applique en matière d'alcool à la seule « *répression de la conduite* »[73] pour lutter contre les accidents de la route.

- Un autre aspect du discours de la MILDT discrédite son objectif et est fonction de la terminologie qui est employée : le Plan souhaite en effet « *réduire les comportements à risque et les accidents de la circulation liés aux consommations [dites] festives* »[74], il envisage certaines initiations comme participant d'un processus de « *socialisation* »[75].

- Plus spécifiquement enfin, la MILDT prévoit de nombreuses actions au cœur même de l'établissement scolaire ou en partenariat avec lui, en termes « *d'éducation* » à la santé, adaptées « *à tous les niveaux de scolarité* »[76]. Pour autant, l'objectif de prévention s'il en est de « *repérer l'abus ou la dépendance le plus tôt possible* »[77] s'inscrit non pas dans le cadre d'actions en milieu scolaire (donc auprès d'adolescents) – chapitre 2 – mais dans le chapitre 4, qui s'intitule « *améliorer la réponse du système de soins à l'usage nocif et à la dépendance* » et concerne plus spécialement la prise en charge médicale. Dans le même sens, on peut noter ce qui va occuper toute la démonstration de cette recherche, le refus de qualifier ces pratiques d'alcoolisation adolescentes comme s'inscrivant parfois déjà dans le processus de l'alcoolisme alors qu'il n'y a aucune réticence à le faire pour le cannabis. Ainsi la question est-elle clairement posée pour ce produit : au chapitre 6 s'inscrit la volonté de la MILDT de « *développer un programme de recherche sur les interventions brèves en direction de jeunes consommateurs qui ne sont pas encore dépendants, en particulier pour le cannabis* »[78].

- Enfin, le Plan axe son action sur la possibilité de modifier les représentations des produits, la perception des risques qui leur sont liés afin de conduire à des changements de normes sociales face à la consommation[79], ce qui, je ne peux que réagir déjà à cet endroit, est un objectif que je défends totalement, mais qui semble difficilement réalisable en l'état, notamment au regard des quelques remarques qui viennent d'être énoncées.

Les représentations sociales

L'objet de ce travail de recherche visait à élaborer un contenu pédagogique de prévention essentiellement secondaire, même si la prévention primaire n'en est pas absente, contenu pédagogique qui s'articule autour du questionnement des alcoolisations en France, toutes populations confondues. Il n'est en effet possible d'atteindre les adolescents et de les accompagner vers une modification de leurs comportements face à l'alcool qu'en leur permettant d'exprimer le sens qu'ils donnent à leurs alcoolisations. Il faut alors comprendre par *sens* l'interprétation qu'ils offrent de ces expériences, les attentes qu'ils ont face à ce produit, les effets qu'ils obtiennent et les raisons qui justifient qu'ils réitèrent leurs consommations d'alcool sans se soucier du risque possible de dépendance. Puisque la peur de l'alcoolisme est tellement éloignée de leur réalité, il m'a paru nécessaire de comprendre les mécanismes d'une telle posture en allant questionner les représentations qu'ils ont de l'alcoolisme, et de la personne alcoolique. Ces représentations sociales ont des assises sociale et psychologique circulaires, l'une et l'autre s'autoalimentant, et j'ai été conduite à la nécessité de questionner la consommation d'alcool en France, telle qu'elle s'offre dans les médias, les discours institutionnels, les groupes sociaux, etc., mais également comment de telles conceptions et croyances trouvent une assise dans une réalité médicale et un discours scientifique, lesquels, certainement bien malgré eux, continuent de véhiculer une image de la personne alcoolique en fin de parcours.

Pour autant, ce travail de recherche n'a pas tant pour objectif de questionner les représentations sociales de l'alcoolisme, mais de les intégrer, de les garder à l'esprit, dans le contenu pédagogique de prévention destiné aux adolescents. On ne saurait en effet parler de prévention auprès d'un tel public sans poser la première question qui s'impose : le sens de toute alcoolisation. Pointer la spécificité des consommations d'alcool à l'adolescence, en ce qu'elles n'exposeraient pas ce jeune public aux mêmes dangers de dépendance que l'adulte, est ainsi l'expression d'une représentation sociale, injonction paradoxale s'il en est, qui catégorise les adolescents comme population à risque tout en leur refusant ce risque de l'alcoolisme. C'est bien là ce sur quoi il sera débattu tout au long de ces pages.

Paraphrasant D. Jodelet[80], la question qui se pose est bien celle de rechercher les raisons qui m'ont fait choisir les représentations sociales de l'alcoolisme et de la personne alcoolique pour penser une posture de prévention qui soit enfin efficace : en quoi de telles représentations sociales rendent-elles compte du rapport de tout un chacun à l'alcool, et influent-elles sur l'inefficacité de la prévention proposée (notamment) par la MILDT ?

Nombreux sont les auteurs à avoir théorisé sur les représentations sociales, mais j'ai fait le choix de m'appuyer essentiellement sur les travaux de D. Jodelet, puisqu'elle a étudié les représentations sociales de la folie, et que l'alcoolisme étant une maladie mentale, certains de ses questionnements ne nécessiteront pas de reformulations spécifiques, puisque ce qui est commenté de la folie peut être (le plus souvent) transposé à l'alcoolisme. Tout comme la maladie mentale, l'alcoolisme offre une certaine visibilité sociale, en ce sens que le discours scientifique bénéficie d'une certaine audience publique qui n'est pas réservée à un seul groupe social, comme cela pourrait être le cas d'une maladie génétique rare. Tout un chacun peut avoir une personne alcoolique dans sa famille, ou au moins avoir été le témoin de multiples expressions spectaculaires de comportements individuels sous emprise d'alcool. Cette proximité de l'alcoolisme n'est pas sans incidence, et il faut déjà remarquer que plus l'objet questionné offre de visibilité, plus les interprétations spontanées ont cours, et plus il sera difficile de démêler le vrai du faux, dans ce sens où la proximité de l'objet nécessite une interprétation, une explication et devient objet de discussion, mais plus encore s'agissant de l'alcoolisme, parce qu'il a, nous le verrons, une véritable utilité sociale. Ces élaborations sur l'alcoolisme, « *pour être spontanées et situées en écart du savoir savant, ne se font pas dans le vide social et de manière arbitraire. Relatives à un objet dont la pertinence est vitale dans le champ des interactions sociales, elles ont une base sociale, une portée pratique et présentent des propriétés d'une véritable connaissance qui dit quelque chose sur l'état de notre monde environnant et guide notre action sur lui. Il faut donc les étudier comme des connaissances sociales et rendre compte de leur liaison aux comportements des individus et des groupes* »[81]. Et l'auteur de poursuivre à propos de la folie, « *il s'agira de prendre les représentations en tant que production, expression et instrument d'un groupe dans sa relation à l'altérité* »[82]. On le comprend, la difficulté de l'alcoolisme est qu'il questionne également une certaine conception du « bien boire ». Les représentations sociales de cette pathologie pointent à cet endroit une véritable difficulté pour les appréhender : questionner l'altérité nécessite de définir l'Autre, mais quand l'Autre est si proche, dans le sens où cette pratique réunit de nombreux profils de buveurs, mais des buveurs tout de même, il devient utile de catégoriser avec radicalité et de sérier la personne alcoolique dans un registre spécifiquement pathologique, en tout cas médical. J'analyserai dans la troisième partie la nécessité pour les adolescents de se représenter la personne alcoolique comme un individu « malade de l'alcool », c'est-à-dire celui qui n'a plus le choix, à leurs yeux, que de s'arrêter. Mais tant que la mort ne leur semble pas assurément proche, aucune pratique consommatoire ne leur paraît digne de rentrer dans les critères de l'alcoolisme. A travers les représentations sociales de l'alcoolisme, c'est donc bien, avant tout, les représentations sociales de la consommation d'alcool qu'il convient de questionner, puisqu'elles participent des comportements d'alcoolisation, qu'ils soient ou non pathologiques, et du sens qui leur est donné, lequel déterminera à son tour ce qui relève du domaine pathologique, et celui qui relève de la normalité : « *la reconnaissance de la pertinence et de l'efficacité des représentations dans le processus d'élaboration des conduites* »[83], c'est-à-dire en tant qu'elles sont reliées, « *comme phénomène psychologique et cognitif, à la dynamique et à l'énergétique des interactions sociales* »[84] incite à cette compréhension de l'alcoolisme à travers le sens et l'interprétation des expériences d'alcool du groupe social total.

C'est donc bien dans ce sens de rapport au monde qu'il convient d'interroger la consommation d'alcool de l'adolescent à travers une compréhension de cette même pratique dans le groupe social, non seulement parce que cette représentation sociale constitue une certaine lecture de sens commun qui n'est pas forcément représentative d'une réalité, mais également parce qu'elle a « *des incidences directes sur le comportement social du groupe et va jusqu'à infléchir le fonctionnement cognitif lui-même* »[85]. Il faut donc comprendre les représentations sociales comme la croisée d'un mode de pensée sociale et d'une connaissance individuelle en interaction permanente et en retenir la définition telle qu'elle a été proposée par l'auteur : « *le concept de représentation sociale désigne une forme de connaissance spécifique, le savoir de sens commun, dont les contenus manifestent l'opération de processus génératifs et fonctionnels socialement marqués. Plus largement, il désigne une forme de pensée sociale. Les représentations sociales sont des modalités de pensée pratique orientées vers la communication, la compréhension et la maîtrise de l'environnement social, matériel et idéel. En tant que telles, elles présentent des caractères spécifiques au plan de l'organisation des contenus, des opérations mentales et de la logique. Le marquage social des contenus ou des processus de représentation est à référer aux conditions et aux contextes dans lesquels émergent les représentations, aux communications par lesquelles elles circulent, aux fonctions qu'elles servent dans l'interaction avec le monde et les autres* »[86], et, puisque le rappelle l'auteur, « *représenter, c'est tenir lieu de, être à la place de* », il convient alors d'appréhender cette « *autre chose* »[87] à laquelle la représentation renvoie.

J'en terminerai de ces quelques lignes sur les représentations sociales, puisque, je le rappelle, là n'est pas mon objet de recherche, par le développement de ce que j'évoquais plus haut, je veux parler du discours scientifique sur l'alcoolisme, mais également de celui qu'offrent ceux que l'on décrit comme spécialistes de l'adolescence. L'objectif de ce travail est de voir reconnaître à l'adolescent une possibilité de s'inscrire dans le processus de l'alcoolisme. Aussi terrifiante que peut paraître cette affirmation, elle me semble déterminante de la qualité et du contenu d'un possible champ préventif en ce domaine. Comment en effet mettre en garde les adolescents contre des pratiques qui les mettent en danger, si paradoxalement, le danger n'existe pas, *l'adolescent ne pouvant être alcoolique* ?

Comment prévenir s'il n'y a pas de risque, et dans ces conditions, comment justifier le vocable de prévention s'il ne se réduit qu'à une simple réduction des risques ? Au fur et à mesure que ce travail se rédigeait, je mesurais à quel point le discours scientifique, non seulement ne laissait aucune ouverture pour une autre interprétation, chaque discipline se renvoyant la balle (l'alcoologie et la psychiatrie) pour affirmer que l'adolescent ne pouvait être alcoolique, mais participait à sa façon à l'absence de questionnement sur les alcoolisations en général, appréciant notamment la rencontre de l'adolescent avec l'alcool comme une évidence incontournable, voire utile à son émancipation (rite de passage). C'est à mon sens ce qu'il faut questionner, et cela le sera dans les deux premières parties. S'il y a bien discours scientifique sur l'alcoolisme, il convient en effet d'analyser dans quelle mesure les représentations sociales des alcoolisations en général ne permettent pas une vision globale de ce phénomène qui ne fait qu'émerger à l'adolescence, et empêche la production d'un véritable contenu préventif.

Annonce de plan

L'alcoolisme, je l'ai dit, interroge toutes les disciplines, pour peu que l'on souhaite saisir toute la complexité de cette pathologie, notamment à travers les multiples modes de consommation qui peuvent être observés. Pour autant, il n'était pas question ici d'approfondir chaque lecture, ce qui nécessiterait bien plus de pages que celles qui seront produites ici. Il m'a paru cependant nécessaire de présenter une certaine compréhension de l'alcoolisme, laquelle si elle n'est pas exprimée comme telle aux adolescents que je rencontre, préfigure une certaine posture qui a en pratique été déterminante dans la façon de conduire mes interventions. Ainsi, la lecture psychanalytique de l'alcoolisme est un angle essentiel à mon sens, et si à aucun moment de mes interventions, je la présente comme telle, elle n'en demeure pas moins centrale. La relation parents enfants va inscrire l'équilibre psychique du petit d'homme, puisque de la qualité de celle-ci dépendra l'aptitude du sujet (enfant, puis adolescent et adulte) à s'autonomiser puis s'émanciper le plus harmonieusement possible. Les diverses modalités qui s'offrent à lui pour aménager tout au long de sa vie cette dépendance seront essentiellement fonction de son environnement affectif. Le chapitre I sera donc consacré à ces différents éclairages théoriques, lesquels ont pour objectif de cerner la question de la « personnalité » du sujet alcoolique et d'appréhender sa vulnérabilité psychique face à l'alcool. Le chapitre II questionnera, toujours sous la primeur de la lecture psychanalytique, les alcoolisations à l'adolescence au regard des différentes définitions de l'alcoolisme de l'adulte (alcoologie) et des aménagements temporaires (psychopathologie), et l'impasse dans laquelle se retrouve l'intervenant en prévention de l'alcoolisme au regard de ces deux éclairages. Comment en effet prétendre prévenir de l'alcoolisme si l'on ne considère pas ces modes d'alcoolisation de l'adolescence comme potentiellement pathogènes ? Il m'a donc paru opportun d'inscrire ces mises en acte comme pouvant participer du processus d'installation de l'alcoolisme et de contre argumenter ces théories en analysant notamment un certain nombre de contradictions.

Je proposerai dans la deuxième partie une tentative de redéfinition de l'alcoolisme, qui puisse concerner tout à la fois l'adolescent et l'adulte. Ce n'est donc pas en termes habituels de quantité (augmentation des doses, signes de sevrage, etc.) ni même de régularité, même si ces critères sont déterminants, qu'il conviendra ici d'apprécier la relation à l'alcool, mais plutôt au regard de la fonction mortifère qu'occupent certaines consommations sur l'équilibre psychique du sujet. J'ai fait le choix de questionner cet aspect sur trois registres, l'un psychopathologique, l'autre social et culturel, et le dernier anthropologique. Le chapitre III sera consacré à la fonction de normalisation qu'occupe l'alcool dans l'économie psychique du sujet alcoolique, avec un regard anthropologique sur la question de la centration autour de la figure maternelle, mais également de la fonction de normalisation sociale qu'occupe l'alcoolisme, à travers une relecture du concept de déviance tel qu'il a été élaboré par H.S. Becker[88]. Le chapitre IV traitera de la question des rituels de passage, que j'aborderai avec un regard anthropologique. Ces différentes lectures proposées, qui vont en général à l'encontre des positions théoriques actuelles, ont en effet pour objectif de questionner plus généralement la place et la fonction occupées par les alcoolisations dans notre société, représentations qui retardent de beaucoup la prise en charge de personnes en souffrance avec l'alcool. La troisième et dernière partie se veut une restitution fidèle de quelques années d'interventions auprès d'adolescents, lesquelles ont été incontestablement influencées par les échanges que j'ai pu avoir avec de nombreuses personnes alcooliques abstinentes[89]. Pour autant, je l'ai précisé, ces échanges se sont déroulés majoritairement avec des figures masculines, et si à l'âge adulte, il convient de distinguer les spécificités de l'alcoolisme féminin de celles de l'alcoolisme masculin, il me semble que ces particularités, mais je manque aujourd'hui encore d'arguments pour être complètement affirmative, ne se soient pas retrouvées au niveau de l'adolescence. Cela ne signifie pas que les filles consomment comme les garçons, mais plutôt que je n'ai pas eu besoin de recourir à des arguments spécifiques en fonction du sexe de l'adolescent. Pour autant, et c'est bien ce qui introduit la limite de mon propos, la question de l'enjeu de la sexualité n'a été abordée ni en intervention, ni dans les questionnaires. Seront définies dans cette dernière partie les différentes stratégies d'approche que j'ai pu développer avec les adolescents pour les prévenir de certaines pratiques d'alcoolisations (potentiellement) pathogènes (chapitre V), mais également la question de l'opportunité de restituer à l'adolescent une certaine inquiétude, notamment dans la décision d'un face à face. Le dernier chapitre (VI) tentera une analyse de certaines réponses fournies par les adolescents à l'occasion de questionnaires remis lors des deux premières interventions, supports qui avaient pour objectif principal de mieux cerner les représentations de l'alcoolisme et de la personne alcoolique.

PREMIÈRE PARTIE
L'ALCOOLISME,
OU LA SOUFFRANCE D'ÊTRE UN

A la question « Pourquoi pensez-vous que l'on devient alcoolique ? », les élèves interrogés lors de mes interventions ont majoritairement répondu par des exemples de causalité événementielle : le chômage, le divorce, la perte d'un être cher, etc., mais aucun de celles et ceux qui se sont exprimés n'ont mentionné une quelconque remarque qui pointa un rapport possible entre la personnalité de l'individu qui pouvait être touché par cette dépendance et la pathologie.
Pour ces élèves, toute personne peut être susceptible de devenir alcoolique, si se présente sur sa route un événement extérieur qui va la fragiliser et devenir le facteur déclenchant vers une consommation d'alcool problématique.
Cette perception de l'événement déclencheur de l'alcoolisme est également largement partagée par les sujets alcooliques abstinents : lorsque certains se risquent à une introspection de leur parcours, beaucoup n'hésitent pas à faire intervenir comme causalité première un « incident » dans leur vie qu'ils n'ont pu surmonter, et qui les a progressivement transformés de gros buveurs à sujets alcooliques pour certains, de non-buveurs à sujets alcooliques pour d'autres. Pourtant, lors des réunions ouvertes d'Alcooliques Anonymes auxquelles je participais en 1999/2000, ou lors de mes entretiens en 2004/2005, lorsque j'interrogeais ces hommes et ces femmes sur les raisons qui les avaient poussés à boire, je pouvais entendre un tout autre discours : la première réponse faisait toujours, sauf à de très rares exceptions, référence à un événement extérieur, le plus souvent dans le cadre professionnel, la sensation d'une pression de plus en plus insoutenable, laquelle étrangement pouvait fréquemment coïncider avec la naissance des enfants, ou un deuil familial. Ce que j'ai pu constater, c'est qu'il était beaucoup plus facile pour ces personnes de s'exprimer sur leur rapport à l'alcool. Nombreuses étaient celles qui pouvaient d'ailleurs parler de l'alcool avec la même passion qui les animait du temps de leur consommation, se remémorant la puissance du premier verre, de cette rencontre si « particulière », si « magique »[90]. Ce que l'alcool avait procuré les premiers temps, cette sensation de reconnaissance mutuelle entre un sujet et un produit, toute cette réalité évoquée ne correspondait nullement au discours détaché du sujet alcoolique s'exprimant sur les raisons de son alcoolisme. Pourquoi ?
Parce que cette illusion qui s'inscrit à la fois chez les adolescents et chez les anciens buveurs est à la fois vraie et fausse : l'événement perçu comme fondateur, l'épreuve qui va fragiliser l'équilibre affectif de l'individu, provoquant peine, chagrin, ou peur, vient en effet modifier le fonctionnement habituel de défense[91], de réaction, d'adaptation face aux difficultés. L'épreuve ressentie comme trop douloureuse empêche, pour des raisons que je vais développer, la mobilisation de ressources défensives sur lesquelles le sujet s'appuie habituellement. Il peut alors arriver que cet individu fragilisé, qui ne peut compter sur ses ressources propres, se sente le besoin d'aller rechercher, même ponctuellement, un soutien dans un produit, afin de trouver la force, l'énergie nécessaire pour surmonter l'événement venu le déstabiliser.
Mais si l'individu se tourne vers l'alcool plutôt que vers un thérapeute ou même vers un prêtre, ce n'est pas le fait du hasard. Dans la représentation qu'il a de

l'alcool, l'individu momentanément fragilisé (mais peut-être devrais-je écrire de plus en plus fragilisé) lui attribue *déjà*, par expérience propre ou pour l'avoir précédemment observé et/ou intégré, des vertus apaisantes qu'il va effectivement attendre du produit en le consommant à des fins « guérisseuses ». C'est également parce qu'au moment de l'épreuve, l'individu ne dispose pas de ressources propres - appelons les ainsi pour le moment – suffisantes pour résister à la résurgence d'une angoisse beaucoup plus ancienne et difficilement perceptible au niveau conscient, et face à laquelle le sujet s'était déjà trouvé en échec, qu'il se dirige vers l'alcool.

Il n'est pas concevable aujourd'hui de penser que c'est l'épreuve douloureuse qui atteint un individu moralement, affectivement, qui va seule le conduire vers une consommation d'alcool problématique. C'est la qualité du lien spécifique qui va se tisser entre l'individu et le produit qui est déterminante, et ce bien avant son expérience initiatique de l'alcool. Ce lien va en effet pouvoir s'instaurer, parce que dans un premier temps, l'alcool va fonctionner selon les attentes du sujet. Il conviendrait à cet endroit d'évoquer que ce qui distingue avant tout un gros buveur d'un sujet alcoolique[92], c'est la fonction de solution opérante de l'alcool. Un gros buveur ne boit pas nécessairement moins d'alcool qu'un sujet alcoolique, en aucun cas il n'est question de quantité. La différence se situe au niveau du ressenti, du vécu de l'alcool : contrairement au gros buveur, le sujet alcoolique *souffre* de boire, l'alcool va agir très vite comme un révélateur de sa souffrance d'avant consommation, et ce qui n'était qu'en ombré lui apparaît, à très court terme, de manière claire et exacerbée. Bien avant que le sujet en ait lui-même conscience, l'alcool est déjà « utilisé », pour évacuer une tension, une angoisse ou une souffrance insupportable. Il me semble que c'est seulement lorsque le produit ne parvient plus à étouffer ces affects que le « basculement » s'opère.

L'alcoolisme est une rencontre, laquelle va devenir relation et, comme toute relation qui se poursuit, elle se construit avec le temps. Et comme toute relation pathologique, l'alcoolisme s'appuie sur différentes fragilités :

- une personnalité psychique particulière, caractérisée par une problématique liée à l'autonomisation/émancipation[93],
- un contexte socioculturel familier de l'alcool (et le plus souvent permissif, en tout cas ambivalent),
- une épreuve[94].

Bien que je n'en nie pas l'existence, j'ai souhaité ne pas développer plus avant le rôle joué par les facteurs biologiques dans l'installation de l'alcoolisme, principalement parce qu'ils ne touchent qu'une infime partie de la population en France[95], mais également parce que leur simple évocation me paraît réellement dangereuse dans la problématique de prise en charge du sujet abstinent d'alcool. Lors de réunions des Alcooliques Anonymes, j'ai pu entendre certains sujets se définir comme « allergiques » à l'alcool en évoquant la responsabilité de facteurs biologiques, qui les plaçaient de fait dans une impossibilité de consommer « normalement », puisque l'alcool provoquait un enchaînement d'actions et réactions non maîtrisables, n'étant plus eux-mêmes de par cette constitution biologique qui les définissait. En laissant planer cette éventualité, non seulement ce déterminisme biologique nie définitivement les facteurs psychologiques individuels dans l'installation de l'alcoolisme (et il avait fallu bien des années d'alcoolisations excessives et malheureuses à ces individus pour constater leur allergie !), lesquels restent déterminants pour moi, mais de surcroît, ils privent le nouvel abstinent d'une réappropriation de son identité, en l'empêchant de comprendre véritablement les raisons qui l'ont conduit vers l'alcoolisme. Ces mêmes « allergiques » usent alors de ce subterfuge pour ne pas s'affronter à leur souffrance première (et il n'est pas question ici de les blâmer), et s'arrangent de cette responsabilité extérieure pour ne pas vivre un trop plein de honte et de culpabilité de ne pas savoir boire. De fait, ils restent dans la terreur de l'alcool, passent leur vie en réunions de groupes néphalistes, en se raccrochant à une nouvelle dépendance, certes moins toxique, et continuent de vivre autour de l'alcool, en en parlant régulièrement. Leur vie devient une vie sans alcool, mais autour de l'alcool. Pas plus qu'avant l'alcool, ils ne sont pleinement capables (c'est-à-dire sans trop de souffrances) de tolérer leur réalité, faite encore de trop de frustrations. Bien qu'il faille se garder de généraliser, l'association de ces trois critères renforcerait selon moi la probabilité d'une *vulnérabilité alcoolique*, qui rend dangereuse la consommation d'alcool non occasionnelle pour certains sujets.

CHAPITRE I
LE SUJET ALCOOLIQUE, UNE FRAGILITÉ PARTICULIÈRE

L'étude d'histoires individuelles de patients admis dans des services d'alcoologie a permis d'établir progressivement un tableau clinique des troubles de la personnalité qui peuvent conduire un individu à « devenir » alcoolique. Mais bien que soient nombreux les écrits témoignant de la spécificité des *parcours alcooliques*, rares sont ceux qui osent questionner le point de départ de l'alcoolisme et user de ces informations à des fins préventives (c'est-à-dire de prévention secondaire, voire primaire, au profit de ceux qui ne sont pas encore contraints d'être abstinents). Cette pathologie, qui relève bien trop souvent encore et uniquement de la sphère médicale, questionne essentiellement la prise en charge de l'abstinence, seule voie de rétablissement possible actuellement. Jusqu'à aujourd'hui, l'alcoologue est le médecin qui aide le sujet alcoolique à *s'arrêter* de boire. Quant au sujet alcoolique, il est celui qui, dans bien des situations, contre son vouloir, se voit imposer une abstinence forcée :

- faute de se voir mort d'une complication médicale (cirrhose, pancréatite, etc.),
- parce qu'il encourt une sanction judiciaire ou administrative punissant un comportement violent à l'encontre de son environnement familial (violences conjugales, maltraitance),
- ou parce qu'il représente un danger pour la sphère publique (conduite en état d'ivresse, etc.).

Ces comportements ne sont pourtant *que* les conséquences de l'alcoolisme. Or, la tendance actuelle persiste dans la confusion entre l'alcoolisme et les alcoolopathies, lesquelles ne sont que les complications ultimes de l'alcoolisme : il n'est pas nécessaire d'avoir une cirrhose pour être alcoolique.

La question du commencement de l'alcoolisme intéresse peu le corps médical. C'est pour cette raison également qu'il n'existe que peu d'ouvrages à ma connaissance qui traitent tout particulièrement et exclusivement de l'adolescent alcoolique. Une première réponse peut être qu'il n'existe pas d'adolescent alcoolique. Et au regard des critères définis par la communauté scientifique[96], il semble inenvisageable de catégoriser l'adolescent parmi les sujets alcoolodépendants. Pourtant, qui des spécialistes de l'alcoologie nierait que l'alcoolisme est un processus sournois, qui progresse discrètement et silencieusement, et dont on ne mesure l'étendue qu'une fois qu'il s'est définitivement installé ?

Si l'alcool fait son entrée dans la vie d'une personne durant la période de l'adolescence[97], quels arguments peut-on opposer pour réfuter que le début de l'alcoolisme prend bien, effectivement, racine à cette période ? L'alcoolisme est un processus engagé de longue date, et c'est le premier contact qui sera déterminant

pour une personne dont il faut dès à présent reconnaître une certaine vulnérabilité psychique, mais également une certaine fragilité vis-à-vis de l'alcool .
Aussi pour prévenir l'alcoolisme d'un individu est-il nécessaire de pouvoir reconnaître chez lui les fragilités psychiques, familiales, sociales, qui pourraient lui faire encourir le risque d'une dépendance à vie quand son histoire personnelle le prédispose à cette tendance. A fortiori est-il indispensable d'identifier, chez tout adolescent qui consomme *régulièrement*[98] de l'alcool, ces mêmes facteurs, sachant que tout Français encoure d'avantage de risques vis-à-vis de l'alcoolisation excessive, et qu'il est prédisposé culturellement, d'un point de vue historique, à ne rencontrer aucun frein social, lorsque d'aventure il lui arrive de consommer de façon excessive. Et s'il n'était la réglementation en matière de sécurité routière pour poser certaines limites, mais surtout pour rappeler le problème d'alcool chez les adolescents, je crains que la problématique de l'alcoolisation dans cette tranche d'âge ne soit longtemps encore restée lettre morte.
Pour soutenir l'hypothèse d'un possible alcoolisme dès l'adolescence, il me paraît nécessaire de démontrer que l'alcoolisme, avant d'être une affaire de quantité, et d'abord une affaire de personnalité, aussi me faut-il rappeler dans quelle mesure les conditions nécessaires au bon développement psychique de l'enfant ont fait défaut chez la personne alcoolique et quelles en sont les conséquences.

SECTION 1
LE RENDEZ-VOUS MANQUÉ
DE LA SÉPARATION - INDIVIDUATION

Nombreux sont les auteurs à avoir démontré l'importance des liens qui unissent le jeune enfant à sa mère. C'est notamment dans les années d'après-guerre (39-45) que J. Bowlby, R. A. Spitz ou encore J. Aubry[99] ont pu observer, à travers de nombreuses situations d'hospitalisme, les troubles développés par les enfants qui devaient vivre des expériences de séparation précoce. Au-delà de ces situations de séparation, lesquelles ont notamment permis de réviser un des aspects de la théorie de S. Freud à propos de la qualité des liens de l'enfant avec sa mère entre zéro et un an, il m'a semblé nécessaire d'en rappeler l'importance, car de la qualité de ces relations précoces dépend l'équilibre psychique de toute une vie. Il ressort des témoignages des personnes alcooliques que ces relations précoces ont été le plus souvent assez mal vécues : pour autant, rares sont celles comme je l'exprimais précédemment, qui sont capables de le formuler aussi clairement, mais parmi les descriptions qu'elles font des figures maternelle et paternelle, on retrouve souvent cette absence d'adéquation entre les besoins de l'enfant et les aptitudes de la mère (puis du père) à y répondre. Ainsi la mère est-elle souvent décrite comme une femme distante, froide, peu maternelle, ou au contraire très possessive, étouffante. Il arrive qu'elle soit également évoquée en termes très élogieux de mère parfaite, presque idéale. Le père prend le plus généralement les traits d'un homme effacé, distant et froid, voire excessivement dur. Mais ce qui s'exprime en demi-teinte à travers ces témoignages, c'est également l'inaptitude du père à faire front contre la figure maternelle. Cet environnement affectif, que j'esquisse ici, va contraindre l'enfant à développer toute une économie (psychique) de survie pour pallier les difficultés qu'il va rencontrer pour se développer de façon relativement harmonieuse.

§ 1
Préambule

Alors que le développement qui va suivre me semblait être un acquis à propos duquel il convenait simplement de retracer l'évolution des avancées jusqu'à nos jours, je fus surprise de découvrir un article de M. Lobrot remettant en cause toutes ces nombreuses années de recherche[100]. S'il me semble important de le citer en préambule de ce qui va suivre, c'est que l'auteur s'est longuement attaché, dans certains de ses ouvrages, à critiquer la psychanalyse et l'existence même de l'inconscient, en appuyant notamment son argumentation sur les erreurs d'interprétation de S. Freud[101] . Si je partage l'avis de M. Lobrot à propos de certaines erreurs d'interprétation de S. Freud, certains points aveugles dans sa théorie, bien que n'étant pas spécialiste, les pages de critiques virulentes de ce détracteur me semblent très excessives au point qu'elles atténuent nécessairement la force de son propos et finalement aboutissent à un résultat moins convaincant.
Dans cet article, M. Lobrot se refuse à voir dans la relation mère/enfant un absolu nécessaire au bon développement de l'enfant. Dans sa démonstration, il appuie sa critique sur l'idée que l'attachement à la mère et l'angoisse de séparation de l'enfant ne seraient que purement sociaux, en ce sens que, dans la majorité des situations, c'est plutôt la mère qui témoigne « l'attention sociale » à son enfant. Pour l'auteur, cet attachement fonctionne parfaitement avec d'autres adultes, et d'illustrer ce dernier propos par l'exemple des nombreuses situations où l'enfant s'est attaché à d'autres individus : en manifestant une angoisse de séparation pour un tiers qui ne lui avait pourtant pas prodigué de soins, ou s'agissant des enfants déportés à Auschwitz ayant substitué à cette relation duelle une relation collective, d'interdépendance entre enfants[102].
Je souhaiterais faire quelques remarques :
1) sur l'attachement à la mère : M. Lobrot affirme que celui-ci « *ne consiste pas dans un lien inconditionnel qui résulterait de la simple présence de la mère mais de ce que Bower, dans*

son livre sur l'enfant appelle la « synchronie interactionnelle », c'est-à-dire de l'attention que la mère accorde à l'enfant et de la communication qu'elle établit avec lui. ***Il se peut très bien que l'enfant se détourne de sa mère si celle-ci ne lui manifeste rien***[103] *(still face)* » [104]. Il est évident que la seule présence de la mère ne suffit pas à créer de l'attachement, pas plus qu'elle ne justifie à elle seule l'expression d'une angoisse de séparation. La relation mère/enfant se construit autour de soins, d'attentions et d'une adaptation progressive aux besoins de l'enfant, cette suffisamment bonne relation devant permettre à celui-ci d'accéder progressivement à son autonomie. Et c'est bien parce que cette relation, si elle est mauvaise, occasionne chez l'enfant une souffrance, qu'il peut notamment exprimer une réaction « d'indifférence » à la mère décrite par l'auteur. M. Lobrot semble cependant faire la confusion entre l'existence même de l'importance de la relation mère/enfant et les troubles qui peuvent être le résultat d'une dysharmonie dans cette relation, ceux-ci ne devant pas pour autant remettre en question la spécificité de cet attachement. Il me semble que l'intensité des troubles doit justement être appréciée au regard de l'intensité de la relation.

Il est intéressant de comprendre où l'auteur veut conduire le lecteur dans sa réflexion : pour M. Lobrot, il est important de retenir que les objets d'attachement de l'enfant ne sont pas exclusivement centrés sur la mère, et de s'appuyer sur nombre de situations où l'enfant entre en relation avec d'autres enfants ou adultes vers l'âge de deux ans, voire plus tôt. Ce qu'il affirme est parfaitement observable, au fur et à mesure que l'enfant grandit, la bonne adaptation de sa mère lui donne un attachement sécurisant, lequel lui permet à son tour de se tourner vers d'autres relations, d'autres objets d'attachement. Mais il est en ce sens surprenant que dans son article, l'auteur n'ait pas fait mention d'une troisième personne, le père, puisque c'est bien grâce à lui, de par sa fonction, que la séparation de l'enfant d'avec la mère (et réciproquement) va pouvoir s'opérer. En ce sens, lorsque l'auteur affirme « *quand la mère joue le rôle prédominant, ce qui est généralement le cas, elle a surtout pour fonction de permettre à l'enfant la sortie vers le monde extérieur* »[105], il se trompe en partie, car cette fonction n'est possible sans l'intervention du père, et la sortie vers l'extérieur n'est possible que si les parents concourent ensemble à ce résultat.

2) L'auteur précise également « *l'influence de la mère peut d'ailleurs se retourner et devenir extrêmement nocive si elle se transforme en captation et en surprotection* »[106]. C'est absolument vrai, mais l'aspect pathogène de certaines relations mère/enfant ne représente que l'intensité en négatif de l'importance de l'attachement à la figure maternelle. Cette spécificité de la relation mère/enfant dans les premières années signifie simplement que la personne de la mère biologique est a priori naturellement la plus à même de construire cette première relation d'objet avec son enfant, et qu'en cela, si elle existe et s'occupe au mieux de celui-ci, c'est elle et pas une autre qui pourra le mieux satisfaire les besoins de l'enfant. Cela ne signifie pas pour autant qu'elle y parvienne totalement, il arrive même qu'elle n'y parvienne pas du tout, pas plus que cela n'exclut la possibilité d'une autre relation d'objet satisfaisante avec une tierce personne lorsque la présence de la mère fait

défaut, ou lorsqu'elle est incapable de participer au bon développement de son enfant (exemple des mères maltraitantes).

3) Pour M. Lobrot, « e*n fait, c'est le rôle de la mère qui est entièrement à repenser. Il est maintenant prouvé que la mère n'est pas indispensable comme objet d'attachement dans la première enfance* », et de s'appuyer à nouveau sur l'exemple des enfants juifs déportés à Auschwitz. L'intérêt de critiquer l'absolu d'une théorie lorsqu'il s'agit pour l'auteur de la remplacer par un autre absolu, lequel s'appuie essentiellement sur des exemples exceptionnels me semble assez peu convaincant pour le chercheur et/ou le clinicien : l'exemple de la survie psychique opérée par les enfants d'Auschwitz ne remet pas en question le lien mère/enfant, il ne fait que démontrer les multiples ressources individuelles en situation d'extrême danger et la nécessité d'un attachement pour survivre psychiquement.

4) Enfin, toujours selon l'auteur, plus l'individu vit de « *plaisirs, satisfactions, euphorisations… au moment où il subit le stress ou le traumatisme* »[107], plus il a de chances de le ressentir faiblement. Là encore, M. Lobrot s'appuie pour sa démonstration sur des exemples extrêmes (situations de guerre et de stress intense) et les compare à des situations de stress plus « normales ». Se comporter de façon anormale dans une situation anormale ou exceptionnelle peut s'interpréter comme une réaction « normale », c'est-à-dire saine[108], lorsque la question de vie ou de mort est centrale (l'exemple de l'auteur concernait un soldat blessé qui supporte anormalement sa blessure sur un champ de bataille). Cette sur-adaptation ne signifie pas pour autant qu'il n'y a pas eu traumatisme, et encore moins qu'une fois l'intensité du stress passé, il ne va pas resurgir sous la forme d'une maladie ou de tout autre trouble.

Je conclurai ce préambule en empruntant à J. Bowlby une réflexion qui résume à mon sens ce qui aurait pu être le seul argumentaire à opposer à M. Lobrot. Il me paraît en effet plus utile de poursuivre plus avant dans la compréhension de la souffrance humaine en cherchant sous quelles formes nouvelles il serait possible de la soulager plutôt que de s'évertuer à dénoncer le père de la psychanalyse et de refuser l'importance de la relation mère/enfant, parce que, si tel était vraiment le cas, c'est l'illusion de la toute puissance infantile qui aurait échappé à ma réflexion : « *c'est la nature du traumatisme qui est au cœur de la thèse de Freud. Il conclut, comme d'autres l'ont fait, qu'il y a deux sortes de facteurs en jeu : l'événement lui-même et la constitution de l'individu auquel cette expérience advient ; en d'autres termes, ce traumatisme est fonction de l'interaction. Lorsqu'une expérience vécue suscite une réaction pathologique inhabituelle, dit Freud, la raison en est qu'elle inflige à la personnalité des exigences excessives ; il postule que la personnalité est alors exposée à un afflux d'excitation, qui est excessif par rapport à sa tolérance… En même temps, dit-il, il y a une période particulière de la vie, les cinq ou six premières années, au cours de laquelle tout être humain a une plus grande réceptivité aux traumatismes. Car à cet âge, pense t-il, "le moi… est faible, immature et incapable de résistance". En conséquence, le moi… a recours au refoulement ou au clivage* »[109].

§ 2
L'amour comme modèle de développement[110]

En quatrième de couverture de *L'art d'aimer*, on peut lire : « *la révolution de l'amour est, pour Erich Fromm… l'unique alternative à la destruction de l'humanité. Une psychanalyse adaptée au social, un socialisme humanitaire, une grande confiance dans l'homme qui peut construire une société différente, fondée sur le respect de la vie et sur l'amour, telles sont les idées maîtresses de cet humanisme. C'est le propos de son Art d'aimer : un art, l'art même qui fait l'homme libre* »[111]. Si beaucoup d'auteurs m'ont permis de construire ma pensée autour de certaines valeurs humaines essentielles à mes yeux, et je pense ici à F. Dolto, c'est cependant E. Fromm et son *Art d'aimer* qui m'a le plus impressionnée, dans tous les sens du terme. Je n'ai pas retrouvé chez d'autres auteurs la nécessité qu'il exprime, pour devenir un homme libre, de ne négliger aucune forme d'expression d'amour qui ne soit vitale à la créativité dont parle D.W. Winnicott. Et s'il est ici question d'un *Art d'aimer*, c'est bien parce que ce sentiment pour s'exprimer au mieux requiert une participation active, un travail de réflexion, de création harmonieuse, faite de frustrations et de limites, faute de devenir destructeur. La liberté de l'homme telle que la décrit l'auteur est cependant loin de correspondre à la représentation que s'en font les adolescents que je rencontre, c'est la raison pour laquelle il me semble important au cours de mes interventions de leur transmettre, à travers une réflexion autour de l'alcool, l'envie d'un certain questionnement sur ce qu'ils estiment être leur propre liberté. Mais envisageons dans un premier temps comment se construit un homme libre.

1. L'attachement

Alors que l'enfant est encore dans le ventre de sa mère, ou dans les quelques mois qui suivent sa naissance, il n'est pas encore conscient de ce qu'il est, ni du monde extérieur à lui ; « *il n'est sensible qu'à la stimulation positive de la chaleur et de la nourriture, mais il ne différencie pas encore celles-ci de leur source : la mère. La mère est chaleur, la mère est nourriture, la mère est l'état euphorique de satisfaction et de sécurité* » [112]. C'est l'état narcissique primaire décrit par S. Freud[113]. D. W. Winnicott souligne que le premier miroir de l'enfant, c'est la mère : « *que voit le bébé quand il tourne son regard vers le visage de sa mère ? Généralement, ce qu'il voit, c'est lui-même. En d'autres termes, la mère regarde le bébé, et ce que son visage exprime est en relation directe avec ce qu'elle voit* » [114]. Quand l'enfant grandit, il se différencie de sa mère, mais, écrit E. Fromm, à travers les différentes expériences qui sont les siennes, l'enfant comprend deux choses, l'une qui concerne les attitudes maternelles : sa mère est ou n'est pas contente selon la manière dont il agit, et la deuxième, plus importante encore et dont la compréhension s'acquiert au travers de ces différentes expériences, qui est que l'amour de sa mère est inconditionnel : « *je suis aimé. Je suis aimé parce que je suis l'enfant de maman, parce que je suis faible, parce que je suis beau, admirable. Parce que maman a besoin de moi. En un mot, je suis aimé pour ce que je suis, ou en termes peut-être plus rigoureux, je suis aimé parce que je suis. Cette expérience d'être aimé par la mère est passive, il n'y a rien que je doive faire pour être aimé - l'amour maternel est inconditionnel... S'il est là, c'est en quelque sorte une grâce ; s'il n'est pas là, c'est comme si toute beauté s'était retirée de la vie – et il n'y a rien que je puisse faire pour l'instaurer* »[115].

Cette attitude maternelle aimante vis-à-vis de son enfant n'a cependant rien de naturel. Il est admis aujourd'hui que l'instinct maternel ne présente aucun caractère inné[116]. Mais paradoxalement, il est observable que très souvent, « *il y a bien traumatisme pour l'enfant au moment de la naissance car l'évolution normale se fait à l'encontre de ses aspirations fondamentales, mais aussi pour la mère, car l'un et l'autre, à ce moment-là ne demandent qu'à poursuivre indéfiniment les délices d'une relation fusionnelle à deux corps mais à une seule et unique personne* »[117].

La théorie de l'attachement proposée par J. Bowlby va venir éclairer comment se forme le lien entre la mère (ou plus exactement la figure maternelle, c'est-à-dire la personne qui donne les soins maternels) et l'enfant. L'auteur va remettre en cause la théorie de S. Freud selon laquelle durant la prime enfance, si l'enfant est si dépendant de sa mère, c'est parce qu'il perçoit très vite que ses besoins physiologiques sont comblés par elle. Pour l'auteur, le « comportement d'attachement » de l'enfant va bien au-delà, et s'appuyant sur les études de nombreux éthologues, il affirme que ce comportement recherché par l'enfant s'entend de la recherche et du maintien de la proximité avec un autre individu[118]. Cette proximité physique est non seulement naturelle, mais elle va se maintenir tout au long de la vie du sujet. La deuxième figure d'attachement la plus fréquemment observée est celle du père, et viennent ensuite celles des autres enfants, sans qu'un quelconque « comportement de soins » ne la provoque. Ces autres figures d'attachement n'en rendent pas l'attachement à la mère d'une moindre intensité, au contraire. Ce comportement d'attachement à la figure maternelle va durer jusqu'aux trois ans de l'enfant, période durant laquelle chaque inquiétude à ce sujet va provoquer diverses et violentes réactions de la part de celui-ci. Au-delà de cet âge, l'enfant pourra vivre d'autres figures d'attachement « auxiliaires » de façon d'autant plus sécurisée que les premières années auront été source de sécurité affective pour lui. Si les liens d'attachement sont si importants pour l'enfant, c'est que, comme pour les petits des espèces animales, ils ont avant tout un rôle de protection. Celle-ci sera d'une efficacité plus ou moins relative selon que l'attachement de l'enfant à sa mère bénéficie ou pas, ou dans une moindre mesure, d'une stabilité dans les interactions, laquelle est porteuse de sécurité pour l'enfant.

L'attachement est sûr « *lorsqu'il se caractérise par le fait que l'enfant a confiance dans la disponibilité et l'aide que lui offriront en cas de besoin ses figures d'attachement* » [119], c'est à dire que la mère soit ou non présente. Sont ainsi appréciées les aptitudes de l'enfant à se détacher de sa mère lorsqu'elle est à ses côtés, à aller explorer

alentour, mais également ses réactions au moment d'une séparation, et les différentes interactions qu'il aura avec sa mère pour chaque situation : est-il heureux de la retrouver, lui manifeste-t-il de la colère, a-t-il besoin de se rassurer par un contact physique, etc. [120] ? Au contraire, le schème d'attachement est *angoissé ambivalent* quand « *l'enfant témoigne qu'il n'est pas certain que son parent sera disponible et lui apportera l'aide sollicitée, c'est le schème qui est associé aux plus fortes angoisses de séparation* » [121]. Enfin, le schème d'*attachement angoissé évitant*, « *dans lequel l'enfant n'a aucune confiance dans l'aide et les soins que peut lui apporter son entourage et tente de vivre sans le soutien d'autrui* » [122]. D. Houzel rappelle très justement sur le sujet que d'une part, le schème d'attachement développé ultérieurement par un enfant avec autrui dépendra en grande partie de celui dont il aura pu bénéficier, et que d'autre part sauf à être modifié relativement tôt par les figures d'attachement, très rapidement il tendra à « *s'autonomiser des relations avec l'extérieur et à se pérenniser quelles que soient les réponses apportées par les partenaires de la relation* » [123].
Cette étape a été également étudiée par D.W. Winnicott et définie comme « *l'aire des phénomènes transitionnels* » [124], « *aire intermédiaire d'expérience qui se situe entre le pouce et l'ours en peluche, entre l'érotisme oral et la véritable relation d'objet, entre l'activité créatrice primaire et la projection de ce qui a déjà été introjecté, entre l'ignorance primaire de la dette et la reconnaissance de celle-ci* » [125] qui apparaît entre le quatrième et le douzième mois. L'apport de D.W. Winnicott est riche d'enseignement sur ce processus d'apprentissage pour l'enfant qui est tout à la fois différenciation progressive de la mère, perception, reconnaissance et acceptation d'une réalité extérieure autant que d'un monde intérieur différencié. La fonction de pare-angoisse jouée par ce qui fera office de « doudou » pour l'enfant va lui permettre, progressivement, de déplacer sa dépendance à la mère sur un objet de substitution (et de transition) dont il intégrera la qualité d' « objet non-moi », lui permettant d'accéder au monde réel qui l'entoure, donc dans le même temps à sa propre singularité, de passer du principe de plaisir et de toute puissance au principe de réalité.
Ce qui m'intéresse particulièrement chez D.W. Winnicott, tout comme J. Bowlby l'a démontré avec la théorie de l'attachement, c'est que la qualité du développement de l'enfant et la possibilité d'accès qui lui est offerte vers une pleine maturation dépend entièrement de son environnement affectif. Ainsi ne suffit-il pas de coller un doudou dans les mains d'un enfant pour que les phénomènes transitionnels s'opèrent de façon positive. Et il semble également que ce deuxième processus de séparation (je situe le premier au moment de la naissance), qui ne représente en soi que l'amorce d'un processus de séparation beaucoup plus long, constitue une première étape décisive dans la capacité de l'individu à dominer, à l'âge adulte, ce que je pourrais appeler une « angoisse d'individuation » - pour ne pas confondre avec l'angoisse de séparation -, qui s'analyse comme un profond sentiment de solitude et dont la source se trouve dans le fait de n'avoir jamais fait l'expérience sécurisante de la séparation d'avec la figure maternelle.
Qu'est-ce qui caractérise un environnement affectif satisfaisant nécessaire au bon déroulement des phénomènes transitionnels pour D.W. Winnicott ? Une première

réponse serait d'affirmer que l'on mesure la qualité de cet environnement à la capacité développée par l'enfant à investir pleinement son objet transitionnel. Car c'est bien en constatant que le détachement physique, affectif et psychique d'avec la mère ne s'opère pas, ou de façon insatisfaisante pour l'enfant (qui pourra présenter certains troubles), que le constat pourra être posé. Pour l'auteur, la « *mère suffisamment bonne* » est « *celle qui s'adapte activement aux besoins de l'enfant* »[126], ce qui nécessite pour elle de modifier *constamment* cette adaptation au fur et à mesure que l'aptitude de l'enfant à tolérer des frustrations et sa propre défaillance (maternelle) croît. De son côté, l'enfant qui fait l'expérience répétée de frustrations progressives est plus à même de les supporter, en plus du fait qu'il commence à s'appuyer sur une activité mentale naissante, des satisfactions auto-érotiques et une appréhension croissante de sa réalité intérieure et extérieure[127]. Cette épreuve de la réalité pour l'enfant passe donc par la nécessité pour la mère de ne plus s'adapter totalement aux besoins de l'enfant. Mais cette désillusion de l'enfant ne peut être source de bon développement que s'il a d'abord fait l'expérience de son omnipotence, cette illusion qui permet au bébé de croire que le sein de sa mère et lui ne font qu'un et « *qu'il* [le sein] *est sous le contrôle magique du bébé* » [128]. Pour l'auteur, le dévouement de la mère lors des premiers mois a une incidence directe sur la capacité ultérieure de l'enfant à accepter le monde extérieur : si l'illusion (de son omnipotence) fonctionne pour le petit enfant, c'est parce que « *la mère place le sein réel juste là où l'enfant est prêt à le créer, et au bon moment* » [129], c'est-à-dire qu'elle « *donne à celui-ci l'illusion qu'une réalité extérieure existe, qui correspond à sa propre capacité de créer* » [130]. Cette illusion subsistera à l'âge adulte de manière sublimée dans la façon qu'aura l'enfant devenu adulte d'appréhender ce que l'auteur appelle la « créativité primaire », qui ne se résume pas à toute forme de création, mais définit beaucoup plus une façon positive d'appréhender la vie : « *la créativité que nous avons en vue est celle qui permet à l'individu l'approche de la réalité extérieure* » [131], « *nous constatons ou bien que les individus vivent de manière créative et sentent que la vie vaut la peine d'être vécue, ou bien qu'ils sont incapables de vivre créativement et doutent de la valeur de la vie. Chez l'être humain, cette variable est directement reliée à la quantité et à la qualité de l'apport offert par l'environnement lors des premières phases de l'expérience de la vie que connaît tout bébé* »[132].

C'est également au cours de ce processus que l'objet transitionnel permet à l'enfant d'accéder à un certain symbolisme. Ce qui fait office de « doudou » va progressivement passer de la qualité d' « objet partiel »[133] (le sein de la mère) à un objet réel : « … *la plupart des mères donnent à leur enfant un objet particulier, s'attendant - et c'est généralement le cas - à ce qu'il s'y attache avec passion* » [134]. Dans le texte original, l'auteur emploie l'adjectif « addicted » pour qualifier cet attachement qui unit l'enfant à son objet transitionnel et définit la qualité du lien : le petit enfant est attaché à son objet transitionnel comme le nourrisson à sa mère. Progressivement, l'objet est investi affectivement, au point de compter, si ce n'est plus que la mère, au moins autant qu'elle, et c'est parce que l'adaptation de la mère s'est faite en fonction des besoins de l'enfant que celui-ci peut accéder à la réalité extérieure.

Pour comprendre comment un individu peut s'installer dans la dépendance alcoolique, s'il faut remonter à ses premiers mois de vie, il est également intéressant de comprendre pour quelles raisons le bon déroulement de la relation mère/enfant n'opère pas. F. Dolto ne disait-elle pas qu'il fallait trois générations pour « fabriquer » un sujet psychotique ? Les raisons sont certes nombreuses, mais il me semble utile de rappeler que mon propos n'est ni d'accuser les mères (et les pères) de tous les maux, ni de réduire les problèmes que toute situation nouvelle de parentalité engendre à une expression pathologique. Comme l'exprime J. Bergeret à propos des sujets limites, il convient pour en comprendre la complexité, de ne pas réduire cette astructuration[135] à la seule responsabilité des deux parents mais d'y associer un point de vue psychosocial, qui éclaire tout à la fois sur les deux lignées parentales mais également sur les changements sociaux culturels contemporains. A propos de ce deuxième élément, l'auteur rappelle qu'une des premières conséquences des différents changements socioculturels auxquels nous avons pu assister ces dernières années, soit la modification de la structure familiale, a opéré ce qu'il appelle un « *affadissement… considérable du pouvoir épigénétique des imagos paternelle et maternelle* »[136], lequel entraîne chez l'enfant de graves difficultés identificatoires. Celui-ci évolue en effet dans un environnement où le rôle sexuel de ses parents est le plus souvent estompé. Loin de faire l'apanage de la famille traditionnelle, J. Bergeret rappelle simplement que celle-ci avait au moins le mérite de marquer les conflits sous le sceau organisateur de la génitalité (structures névrotiques).

L'auteur évoque également l'omniprésence des figures ancestrales présentes dans l'imaginaire parental, et de remarquer que « *s'il est certain que les représentations parentales, violentes d'abord, puis génitalisées ensuite, suffisent à rendre compte des différents cas de figures successivement présents dans les constructions fantasmatiques ou oniriques de l'enfant*, [pour autant], *l'origine de ces conflits et de ces pressions se situe dans un rapport de forces, érotiques et agressives, très complexe entre deux lignées familiales, elles-mêmes conjonction de deux autres lignées conflictuelles… L'ombre de ces personnages porteurs d'éléments fixateurs de l'imaginaire parental a toujours plané dans les épigenèses de tous les enfants, à toutes les époques* » [137], et de terminer sur le fait que si les parents sont certes les transmetteurs actifs de ces fixations imaginaires, il arrive que celles-ci soient également transmises de façon inactive, les parents ne jouant plus alors que le rôle de support passif intergénérationnel.

C. Geissmann propose également une analyse transgénérationnelle des difficultés que peut rencontrer la mère pour s'ajuster aux besoins de son enfant, lesquelles si elles sont éclairantes sur un trait caractéristique de sa propre personnalité, nous offre également des éléments de sa généalogie, qui la renvoient à son incapacité « *à régresser à un stade où elle devient le bébé de sa propre mère, avec tout ce que cela peut signifier dans sa propre histoire* » [138]. En d'autres termes, la représentation de sa propre mère, telle qu'elle l'a intériorisée, l'empêche à son tour de devenir mère. Pourtant, selon l'auteur, « *cette régression est féconde, car si elle entraîne une crise d'identité, elle peut permettre aussi une maturation psychoaffective de la mère par la remise en question des identifications telles qu'elles s'étaient nouées dans le complexe d'Œdipe et qu'elles s'étaient réexprimées à l'adolescence* » [139]. Alors que la mère du futur sujet alcoolique devrait être en mesure, durant sa grossesse et dans les premiers mois de la naissance, de « *s'identifier très étroitement à son nourrisson, l'éprouvant psychiquement comme une partie d'elle-même* » [140], au contraire, elle est dans l'incapacité (ou la difficulté) de s'identifier à lui, et ne peut « *être capable de pressentir les besoins et les états de son enfant* » [141].

C'est à ce stade du développement de l'enfant que la théorie des phénomènes et objets transitionnels de D. W. Winnicott prend toute son importance. Nous venons de voir que l'incapacité de la mère à s'adapter aux besoins de son enfant peut préexister à la naissance de celui-ci, et prendre corps dès la grossesse. De son côté, la mère ne peut être une mère suffisamment bonne ; pour l'enfant, la réponse à ses besoins (affectifs et autres) est constamment inadaptée, générant trop de frustrations ou au contraire devançant l'expression même du besoin. Il n'y a aucune mesure, c'est-à-dire aucune régularité dans l'attitude de la mère qui permettrait de qualifier la relation mère/enfant de ni trop bonne, ni trop mauvaise. L'état émotionnel de la mère va déterminer sa capacité d'adaptation « du moment » aux besoins de l'enfant. L'enfant ne peut donc faire confiance à sa mère et accepter des frustrations ponctuelles et progressives, puisqu'il lui est impossible de s'appuyer sur ce qu'il vit (ses expériences). Dans cette relation, très vite, c'est l'enfant qui s'adapte au fonctionnement de la mère.

D.W. Winnicott affirmait qu'au moment de l'aire des objets et phénomènes transitionnels, le sentiment de la perte pouvait devenir un moyen d'intégrer sa propre expérience de soi. Pour le sujet futur alcoolique, il semble bien que les choses ne se soient pas déroulées de manière satisfaisante et que n'ait pu s'opérer une première séparation/individuation amenant progressivement l'enfant dans une nouvelle réalité, la réalité extérieure, celle de la distinction entre le moi et le non-moi. Du point de vue de l'enfant, il semblerait que l'incapacité psychique de la mère à s'adapter à ses besoins ait eu deux types de conséquences conduisant au même résultat : soit la mère revêtait une importance telle pour l'enfant, dans sa fonction nourricière et affective (la dépendance de l'enfant), mais également et surtout en tant que personne réelle (comme l'auteur l'analyse dans un cas clinique évoqué[142]), faisant peut-être même office d'objet transitionnel « substitutif », soit que l'enfant ait très vite « ressenti » la mère/le sein comme objet *extérieur* à lui, éprouvant de fait trop précocement sa différenciation. L'incapacité de la mère à s'adapter aux besoins de l'enfant conduit très vite celui-ci à « se faire oublier », c'est-à-dire à faire passer les besoins de sa mère avant les siens propres. Dans le processus décrit par D.W. Winnicott, l'enfant passe alors *directement* à la désillusion sans avoir pu vivre dans un premier temps l'illusion de son omnipotence. Aucun objet transitionnel ne pourra alors véritablement venir remplacer la mère/le sein, puisque cette relation symbiotique n'a pas eu lieu. Dans les deux situations, aucun « sevrage » n'est possible, et il faut ici entendre le véritable sevrage décrit par D. W. Winnicott, la capacité pour l'enfant de distinguer le moi du non-moi, et non le simple sevrage attaché à l'allaitement, ou, comme l'exprimait F. Dolto, « *le sevrage est manqué s'il n'a pas conduit l'enfant à une relation de communication avec sa mère encore plus riche que lorsqu'il était au sein. Et non seulement avec sa mère présente, mais avec une mère imaginée, quand elle est absente* » [143].

2. Le détachement

Je pourrais pour résumer affirmer que si la qualité de l'attachement dépend essentiellement de la mère, l'accès à l'autonomie est du ressort du père. Pour autant, les choses sont loin d'être aussi simples, tout d'abord parce que cette lecture correspond grossièrement aujourd'hui à une structure de la famille traditionnelle qui n'est plus, et dont j'ai avec J. Bergeret évoqué que les conflits qu'elle engendrait n'étaient pas plus simples[144]. Surtout, ce détachement, qui consiste en un savant et progressif accès vers une autonomisation/émancipation, ne se réalise que dans la qualité de l'interaction des figures parentales, ce qui signifie qu'il dépend notamment des conditions dans lesquelles se sont organisées les relations au sein du couple avant même l'arrivée de l'enfant.

Avant de développer cet aspect de la question, je souhaiterais introduire mon propos par ce que l'on attend du père aujourd'hui (encore). Ses fonctions sont nombreuses et variées, mais il me semble qu'il soit nécessaire de pointer dès maintenant celle qui représente à mon sens la fonction première du père, qui va consister pour lui dans le fait de s'interposer entre la mère et l'enfant dans cet amour inconditionnel décrit par E. Fromm. Le père, nous dit-il, est porteur d'une double fonction de protection qui vise à protéger l'enfant de la toute puissance maternelle, et la mère des besoins dévorants de son enfant. Comment ? En offrant à l'enfant un « amour conditionnel » : *« l'amour paternel a ceci de négatif qu'il doit être mérité, qu'il peut être perdu si l'on déçoit son attente…* [mais] *puisque son amour est conditionnel, il est de mon pouvoir de l'acquérir, je peux œuvrer dans ce sens ; son amour, contrairement à celui de la mère, ne se situe pas hors de ma portée »*[145]. Cette fonction de protection s'analyse alors comme une fonction de séparation, permettant également l'ouverture au monde, l'ouverture à l'autre. Mais c'est également la Loi qui va parler, puisque cette première véritable limite posée à l'enfant vient lui signifier qu'il est contraint de ne plus faire un avec sa mère. C'est une contrainte protectrice, à la fois psychique et physique, puisqu'elle limite et délimite en posant l'interdit de l'inceste.

Les psychanalystes ont participé une fois encore pour beaucoup à la compréhension du bon développement de l'enfant, rappelant sans cesse la nécessité d'un père en termes de « fonction paternelle ». Il peut d'ailleurs en ce sens semblé paradoxal de dénoncer la crise de l'autorité, alors même que les pères sont de plus en plus présents pour s'occuper dès les premiers instants de leurs nourrissons. Certains psychologues[146] n'ont cessé de tenter en ce sens une revalorisation de ceux que l'on appelle aujourd'hui les nouveaux pères[147], en soulignant notamment les « rôles » de ceux-ci. Pour autant, c'est bien en termes d'autorité que D. W. Winnicott[148], F. Dolto ou encore G. Mendel[149] s'expriment pour définir la fonction du père, dépositaire de la Loi. Un père, nous dit F. Dolto, *« c'est quelqu'un auquel on s'identifie quand on est un garçon, quelqu'un qui vous signale vos infractions à l'égard de la loi, qui vous soutient dans votre évolution sociale et qui vous donne une monnaie d'échange, l'argent. Un père, c'est celui qui vous introduit à la loi des échanges en société, échanges de comportement et échanges de puissance symbolisés par l'argent. C'est aussi lui qui donne (ou ne donne pas) son nom au sujet et le marque ainsi de cette reconnaissance (ou non-reconnaissance), préalablement à tout contact social* »[150].

Il ne s'agit pas d'entendre la fonction du père comme une autorité excessive qui renverrait beaucoup plus aux fondements de la société patriarcale, mais plutôt une autorité qui non seulement le légitime en tant que « père réel », mais va par incidence légitimer l'enfant. Il convient dès à présent d'entrer directement dans l'essentiel de ce que je souhaiterais ici partager. Qu'est-ce qu'un « père réel » si ce n'est l'homme qui en « *imposerait au désir de* [la] *mère* » de l'enfant, empêchant alors que celui-ci soit voué indéfiniment à « *l'impasse de l'arbitraire de la volonté capricieuse de l'Autre maternel* » [151] ? Cette aptitude du père, nous dit cet auteur lacanien, a une incidence particulière à l'adolescence, puisque « *l'identification au corps sexué, pour le garçon comme pour la fille, passe à l'adolescence par l'expérience oedipienne renouvelée du nom du père comme limite de la jouissance de l'autre* » [152], le « nom du père » étant à entendre comme l'expression de la loi symbolique. Il va sans dire qu'évidemment, tant le nom (le non) que la valeur de sa parole seront au cœur de cet équilibre familial, mais peut-être devrais-je écrire de cet équilibre préexistant au sein du couple, puisqu'en effet, « *seuls une mère et un père qui ont été et restent encore l'un pour l'autre femme et homme peuvent transmettre la loi du désir à leurs enfants devenus grands* » [153]. Pour être « réel », le père doit nécessairement être soutenu comme tel par la mère, faute de le réduire à un autre père, « imaginaire » [154] celui-là.

D. Dumas va lui aussi pointer l'importance du « père réel » en termes de loi. Durant l'enfance, mais dès la naissance, l'existence et la présence du père vont permettre à l'enfant de percevoir son individualité propre : « *les structures mentales de l'enfant se construisent, comme son corps, à partir de matériaux qui lui sont extérieurs. Lorsqu'on dit d'un enfant qu'il s'identifie à son papa, cela signifie qu'il puise chez son père les éléments psychiques nécessaires à sa construction. S'il ne se construisait qu'avec une seule personne, il ne pourrait être, mentalement, autre chose que la "poupée russe" de sa maman. C'est donc la relation qu'il établit avec son père qui lui permet de se construire comme un individu différent de ses deux parents* » [155].

A l'adolescence, cette même fonction va se retrouver de façon encore plus active : il est alors nécessaire pour le père de prendre « le relais », car c'est aux débuts de cette période, plus que toute autre, que la figure paternelle se doit d'être sur le devant de la scène, afin de permettre aux adolescents de pouvoir « *rejeter tout ce qui est de l'ordre du maternel* » [156]. Pour l'auteur, comme pour les psychanalystes en général, la fonction paternelle se définit avant tout en termes d'identification « *chez l'être humain, l'identification au père est le pivot de la santé mentale* » [157], identification qui n'est possible, comme pour C. Hoffmann, qu'à travers la parole du père et la valeur qui lui sera conférée par la mère, et qu'en tant que celui-ci s'inscrit comme le « *pivot de la rivalité oedipienne* » [158] indispensable pour la construction individuelle.

C. Melman, en fonction du contexte psychosocial qu'il analyse, ira jusqu'à rappeler le besoin inconscient exprimé par certains d'un retour à une figure paternelle autoritaire (et patriarcale) pour que puisse s'établir un nouvel équilibre familial. Pour ce psychanalyste lacanien, qui remet en question la figure paternelle freudienne posée comme interdicteur du désir, « *le père, contrairement à un abord simpliste de la situation oedipienne, n'est pas tant celui qui interdit que celui qui donne l'exemple du franchissement autorisé de la limite pour accomplir son désir, son désir sexuel. Tout le monde sait bien que l'accomplissement du désir sexuel a toujours cet aspect momentanément hors norme, quelque peu transgressif* » [159], et l'auteur de rappeler à son tour que « *la fonction du père est de priver l'enfant de sa mère, et ainsi de l'introduire aux lois de l'échange* » [160].

Pour ces auteurs, la fonction paternelle s'inscrit bien dans le registre de la Loi, avec une incidence précise, celle de permettre au moment de l'adolescence un vécu positif de la sexualité, laquelle sera la première étape du processus de l'entrée dans le monde adulte. Pour J.-J. Rassial comme pour D. Dumas, qui reprennent les travaux de F. Dolto, l'adolescence est en effet, beaucoup plus qu'un nouveau départ, c'est un « *premier temps de récapitulation* » [161], un temps qui prépare à l'âge adulte, une « *gestation* » [162].

Essayons de comprendre les différentes situations qui me permettent d'affirmer que la fonction paternelle est à interroger spécialement dans le registre de la Loi (au sens d'interdit de l'inceste), et que c'est de cette lecture dont dépendra la qualité du détachement de l'enfant. J'évoquais en introduction l'hypothèse que cette fonction préexiste (ou ne préexiste pas) d'une certaine façon avant même la naissance de l'enfant, en ce sens que la façon dont s'est organisé le couple va déjà être un indicateur de la capacité du père à se poser comme père pour l'enfant, mais également vis-à-vis de sa femme. Je me placerai ici sur le registre exclusivement psychopathologique, c'est-à-dire quand les relations au sein du couple sont révélatrices de multiples carences, un autre plus anthropologique, avec un regard sur les organisations familiales contemporaines, sera abordé ultérieurement[163].

Au regard de ce qui vient d'être dit, la première incidence pour l'enfant dans l'incapacité de son père à être père concerne son besoin de sécurité. B. Brusset pointe cette spécificité en rappelant la fonction séparatrice du père. Ce qui va générer de l'angoisse chez l'enfant, c'est que son père n'est jamais vécu comme interdicteur, « *obstacle à la relation primaire fusionnelle à la mère, agent de différenciation perceptible et représentable* » [164], ni comme protecteur, « *nouvel objet semblable et différent duquel du bon peut être attendu* », « *par son statut d'objet perceptible, connaissable, représentable et surtout pulsionnellement investi, … lieu d'une première identification rendant possible l 'émergence de la relation duelle, de l'indifférenciation, donc la représentation de soi* » [165]. Et l'auteur de poursuivre : alors que « *les parents* [devraient être] *reconnus dans leur différence en fonction de leur identité de genre, de leur sexe, ils tendent à être investis comme bon objet et mauvais objet, l'un comme double inversé de l'autre. La persistance de l'action des pulsions destructrices clivées et projetées fait que le rapprochement avec le bon objet pour fuir le mauvais objet persécuteur suscite le retour du mauvais dans le bon dans un système de bascule sans issue* » [166].

Dans ces conditions, l'enfant se retrouve en situation duelle, en face à face avec sa mère. Et D. Houzel de remarquer que « *c'est d'un équilibre d'ensemble entre les différents types d'investissements parentaux que dépend le succès de la parentalité : équilibre entre investissement narcissique et investissement objectal de l'enfant, équilibre entre investissement*

narcissique et investissement objectal dans le fonctionnement du couple, équilibre entre investissements parentaux et investissements conjugaux, équilibre entre rôle maternel et rôle paternel » [167]. Reprenant les travaux de F. Cahen, D. Houzel rappelle l'impossibilité observée par l'auteur pour certains couples d'être parents, soit qu'ils fonctionnent de façon *symbiotique*, *« dans une étroite dépendance réciproque »*, soit qu'ils forment un *couple parentifié*, *« chacun des partenaires jouant successivement le rôle de l'enfant de l'autre partenaire* » [168]. Dans la réalité des parents du futur sujet alcoolique, il semble même que cette distinction n'ait pas lieu d'être opérée, car le couple en question peut très souvent fonctionner simultanément sur les deux registres. La « parentification » fréquente de la femme par l'époux[169], et l'intérêt que celle-ci y trouve les amène à fonctionner naturellement de manière symbiotique, mais c'est parce que ce mode relationnel s'opère entre deux adultes qu'il peut fonctionner, chacun des deux partenaires y trouvant un rôle à jouer (et rejouer), et de fait sa place, une place. L'arrivée d'un enfant non seulement va perturber cette relation, mais elle va surtout contraindre chaque adulte, le père et la mère, à transposer ce mode relationnel au profit d'un tiers, l'enfant, qui lui n'a pas d'autre choix que de s'y plier, n'étant pas autonome et dépendant exclusivement de ses deux parents.
Dans cette constellation familiale, l'absence de figure paternelle a également une incidence sur le registre de la construction identitaire. Inscrit dans une relation objectale toujours duelle, l'enfant ne peut avoir conscience de sa différence. De fait, cet être en devenir pourra être défini comme un « *être resté centré sur la mère*[170] », prisonnier de ce que D. Stern appelle la constellation de la maternité. Idéalement, « *dans la constellation oedipienne qui remplace peu à peu la constellation de la maternité, la relation de l'enfant à chacun des deux parents est plus directe, mais chacun des deux parents doit médiatiser la relation de l'enfant à l'autre parent. Sans cette médiatisation des objets parentaux l'un par l'autre, les relations pulsionnelles, fantasmatiques et affectives qui se développent entre l'enfant et eux seraient trop violentes et destructrices* » [171].
M. Balint va proposer une théorie issue de sa clinique pour décrire ces sujets qui, pour de multiples raisons, se sont construits sur ce modèle duel. Pour cet auteur, le manque d'ajustement entre l'enfant et les personnes qui constituent son entourage va générer ce qu'il appelle un « défaut fondamental ». Celui-ci se situerait selon l'auteur dans une « zone de création » (il y a trois zones) qui précède celle du conflit oedipien, lequel nécessite non seulement trois personnes, mais la résolution d'un conflit. Ici, il n'est pas question de conflit, le défaut est ressenti comme à l'intérieur du sujet, comme quelque chose qui lui a toujours manqué[172]. Le « défaut fondamental » dérive d'une relation à deux personnes que l'auteur qualifie de « primitive » : *« il s'agit certes d'une relation à deux personnes, mais dans laquelle un seul des partenaires compte ; ses désirs et ses besoins sont les seuls qui importent et qui doivent retenir l'attention ; l'autre partenaire, bien que ressenti comme extrêmement puissant, ne compte que dans la mesure où il consent à satisfaire les désirs du premier ou, au contraire, décide de les frustrer ; ceci dit les intérêts, les besoins, les désirs et les souhaits personnels du second partenaire n'existent tout simplement pas* » [173]. Si cette analyse retient toute mon attention, c'est que M. Balint va observer chez nombre de ses patients « difficiles » ce défaut, qui fait le plus souvent obstacle au transfert et donc à l'analyse, et parmi lesquels

figurent nombre de sujets alcooliques. L'origine de ce défaut fondamental est à rechercher dans la prime enfance du sujet, au regard de deux critères, soit une exigence parfois exorbitante des besoins de celui-ci (de nature congénitale), soit une incapacité de la mère à tout simplement faire face et à répondre de façon ajustée aux besoins de son enfant[174]. La théorie de M. Balint est complexe, notamment parce qu'elle remet totalement en cause la théorie freudienne du narcissisme primaire, mais pour ce qui me concerne, l'intérêt de cet auteur réside encore dans ce qu'il pointe de manière indirecte comme défaillance : l'absence de père qui va préfigurer un certain nombre de troubles, qui auront alors pour fonction de créer artificiellement pour le sujet une « harmonie » jamais connue. L'auteur, à travers sa propre expérience d'analyste, décèle deux types de relation d'objet : un univers ocnophile et l'autre philobate. Le premier a pour conséquence une « *surestimation de l'objet* » [175], le deuxième au contraire s'exprime chez le sujet par la nécessité de « *développer des aptitudes personnelles – c'est-à-dire son Moi – en vue de conserver, ou de reconquérir sa liberté de mouvements et l'harmonie au sein des espaces vides d'objets…* » [176]. Dans l'univers ocnophile, le sujet vit la relation d'objet comme un élément nécessaire à son existence, c'est la menace de sa perte qui sera productrice d'angoisse ; dans l'univers philobate, au contraire, la relation d'objet est vécue comme menaçante, et seront investis les espaces vides d'objet (et l'auteur de citer, les montagnes, les déserts, etc.). Mais dans les deux cas, l'objet est de toute évidence considéré comme « *un allant de soi : la notion d'un objet indifférent, qu'il faut transformer en partenaire coopérant au moyen d'un "travail de conquête", n'est pas encore apparue. Dans cette relation harmonieuse à deux personnes, un seul des partenaires peut avoir des désirs, des intérêts et des exigences propres ; il est entendu, sans nécessité d'en faire la preuve, que l'autre partenaire, l'objet ou l'espace ami, auront automatiquement les mêmes désirs, les mêmes intérêts et les mêmes espérances* » [177]. L'équilibre précaire du sujet est alors maintenu tant que dure cette harmonie, mais « *à la moindre discordance entre le sujet et l'objet, la réaction consistera en symptômes bruyants et violents, évoquant des processus soit d'agressivité et de destructivité intenses, soit de désagrégation profonde* » [178].

La théorie proposée par M. Balint doit être rapprochée de la conception de l'alcoolisme telle qu'elle a été proposée par J. Maisondieu, en ce qu'il évoque à son tour une relation qui se joue à deux. Pour ce dernier, si le sujet alcoolique boit, ce n'est pas tant parce qu'il a manqué de père mais parce qu'il reste en manque de mère. Et si le détachement ne s'opère pas, ce n'est pas tant parce que l'environnement affectif de l'enfant est toxique, ce qu'il peut être, et qu'il empêche de fait un processus d'autonomisation sereine, mais plutôt parce que l'enfant en serait incapable. « *Chez le futur alcoolique, grandir n'est pas porteur d'espoir, mais source d'amertume, car l'épreuve de séparation-individuation qui fait du petit d'homme un sujet au moment où, se détachant de sa mère, il réalise qu'il est une personne indépendante, cette épreuve ne se subit pas dans une ambiance jubilatoire d'une conquête de liberté, mais dans un contexte sinistre de rejet. Tout semble se passer pour lui comme si l'autonomie lui était imposée, au lieu d'être acquise. Il a l'impression que ce n'est pas lui qui lâche la main secourable de l'adulte, mais que c'est l'adulte qui se détache de lui. Il ne prend pas son envol, on le laisse tomber* » [179]. Le fait est que le futur sujet alcoolique ne supporterait pas l'idée de n'être plus « tout » pour sa mère, et n'accepterait pas qu'elle puisse fort bien se passer de lui. L'autonomie est vécue par lui comme un abandon, et l'auteur de voir dans l'attachement de la mère pour son enfant comme un piètre mensonge parce que non seulement il n'a rien de naturel, mais qu'il permet de déplacer sur la création artificielle de mauvaises mères une erreur d'interprétation et d'analyse qui consisterait à ne voir dans la mère qu'une mère idéale. J. Maisondieu finit quand même par se contredire dans sa critique en ce qu'il réintroduit en dernière instance le père (la nécessité du père) et la fonction symbolique de la Loi (interdit de l'inceste) : « *ce "non" qui fait loi et que la Loi impose en retour est porté par les deux parents. Que l'un ou l'autre fléchisse ou, au contraire, exagère dans sa détermination à le prononcer, aussitôt l'équilibre se rompt et la pathologie pointe... Le "non" à l'inceste doit s'accompagner d'un "oui" à l'amour filial, qui vient en amortir la rigueur* » [180]. L'auteur, s'il pointe à juste titre que ce qui prime dans l'économie de l'enfant, c'est d'abord la façon dont il va vivre la séparation et reconstruire (peut-être) la réalité, néglige malgré tout l'environnement affectif parental comme participant de cette incapacité de l'enfant à se séparer. En effet, J. Maisondieu décrit ce moment comme ne se jouant qu'à deux, entre l'enfant et sa mère. D'autre part, il convoque finalement les parents comme devant donner de « l'amour filial » sans intégrer dans sa démonstration que de celui-ci dépendra tout de même la capacité de l'enfant à se séparer. Ce que l'on retiendra, c'est bien que le futur sujet alcoolique se construit dans une relation à deux, et qu'il ne parvient jamais à se détacher, demeurant un être à qui il manque toujours un quelque chose d'indéfinissable, qui fait défaut pour se sentir un.

Si je reviens à la théorie de M. Balint, c'est bien qu'elle pointe (comme le fait J. Maisondieu malgré lui) donc plus qu'elle ne la dénonce l'absence de père. C'est en ce sens que l'œuvre de F. Dolto, comme celle de beaucoup de lacaniens, vont avoir toute leur importance. Ce qui est alors très clairement exprimé, ce n'est pas tant le fait que la mère soit « bonne » ou « mauvaise » comme l'a pensé M. Klein, qu'elle sache ou non s'adapter comme l'a écrit D. W. Winnicott, qui va générer des troubles chez l'enfant, mais bien le fait que celui-ci se développe d'abord sans père, c'est-à-dire sans « père réel » comme je l'évoquais précédemment, quand le nom du père s'est effacé[181]. La fonction du père est bien en effet de mettre fin à la relation duelle entre la mère et son enfant (le détachement), non pas tant pour désunir mais pour introduire au tiers. Elle est à la fois dépendante des questions sexuelles, en ce qu'elle va permettre à la fille comme au garçon (mais de manière très différente) de s'identifier au père et de trouver une jouissance dans l'acte sexuel avec un autre. Et c'est bien le désir du mari pour sa femme et de la femme pour son mari qui vont permettre un détachement de l'enfant, et par là même une possibilité de se différencier. Cette fonction du père s'inscrit également en dehors de toute question sexuelle (encore que) dans la mesure où, comme l'écrit D. Dumas, le père est également porteur de l'inscription dans le futur : alors que « *la mère est responsable de la naissance corporelle de l'enfant, le père* [l'est] *de sa naissance sociale : du statut d'homme ou de femme qui l'attend dans le futur* » [182], voilà ce qui peut expliquer que les enfants élevés dans des univers exclusivement féminins souffrent d'un défaut d'intégration dans le temps et peinent à vivre autrement que dans un présent qui les emprisonne. Car le père introduit l'enfant à son unité et son aptitude relationnelle par la parole. Cette dernière perspective me semble intéressante en ce sens qu'elle peut éclairer ces alcoolisations adolescentes pathogènes, lesquelles peuvent alors s'entendre comme autant de mises en acte d'une volonté de *« séparation, comme la recherche d'un hors-lieu qui tente de séparer en acte le sujet de son aliénation à l'Autre…* [c'est donc] *une façon de fuir l'angoisse que provoque le désir de l'Autre et de se retrouver comme existant hors de sa présence »* [183], l'autre étant la figure maternelle, mais également comme la matérialisation (par les effets de l'alcool) d'une impuissance à se projeter dans l'avenir.

S'il fallait résumer les différentes avancées que nous ont fournies ces auteurs, il conviendrait finalement de ne retenir qu'une double expression de l'absence chez le sujet alcoolique, lequel est, nous dit H. Gomez, *« implicitement invité à faire un double deuil : celui d'une mère trop présente, y compris par son absence, celui d'un père trop absent, y compris par sa présence inadaptée »* [184].

N'ayant pu se construire des représentations positives et équilibrées des figures parentales, les enfants qui ont eu à évoluer dans ces constellations familiales ne peuvent accéder à l'âge adulte dans des conditions sécurisantes, et il faut entendre la maturité dans le sens que lui a donné E. Fromm : *« la personne mûre s'est affranchie des figures extérieures du père et de la mère , et les a élaborées à l'intérieur d'elle même . Non point en les incorporant, comme l'a prétendu Freud dans sa conception du Surmoi, mais en édifiant une conscience maternelle sur sa propre capacité d'amour et une conscience paternelle sur sa raison et son jugement »* [185].

La problématique alcoolique s'analyse bien en termes de manque, de manque à être, de manque à être un, et d'une certaine façon, la pratique d'alcoolisations répétées et compulsives va venir, à un moment donné de son histoire, signifier à la personne alcoolique qu'il est temps de choisir un mode d'émancipation. C'est à mon sens ce qu'expriment certaines personnes alcooliques en témoignant : *« j'ai bu pour pouvoir m'arrêter »*. Ainsi pourrait-on apprécier l'ancrage dans l'abstinence comme une prise de décision (tardive et le plus souvent difficilement opérante) d'un premier pas vers la séparation. En ce qui concerne les enfants qui seront des adultes alcooliques, la question soulevée est à la fois celle d'une incapacité à se vivre comme un être individualisé, avec une identité propre, autant que la difficulté à se vivre en relation, l'autre finissant toujours par représenter une menace, puisque ne répondant pas pleinement aux exigences duelles précédemment connues. P. Aulagnier, rappelant *« l'intrication présente entre problématique identificatoire et problématique relationnelle et, de ce fait, entre libido d'objet et libido narcissique ou – ce qui revient… au même – libido identificatoire »* [186] pointe la nécessité pour le sujet de se construire un passé, lequel trouvera son assise dans la mémoire (ou pas) des émotions ressenties durant la prime enfance. L'existence de ce passé n'est possible, nous dit l'auteur, que dans la mesure où le sujet est capable d'interpréter de façon causale ces émotions et qui constitueront sa « légende fantasmatique » [187], interprétation qui masquera certes les source et cause réelles de l'émotion mais sera d'une certaine façon validée par ses figures parentales. Dans ces conditions, le mode relationnel du sujet sera avec plus ou moins de créativité, la reproduction de la première relation d'objet. Dans la lignée névrotique, ce relationnel se concrétisera avec plus ou moins de succès, dans la mesure où la légende fantasmatique est compatible avec la singularité du sujet. Il n'en va pas de même du côté des psychoses, le sujet pouvant au mieux se vivre comme « apprenti historien » de son histoire, acceptant que cette première partie « *reste dépendante de la mémoire maternelle* » [188], mais à la condition qu'il soit reconnu comme coauteur indispensable par les figures maternelle et paternelle, et que cette mémoire soit mobile, source possible de réinterprétations. Lorsque cela n'est pas possible, c'est-à-dire lorsque la mémoire n'est pas partagée et que le sujet est désinvesti, en tant qu'historien de son histoire, de sa « *mobilité interprétative* » [189], alors il se vit lui-même comme sa propre origine, le « *Je est lui-même référent* » [190], ce qui entraîne alors un désinvestissement progressif. Le sujet est alors impuissant à se projeter dans le futur, comme adulte et parent potentiel. Ce que traduit cette impossibilité de passé, c'est l'incapacité des parents à donner une place à leur enfant en tant qu'être individualisé et en devenir. En faisant table rase de leur parentalité (c'est-à-dire leur incapacité à se vivre en tant que parents), ils nient à l'enfant l'existence d'un relationnel et même d'une scène primitive, « *théâtre des affects, des sentiments et des plaisirs responsables de sa conception* » [191], l'empêchant alors de se vivre comme un être avec un passé et un futur, incapable de se percevoir comme être de désir ou d'envisager sa propre finitude. Le sujet demeurera alors coincé dans un présent, niant sa propre appartenance au monde. E. Fromm à ce sujet écrit « *ainsi donc, le besoin le plus profond de l'homme est de surmonter sa séparation, de fuir la prison de sa solitude. L'échec absolu à atteindre cet objectif signifie la folie, car comment surmonter la panique d'une complète solitude, sinon par un retrait si radical du monde que le sentiment de séparation disparaît – parce que le monde extérieur dont on est séparé, a lui-même disparu* » [192].

L'enfant va donc recevoir pour se construire deux manifestations d'amour : l'amour de la mère, lequel consiste en un savant dosage d'adaptations et de frustrations qui doivent permettre à l'enfant de déplacer cet amour vers d'autres personnes. Pour atteindre cet objectif, C. Geissmann rappelle la nécessité pour la mère de « *donner deux fois naissance à son enfant : si par l'accouchement, elle donne naissance à un bébé de fait, c'est par un long accouchement de plusieurs mois qu'elle en fait surgir un être psychique* » [193]. L'amour paternel, lui, devra communiquer à l'enfant un « *sentiment croissant de compétence et lui permettre par la suite de devenir son propre maître en se passant de l'autorité paternelle. En fin de compte, lorsqu'elle est à maturité, la personne est devenue sa propre mère et son propre père* » [194].

SECTION 2
AUTONOMISATION, ÉMANCIPATION
L'ÉPREUVE DE L'ADOLESCENCE

Alors que dans le sens courant qui lui est aujourd'hui attribué, la « crise » de l'adolescent représente une étape difficilement supportable mais obligée du passage de l'enfance à l'âge adulte, et en ce sens il s'agit bien d'un passage, l'adolescence préparant à l'âge adulte, celle-ci fut longtemps perçue de manière beaucoup plus positive puisqu'elle désignait en médecine la « résolution d'une maladie » [195]. Elle signifiait alors l'achèvement positif d'une épreuve.

En dépit de la difficulté à vivre (ou subir) cette période, le terme de crise continue d'évoquer cette fin salutaire, où les déchirements intérieurs (et extérieurs) restent nécessaires pour traverser la mutation qui s'opère. Il n'en demeure pas moins que l'absence de cadres autant que de rituels en Occident (pris dans le sens de sociétés modernes, industrialisées) questionne sur la nécessité de tels bouleversements, et de s'interroger sur les sociétés traditionnelles, où toute la durée de l'adolescence est encadrée par les aînés, ritualisée, et où la fin est matérialisée par une cérémonie, afin de symboliser le passage du monde de l'enfance à celui du monde adulte[196].

Depuis que l'adolescence existe en temps que période spécifique, soit à peu près en même temps que naissent les sciences sociales, à la moitié du XIXème siècle, la « crise » de ce temps de tumultes est progressivement venue se greffer sur ce délicat passage d'un corps et d'un psychisme en transformation, déchiré entre désirs individuels et conventions sociales. La psychanalyse va apporter un éclairage nouveau à différents courants de pensée du début du XXème siècle, qui jusque là associaient à la crise de l'adolescent un tiraillement entre une affirmation exaltée de soi et une révolte furieuse à l'encontre de tout ce qui représente l'autorité. Ces perturbations de l'adolescent vont dès lors être perçues comme presque nécessaires au bon déroulement de cette période, et c'est parfois leur absence qui pourra laisser craindre quelque déséquilibre. Ce qui nous intéressera ici n'est pas tant ce qui fait crise, ce que j'aborderai en quelques lignes, mais bien l'enjeu qu'il y a pour l'adolescent à résoudre ce conflit, et comment l'utilisation de l'alcool permettra de pointer l'impuissance que peut parfois rencontrer ce jeune individu à s'extraire une nouvelle fois de sa première relation d'objet. En ce sens, ce qui va suivre concerne donc l'échec de l'adolescent à s'extirper pour devenir un, à travers son expérience toxicomaniaque de l'alcool qui s'origine dans cette période cruciale, cruciale en ce qu'elle le contraint à se déterminer dans la nécessité d'un choix de partenaire exogamique.

§ 1
Du côté de l'adolescent
La sexualité, de l'enjeu de l'individuation

Les modifications du corps annonciatrices de la puberté conduisent à un ensemble de remaniements psychiques indispensables à l'équilibre psychique de l'adolescent. S. Freud introduit ces changements de la puberté avec le passage de la pulsion sexuelle essentiellement auto-érotique à la découverte de l'objet sexuel[197]. Dans une période relativement brève sur l'échelle du temps, l'adolescent est amené à canaliser un surcroît pulsionnel, sexuel, tout en devant opérer un travail de deuil de ce qui le définissait auparavant, le deuil s'entendant comme la capacité à réorganiser au niveau intrapsychique ses investissements objectaux en acceptant que ceux-ci ne soient plus tournés vers la personne dont il faut se détacher.
Ce que nous disent S. et P. Angel, c'est que ce travail de deuil est d'autant plus empêché que les processus d'autonomisation ne se sont pas réalisés entre le sujet et la personne concernée, et que l'on doit comprendre cette capacité de travail de deuil comme étroitement liée à la possibilité de « *verbalisation, d'élaboration et d'expression des affects de la famille* » [198]. La possibilité pour l'adolescent de s'autonomiser puis de s'émanciper, on le comprend, reste étroitement liée à la possibilité qu'il a eue de vivre ses premières expériences de séparation. Il me semble à cet endroit impossible de faire l'économie d'un rappel de la fonction du père, lequel à la suite de la mère, va introduire l'enfant à sa différence par une première reconnaissance de son individuation en lui offrant notamment l'accès au langage. Mais revenons pour le moment à ce je décrirais comme une situation encore normale. Ce deuil de l'enfance amorce une quête identitaire, laissant durant plusieurs années le pubertaire, puis l'adolescent, malmené par un va-et-vient incessant entre deux identités sans avoir la possibilité de faire totalement sienne l'une ou l'autre.

1. Les transformations et ce qui fait « crise »

Si la puberté annonce la possibilité d'une nouvelle identification, en ce qu'elle permet physiquement l'acte sexuel, l'adolescence se conçoit plutôt en termes de choix, puisque l'adolescent est d'une certaine façon sommé d'intégrer psychiquement cette nouvelle identification, laquelle si elle ne lui confère pas encore totalement le statut d'adulte, le place sur le même plan d'égalité que ses figures parentales. Par la possibilité de l'acte sexuel et le choix d'un objet sexuel exogame, l'adolescence donne en effet la pleine mesure à l'intéressé qu'il est désormais identifiable sexuellement[199].

P. Delaroche insiste sur cet aspect brutal de la mutation que doit opérer l'adolescent. Ce qui fait crise pour lui, c'est la rapidité des modifications psychologiques nécessaires aux transformations corporelles que doit réaliser l'adolescent pour aller dans le sens de la maturation, et ce alors même qu'il doit le faire souvent contre sa volonté, quand une partie de lui souhaiterait voir se continuer le monde de l'enfance et de son insouciance. Pour cet auteur, « l*a crise* [serait] *donc un processus qui va trop vite parce que ses éléments contradictoires sont en décalage les uns par rapport aux autres* » [200]. La notion de crise ne décrirait alors qu'un temps paroxystique de l'adolescence, celle-ci devant plutôt s'entendre comme un processus de maturation imperceptible, à l'exception de ces moments plus chaotiques que les autres.

L'adolescent est entièrement mobilisé par les transformations corporelles qui bouleversent l'image qu'il avait de son corps. Premier représentant des pulsions sexuelles et agressives, le corps devient l'instrument de référence de l'adolescent par rapport à son environnement et aux possibilités qu'il a de le maîtriser. Ce bouleversement peut entraîner des représentations négatives de l'image du corps qui peuvent s'étendre à sa personnalité toute entière, « *d'autant plus, que parallèlement aux modifications physiques, s'ajoute un mouvement intrapsychique conduisant l'adolescent à se désengager des relations et des projets qu'il avait construits dans l'enfance. Cette perte des objets infantiles entraîne alors la mise en place de mécanismes de défense vis-à-vis des pulsions sexuelles et agressives, mais aussi vis-à-vis du sentiment de la perte du lien qui l'unissait à ces objets, perte qui amène à un remaniement des identifications, susceptible de déboucher pour certains sur des troubles identitaires* » [201].

L'insécurité est telle qu'il est alors compréhensible que l'adolescent aille se rassurer dans le regard de l'autre, l'ami, le même, le miroir. Il n'est d'ailleurs pas surprenant qu'en dépit d'un paradoxe apparent, « l'originalité » de l'adolescent en crise ne soit qu'un paravent pour masquer ce magistral point d'interrogation : qui suis-je ? Plutôt que de n'être personne, il est aisé d'aller se définir dans la démesure, l'excès, pour se rassurer d'un grand vide, d'un grand manque.

Lorsque la configuration familiale normale, c'est-à-dire non pathogène, ne l'autorise pas à se définir dans une outrance vestimentaire par exemple, et/ou verbale, l'adolescent va pouvoir utiliser un moyen qui comble ce non existant identitaire : l'alcool (ou tout autre produit pouvant servir de béquille) et se créer ainsi une identité, celle d'alcoolique. Pour autant, il semble difficile dans cette configuration de ne pas déjà y voir une certaine rigidité familiale, laquelle ne se conçoit qu'en termes de reproduction mimétique et trouve là une certaine identité. Mais cette limite imposée, « visible », ne doit pas conduire à une interprétation excessive, l'utilisation de l'alcool peut alors servir de transgression, sorte « d'identité négative » [202] transitoire à ce fonctionnement normatif, qui pour excessif qu'il soit, n'empêche pas l'adolescent d'être reconnu dans sa parole, et donc dans son identité propre. Je fais plutôt ici référence à ces organisations familiales qui dénient à l'adolescent toute possibilité d'expression individuelle, lui signifiant implicitement le refus de toute liberté sexuée, et donc sexuelle. La mainmise maternelle et paternelle sur le choix vestimentaire de leurs adolescents me semble alors traduire leur incapacité, voire leur refus d'accepter cette nouvelle identité, sexualisée. P. G. Coslin parle alors de « crise pathologique », lorsque « *puberté et adolescence ont été traumatiques et que le jeune s'ancre dans des fantasmes, tombe dans la morosité ou dénie les changements provoqués par la puberté. Anorexie mentale et toxicomanies en sont des expressions cliniques* » [203].

Aujourd'hui encore, le sens de la « crise » reste ambigu, dans la mesure où ce terme désigne tout à la fois l'aboutissement paroxystique d'un conflit intérieur ou relationnel entraînant d'importants changements de comportements autant qu'un processus perturbateur d'un fonctionnement psychologique habituel occasionnant une souffrance certaine, définie par D. Marcelli et A. Braconnier comme « *un moment temporaire de déséquilibre et de substitutions rapides remettant en question l'équilibre normal ou pathologique du sujet. Son évolution est ouverte, variable ; elle dépend tout autant de facteurs internes qu'externes* » [204].

D'un point de vue non psychopathologique, je pense que le terme de crise permet de combler une terrible lacune, celle laissée par le vide, la béance en matière de rite de passage qui doit normalement accompagner toute transformation. Il me semble qu'à partir du moment où les sciences humaines et sociales identifient et reconnaissent cette période transitoire comme spécifique de transformations identitaires, il eut été nécessaire de réfléchir sur l'absence de rites de passage, dont les derniers vestiges, rattachés au monde religieux, pour critiquables qu'ils soient, avaient au moins encore le mérite d'exister. Je pense que ce qui fait crise aujourd'hui, c'est l'absence d'accompagnement collectif autant que l'existence d'un accompagnement individuel plutôt mal venu car inadapté. C'est également cette contradiction sociétale qui, d'un côté, permet (implicitement, sans logique systématique de condamnation sociale) à l'adolescent l'accès à une expérience sexuelle, dès qu'il le souhaite, avec en corollaire une certaine pression (implicite ou fantasmée) du groupe de pairs qui l'incite à se revendiquer comme un adulte le plus tôt possible : « alors, toi, tu l'as déjà fait ? », la précocité de l'acte sexuel étant alors vécue et reconnue comme un signe de maturité, même si les désillusions sont importantes. De l'autre, la crainte d'une maternité précoce, qui existe encore en dépit de toutes les possibilités offertes aujourd'hui pour y échapper, traduisant alors une demande implicite d'être encore reconnu comme enfant (« je veux que l'on s'occupe de moi, et comme je ne suis pas entendu, je le montre ») a été remplacée par la peur du VIH, qui permet de fait une intrusion de l'adulte, une forme de contrôle, de regard sur une sexualité qui ne lui appartient pas.

Il me semble que ces intrusions, justifiées par un principe de précaution, représentent encore un moyen de s'approprier un droit de regard sur les expériences de l'adolescent. Dès lors, celui ci est à la fois en demeure de rendre des comptes sur sa sexualité, d'un point de vue individuel, et de l'autre, il demeure seul, sans accompagnement collectif ritualisé, entre pairs et sous la surveillance de l'adulte, pour affronter ce moment qui fait crise.

La crise de l'adolescent, quand elle a lieu sous forme paroxystique, avec passage à l'acte, sans que l'environnement soit appréhendé comme véritablement toxique, pathogène, représente un moyen pour lui d'exprimer qu'il est seul pour affronter un terrible point d'interrogation, celui de son identité. Qui suis-je, et surtout qui suis-je « en train de devenir » ? Est-il nécessaire de rappeler que c'est cette même quête qui pousse la personne alcoolique à consommer : la question identitaire, et la nécessité psychique de se définir, au moins comme alcoolique plutôt que le néant[205].

Que redoute l'adolescent au moment où il constate que son corps se transforme ? Bien qu'il soit étrange d'habiter un corps depuis une dizaine d'années et d'être le témoin impuissant de cette transformation, ce n'est pourtant pas ce qui inquiète le plus l'adolescent. L'angoisse qu'il ressent concerne la transformation psychique qui va devoir accompagner les modifications physiques : l'adolescent pressent qu'il va être contraint, poussé à grandir. Il est contraint, son corps le lui dicte, de se détacher de son monde d'enfant et de tout ce qu'il avait de rassurant, c'est-à-dire de connu. L'adolescent est contraint de s'émanciper, de devenir grand, autonome, responsable, il est obligé de renoncer à une sécurité relativement bienveillante que lui fournissait le foyer parental, et à ce qu'il restait de « fusionnant » d'avec la mère. Cette nouvelle séparation est d'autant plus difficile à vivre qu'elle réactive la première séparation[206] (ou deuxième, si l'on considère la naissance comme une première séparation), si bien que l'adolescent peut ressentir le besoin pour l'affronter de « s'attacher » une dépendance, afin de ne pas expérimenter de nouveau une trop grande solitude. Si au moment de la séparation, l'enfant a reçu de ses parents suffisamment de sécurité affective, qui lui aura donné une certaine stabilité psychique, et s'il a été relativement entouré, notamment par un père présent, psychiquement présent, qui aura pu accompagner l'enfant dans sa première conquête de l'extérieur, du social, alors, de par ces conditions réunies, il est possible d'affirmer qu'à l'adolescence, l'adolescent bénéficiera déjà d'un capital confiance non négligeable pour affronter cette nouvelle autonomisation.

2. La sexualité et l'alcool[207]

Concernant maintenant l'expérience de l'alcool à l'adolescence, il convient de préciser certains points plus spécifiques et d'envisager s'il est possible de voir dans les différents modes d'alcoolisations de certains adolescents la possibilité d'une tentative de déplacement de l'enjeu que la sexualité représente. Nous venons de le voir, l'adolescence peut se définir en termes de risques, la sexualité représentant l'enjeu, ce qui est central de ces transformations. Pour autant, comme le fait remarquer D. Marcelli, « *si effectivement, on peut considérer que l'adolescence est une période « à risques », comme toute période caractérisée par la fréquence et l'importance des changements subis par le sujet, pour autant l'adolescence est-elle une période spécifique de « prises de risques », cette expression devant s'entendre au pluriel ?* » [208]. La question est en effet de savoir ce qui définit une certaine normalité à cet âge au niveau de la prise de risques. L'adaptation, nous dit B. Cyrulnik, « *peut être considérée comme un signe de santé* » [209] ; en ce sens, il faut entendre que s'adapter à l'adolescence peut parfois relever d'actes ou de comportements en apparence aberrants, difficilement compréhensibles hors de ce contexte. Une question surgit alors de ces deux réflexions d'auteurs : si une certaine prise de risques est bien caractéristique de l'adolescence, dès lors, compte tenu des changements qui vont devoir s'opérer, la violence de ces risques ne peut-elle s'envisager comme un moyen adaptatif de déplacer sur un objet extérieur une peur effroyable de grandir ? Mais peut-on alors parler d'adaptation ? Si je reviens à la définition de J. Bergeret, l'individu « normal » est celui qui se réserve « *le droit de se comporter de façon apparemment aberrante dans des circonstances exceptionnellement "anormales"* » [210]. L'adolescence peut-elle être appréciée comme une circonstance exceptionnellement « anormale » ? Telle que je l'entends, cette « circonstance » me semble faire référence à une situation extérieure à l'individu, or les bouleversements que connaissent les adolescents sont de deux ordres et correspondent à des modifications psychologiques et physiques profondes internes, même si elles ont une incidence indiscutable sur la qualité du lien nouveau que l'adolescent doit nécessairement tisser avec autrui, qu'il s'agisse de ses parents ou de ses autres relations. D. Marcelli ou B. Cyrulnik mettent l'accent sur le changement premier, essentiel, que va devoir opérer l'adolescent et qui constitue la prise de risque essentielle : sa sexualité. « *Incontestablement, la sexualité introduit chez l'adolescent une double vulnérabilité, celle relationnelle et objectale du rapport à l'autre, celle individuelle et narcissique du rapport à soi. Cette vulnérabilité ne sera tolérable et acceptable que si et uniquement si, l'adolescent a pu dans son enfance faire l'expérience que l'autre est source de réconfort et de possible plaisir et qu'en même temps, lorsqu'on s'abandonne à l'autre et qu'on accepte parfois de se « faire avoir », son propre narcissisme y trouve un puissant réconfort et renforcement* » [211]. L'expérience répétée d'alcoolisations, dans un tel contexte, peut alors s'analyser comme une prise de risque détournée de l'adolescent lui permettant d'éviter (ou retarder) l'enjeu de cet affrontement avec lui-même. En opérant une distinction entre le « risque éprouvé », c'est-à-dire le risque de substitution, et le « risque réel », soit l'enjeu de sa sexualité, B. Cyrulnik pointe le bénéfice immédiat de ces comportements à risque : si « *c'est un bénéfice adaptatif* », il ne s'agit en rien d'un « *bénéfice développemental* » [212]. La distinction de l'auteur est capitale : si dans ces pratiques de mise en danger, il y a bien un risque réel, celui-ci permet d'éviter le véritable risque, celui-là psychique, lequel contraint l'adolescent non seulement à changer de figure d'attachement mais à devenir lui-même à la fois « *l'objet sexuel et la figure d'attachement* » [213]. Il y a bien alors compensation dans la prise de risque car elle permet tout simplement de ne pas penser, « *l'immédiateté prend alors une fonction tranquillisante* » [214].

A considérer aujourd'hui l'adolescence comme une période de crise « nécessaire », nous en sommes venus à banaliser une pratique – la consommation d'alcool – potentiellement dangereuse. Ainsi D. Bailly conclut t-il la rédaction d'un article sur les spécificités de l'alcoolisme de l'enfant et de l'adolescent – et ce alors même qu'il figure parmi les rares qui reconnaissent l'alcoolisme précoce de l'adolescent – par une sorte de propos fataliste : « *notre culture, nos traditions font qu'il est difficile d'échapper à "l'initiation alcoolique". Tous les adolescents ou presque consomment de l'alcool. Beaucoup font l'expérience de l'ivresse. Les conduites d'alcool apparaissent à l'adolescence comme un phénomène éminemment transitoire lié à l'âge. Cette notion de "crise passagère" conduit aussi souvent à éluder la question du normal et du pathologique. Le risque dès lors est de minimiser l'importance de ces conduites et de ces comportements au moment précis où leur prise en charge permettrait d'aider l'adolescent à surmonter des difficultés qui risquent de compromettre gravement son avenir* » [215].

§ 2
Du côté des parents
La réassurance d'un lien indéfectible

Nous venons de voir que la consommation d'alcool peut permettre à l'adolescent de déplacer le risque qu'il encourt à assumer cette nouvelle identification sexuelle. Il convient maintenant, au delà du sens que peuvent donc revêtir certains modes d'alcoolisations pathogènes, de comprendre ce qui empêche l'adolescent d'accéder à ce qu'il faut bien appeler le désir, « *un mode de jouissance dans l'acte sexuel* » [216].
Il s'agit désormais d'envisager l'alcoolisme de l'adolescent en termes d'interactions intrafamiliales, et de questionner l'environnement affectif, non plus en ce qu'il a participé à l'élaboration d'une certaine vulnérabilité psychique de l'adolescent, mais plutôt comment les père et mère vont jouer un rôle actif dans l'installation de la pathologie et l'entretenir à des fins diverses, avec pour conséquence directe d'empêcher l'accès de l'adolescent à son autonomisation. L'alcool pourra avoir pour fonction de « parler » un silence, un secret, et de refléter l'impossibilité pour de telles constellations familiales de se vivre et de vivre autrement que dans la réassurance de l'indéfectibilité de leur lien.

1. Qui se sépare ?

Au moment de l'adolescence, le nécessaire mouvement d'émancipation qui s'opère n'est possible que si le sujet, soumis au tiraillement de ce qu'il ressent pour l'image maternelle, entre effroi et fascination, est contré par l'image paternelle et une possible identification à celle-ci. Plutôt que la nostalgie qui le conduirait vers la régression, l'adolescent peut s'appuyer sur un père idéal pour s'émanciper, père idéal dont la fonction est également de s'opposer à ce que la mère ne reprenne sa place toute puissante : le père a cette double fonction séparatrice de l'enfant à l'égard de sa mère, mais également de celle-ci vis-à-vis de son enfant ; il a également fonction d'introduction au tiers. Des auteurs comme M. Valleur et J.-C. Matysiak nous offrent en ce sens, à travers l'analyse des conduites à risques adolescentes, qu'ils qualifient de « conduites ordaliques » [217], une interprétation intéressante : donnant une expression plus moderne à l'ordalie, ces auteurs y voient une remise en question des dépositaires institués de la loi : « *en s'adressant directement à l'Autre pour décider de son propre droit à la vie, le sujet pose, à travers cet équivalent de Jugement de Dieu, la question de la légitimité de la loi. L'aspect juridique de l'épreuve est sans doute la source de scandale que constituent tant les toxicomanies que les conduites à risque des adolescents : tenter de rencontrer l'Autre, fonder la légitimité de sa propre existence dans une démarche solitaire, est aussi invalidation des dépositaires institués de la loi, et des formes admises de "passage" ou d'intégration* » [218]. Il me semble que cette analyse ne peut concerner les adolescents que je décris ici, et qu'il ne soit dès lors pas possible d'interpréter ces prises de risques en termes de « transgressions » comme le proposent les auteurs, mais plutôt comme autant d'interrogations à l'égard des dépositaires *symboliques* de la loi, la loi rappelons-le devant s'entendre comme de l'interdit universel de l'inceste. Car il ne peut s'agir de transgressions que dans la mesure où la loi est établie. En effet, si certaines pratiques de consommations de l'adolescent l'inscrivent déjà dans un processus pathologique, c'est bien parce que ce qui est questionné n'est pas. Ce n'est donc plus l'Autre qui est interrogé, mais l'absent. S'inquiéter de la santé de l'adolescent qui s'alcoolise ne vise donc pas la « normalisation » de celui-ci, attitude critiquée par les auteurs qui analysent ces relations au produit en dehors de toute dépendance, comme autant de dysfonctionnements sociétaux conduisant l'adolescent à de plus en plus de comportements à risques. Dans le tableau clinique questionné ici, la loi n'est pas posée, et les mises en actes de l'adolescent pour s'autonomiser et s'émanciper seront d'autant plus violentes qu'il n'aura pas été reconnu comme Autre justement. L'adolescent alcoolique va continuer à se débattre dans du même, pourrait-on écrire, avec l'espoir d'une vaine tentative de normalisation qu'il va rechercher dans l'alcool.

Dans l'organisation familiale défaillante telle qu'elle est décrite pour le sujet potentiellement alcoolique, l'image paternelle n'est pas suffisamment forte, maintenant une fixation trop étroite aux images maternelles, qu'elles soient bonnes ou mauvaises. Le recours à l'alcool permettra alors « *à petites doses répétées, (de) réanimer une image du père défaillante et (de) se réassurer contre la castration en suscitant un sentiment de virilité factice avec érotisme et combativité, soit à doses plus importantes, (de) faire rentrer dans l'ombre l'image de la mère mauvaise, la sorcière frustrante, au profit de celle de la bonne mère qui apporte amour, nourriture, douceur, chaleur, etc., soit enfin à hautes doses grâce auxquelles l'ivresse vient bientôt se confondre avec le plaisir fusionnel vécu symboliquement comme un retour au sein maternel, au même titre que le sommeil et la mort* » [219].

Quand l'épreuve de l'autonomisation va se présenter, l'adolescent pourra ressentir une angoisse au point qu'il fonctionne « naturellement » sur un mode dépendant : des amitiés dans un premier temps, dont il se sent plus ou moins prisonnier parce que sa demande affective pourra être disproportionnée par rapport à ce que ses amis souhaitent donner[220], puis très vite vers un produit toxique le rendant dépendant : le tabac, l'alcool, les drogues illicites, etc[221].

Rien n'est en effet plus angoissant que de devoir « tenir debout » [222] seul, et contrairement à ce que l'on pourrait croire, il est fort possible que l'adolescent ne tienne pas tant que ça à se sentir libre et autonome. L'adolescent, en tant qu'enfant de ses parents, souhaite surtout se sentir en sécurité affective. L'analyse de M. Corcos et P. Jeammet est en ce sens intéressante puisque les auteurs font un lien entre l'évolution des comportements adolescents et les modifications des rapports que ceux-ci entretiennent avec leurs parents : l'évolution de la société, en particulier dans ses aspects économiques (marché du travail) et socioculturels (possibilité de longues études, vie au foyer familial jusqu'à un âge avancé, mais aussi le divorce, la pilule, etc.), a considérablement modifié la place de l'enfant dans la cellule familiale, « *tout cela contribue à renforcer une situation d'osmose émotionnelle entre l'enfant et ses parents qui renforce la dépendance affective de l'enfant sans qu'aucune limite ne vienne s'interposer, facilitant la nature narcissique de son investissement* » [223]. Et de constater : « *à la problématique du conflit pulsionnel, liée à des interdits forts et propres aux règles transactionnelles rigides, se substitue une problématique du lien pour laquelle la distance relationnelle ne peut plus se moduler par le biais des limites et des différences clairement affirmées* » [224].

Les adultes, et a fortiori les parents, ne doivent jamais oublier qu'ils ont un rôle à jouer qui n'est pas toujours gratifiant dans le regard des (de leurs) enfants. Garde-fous, ils ont pour devoir de poser certaines limites, des « non ! » simplement dans le but que les enfants, les adolescents, les bravent. C'est ainsi. Les parents qui se voudraient compréhensifs et préféreraient jouer le rôle de « copains » sont dans l'erreur. Les enfants ont déjà choisi leurs camarades et n'ont pas besoin que leurs parents jouent ce rôle. Mais comme l'expriment clairement les deux auteurs, aujourd'hui, « *les parents refusent de plus en plus d'entrer en conflit avec les adolescents et veulent avant tout trouver en eux un soutien et une confirmation qu'ils sont de bons parents. Ils empêchent ainsi le remaniement de son agressivité par l'adolescent et le privent de son adolescence, en empêchant sa quête, parfois violente mais nécessaire, de son autonomie et la conquête d'un monde qui soit à lui et qui ne se confonde pas avec celui de ses parents* » [225].

Il est évident que le rôle des parents ne se limite pas à poser des interdits. Ceux-ci n'ont d'ailleurs une valeur certaine qu'à deux titres : le premier, c'est qu'ils doivent s'accompagner de paroles, d'explications et d'une possibilité de s'exprimer pour l'enfant/adolescent (reconnaissance de l'altérité) ; le deuxième, aussi paradoxal soit-il, est que les parents doivent avoir conscience qu'ils posent certains « non » dont il est souhaitable qu'ils ne soient pas respectés, pour le bon développement de l'enfant/adolescent. Ce n'est que par l'expérience qu'on apprend, et comme il faut laisser au petit enfant la possibilité de faire l'expérience du chaud, du froid, etc., il faut laisser à l'adolescent le chemin de sa liberté (accès au désir)[226].

L'alcoolisation vient alors se substituer au rituel qui aurait dû accompagner un processus de maturation, celui d'un corps et d'un psychisme qui franchissent une étape. Au processus de l'adolescence répond un autre processus, celui de l'alcoolisme. Les alcoolisations, puis l'alcoolisme, viendront alors compenser une impossibilité à vivre cette période de crise pour les mêmes raisons que celles rapportées précédemment, une incapacité à pouvoir se différencier.

L'adolescent peut en effet avoir plusieurs raisons de boire, c'est-à-dire de s'appuyer sur la boisson pour traverser « sa » crise, soit qu'il est resté sous l'emprise de la Loi de la mère (la séparation/individuation n'ayant jamais pu être opérée), soit qu'il traverse cette période de façon relativement solitaire, ne disposant que de peu d'appuis psychiques sur lesquels s'appuyer pour affronter l'épreuve. Dans ce dernier cas, l'adolescent souffre autant de l'absence de rituel marquant chaque étape de sa transformation, que de l'incompréhension de son environnement familial et/ou amical. Dès lors, l'identification est problématique, et l'adolescent se retrouve dans un no man's land identitaire, d'où la nécessité d'un appui extérieur temporairement structurant, l'alcool.

2. La fonction familiale de l'alcoolisme

Il convient pour en terminer de ne pas négliger un dernier point, celui de la fonction que va occuper l'alcoolisme de l'adolescent au sein de la constellation familiale. L'alcoolisme est un moyen pour certains parents de matérialiser leur volonté, le plus souvent inconsciente, d'empêcher l'adolescent de s'autonomiser, puis de s'émanciper. J'ai précédemment mentionné la codépendance qui existe au sein des relations conjugales, quand l'un des conjoints est alcoolique. Ce type de relation a, j'en ai également évoqué les conséquences, une incidence certaine sur l'accueil et la place qui seront réservés à l'enfant qui naît dans ce type d'organisation. Deux profils de figures parentales peuvent être observés, la mère soit étouffante, soit froide et distante, le père absent ou distant également, ou sévère. Il est nécessaire alors de comprendre que ce qui va parler à travers l'alcoolisme de l'adolescent, c'est aussi la pathologie de la famille. La relation au produit de l'adolescent ne va venir qu'exprimer le désir d'indéfectibilité des liens conjugaux et familiaux. D. Vallée ira bien au-delà avec la notion « d'apparentement » du produit, lequel sous certaines conditions préalables (structures familiales particulières), va être « *analogiquement considéré comme un membre à part entière de la famille* » [227]. Sans aller jusque là, il convient de ne pas négliger la spécificité de ces constellations familiales, en ce sens que si l'alcoolisme de l'adolescent a bien « *pour effet de déplacer et de manifester sur un mode pathologique spectaculaire les dysfonctionnements relationnels existants au préalable au sein du cercle familial* » [228], il faut alors en tirer les conséquences au niveau de l'organisation de la prévention telle qu'elle existe actuellement en milieu scolaire. Ce qui non seulement confirme que la seule information appuyée sur la réduction des risques n'a aucun intérêt, mais qu'en plus d'informations qualitatives ciblées telles que je les préconise, ce mode d'intervention nécessite, en plus du repérage qui peut s'effectuer par l'intervenant, un travail de partenariat avec d'autres instances spécialisées. Que dire alors de la position de certains animateurs de l'ANPAA[229], qui se refusent à tout interventionnisme auprès de l'adolescent ?

L'alcool a, le plus souvent, une fonction de liant au sein d'une famille, permettant de déplacer sur la tête du sujet alcoolique et de son problème d'alcool une pathologie, ou tout au moins un dysfonctionnement des liens conjugaux, autour de la question de la sexualité par exemple, comme l'exprime J. Maisondieu[230].
L'alcoolisme ou les alcoolisations outrancières de l'adolescent peuvent également venir signifier une pathologie familiale plus diffuse, s'exprimant sur plusieurs générations. C'est ce qui a été analysé par I. Boszormenyi-Nagy à travers le concept de « loyauté », qui enjoint aux membres d'une même famille « *de veiller à la sauvegarde du lignage familial et biologique* » [231], ce qui se traduit notamment par des organisations familiales autocentrées, à fonctionnement incestueux (ce qui ne nécessite pas nécessairement un passage à l'acte sexuel) qui s'organisent comme si la famille ne devait fonctionner que d'un point de vue endogamique. Tout apport de l'extérieur est alors vécu comme intrusif de cet équilibre précaire. L'alcool peut alors représenter pour l'adolescent le moyen de perpétuer ce lien comme il lui permet également de le reproduire en dehors du clan, pour tenter une vaine échappée, entre la « *tentative pour s'autonomiser et un compromis qui maintient les liens en l'état* » [232]. Le concept de loyauté est à rapprocher des « fantômes » évoqués par D. Dumas qui parasitent la vie inconsciente de celui qui en souffre, et qui sont autant de secrets familiaux qui se transmettent sans se parler. L'alcoolisme de l'adolescent viendra alors exprimer sa difficulté à supporter ce silence, sur l'alcoolisme d'un grand-père par exemple, et nous retrouvons alors le concept de « loyauté », mais il peut tout aussi bien s'agir d'un secret n'ayant pas nécessairement de lien avec l'alcoolisme.
Enfin, je souhaiterais aborder une dernière fonction de l'alcoolisme au sein de l'organisation familiale, expression ultime de la dénégation absolue de toute possibilité de reconnaissance de l'autre (l'enfant, l'adolescent) dans sa différence, et même dans son droit à l'existence, je veux parler de l'inceste, ou plus exactement des transactions incestueuses, qui doivent s'entendre d'un certain ordonnancement relationnel transgénérationnel intrafamilial, et qui, si elles se distinguent de l'acte incestueux sexuel, tirent leur fonctionnement de la même négation de l'autre, considéré comme objet (au sens de chose abstraite et non au sens psychanalytique stricto sensu, réifié) et instaurent de fait une intimité sexualisée entre les différentes générations impliquées. Les familles qui fonctionnent ainsi sont génératrices de comportements toxicomaniaques, à l'alcool notamment. Pourquoi affirmer que l'alcoolisme y occupera une fonction bien particulière ?
« *Les choses seraient plus faciles à démêler et à interpréter, si le déplacement des transactions incestueuses, qu'organise l'addiction toxicomaniaque en déplaçant les relations de dépendance, n'était en même temps une esquive, un rempart contre des transactions incestueuses, et un acquiescement à de telles transactions, sur la base d'une métaphorisation de la relation autour de la drogue. Autrement dit, face aux pressions incestueuses, la toxicomanie ne peut pas apparaître comme une véritable résistance. La toxicomanie est le symptôme d'une certaine acceptation par le jeune du jeu incestueux* » [233]. Pour violente que soit l'interprétation des auteurs, elle n'en éclaire pas moins ce qui peut se jouer dans la relation de l'adolescent au

produit. Il s'agit pour lui d'opérer un « compromis », qui consiste à marquer une délimitation entre ses parents et lui-même en s'attachant en apparence une autre dépendance, mais en l'exposant sous leur regard, il exprime également une absence de volonté de « désengagement » de ce mode relationnel, puisque, alors, l'alcoolisme va permettre très concrètement de « *réguler le désir* [du parent désirant, à la fois séduit et séducteur], *l'activant et le détournant à la fois* » [234]. A propos des sujets héroïnomanes, les auteurs illustrent ce nouvel espace relationnel à transaction incestueuse par des exemples de comportements « para-incestueux », allant de soins physiques justifiés par l'état physique de l'adolescent en manque au flicage intrusif pour le surprendre en flagrant délit d'injection. Outre les cas nombreux de personnes alcooliques ayant révélé avoir subi un inceste (avec acte sexuel ou non), des illustrations de ces comportements « para-incestueux » justifient que l'on compare ces organisations familiales autour de la toxicomanie comme se réalisant également avec l'alcoolisme : ainsi la mère qui ramasse son adolescent ivre mort sur le pas de la porte, une autre qui viendra nettoyer le vomis quand son grand fiston dort encore dans sa chambre, une troisième qui se réveillera en pleine nuit, allant jusqu'à dévêtir l'adolescent qui s'est jeté tout habillé sur son lit.

La pratique incestueuse est loin d'être un épiphénomène de l'alcoolisme ou de toute autre addiction : « *la majorité des toxicomanes ont subi des traumatismes au cours de leur enfance... C'est le cas, notamment, du toxicomane adulte qui cherchera, souvent de manière inconsciente, à reconstituer le plaisir reçu, malgré lui, pendant l'attouchement sexuel tout en affrontant la terreur qui le rend muet, comme s'il était lui-même coupable* » [235], poursuivant « *si on l'interroge plus tard, on découvre qu'il s'est passé quelque chose, souvent dans la scène érotique. Quelque chose s'est déchiré dans l'économie libidinale et psychologique du sujet : dorénavant, pour exister, il faut remplir la brisure, bâtir une nouvelle plénitude* » [236].

CHAPITRE II
LA QUESTION DE L'ALCOOLISME À L'ADOLESCENCE, AMÉNAGEMENT TEMPORAIRE OU INSTALLATION DU PROCESSUS ?

La question d'un possible alcoolisme de l'adolescent fait problème, et peu de travaux français lui ont été consacrés en ces termes. S'il est possible de recenser plusieurs études de l'INSERM notamment sur les modes d'alcoolisations des adolescents[237], s'il est dans l'objectif de la MILDT de communiquer sur la mise en garde des risques encourus lors de telles consommations[238], adolescence et alcoolisme ne sont cependant que très rarement associés. Pourtant, comme l'écrit D. Bailly, « *cette méconnaissance des conduites d'abus d'alcool chez l'enfant et l'adolescent apparaît d'autant plus préjudiciable que l'on sait maintenant que la plupart des sujets adultes traités pour alcoolisme ont vu débuter leur consommation excessive d'alcool avant l'âge de 20 ans* » [239]. Pourquoi une telle réticence des professionnels à retarder ce diagnostic, alors que la prise en compte des premières consommations dans le processus de l'alcoolisme permettrait à nombre d'adolescents d'éviter ce couperet fatidique lorsque, devenus adultes, on les aura estampillé « alcooliques ». Dans un autre article, D. Bailly écrit également : « *cependant, si la plupart des adolescents d'aujourd'hui expérimentent ou consomment de l'alcool et des drogues, très peu d'entre eux vont développer un abus ou une dépendance : toutes les études montrent aussi que moins de 20 % des adolescents consommateurs d'alcool et de drogues développent un trouble lié à l'utilisation de ces substances. C'est dire que les facteurs qui influencent l'initiation et la consommation diffèrent sans aucun doute de ceux qui favorisent l'installation d'un abus ou d'une dépendance* » [240]. S'il me semble évident que les pratiques d'alcoolisations à l'adolescence n'engendrent pas le même risque de dépendance pour tous, comment expliquer que ce pourcentage ne suscite pas pour autant plus de questionnements sur ces comportements ? Si d'aventure le gouvernement ou une association quelconque révélait à la presse que parmi les adolescents qui mangent à la cantine, 20 % d'entre eux seront cancéreux dans 10 ans, quels parents ne se soucieraient-ils pas alors de les soustraire à ces dangereux déjeuners ? Mais la consommation d'alcool… Qui aurait le courage, au risque de se voir qualifier « d'hygiéniste », d'informer les adolescents que quelque 20 % d'entre eux seront alcooliques… mais plus tard, seulement plus tard. Si l'on acceptait que ces premières consommations ne doivent en aucun cas être banalisées, même pour les 80 % qui restent, et si les adultes cessaient de les voir en termes de festivités adolescentes, alors il serait possible d'offrir un vrai contenu à la prévention secondaire, laquelle à mon sens ne vise pas à supprimer toute consommation d'alcool, mais à apprendre aux adolescents les qualités gustatives et sensorielles que devraient normalement procurer cette pratique.

C'est la raison pour laquelle, pour parvenir à cet objectif, il me paraît important, lors de mes interventions, d'informer les adolescents, non pas tant sur les dangers de l'alcool, puisqu'il existe aujourd'hui suffisamment d'informations accessibles à tous et qu'elles n'ont que peu d'incidences sur leurs comportements[241], mais plus précisément sur les questions soulevées par l'adolescence et sur les dangers qu'il y a à s'appuyer sur des comportements autodestructeurs autant qu'agressifs pour les autres. J'essaie de leur expliquer que c'est parce qu'ils tentent de détourner le produit de ses qualités initiales qu'ils se mettent en danger.

Finalement, la prévention de l'alcoolisme s'apparenterait beaucoup plus à un accompagnement identitaire, à un approfondissement de la connaissance de soi, qu'à un cours d'alcoologie, qui s'avère relativement inefficace, exception faite peut-être de l'importance de ce que recouvre le processus de l'alcoolisme.

Il est en effet impératif de définir l'alcoolisme comme un processus, qui partirait d'un temps *a* pour arriver à un temps *b*. S'il est fait abstraction du premier, une somme essentielle d'informations manque à la définition de l'alcoolisme, et rend de ce fait toute politique de prévention, toute intervention totalement inefficace.

En me penchant sur la définition de l'alcoolisme fournie par le Petit Larousse illustré, je trouve : « *abus de boissons alcooliques ; maladie liée à un abus chronique de boissons alcooliques, avec dépendance à l'alcool. Syn. Ethylisme* », complétée de celle qui est donnée dans l'Encyclopédie du même nom : « ***l'alcoolisme chronique commence par un stade où le malade est appelé buveur excessif avant que s'installe la dépendance***[242]*, similaire à une toxicomanie. Le malade peut boire quotidiennement, sans ivresse, ou bien par crises menant à l'ivresse. En cas d'interruption brusque de la consommation, il se produit parfois un syndrome de sevrage, voire un delirium tremens. La cirrhose, l'ulcère, les troubles psychiques, sont autant de complications. Le traitement consiste en un sevrage, aidé par les médicaments et la thérapie* ».

Dans le cadre d'un processus, d'une « maladie » dite évolutive, il est bien évident que l'alcoolisme ne peut commencer *déjà* par un abus incontestable : la situation de « buveur excessif ». Ce d'autant plus qu'à quantités égales, certains individus resteront gros buveurs alors que d'autres seront alcooliques, l'alcoolisme n'étant pas affaire de quantité, mais d'investissement du produit comme une « solution magique ». Pas plus que la dépendance ne s'installe qu'après la période « gros buveur ».

L'alcoolisme est un processus, ce qui signifie qu'il est un *« enchaînement ordonné de faits ou de phénomènes, répondant à un certain schéma et aboutissant à un résultat déterminé »*. Il est également défini comme une « *suite continue d'opérations constituant la manière de fabriquer, de faire quelque chose* » [243].

Il est alors possible de visualiser que sur la chaîne de réalisation de ce processus qu'est l'alcoolisme, il manque une période qui précède l'état de buveur excessif, sans qu'il soit aisé d'en définir les contours de manière très précise. Certes, il existe un *avant*, un point de départ relativement flou puisqu'il est lui-même un processus, mais sur quels arguments, quels signes distinctifs faut-il s'appuyer pour affirmer et dater ce commencement ? Est-ce parce que l'on boit trop que l'on devient alcoolique ? Est-ce parce que l'on boit mal ?

Les théories classiques n'y répondent pas vraiment, puisque jusqu'à récemment, le corps médical était le seul à s'être véritablement intéressé à l'alcoolisme. Les nombreux travaux de recherche ont surtout été consacrés aux aggravations de l'alcoolisme : les alcoolopathies. Et même pour le corps soignant au sens large, psychiatres, psychologues, etc., l'essentiel des questionnements se tournait vers la compréhension du phénomène pour aider la personne alcoolique dans son abstinence obligée, soit les propriétés de renforcement de l'alcool : « *rappelons que le terme de renforcement, introduit par Skinner, a une définition opérationnelle : un stimulus ou une substance psychoactive sont dits « renforceurs » lorsqu'ils augmentent la probabilité pour que l'individu reproduise la réponse comportementale à laquelle ils ont été associés de façon contingente* »[244].

Il est vrai que les personnes alcooliques âgées de moins de 25 ans restent relativement rares dans les cabinets de consultation, quels qu'ils soient. Pourtant, l'inclusion dans la définition de l'alcoolisme des débuts de celui-ci intéresse beaucoup la question de l'abstinence. Car plus la prise en charge d'un individu est précoce, plus on a de chance de croire qu'il ne sera pas contraint à une abstinence d'alcool définitive – j'entends par précoce la prise en charge concomitante des débuts de l'alcoolisation.

Certes, la question se pose de savoir si à ce stade de l'évolution du processus (peu d'années de consommation), il convient de considérer l'alcoolisme (ou ce mode d'alcoolisation excessive) comme symptôme d'un autre mal-être (dépression, etc.), ou comme une pathologie à part entière ? Et ce, même s'il n'est plus à démontrer que c'est une fragilité de l'équilibre psychique du jeune sujet qui le pousse à se perdre dans ce suicide inconscient que représente l'alcoolisme.

L'intérêt d'une telle distinction mérite que l'on s'y attarde du point de vue de la consommation future d'un adolescent pour lequel la question se pose, car dans l'hypothèse où un sujet âgé entre 15 et 25 ans vient consulter un professionnel de la relation d'aide (psychiatre, psychologue, etc.), et qu'est fait abstraction du problème d'alcool, en se concentrant uniquement sur l'accompagnement de la dépression, ou de l'anxiété, n'est-il pas induit que le sujet pourra de nouveau consommer « normalement », sans encourir le moindre risque d'une dépendance à l'alcool ?

N'est-il pas risqué de négliger le fait que le jeune sujet de l'exemple est déjà engagé dans le processus d'alcoolisations excessives et répétées, et arrive en consultation avec *deux* problèmes : l'un relativement ancien qui l'a conduit progressivement vers un état dépressif, l'autre plus récent, qui a été la solution imaginée pour « guérir », ou faire taire, le premier problème.

Si à cela j'ajoute que l'alcool a été *choisi* par le jeune sujet comme solution possible et ressenti comme « solution magique », parce que le produit possédait déjà un signifiant pour lui, parce que familialement, socialement ou culturellement, la consommation d'alcool représentait une solution possible, que penser d'une définition de l'alcoolisme où le critère culturel, familial, est si peu considéré ? Car si un individu est diagnostiqué alcoolique à 40 ou 50 ans, c'est parce qu'il a accumulé dans le passé quelques 40 ou 50 années de représentations sociales de

l'alcool ayant implicitement autorisé ces passages à l'acte répétés d'alcoolisations excessives (ce qui très simplement exprimé, ne pourrait pas se rencontrer chez des populations de religion musulmane et se traduit par un taux extrêmement faible de personnes alcooliques de cette confession).
Quelle définition donner de l'alcoolisme, qui comprendrait tout à la fois le premier verre qui créé la brèche dans l'histoire de l'individu jusqu'au dernier ingéré ayant débouché sur une complication médicale quelconque, une plainte professionnelle ou une menace familiale ?

SECTION 1
L'ALCOOLISME DE L'ADULTE
DEFINITIONS AU REGARD DE LA NOTION DE PROCESSUS

De nombreuses définitions de l'alcoolisme existent aujourd'hui qui tendent, pour chacune d'entre elles, vers une définition qui renseignerait de manière exhaustive sur tous les aspects de cette pratique toxique. Pour autant, si chacun s'accorde à voir dans l'alcoolisme un processus particulièrement captieux, rares sont ceux qui s'autorisent à dater les débuts de la pathologie au moment de l'adolescence. Bien souvent, les critères de vulnérabilité psychique, largement validés par les alcoologues cliniciens, se traduiront en pratique par une appréciation en termes de quantité. Plutôt que de rappeler de manière exhaustive les nombreux auteurs ayant contribué à cet enrichissement du corpus théorique, ce qui a d'ailleurs déjà été fait dans de nombreux ouvrages[245], j'ai préféré faire le choix de quelques auteurs qui m'ont particulièrement intéressée du fait de leurs contradictions ou de leurs réticences à vouloir reconnaître l'alcoolisme de l'adolescent, ainsi que quelques rares dont je me suis sentie le plus proche. Pour autant, il convient malgré tout d'illustrer par quelques exemples comment l'adolescent alcoolique est tout simplement éjecté du tableau clinique de l'alcoolisme. Plusieurs attitudes sont repérables : les auteurs qui réfutent tout simplement l'idée, fondant leur argumentation sur l'aspect essentiellement transitoire de l'adolescence, d'autres plus ambivalents, qui tout en ne niant pas cette possibilité, s'en désintéressent en offrant une analyse globale des comportements adolescents, noyant de fait celles et ceux qui s'inscrivent déjà dans le registre psychopathologique. D'autres enfin qui ne parviennent pas à éviter les contradictions, et traduisent en ce sens la difficulté à penser les alcoolisations comme pathogènes. Mais avant d'en venir à cette analyse, j'ai souhaité introduire mon propos par une réflexion d'ordre plus général mais qui pose, me semble-t-il, clairement, la question de la relation entre l'adolescent et l'alcool, et traduire ainsi, si ce n'est une réticence, au moins la

nécessité d'un questionnement de la part de celles et ceux qui ont à s'occuper de ces jeunes sujets addictés à l'alcool.
Il me semble malhonnête d'ignorer plus encore la prégnance, dans les représentations sociales que tout un chacun va se forger en direction de l'alcool, de l'incidence de ces discours scientifiques qui invalident l'hypothèse selon laquelle l'adolescent pourrait être alcoolique et de fait, se font le jeu non seulement des alcooliers, mais participent de l'échec de la prévention dans ce domaine, en laissant croire au public néophyte, qui ne demande qu'à entendre ce discours, que l'on ne devient alcoolique que lorsqu'on est adulte. Il me semble que cette posture, peut-être bien malgré elle, participe d'une logique plus globale qui se refuse sur le plan politique à prendre les décisions qui s'imposent, parce qu'elles ont une incidence économique et électorale.
Tant que les savants discours se refuseront à pointer le danger qu'encourent les adolescents à consommer de la sorte, c'est la place de l'alcool dans notre société et dans nos relations qui ne sera pas questionnée, car « *quand, dans une société, les jeunes se droguent, c'est cette société qui est malade* » [246].

§ 1
L'alcoologie, miroir de l'ambivalence

A en croire la plupart des auteurs d'ouvrages sur le sujet, l'alcoolisme ne pourrait exister chez l'adolescent. En premier lieu, le mode d'alcoolisation de l'adolescent ne remplirait pas certains des nombreux critères qui définissent cette pathologie, en particulier ceux qui sont quantifiables, et concernent principalement la quantité et la régularité de la consommation, critères visant notamment à diagnostiquer s'il y a ou non dépendance. A un stade aussi peu avancé du processus, aucun signe de sevrage n'apparaîtrait, aucune dépendance physique, aucune dépendance psychologique.
Surtout, au vu des nombreuses transformations liées à cette période, l'alcoolisation, même excessive, devrait plutôt s'apprécier comme un fonctionnement transitoire et ne pourrait, selon la majorité des auteurs, s'interpréter, à l'adolescence, sauf exceptions, comme un fonctionnement défensif. Tout au plus obtient on de M. Corcos, M. Flament et P. Jeammet que ces pratiques se traduisent à l'adolescence comme de favorables « *conditions d'émergence des conduites de dépendance* », en opposition aux « *conduites de dépendance pathogène* » et aux « *conduites de dépendance pathologique* »[247]. Cette classification, si elle a le mérite d'offrir un éclairage en termes de processus, empêche malgré tout, au moins en théorie, une prise en charge de l'alcoolisme, qui n'est alors qu'un simple « acte-symptôme » tel que décrit par J. Mac Dougall : s'il ne s'agit pas alors d'un véritable

symptôme, il a quand même la fonction d'un acte, « *d'une décharge qui court-circuite le travail psychique* » [248] par une somatisation et retarde d'autant, et parfois pour toujours, la compréhension de la souffrance psychique qui est en cause.
Quant à la question du mobile de la consommation, qui à mon sens permet dès l'adolescence de distinguer une pratique à risque, elle reste fréquemment masquée par l'analyse qui en est faite et qui rejoint celle du comportement transitoire : recherche de limites, questionnement identitaire, consommation en collectif, imitation, passage à l'acte assimilé à un rituel, etc.
Bien qu'acceptables pour la majorité des adolescents – tous ne deviennent pas alcooliques, même s'il conviendrait selon moi de questionner bien plus avant, d'un point de vue historique et anthropologique, les raisons de la permanence de l'expression de tels comportements face à l'alcool –, ces arguments me semblent insuffisants et contribuent à retarder le diagnostic de l'alcoolisme pour de nombreux adolescents.
A ces arguments, il me faut donc opposer que, d'une manière générale, pour les adolescents, la question de la régularité et de la quantité se pose différemment (l'adolescent consomme essentiellement de façon intermittente, en collectif et/ou seuls[249]), et qu'il n'est réaliste d'apprécier ces critères quantifiables qu'en fonction de deux autres critères qui sont 1) celui du mobile de la consommation : quelles sont les raisons objectives et subjectives avancées par l'adolescent pour expliquer ses différents modes d'alcoolisation ? et 2) celui de l'appréciation des effets attendus de l'alcool, du vécu de l'alcool par l'adolescent : selon lui, le produit a-t-il rempli sa mission ?
Ce qui permettra de distinguer (très rapidement) un adolescent à consommations problématiques, c'est, comme je l'ai plusieurs fois répété, la dimension de solution qu'il va donner à l'alcool. Lorsque rapidement, dans la pratique de ces adolescents, l'alcool vient remplir une fonction, il est nécessaire de s'inquiéter, que le produit vise à l'obtention d'un effacement momentané de tous ses problèmes actuels, ou qu'il permette à l'adolescent de lui rendre supportable une réalité par trop oppressante, fonction qu'il faut évidemment différencier de l'alcoolisation venant calmer une timidité ponctuelle à fonctionner en groupe, ou aider à entrer en communication avec l'autre (possible lorsque la consommation d'alcool reste très raisonnable), et encore. Au risque de paraître excessive, ces deux fonctions de l'alcool (calmer une timidité oppressante et faciliter l'échange avec l'autre) sont fréquemment reprises par les personnes abstinentes pour expliquer les premiers verres.
La difficulté à accepter en France qu'un adolescent puisse être alcoolique est la même qui consiste à retarder cette évidence chez l'adulte. Il faut certes reconnaître que lorsque le couperet tombe, la dimension sociale d'un tel diagnostic donne la mesure de son exclusion. Si l'évolution du contenu de cette pathologie en termes de maladie a permis aux sujets alcooliques de vivre leur dépendance avec un peu moins de honte (encore que), elle n'en demeure pas moins rattachée à la représentation que quiconque s'en fait volontiers, celle de l'ivrogne, du bon à rien et autres noms d'oiseaux.

La société française est à ce point historiquement permissive en matière de consommations d'alcool autant qu'en termes de manifestations d'ivresses qu'il lui est difficile de *penser* qu'un « gamin » puisse être alcoolique. Pourtant, si nous réfléchissons un peu, il n'est lui est pas difficile de *penser* le jeune drogué, le jeune toxicomane. Nombreux sont les ouvrages de tout genre qui traitent de ce sujet, et, pour le néophyte autant que pour le professionnel de santé, il n'est pas difficile de se le représenter : il suffit d'imaginer un adolescent une seringue dans le bras, et la représentation d'un adolescent drogué se cale sur cette image. Le témoignage de cette jeune droguée de 13 ans dans le célèbre *Moi, Christiane F. 13 ans, droguée, prostituée*[250] n'a jamais soulevé d'interrogations, en ce sens que personne n'a jamais, à ma connaissance, remis en cause la possibilité que cette toute jeune adolescente était bien toxicomane. Certains comme C. Olievenstein[251] pourront opposer la dépendance rapide de l'héroïne, mais cela ne change rien, car, ce que je souhaite ici souligner, c'est que d'un point de vue psychique, cette jeune fille pouvait *être* dépendante, et qu'elle n'a pas attendu ses ultimes remaniements psychiques pour sombrer dans l'enfer de la drogue.
Mais imaginer un adolescent un verre à la main ? Et même, un adolescent en état d'ivresse ? Est-ce pour cela qu'on lui associe naturellement la maladie, la dépendance, la détresse ? Un adolescent alcoolique ? Non, cela ne peut se représenter[252] !
L'héroïne, le cannabis, l'ecstasy, tous ces produits sont très éloignés de nos pratiques festives, socialement légitimées par la tradition. Ce sont de plus des produits illégaux. Comment, dans ces conditions, un produit dont la Loi autorise la consommation serait-il à la source d'un quelconque dérapage ? En acceptant cette hypothèse, n'accepterions-nous pas, nous, adultes, implicitement, d'être dérangés dans le regard que nous portions jusque-là sur notre propre consommation ?
C'est la raison pour laquelle j'ai également choisi de distinguer l'alcoolisme de l'adolescent des autres toxicomanies auxquelles il est parfois associé. Si les différents travaux menés à ce jour sur les toxicomanies (entendues au sens strict du terme d'addictions à des drogues illégales) ont largement démontré les spécificités de chacune de ces addictions quant à leurs effets, la distinction quant au choix, à la motivation pour un produit plutôt qu'un autre l'est beaucoup moins et les auteurs ne partagent pas forcément le même avis. Il paraîtra peut-être peu logique de différencier, ne serait-ce que par quelques traits particuliers, les personnalités de ceux qui sont dépendants de l'alcool, néanmoins je tenterai de justifier la spécificité de la personne alcoolique par différentes caractéristiques qui la distinguent du consommateur d'héroïne, du cocaïnomane ou encore du consommateur d'ecstasy, au regard de différents critères : effets recherchés, accessibilité du produit, rapport à la Loi, etc. même si je pense que ces différentes dépendances répondent toutes à un même dysfonctionnement des premières années de l'enfance et se traduisent toutes par une incapacité d'autonomisation « affective ». Mais la spécificité culturelle de l'alcool mérite que l'on s'y intéresse comme un produit « à part ».

L'inconvénient premier avec l'alcool est qu'il se situe à la croisée des chemins. Non pas tant qu'il provoque des effets radicalement différents des autres produits. Non, simplement, c'est un produit légal. Il est donc différent, car son usage « normal » n'est à ce jour pas considéré comme toxique.
Un autre trait caractéristique de l'alcool est qu'il est tout autant consommé pour ses vertus « socialisantes », source de bonne humeur, de désinhibition « sympathique », que pour ses propriétés anesthésiantes, qui coupent alors son consommateur d'une réalité partagée par tous, une réalité sociale. Dans le premier cas, il sera alors perçu comme faisant partie d'un rituel festif ; dans le second, au contraire, l'individu ne jouant pas le rôle du consommateur bon vivant, les effets de cette consommation pourront parfois être ressentis par l'environnement comme dérangeants : « il ne tient pas l'alcool », « elle est toujours ivre », etc. C'est sur cette double singularité qui lui est propre que toute l'ambiguïté de l'alcool(isme) repose.
Dès lors, sous cet angle de lecture, que dire de la consommation de cannabis, car c'est un produit qui présente également cette double possibilité d'utilisation ? Quant à la dépendance qu'il peut créer, il est admis qu'elle soit essentiellement psychologique, bien que de récentes études tendent à démontrer le contraire. Ce produit n'en demeure pas moins dangereux pour son utilisateur dans la mesure où, consommé à des fins « récréatives » comme on dit (et je n'apprécie guère l'ambiguïté du mot), il est moins addictogène que l'alcool. Alors pourquoi une telle réticence à voir ses enfants fumer des joints, quand on sait que les premières consommations d'alcool ont souvent lieu en famille ? Certes, aux yeux des parents se pose le problème du rapport à la Loi. La consommation de cannabis est illégale. Mais, d'un point de vue sanitaire, ce n'est pas tant sur la légalité du produit que l'on insiste, mais sur les dangers que l'adolescent encourt pour sa santé à consommer un tel produit dit toxique.
D'une manière générale, il est donc possible d'affirmer qu'une des premières consommations d'alcool va être validée en tant que pratique légitime et reconnue comme telle, dans la sphère familiale dans un premier temps, au niveau social par la suite. La représentation de l'adolescent alcoolique se trouve donc totalement perturbée par le rôle social et culturel joué par l'alcool. Mais exception faite de certaines drogues dures comme l'héroïne par exemple, qui créent très rapidement une dépendance physique, les distinctions opérées entre drogues (illégales) et alcool sont plus souvent arbitraires si l'on se place du point de vue des effets. Car d'un point de vue médical, l'alcool autant que la cocaïne ou le cannabis sont modificateurs d'un état de conscience.
Si c'est sur le mode de consommation qu'il convient de s'appuyer pour différencier ce qui est festif de ce qui est pathologique, il existe beaucoup de « drogués » qui consomment occasionnellement un joint ou un rail de cocaïne, comme on consomme une ou deux bonnes bouteilles lors d'un repas.
Il est intéressant de remarquer que la distinction est opérée d'après des facteurs purement sociologiques qui sont ceux du positionnement par rapport à la Loi : les produits dont l'utilisation et la vente échappent d'un point de vue fiscal à l'état

sont considérés comme des drogues, donc illégaux. Au contraire, l'alcool, encore appelé drogue légale par quelques audacieux, n'est pas considéré comme une drogue, puisque son commerce, et donc sa consommation, sont légaux.
Néanmoins, puisque en France l'alcool n'est pas, d'un point de vue socioculturel comme d'un point de vue légal, considéré comme une drogue, sauf s'il est utilisé comme tel (et encore), la distinction entre ces deux types d'addiction (légale/illégale) est actuellement largement acceptée et pratiquée dans les ouvrages spécialisés. J'ai donc respecté cette classification, et chaque fois qu'il est fait mention de la dépendance alcoolique, c'est à elle seule qu'il est fait référence et non pas à une toxicomanie en général.

§ 2
Délimitations agissantes au profit d'un champ de l'alcoologie spécifiquement adulte

Il pourra paraître audacieux de prêter à certains auteurs une volonté, ou du moins une attitude inconsciente, de délimiter un champ d'intervention qui sépare, de fait, ceux qui s'occupent de l'adulte de ceux qui accompagnent l'adolescent. Certes, la spécificité des problématiques est le plus souvent bien distincte, et comme l'affirme J.-J. Rassial, « *les manifestations pathologiques de l'adolescence, qu'elles soient transitoires et s'amendent sans intervention d'un tiers ou qu'elles nécessitent une thérapie, ont leurs propres caractéristiques, non réductibles à la pathologie de l'enfant ou à celle de l'adulte* » [253]. Pour autant, cette « spécialisation » encourage à n'interpréter les alcoolisations adolescentes que comme relevant de mises en acte spécifiques de l'adolescence, et non comme l'amorce, pour certaines d'entre elles, d'un processus pathogène, voire déjà pathologique. Aussi me faut-il remarquer que si la lecture d'ouvrages d'alcoologie est éclairante pour l'alcoologue, dans sa pratique de prévention secondaire, et le plus souvent tertiaire, elle ne l'est guère pour ce qui concerne les modes d'alcoolisations de l'adolescent. De la même façon, les ouvrages de psychopathologie n'éclairent que rarement d'un point de vue *spécifiquement* alcoologique ces mêmes pratiques. Une possible interprétation de cette délimitation peut trouver explication dans l'isolement de l'alcoologue, très clairement décrit par J.-P. Descombey[254]. L'alcoologie ne passionne guère le champ médical, pas plus qu'il n'intéresse la psychiatrie, et il n'est plus besoin de témoignages pour dépeindre le sujet alcoolique comme ayant user les bonnes volontés du psychanalyste. Une des expressions significatives de cet abandon va s'exprimer en matière de recherche : pour obtenir des financements, il est préférable de parler d'addictologie, au risque de voir ses beaux projets restés lettre morte[255]. Mon objectif n'est pas ici de fustiger celles et ceux qui consacrent leur vie et vivent l'alcoologie presque comme un sacerdoce, un véritable combat, mais de pointer la difficulté plus grande encore qu'il y a à s'intéresser en amont de ce processus déjà si complexe. Le sujet alcoolique n'est pas un patient gratifiant, écrivait-on déjà en 1973[256], pointant ainsi le contre-transfert opéré chez l'analyste par ce patient peu ragoûtant, lequel en plus de mentir, entend faire croire par un *« je bois comme tout le monde »*, « *qu'il n'y a pas de différence entre sa propre consommation et celle de l'ivrogne qui* [lui fait] *face* » [257], et en plus il ne guérit jamais, même avec l'abstinence. J. Morenon et J. Rainaut ont en effet pointé la pesanteur culturelle qui père sur le sujet alcoolique, même après l'abstinence : « *le toxicomane à l'héroïne ou à la cocaïne qui renonce à sa drogue réintègre, au moins dans l'apparence, un modèle de vie qui le restitue à la norme. Il s'extrait d'une marginalité ou tente de le faire, au contraire de l'alcoolique qui, devenu abstinent, s'éloigne du plus grand nombre et fait chemin inverse. Cette réalité est lourde d'implications dans un milieu culturel où la notion d'abstinence ne constitue rien moins qu'un handicap et contient, implicitement, une disqualification de la personne* » [258]. Alors, s'interroger sur les alcoolisations adolescentes, quand il ne s'agit encore que de quelques verres, ingérés de façon discontinue. Le *Précis d'alcoologie clinique* de J.-P. Descombey[259] est en ce sens éloquent au regard de l'analyse qu'il consacre à l'alcoolisation des jeunes, quelques lignes introductives pour décrire l'actualité de ces pratiques par une seule référence bibliographique datant de 1964, et même s'il revient à la fin de son ouvrage à une véritable analyse d'un état des lieux des alcoolisations adolescentes, la confusion, ou plutôt le trouble qu'il en ressort pour le lecteur reste entier. Certes l'auteur reconnaît une pathologie de l'alcoolisme à l'adolescence, position sur laquelle il reviendra en en 2005 dans *L'économie addictive*, mais il préfère, convoquant F. Dolto, ne retenir de ces alcoolisations qu'une manière de tuer l'enfance, sans incidence ultérieure, et considérer que « *l'évolution du plus grand nombre des cas d'alcoolisation à l'adolescence semble autoriser un relatif optimisme. Elle ne se fait qu'exceptionnellement, heureusement, vers un alcoolisme chronique classique* » [260]. Quand on sait que près de 20 % des adolescents qui consomment seront alcooliques[261], je ne pense pas qu'il faille envisager ces consommations pathogènes comme exceptionnelles ! C'est une des raisons pour laquelle la question alcool est plus largement abordée par la clinique de l'adolescence. Pour autant, les alcoolisations adolescentes sont alors le plus souvent noyées, comme autant de mises en actes relevant plutôt de la psychopathologie, et non de l'alcoologie. L'analyse de A. Morel va venir corroborer ce que l'on pourrait appeler une mise en attente des problèmes d'alcool de l'adolescent : « *un facteur d'acceptabilité du risque tient à la dissociation entre la rapidité de l'action recherchée et le temps d'installation des dommages. Plus ce décalage est important…, plus est grande la tolérance du risque* » [262], et l'auteur de citer notamment en exemple l'alcool. En ce qui concerne spécialement ce produit, cette délimitation clinique va malgré elle venir conforter l'idée que tout un chacun se fait, à savoir que la personne alcoolique, c'est une personne malade de l'alcool, au sens propre : elle sera hospitalisée pour une cirrhose. Tant que n'apparaît pas la maladie de l'alcool, c'est-à-dire du fait de l'alcool, l'alcoolisme reste un lointain, voire un ailleurs. En France continue de prévaloir une conception physique de cette pathologie. La notion même de processus est le plus souvent mal appréhendée en termes d'économie psychique particulière, que l'on découvrira en même temps que l'abstinence. Pourtant, on peut parfois avoir la sensation très nette qu'un voile écran masque une réalité clinique dont quelques rares se font encore les témoins, rappelant un bon sens qui semble échapper aux autres : « *ce serait une piètre conception de l'action médicale que d'attendre la période d'alcoolisation "irrépressible" ou celle de la cirrhose, pour nous sentir concernés* »[263], citation de H. Gomez que je convoquerai tout au long de ce travail tant il me semble essentiel de la faire partager.

1. La dépendance et le risque

Il n'est pas rare aujourd'hui de voir associer le risque à l'adolescent, le risque comme enjeu d'une société qui s'éprouve et se sent d'autant mieux exister qu'elle convoque la mort en termes d'expériences fortes. Eprouver, ressentir son corps, par l'intermédiaire de sensations fortes, de montées d'adrénaline qui viennent signifier « je suis vivant », tout en n'acceptant pas l'idée de sa propre finitude, représentent autant d'expériences qui visent un objectif : la jouissance du temps présent, « *telle est la formule de l'ordalie quand elle se transforme en une figure de l'inconscient individuel et s'impose à titre privé : un pacte avec la mort pour mieux vivre* »[264].
Ce mode de fonctionnement, dénoncé par C. Melman, n'est d'ailleurs pas propre à l'adolescent. L'auteur y voit plutôt, à travers le culte du « jeunisme », l'expression d'une « *nouvelle économie psychique* » : « *nous avons affaire à une mutation qui nous fait passer d'une économie organisée par le refoulement à une économie organisée par l'exhibition de la jouissance* » [265], où le sujet se définit lui-même en termes de besoins qu'il estime légitimes.
P. Baudry va distinguer le rituel initiatique, propre aux sociétés traditionnelles, du rituel occidental qu'il qualifie de « détraqué ». L'auteur analyse dans ces comportements à risques de l'adolescent la nécessité pour eux d'en passer par des comportements individuels, à défaut d'encadrement collectif, avec pour conséquence première de devoir les réitérer sans fin, puisqu'ils n'ont pas de sens : si le rituel est qualifié de « détraqué », c'est parce qu' « *il ne fait pas trace, il ne s'inscrit pas dans une mémoire collective. Dans les rituels initiatiques, le sujet est affronté à la limite de la mort. Dans les conduites "extrêmes" d'aujourd'hui, l'individu se risque à défier la mort. La mort n'est plus ici l'espacement absolu, mais elle devient l'interlocutrice d'une souffrance qui ne peut s'élaborer. Celui qui se tue vise la mort en lieu et place du trou que laisse le tiers absent de la culture* »[266].
S'il me semble nécessaire d'offrir une lecture anthropologique de ces comportements dits à risques, puisque l'interaction entre le collectif et l'individuel est inévitable, cette analyse tendancielle à ne voir dans les pratiques d'alcoolisations adolescentes que des prises de risque (pathologiques et contemporaines) qui seraient elles-mêmes l'expression d'une quête de l'absent (et

à cet endroit je préfère d'abord y inscrire le père) retarde en effet de beaucoup la prise en charge du problème d'alcool. Ainsi, bien souvent, la « prise de risque » viendra éclairer un comportement, alors qu'il aurait d'abord nécessité un diagnostic des « facteurs (prédictifs) de risques », de « situations à risques » [267], c'est-à-dire en termes de dépendance (dépendance alcoolique à venir, mais personnalité dépendante déjà). Là encore, la prévalence des signes physiques de la dépendance sera retenue, au détriment d'un questionnement sur la vulnérabilité du sujet. Ce constat se retrouvera autour de la question terminologique entre addiction et dépendance, laquelle, pour intéressante qu'elle soit d'un point de vue théorique, n'aura aucune incidence en pratique, aucune de ces deux notions n'offrant dès lors une prise en compte en termes de processus de l'alcoolisme.

C'est à mon sens ce qu'illustre le résultat d'une étude parue dans la revue *Alcoologie et addictologie*, dont l'objectif était de préciser les caractéristiques et la prise en charge des adolescents se présentant aux urgences pour intoxication alcoolique aiguë. Alors que sont relevées un certain nombre de vulnérabilités (autres conduites à risques : tentatives de suicide, fugues, etc., antécédents familiaux, alcoolisme ou psychiatrie, faible niveau socioéconomique, etc.), à aucun moment n'est évoquée une quelconque inscription dans un possible processus. Tout au plus s'agit-il « *d'une population d'adolescents plus à risque de consommation abusive d'alcool* »[268] à propos de laquelle les auteurs concluent que « *les adolescents concernés sont principalement abuseurs de l'alcool, mais peu dépendants... Pour la plupart, le mode de consommation tient plus du rituel initiatique ou festif. Néanmoins, pour beaucoup, il s'agit effectivement du binge drinking des Anglophones, c'est-à-dire une véritable "alcoolodéfonce"* » [269].

J'aurais pu tout aussi bien faire figurer cette illustration dans le paragraphe où il sera question de contradictions, puisque celle-ci n'en est pas exempte. Mais c'est d'abord la posture qui m'intéresse, soit un refus de qualification de l'adolescent comme s'inscrivant dans un processus alcoolique. Je ne peux cependant manquer de réagir aux propos de ces auteurs. Tout d'abord, pour quelles raisons est-il nécessaire de ne retenir qu'une conception quantitative de la dépendance ? Si les adolescents ne développeront pas tous une dépendance toxicomaniaque de l'alcool, le fait de s'alcooliser de la sorte, avec recherche de défonce, les expose à de nombreuses autres conséquences, certaines sur le long terme comme les alcoolopathies, d'autres à court terme parmi lesquelles les accidents de la route ne sont pas exceptionnels. Par ailleurs, il me semble assez maladroit de comparer ces pratiques de défonce aux pratiques anglo-saxonnes, qui pour leur ressembler, ne sont pas expérimentées dans le même contexte, et n'ont donc pas la même fonction. Ces alcoolisations se pratiquent et sont contextualisées (au pub, etc.), mais l'expérience d'ivresse hors contexte ne bénéficiera pas de la même permissivité française. Les anglais, pour ne citer qu'eux, n'ont d'ailleurs pas attendu la dépendance toxicomaniaque à l'alcool pour qualifier ces pratiques d'inscription dans le processus alcoolique. Mais ce qui me paraît certainement le plus contradictoire dans l'exposé de ces deux auteurs, c'est qu'ils restituent ces pratiques comme des consommations abusives d'alcool, le plus souvent dans une recherche de défonce, donc dangereuses, tout en les qualifiant de rituel initiatique

ou festif[270]. Comment peut-on qualifier de festives des pratiques abusives d'alcool, lorsqu'elles sont le plus souvent accompagnées de défonce, alors même que ces adolescents sont décrits comme cumulant un certain nombre de vulnérabilités dont la démonstration n'est plus à faire qu'elles agiront d'autant sur la fonction qu'occupera le produit dans l'économie psychique du sujet ?
La position de M. Craplet est quelque peu différente. L'alcoolodépendant, nous dit l'auteur, « *est celui qui a besoin d'une dose d'alcool, même petite, pour accomplir un acte qui lui coûte, pour alléger une souffrance* »[271], définition qui pourrait s'appliquer à l'adolescent consommateur déjà en difficulté avec l'alcool. L'auteur va distinguer deux formes d'alcoolodépendance, l'une psychologique, qui se caractérise par « *un désir irrépressible de consommer de l'alcool* », l'autre physique, traduisant « *un état d'adaptation à l'alcoolisme chronique* » [272]. A la suppression du produit, la dépendance psychique entraînera un sentiment de manque sans troubles physiques, contrairement à la seconde, « *la différence entre les deux états est difficile à établir, la seconde forme suit la première après un temps variable* » [273]. Oui, sauf que ce qui va être étudié, analysé, ce n'est nullement la dépendance psychique. Et lorsque l'auteur évoque l'inscription du sujet alcoolique « sur la pente de la dépendance » [274], c'est déjà dans l'appréciation de quantités. Dans la réalité, le manque qui ne s'exprime pas avec des troubles physiques ne sera que rarement questionné. A propos des alcoolisations adolescentes, l'auteur n'affirmera-t-il pas que si cette période est sans aucun doute une période à risques, pour autant, la précocité des ivresses ou la recherche de défonce ne sont que « *des marqueurs ou des facteurs de l'évolution vers la dépendance* » [275]. M. Craplet réfute donc la période adolescente comme une inscription significative dans le processus de l'alcoolisme.
M. Valleur et J.-C. Matysiak vont définir de façon similaire la relation pathologique à l'alcool. Ici encore, il est question d'investissement prévalent : « *l'un des éléments qui permettra de distinguer de simples habitudes, plus ou moins gênantes, de formes pathologiques de dépendance, est l'envahissement de la vie par la conduite de dépendance* », se constituant alors en « *obstacle au bon déroulement de la vie quotidienne* » [276]. Les deux auteurs, sans rejeter pleinement l'idée possible d'un alcoolisme de l'adolescent, vont contourner la question en convoquant la sociologie éclairée d'un regard anthropologique. A bien des égards, écrivent-ils, ces pratiques d'alcoolisations, plus que l'expression de vulnérabilités psychiques, révèlent des « conduites ordaliques » : « *particulièrement chez les adolescents, la prise de risque peut avoir le sens implicite ou explicite d'une épreuve que le sujet s'impose, afin de prouver au groupe ou à lui-même, sa capacité à être autonome* » [277]. Pour ces auteurs, qui reprennent la thèse de H. S. Becker[278], la société participe activement à l'inscription de ces citoyens, notamment adolescents, dans des processus de dépendance dont les seuls critères de vulnérabilité psychique et sociale ne sauraient justifier l'augmentation des addictions, ce qui me semble tout à fait juste. Pour autant, il me semble que cet environnement sociétal n'est qu'une traduction à grande échelle des mutations qui s'observent dans le cadre plus restreint que sont la famille et l'environnement affectif proche (famille élargie, amis, pairs, etc.), et si ce contexte global participe de l'augmentation des conduites ordaliques, la question reste entière de comprendre les raisons qui poussent le

corps soignant, toutes professions confondues, à restreindre le champ de l'alcoologie à la seule personne de l'adulte.

Que l'on s'attache à l'échelle nationale aux définitions fournies par les différents auteurs et praticiens de l'alcoologie, ou sur un plan international, à celles du DSM-IV ou du CIM-10/ICD 10[279], les critères qui distinguent ce trouble d'un autre restent relativement complexes. Surtout, les querelles d'école portent toujours sur ce qui définit l'alcoolisme de l'adulte, c'est-à-dire bien souvent, en termes de quantité, et lorsque la pathologie est déjà bien installée. A aucun moment, dans ces différentes définitions, n'apparaît la dimension psychique de l'alcoolisme.

Si la liberté de s'abstenir de ne pas boire reste centrale du questionnement, ou pour reprendre le propos de P. Fouquet, la liberté de boire plus simplement[280], ce qui définit de façon assez précise, bien que succinctement, la pathologie de l'alcoolisme, cet angle de vue ne suffit pourtant pas à lui seul à prévenir le passage à l'acte, parce que ce diagnostic, aussi clair soit-il, ne se fait toujours qu'a posteriori. Et c'est bien ce qu'il faut reprocher aux actuelles et anciennes définitions de l'alcoolisme : en dépit de la précision de leurs critères, aucune d'entre elles n'a pu à ce jour fournir la clé d'une prévention efficace. Or, le fait de comprendre un processus ne devrait-il pas contenir les moyens de parvenir à l'enrayer ?

Une réflexion s'est depuis quelques décennies engagée en matière de terminologie. Certains auteurs préfèrent employer le terme d'addiction (J.-P. Descombey, M. Reynaud, M. Valleur, etc.), ou encore d'assuétude (pour les Belges par exemple), plutôt que celui de dépendance. Cette distinction peut sembler superflue à certains, qui n'y voient d'ailleurs que des différences en termes d'usage et d'utilisateurs. Il est toutefois admis que les deux termes, addiction et dépendance, soient employés l'un pour l'autre quand l'objectif n'est pas de définir une personnalité alcoolique ou de préciser une pratique de consommation pathologique[281]. La distinction revêt néanmoins pour moi un réel intérêt théorique car elle est éclairante pour définir les deux aspects de la pratique alcoolique, selon le moment où l'on se place du déroulement du processus. En ce sens, cette distinction introduit la possibilité théorique d'un alcoolisme de l'adolescent.

Ainsi, la définition donnée par le *Grand Dictionnaire Larousse de la Psychologie*[282], qui définit l'addiction comme « *une relation de dépendance aliénante* », caractérise parfaitement l'alcoolisme dans sa période « installée », mais ne prend pas en compte ne serait-ce que la période « gros buveur » dont parle *l'Encyclopédie Larousse* dont la définition est rapportée en introduction.

Il est également fait mention de relation aliénante dans la définition fournie par D. Richard et al. dans le *Dictionnaire des drogues et des dépendances* où l'addiction est définie comme « *une relation de dépendance plus ou moins aliénante pour l'individu, et plus ou moins acceptée voire parfois totalement rejetée par l'environnement social de ce dernier, à l'égard d'un produit (drogue, tabac, alcool, médicaments), d'une pratique (jeu, sport) ou d'une situation (relation amoureuse). Le terme est employé surtout par les théoriciens ; le public et les cliniciens emploient plus couramment dépendance et toxicomanie* » [283]. Dans cette définition, les auteurs tempèrent l'aliénation créée par la dépendance au produit, laissant ainsi la place à des pratiques multiples où ni la quantité, ni la régularité, ne sont à elles seules des critères d'évaluation, de « mesure », mais qui n'en doivent pas moins être considérées comme des pratiques d'accoutumance, donc dangereuses. En ce sens, les modes de consommation adolescents dont on peut dire qu'ils sont déjà problématiques rentrent parfaitement dans ces critères, puisqu'aux ivresses répétées peuvent succéder des consommations intermittentes, puis un temps d'abstinence relativement long, etc.

Le critère de l'acceptation plus ou moins manifeste de l'environnement social me paraît être une des conditions qui peut alerter sur un mode de consommation problématique pouvant conduire à un alcoolisme précoce. Cependant, un tel critère ne renseigne pas de la même façon selon que l'on se trouve en France, en Grande Bretagne ou au Japon. Or, l'environnement social, déterminé par une culture et une Histoire données, peut se révéler un facteur aggravant pour l'alcoolisme, selon qu'il est ou non permissif à certains comportements dictés par l'alcool : l'ivresse, l'excès, etc. L'alcoolisme d'un individu ne renseignera donc pas de la même façon sur la pathologie de celui qui en est victime selon que l'on se trouve dans un pays qui tolère ou au contraire désapprouve fortement ces comportements.

Selon les auteurs L. Fernandez et M. Catteeuw, la préférence donnée au terme de dépendance résulterait de l'accent qui est mis sur l'usage compulsif du produit. La dépendance est ainsi définie comme le « *désir puissant et compulsif d'utiliser une substance psychoactive et (la) perte de contrôle de l'usage de la substance* » [284]. Les auteurs y opposent l'argument selon lequel l'usage compulsif et la perte de contrôle ne seraient qu'un des aspects recherchés par les consommateurs de produits toxiques, et « *qu'il existe d'autres sources de renforcement (motivation, automédication et/ou soulagement des symptômes aversifs d'abstinence) et/ou activités qui contribuent à la mise en place comportementale de la recherche de drogue* » [285].

Aussi le terme d'addiction serait-il considéré comme plus approprié, puisque, toujours selon ces mêmes auteurs, « *l'addiction suggère plus clairement un trouble comportemental à la différence de la dépendance,* [et parce que] *l'addiction est moins susceptible d'être confondue avec la dépendance physique* » [286]. Ainsi, l'addiction renverrait à une dimension comportementale alors que la dépendance présenterait une dimension plus pharmacologique, le trouble comportemental de l'addiction étant la perte de contrôle de soi au cours de l'utilisation de la substance, « perte de contrôle » qui a été introduite dans la définition de la dépendance en 1994 (CIM-10) et 1996 (DSM-IV) dans leur version révisée.

Pour autant, d'un point de vue pratique, la querelle entre dépendance et addiction n'a qu'un intérêt très restreint[287]. Tout d'abord parce que le concept de dépendance est beaucoup plus compréhensible, « parlant », aussi bien pour les adolescents que pour les préadolescents, lesquels y voient de manière générale un attachement dont on ne peut plus se passer. D'autre part, et malgré des ambitions prometteuses, parce qu'en dépit de ce qui est affirmé dans le *Dictionnaire des drogues et des dépendances*, l'intérêt pour le développement du terme d'addiction, lequel visait

« *à jeter des ponts entre les différentes conduites pathologiques de dépendance* »[288], ne connaît aujourd'hui encore qu'un succès limité compte tenu des réticences de nombreux cliniciens à considérer ces comportements adolescents comme autre chose que des aménagements transitoires[289]. La distinction qui peut être opérée trouve sens dans la proposition formulée par S. et P. Angel à propos de la toxicomanie, certes assez longue, mais dont le mérite est de clarifier les deux termes : « *la notion de dépendance sera réservée pour qualifier spécifiquement l'effet qu'a le produit toxique sur le sujet. La notion d'addiction, quant à elle, renverra plutôt au schème de comportement présenté par le jeune toxicomane en particulier, qui est induit ou révélé par la prise de toxiques, mais ne se limite pas aux occasions de consommation du toxique. Autrement dit, l'addiction est une structure générale de comportement et d'existence, dont la prise de toxique est une occurrence d'expression, et la dépendance est la forme particulière de la relation toxicomane/toxique, ce qui est produit par la rencontre du toxicomane et de sa drogue. Précisons que dépendance et addiction ne sont pas deux choses différentes, mais deux concepts différents – deux façons différentes de considérer la même chose* »[290].

2 . Analyse de l'acte de boire

Examinons maintenant quelques définitions de l'alcoolisme au regard de la notion de processus. Il m'a paru intéressant tout d'abord de rappeler deux grands auteurs, P. Fouquet et E. M. Jellinek, lesquels par leurs contributions ont largement influencé la réflexion dans le domaine de l'alcoologie, à commencer par les définitions qu'ils nous ont donné autour de ce qui caractérise le sujet alcoolique : l'acte de boire. Il me semble qu'aujourd'hui, cette appréhension de l'alcoolisme à travers cet acte singulier a été remplacée par des théories certes très savantes, mais qui questionnent sur leur utilité, en tout cas d'un point de vue prophylactique. Je l'écrivais de manière un peu brutale, mais force est de constater que nombre de ces ouvrages ne m'ont été que de peu d'utilité. Je dirai que ce que j'ai compris de l'alcoolisme, ce sont les alcooliques eux-mêmes qui me l'ont enseigné, et que le plus souvent, ce sont leurs paroles qui m'ont servie lors des interventions auprès d'adolescents. Dans le cadre d'actions de prévention, telles qu'elles sont possibles actuellement dans le cadre scolaire, il me paraît difficile d'appréhender le fonctionnement, la personnalité de chaque élève. Pour autant, je le développerai dans la dernière partie, la précision d'une réponse peut permettre à l'adolescent, en tout cas je l'espère, de mieux comprendre la fonction d'une alcoolisation (déterminée par un contexte, un système de consommations, etc.), et si cette information ne saurait se suffire à elle-même, elle peut néanmoins déboucher sur une consultation ultérieure. Aussi est-ce principalement sur l'acte de boire que je concentre le contenu de mes interventions. A ces deux auteurs, j'ai choisi d'associer deux alcoologues contemporains, lesquels ont chacun, dans un de leurs ouvrages, à quelques années d'intervalle, apporté leur lecture critique de ces grands précurseurs de l'alcoologie. Si l'un valide l'hypothèse de l'installation de l'alcoolisme à l'adolescence (et de fait bien avant, en réalité), l'autre la réfute, non sans quelques contradictions.

P. Fouquet, dans sa classification, va distinguer trois tableaux nosologiques, en différenciant les facteurs de vulnérabilité, le mode et l'installation de consommation, etc. L'alcoolite et l'alcoolose en constituent les deux premières catégories, les plus courantes, à côté de la somacoloose, plus rare. L'alcoolite, fortement influencée par le milieu social, pourrait être la meilleure traduction du processus d'installation de la pathologie chez le buveur d'habitude, plus spécifiquement masculin, avec une consommation le plus souvent en groupe, et sans forte culpabilité. L'alcoolose au contraire serait plus fortement le résultat de vulnérabilités familiales et individuelles (psychiques), touchant ici plus majoritairement les femmes, pour une consommation se traduisant par une forte culpabilité, pratiquée le plus souvent en solitaire, voire avec dissimulation. Les alcoolisations sont compulsives, faisant alterner les consommations jusqu'à l'ivresse avec des périodes d'abstinence plus ou moins longues[291].

Mais l'apport de P. Fouquet réside surtout aujourd'hui, de mon point de vue, dans la définition qu'il donne de l'alcoolisme : « *est alcoolique tout homme (ou toute femme) qui a, de fait, perdu la liberté de s'abstenir de consommer de l'alcool* » [292]. Si, et je reprends ici à mon compte la critique élogieuse que lui fait J.P. Descombey[293], cette définition a le mérite de qualifier le lien qui lie le sujet alcoolique à son produit, puisqu'il n'est ici nullement question de quantité, et que le sujet alcoolique se définit avant tout par son attachement au produit, sans que soit fait mention, dans la définition, des effets de sa consommation : alcoolopathies, troubles psychiques, sociaux et professionnels, je me permets une remarque en direction de ce critique admiratif : comment peut-il écrire « *il y a alcoolisme bien avant l'apparition de ces effets* » [294] en affirmant dans la continuité de son propos, une page plus loin, que l'alcoolisme n'est pas une question de quantité, et argumenter contre l'alcoolisme de l'adolescent : «*l'emploi du terme "alcoolisme des jeunes" est un abus de langage dangereux, car leurs alcoolisations en cette période de passage, de crise (parfois prolongée à notre époque), sont loin de présager dans la majorité des cas, heureusement, une addiction installée dans les années à venir* » [295]. A ces affirmations, il me faut faire quelques remarques :

- tout d'abord, il ne s'agit pas de parler de « l'alcoolisme des jeunes », mais de l'existence de l'alcoolisme chez l'adolescent – amorce du processus ;
- ensuite, comment l'auteur peut-il constater que « *leurs alcoolisations en cette période de passage, de crise (parfois prolongée à notre époque)* » sans s'étonner de sa propre remarque sur l'extension aujourd'hui de l'adolescence, et surtout en présentant comme un allant de soi les alcoolisations excessives durant cette période. Où est-il écrit, dans un texte qui l'affirmerait comme une vérité : c'est un fait, et cela est normal, que les adolescents, qui traversent une « crise », s'enivrent et boivent comme des puits sans fond ? Quelle société est la notre pour que des alcoologues psychanalystes considèrent comme normale une telle pratique, simplement parce qu'elle est légitimée par la pratique, et qu'il est

courant d'observer de telles mises en acte ? Quels éducateurs sommes-nous pour n'offrir à nos enfants et adolescents qu'un si piètre exutoire pour exorciser leurs angoisses de transformations psychologiques et physiques ?

- Surtout, et pour en revenir à la définition de P. Fouquet : « *est alcoolique tout homme (ou toute femme) qui a, de fait, perdu la liberté de s'abstenir de consommer de l'alcool* », comment, par rapport à la position de J.-P. Descombey, déterminer le moment où l'individu *effectivement* perd la liberté de s'abstenir de consommer de l'alcool s'il refuse de considérer comme point de départ les premières alcoolisations des adolescents ? Comment ne pas se contredire en affirmant d'une part qu'il adhère à l'idée que l'alcoolisme n'est pas une question de quantité mais bien une affaire d'attachement particulier au produit avant même l'apparition d'effets, quels qu'ils soient, et considérer que cette perte de liberté ne peut être finalement repérable, diagnostiquée, et appréciée, en réalité, que selon un critère de quantité? Car dans une telle conception, comment évaluer la perte de liberté si ce n'est finalement eu égard aux troubles et effets de la consommation ?
- Enfin, sur quel argument l'auteur compte-t-il s'appuyer pour qualifier les comportements adolescents à l'égard de l'alcool, si ce n'est pas en termes de perte de liberté ? L'adolescent qui ne peut résister à l'ivresse du week-end, qui ne peut s'empêcher de consommer de l'alcool s'il se trouve dans un groupe de consommateurs, etc. n'est-il pas déjà dans une perte de liberté de s'abstenir de consommer de l'alcool ? Le seul argument qu'objecte finalement J.-P. Descombey, c'est que l'adolescence est une période particulière, « *de passage, de crise* ». Certes, mais il y a des crises qui durent, et il me semble que c'est précisément parce que les adolescents contemporains se montrent d'autant plus vulnérables à cette période qu'il faudrait redoubler de vigilance, et considérer leurs pratiques d'alcoolisations autrement que comme des comportements inévitables et transitoires : « *aujourd'hui, tous s'accordent pour signaler la nécessité d'interdire avec la plus grande fermeté la consommation de boissons alcoolisées avant l'âge de dix-huit ans. Ce critère prohibitif si catégorique est basé sur des études biologiques spécialement métaboliques, à propos de l'impact de l'alcool sur l'organisme. Les recherches psychologiques quant à la façon de vivre les effets de l'alcool et aux modifications produites par cet impact sur la structure de la personnalité s'accordant pour soutenir cette même conclusion prohibitive* » [296]. Il faut croire qu'en France, le « tous » évoqué par F. Alonso-Fernàndez ne se réduise qu'à une petite poignée.

L'alcoolisme de l'adolescent est finalement un domaine où peu de cliniciens s'aventurent, non pas qu'ils ne soient pas aujourd'hui confrontés à de nombreux cas d'adolescents ayant des problèmes avec l'alcool, mais se risquer à une réflexion d'ensemble sur le processus de l'alcoolisme et les pratiques d'alcoolisations adolescentes nécessiterait une remise en question de la représentation de l'alcoolisme en France qui sous-entend un plus vaste questionnement sur l'art et la manière de s'alcooliser en France, ce qui semble pour le moment difficilement pensable.

Pour résumer ce qui vient d'être évoqué, je dirais que persiste finalement, dans les faits, une prudence de la part de nombreux auteurs et cliniciens, une résistance à ne pas distinguer les deux grandes conceptions de l'alcoolisme :

- la conception déterministe, qui se résume en une « *perte de liberté de l'individu face à la consommation d'alcool* », et caractérise la dépendance psychologique ;
- la conception toxique, qui apprécie l'évolution de l'alcoolisme en fonction des « *troubles psychiques, corporels ou sociaux produits par la consommation régulière ou irrégulière d'alcool* » [297], et correspond à la seconde étape d'une pratique d'alcoolisations chroniques : la dépendance physique.

Comme F. Alonso-Fernàndez, il me paraît important également de rappeler ici la contribution de E. M. Jellinek[298], laquelle m'intéresse plus encore que celle proposée par P. Fouquet. E. M. Jellinek distingue différents types d'alcoolisme, que je reprendrai brièvement :

- l'alcoolisme alpha (α), qui présente avant tout une « consommation indisciplinée » et une dépendance psychologique, sans aucun signe de processus progressifs ou signes de sevrage. La consommation d'alcool a pour but de neutraliser « la douleur corporelle et émotionnelle » consécutive à une maladie sous-jacente. L'alcoolisme alpha (α) peut évoluer vers l'alcoolisme gamma (γ).
- L'alcoolisme bêta (β) présente de multiples complications (alcoolopathies) dues à une consommation régulière et importante, sans dépendance ni psychologique, ni physique. L'alcoolisme bêta (β) peut évoluer vers l'alcoolisme delta (δ) et gamma (γ).
- L'alcoolisme gamma (γ) réunit dépendance psychologique et dépendance physique avec manifestations de la perte de contrôle et ébriété. Pour F. Alonso-Fernàndez, il ne s'agit pas encore de perte de contrôle, mais de pulsion à l'ébriété.
- L'alcoolisme delta (δ), qui présente une dépendance physique manifeste, avec signes de sevrage en cas d'abstinence d'alcool, tout en conservant une capacité de contrôle sur la quantité d'alcool ingérée, et une vulnérabilité préalcoolique généralement faible : « l'inveterate drinking » typiquement français selon E.M. Jellinek.
- L'alcoolisme epsilon (ε) est un alcoolisme périodique, qui fait alterner fortes consommations avec sentiment de culpabilité et périodes d'abstinence plus ou moins longues.

L'intérêt de la classification de E.M. Jellinek réside dans le fait d'avoir tenté à son tour de repérer différents modes de consommations. Surtout, la classification de cet auteur n'exclut nullement l'évolution d'un mode d'alcoolisation vers un autre, et c'est ce que j'ai effectivement pu constater à travers les différents entretiens avec des sujets alcooliques abstinents. Néanmoins, il me faut regretter qu'il ne considère pas ces différents modes d'alcoolisations sur le même pied d'égalité, c'est-à-dire comme des « maladies alcooliques ». Pour l'auteur, seuls les alcoolismes gamma et delta sont des « maladies alcooliques », les autres se caractérisant comme suit : l'alcoolisme alpha et l'alcoolisme epsilon ne seraient que le symptôme d'un trouble sous-jacent, l'alcoolisme bêta la conséquence d'une habitude alimentaire excessive. Pour l'auteur, ne peuvent être qualifiés de « maladies alcooliques » que les alcoolismes présentant à la fois une dépendance psychologique et physique, et des signes de sevrage en cas d'abstinence ou de manque de contrôle. Or, ce que définit E.M. Jellinek correspond à la phase ultime du processus, et je lui reprocherai la même faiblesse qu'à bien d'autres de se refuser à envisager les multiples formes évolutives du processus avant d'atteindre la phase ultime, même si sa classification a le mérite de qualifier d'alcoolismes ces différentes pratiques d'alcoolisations.

E.M. Jellinek parlait également de « façon indisciplinée de boire » pour expliciter le manque de contrôle. Or, comme l'exprime l'auteur espagnol F. Alonso-Fernàndez, l'expression *« incapacité de s'arrêter de boire après que l'on a commencé »* n'est en fait qu'une donnée secondaire. Le manque de contrôle se présente, écrivait E.M. Jellinek *« lorsque l'ingestion d'une discrète quantité d'alcool provoque une réaction en chaîne chez le buveur, de sorte que celui-ci devient incapable de respecter son intention de boire un ou deux verres, et continue de boire de plus en plus, contre son vouloir »* [299]. Or, ce que l'auteur espagnol définit comme « *l'expérience primaire et originaire du sujet alcoolique* » [300] ne s'apparente pas à ce manque de contrôle, mais plutôt à « *une impulsion à l'évasion par l'ébriété,* [ou] *tout au moins l'accès à un état d'exaltation désinhibitrice* » [301]. Et c'est là qu'il me paraît judicieux de dater l'amorce du processus de l'alcoolisme. Car c'est bien cette spécificité qui définit le sujet alcoolique. L'investissement du produit alcool, c'est-à-dire l'utilisation à des fins de « solution magique », différencie le sujet alcoolique des autres consommateurs d'alcool, en ce que cette attente le place dans une réalité subjective qu'il ne maîtrise plus, et ce dès le premier verre. C'est d'ailleurs cet effet si particulier que décrivent de nombreux sujets alcooliques abstinents en affirmant qu'ils deviennent ivres dès l'ingestion du premier verre, ce qui ne signifie pas tant qu'ils perdent le contrôle de leurs actes (exemple de la marche : tituber) et de leurs paroles comme toute autre personne qui aurait consommé trop d'alcool, mais qu'ils deviennent un « autre », capable, avec l'alcool, de modifier ce qu'ils sont, ce qu'ils vivent, etc. A cela s'ajoute, toujours selon l'auteur, qu'ils ne deviennent plus capables, du fait qu'ils ne partagent plus la réalité objective, extérieure, de l'environnement dans lequel ils se trouvent, d'apprécier leur état et ne peuvent dès lors plus s'arrêter de boire. Et c'est bien là également ce qui différencie le sujet alcoolique, alors qu'il se trouve toujours dans le désir (illusoire) de vouloir contrôler sa consommation. Contrairement à E. M. Jellinek, il me semble que ces modes d'alcoolisations excessifs relèvent tous d'un trouble sous-jacent dont ils ne sont que le symptôme.

Une autre définition qui touche à la modération cette fois comme élément de référence de l'alcoolisme est donnée par J.-C. Archambault : *« l'alcoolique est celui qui est dans l'impossibilité de boire modérément dès qu'il prend un verre, il ne peut plus s'arrêter »* [302]. Cette définition rejoint quelque peu celle de F. Alonso-Fernández.

C'est la personnalité du sujet alcoolique, qui, dans une telle pratique de l'alcool, va donner à la consommation une tournure problématique ou pas. L'intérêt de cette définition repose dans le fait que si elle fait référence à une idée de quantité, c'est toujours à un instant *t*. En ne spécifiant rien de la régularité des consommations, la définition de J.-C. Archambault intègre parfaitement les différents alcoolismes de E. M. Jellinek par exemple, en insistant sur un seul effet pour définir s'il y a ou non pathologie : le manque de contrôle lorsque le sujet consomme. Dans cette définition, l'auteur n'exclut absolument aucun mode de consommation excessif, et ce donc, même s'il est irrégulier. Le seul critère de la modération suffit, et en ce sens, me semble clairement englober toutes les phases différentes et variées du processus de l'alcoolisme. J.-C. Archambault rejoint F. Alonso-Fernández sur le « phénomène primaire et originaire » qui définit et distingue le sujet alcoolique : « *l'impulsion à l'évasion par l'ébriété* ». Il me semble qu'il faille d'ailleurs insister plus sur la recherche « d'évasion » que sur « l'ébriété », celle-ci n'étant que le moyen pour parvenir à l'état recherché. L'ébriété pour oublier et s'oublier. Cet aspect de la définition de J.-C. Archambault offre un bon argument pour dater l'amorce du processus de l'alcoolisme, sans qu'il y ait encore à cet instant, ni dépendance physique, ni dépendance psychologique, laquelle cependant s'installera d'autant plus rapidement que le produit est utilisé à des fins médicamenteuses, qu'elles soient anxiolytiques, anesthésiques (avec recherche de défonce) ou désinhibitrices. Mais comme le précise l'auteur espagnol, c'est le désir qui se cache sous l'acte de boire qui prime avant tout : il suffit que l'adolescent soit dans cet état d'esprit pour que l'alcoolisme s'installe très vite.

La thèse de J. P. Roussaux[303] et al. va être en ce sens doublement intéressante, tout d'abord parce qu'elle valide l'hypothèse d'un alcoolisme de l'adolescent autour de ce passage clé de l'autonomisation. Les auteurs qui interprètent ces alcoolisations adolescentes comme pathogènes et/ou pathologiques ne sont pas si fréquents, et il m'importe que cette réalité corresponde à une pratique et ne soit pas le fruit de ma seule imagination. Leur thèse présente également l'intérêt de faire la démonstration de sa non validité, dans la mesure où l'analyse proposée ne s'intéresse justement (en fait à tort) pas à l'acte de boire, révélant ainsi à mon sens qu'il s'agit là d'un critère déterminant. Même si la classification qu'ils opèrent est judicieuse, le fait de délaisser ce critère de l'acte de boire (c'est-à-dire pour résumer la fonction qu'il occupe dans l'économie du sujet) va révéler une erreur d'analyse. Les auteurs distinguent en effet trois types d'alcoolisme, qu'ils différencient donc, non pas tant dans les façons de boire (quantité, recherche d'ébriété, etc.), mais dans le moment clé de leur ancrage. Ce point de rupture dans l'histoire du sujet sera déterminant de son organisation socio-familiale.

Les auteurs belges distinguent trois périodes d'installation de l'alcoolisme autour de la problématique de l'autonomisation :

1) le type I : l'alcoolisme qui apparaît avant le passage de l'adolescence à l'âge adulte, et qui aura une action retardatrice ou même destructrice sur la mise en place du processus d'autonomisation. Il peut même être totalement empêché ;

2) le type II : l'alcoolisme qui apparaît plus tardivement, lorsque l'individu est jeune adulte, et qui se développera dans un cadre plus stabilisé ;
3) le type III : l'alcoolisme grave et prolongé, dit « désinséré », qui serait une évolution défavorable de l'alcoolisme de type II, conduisant vers un processus de régression vers la dépendance et la non autonomisation, forme la plus complexe de la maladie (qui est celle que l'on se représente le plus généralement et qui relève de l'alcoolisme de fin de parcours).

Bien que très intéressante, cette distinction ne me semble pas opérante, et ce pour plusieurs raisons :

- d'une part, les auteurs ne s'intéressent en premier lieu qu'à la constellation familiale qui entoure l'alcoolisme et son sujet, les motivations individuelles ne pouvant selon eux s'appréhender qu'une fois l'arrêt d'alcool amorcé, ce qui me paraît cohérent. Mais la limite de l'analyse se situe dans le fait que les auteurs ne s'expriment pas sur les raisons qui justifieraient pourquoi un individu développerait un alcoolisme de type I plutôt qu'un autre, sauf à évoquer une pathologie sous-jacente : dépression, entraînement, automédication, psychopathie pour le type I[304], des facteurs familiaux et un conjoint trop permissif pour le type II, après que, selon les auteurs, « *le sujet* [a] *accompli ses tâches d'autonomisation* » [305]. L'alcoolisme de type III correspondrait lui à une suite défavorable du type II, notamment par l'abandon du conjoint jusque là trop « compréhensif ».
- D'autre part, les auteurs font abstraction du fait que l'alcoolisme est un processus qui s'installe sur une échelle de temps très variable selon les individus, puisque aucun ne consomme réellement de la même façon. En ce sens, on pourra observer pour un même individu des périodes de forte consommation, suivies de périodes d'abstinence, puis de consommations modérées, enfin d'ivresses répétées, etc., sans que ce cycle ne se répète nécessairement à l'identique, jusqu'à l'installation définitive de l'alcoolisme, qui ne peut se constater qu'a posteriori.

Pour comprendre la limite de la classification opérée par J.-P. Roussaux et al., il faut reprendre les critères de l'autonomisation sur lesquels ils s'appuient : « *autonomie signifie loi propre, génération et affirmation de sa propre identité (Varela, 1989). Etre autonome, c'est se prendre soi-même en main, être capable de gérer sa vie, c'est assumer son identité et sa continuité, maintenir ses limites et affirmer sa différence (Jeammet, 1990). "Autonome est donc celui qui se gouverne, se donne loi par le fait qu'il peut tracer et respecter sa limite, dessiner son champ d'actes, de pensée et de paroles" (Renders, 1993)* » [306]. Et de s'appuyer sur les trois tâches nécessaires qui doivent être accomplies par le sujet pour observer s'il y a ou non prise d'autonomie : le travail et l'indépendance financière qu'il procure, l'amour, marqué par un changement objectal d'investissement affectif et l'établissement d'une relation affective stable exogamique, et enfin la distance géographique par rapport au lieu de vie parental.

Je partage avec ces trois auteurs leur conception de l'autonomisation, laquelle est pour moi centrale, fondamentale dans l'appréhension de l'alcoolisme. Mais cette définition néglige un aspect crucial du fonctionnement du sujet alcoolique : pour éviter l'épreuve d'autonomisation et d'émancipation, celui-ci va tout mettre en œuvre, à commencer par la consommation régulière d'alcool. Mais pour en retarder l'échéance, de nombreuses solutions se proposent à lui, et ce bien avant l'alcool : le choix inconscient d'une compagne codépendante par exemple, ce qu'évoquent effectivement ces auteurs, sans mentionner que cette relation fusionnelle, en plus d'excuser l'alcoolisme du conjoint, va retarder la véritable autonomisation du sujet, d'où ma première objection qui s'appuie sur l'hypothèse suivante : le début de la consommation apparaît dans le même temps que se fait sentir la nécessité *psychique* et sociale d'une émancipation, contrainte à laquelle le sujet ne peut échapper.
Dès lors, le commencement de l'alcoolisation à problème est simplement retardé tant que le sujet n'a pas eu *encore* à affronter cette autonomisation nécessaire. Ainsi, de nombreux hommes alcooliques abstinents témoignent, lors de réunions d'anciens buveurs, de leur basculement vers un mode d'alcoolisation pathologique à la naissance de leurs enfants, sans pour autant d'ailleurs mentionner cette nouvelle constellation familiale comme causalité directe. Tant que dure la relation symbiotique avec une femme (épouse) choisie pour ses qualités maternantes, entendues non pas tant au sens de tendresse ou de sollicitude mais plutôt en termes de compréhension/tolérance sans limites, le besoin d'augmenter les doses d'alcool ne se fait pas sentir. Mais lorsque les enfants paraissent, ils imposent à l'homme/père non seulement « l'obligation » de devenir adulte (puisque sur le plan de la filiation celui-ci n'est plus seulement « fils de » mais également « père de »), mais de surcroît, ils se mettent entre celle que je pourrais appeler sa mère de substitution – son épouse –, et son désir de fusion, le plaçant désormais comme rival de l'affection maternelle qu'il doit accepter de partager. En ce sens, l'épouse « compréhensive » ne doit pas être appréciée comme un critère d'autonomisation, mais plutôt comme un facteur de retardement de celle-ci. Les différentes explications données par les auteurs pour apprécier les raisons d'une telle « compréhension » de l'épouse – connaisseuse ès alcoolisme, conjointe dominatrice, mariage dans la sollicitude, mariage de la dernière chance – témoignent en ce sens de la limite de leur analyse : ils la présentent, sous toutes ses formes, comme un être aussi fragile que son conjoint alcoolique, sans noter que cette alliance psychologique avec un mari alcoolique apparaît également pour elle comme une « solution imaginaire » pour ses propres difficultés d'autonomisation. Quant à l'alcoolisme de type III, lequel apparaît tardivement, lorsque cette épouse « compréhensive » prend finalement l'initiative de quitter ce mari alcoolique, elle ne représente que l'illustration de mon propos. Quand enfin se présente à lui la nécessité psychique de son émancipation, le sujet/mari alcoolique est alors contraint de réaliser ce que son mariage n'a fait que retarder. Alors que les auteurs pensent que « *le sujet alcoolique perd alors ce qu'il avait mis en place, l'amour et le travail et, dans un mouvement régressif, recherche « aide et protection » auprès de sa famille d'origine ou de*

ses équivalents... Ainsi, le patient alcoolique désinséré refait-il en sens inverse et à reculons le chemin parcouru de l'adolescence vers le statut d'adulte » [307], il me semble que c'est exactement le contraire qui s'opère : jusque-là maintenu dans son mariage à un statut régressif, le sujet/mari alcoolique quitté est contraint de parcourir le chemin qu'il n'a justement jamais fait auparavant.

Je souhaiterais faire une remarque à propos du critère « travail » comme appréciation de l'autonomisation individuelle. Dans les entretiens que j'ai réalisés en 2005 avec des sujets alcooliques abstinents, la question du travail a été évoquée comme causalité première de leur pathologie, exprimant ainsi la difficile réalisation de leur autonomisation par l'inscription dans le travail. Chacun y voyait une formidable possibilité de réalisation personnelle (et je repense à ce médecin qui avait matériellement mis en place toutes les formalités pour partir dans l'humanitaire, y ayant finalement renoncé pour se marier) tout en redoutant qu'elle s'accomplisse, mettant alors tout en œuvre pour que cette créativité échoue. Le travail est souvent vécu comme une partie de soi (et ce même médecin passait plus de 20 heures quotidiennes au chevet de ses patients), surinvesti, alors même qu'il représente une source de tension, voire d'oppression, insupportable, envahissant progressivement l'espace personnel, et même l'espace psychique, procurant une espèce d'ivresse (ou cuite sèche) à l'intéressé. Ainsi, le bénéfice de l'indépendance financière que leur procurait le travail était alors immédiatement investi dans l'alcool, les maintenant de fait dans une relative précarité qui se traduisait notamment par une dépendance financière vis-à-vis de leur épouse. J'en conclue donc que le seul critère du travail ne peut être opérant s'il ne s'accompagne pas d'une indépendance financière efficiente.

Dès lors, jusqu'où remonter dans le temps pour dater un engagement dans le processus alcoolique ? Je terminerai par la définition de l'alcoolisme telle qu'elle a été proposée par J. Maisondieu, laquelle a le mérite de pointer la spécificité du lien qui unit le sujet alcoolique à son produit en ce qu'il s'exprime en termes de souffrance psychique. Si l'alcool est central de la problématique alcoolique, il n'est en fait que secondaire en ce qu'il vise d'abord à masquer une souffrance préalable à la consommation. L'alcoolisme, confondu, défini comme une alcoolisation excessive (et en ce sens l'auteur ne fait aucune distinction entre le buveur excessif et l'alcoolique) « *est une conduite complexe et multifactorielle, mais en fin de compte, elle se développe toujours dans une atmosphère de peur et de honte* » [308], définition à laquelle il convient d'ajouter pour appréhender au plus juste la pensée de l'auteur que « *l'alcoolisme (qui est toujours une conduite individuelle) s'inscrit toujours aussi dans une histoire de famille, qu'il s'agisse d'une histoire passée ou présente, voire, le plus souvent passée et présente* » [309]. J. Maisondieu définit l'alcoolisme comme une souffrance psychique préalable, souffrance à être parce que souffrance à se percevoir comme un être estimable, digne d'être aimé, mais également comme un être digne d'être écouté. Le sujet alcoolique a peur, peur de sa peur, peur de s'exposer et d'essuyer un échec. Et s'il a tellement peur, c'est parce qu'il éprouve une honte à (n') être (que) ce qu'il est. La souffrance psychique du sujet alcoolique s'inscrit bien en amont du langage, dans ce qui est encore de l'ordre de l'indicible, parce qu'au moment de la séparation de la figure maternelle, l'enfant est d'une certaine façon mort d'avoir été rejeté par sa mère. Au lieu de se vivre comme acteur de son autonomisation, le sujet alcoolique l'a subie. Ce qu'il est intéressant de comprendre dans la théorie de l'auteur, et qui permet d'aborder la fonction de l'alcool dans l'économie du sujet, c'est que celui-ci se situe dans une lignée intermédiaire, entre névrose et psychose (mais l'auteur ne parle pas d'état limite), où les mécanismes de refoulement ou de déni, pour ne citer qu'eux, n'ont pas opéré. Le sujet alcoolique est pour J. Maisondieu caractérisé dans son fonctionnement en ce qu'il souffre parce qu'il se souvient et ne peut oublier. En ce sens, c'est un être sans désir, sans créativité au sens que lui a donné D. W. Winnicott[310], ne souhaitant pas l'autonomisation et recherchant en vain dans les effets de l'alcool à revivre les sensations positives de cette fusion passée autant qu'à s'en défaire parce qu'elles ont été insatisfaisantes, en s'attachant une dépendance qu'il peut contrôler, précisément parce qu'elle ne fera pas défaut.

§ 3
La « personnalité » du sujet alcoolique

Que l'on se penche du côté des témoignages de sujets alcooliques ou que l'on interroge la position actuelle des chercheurs en alcoologie, d'aucun ne souhaite affirmer qu'il existerait chez le sujet alcoolique une personnalité-type, spécifique. Dans les partages d'anciens buveurs, il est également fréquent d'entendre qu'il existerait autant de types d'alcoolisme que de sujets alcooliques. Pourtant, il me semble qu'avant même d'aborder plus avant leur histoire individuelle et leur parcours alcoolique, les sujets alcooliques présentent au moins un point en commun : la spécificité de leur rapport à l'alcool, même s'il leur est parfois difficile de l'accepter, ce qui peut même être un sujet de plaisanterie entre eux, souvent entendu en réunions Alcooliques Anonymes : « Oui, mais moi, ce n'est pareil », vaine tentative ultime pour crier une dernière fois leur individualité. Ce qui caractérise un sujet alcoolique, dans son rapport à l'alcool, c'est également la façon dont il va « raconter » la particularité de cette rencontre. Ce point de basculement, qui peut n'avoir pas été ressenti par le sujet, permet cependant d'apprécier les débuts du processus pathologique, ses circonstances, et offre un éclairage important pour un intervenant en prévention. Cette entrée dans l'alcoolisme, c'est un peu comme si le produit empruntait brutalement un quelque chose à la magie dont parle D.W. Winnicott, lorsque la mère continue de s'adapter étroitement aux besoins de l'enfant et qu'elle le maintient alors dans l'illusion de son omnipotence, de son « infantilité », « *puisqu'une adaptation parfaite ressort de la magie et qu'un objet dont le comportement est parfait ne vaut pas plus qu'une hallucination* » [311]. L'alcool du sujet alcoolique est pour lui une « solution magique » [312]. Si ce qui vient d'être dit ne constitue pas en soi un trait de personnalité, cette forme d'utilisation de l'alcool est à elle seule un indicateur de pathologie du lien qui unit le sujet à son produit, laquelle renvoie nécessairement aux dysfonctionnements relationnels de la petite enfance du sujet concerné. Et je dirais dès maintenant que ce critère retient toute mon attention lors de mes interventions pour évaluer où en sont les adolescents avec l'alcool, et ce bien avant celui des quantités ingérées, qui pour dangereuses soient-elles, demeure un critère moins signifiant que l'attrait magique que peut revêtir le produit.

S'il n'est pas possible de parler en termes de « personnalité alcoolique », c'est que ces deux termes à eux seuls constituent un raccourci par définition très réducteur. J'emprunterai à J. Bergeret la distinction à opérer pour éclairer cette question. La « personnalité alcoolique » renvoie en fait au concept de « structure de la personnalité » : une structure peut être définie comme telle lorsque l'on a affaire à une personnalité qui, sans être encore décompensée, se « *trouve néanmoins organisée de façon déjà stable et irréversible avec des mécanismes de défense peu variables, avec un mode de relation sélectif, avec un degré d'évolution libidinale et moïque défini, avec une attitude arrêtée de façon répétitive devant la réalité, avec un jeu réciproque assez invarié des processus primaire et secondaire* » [313].

Pour arriver à cette stabilité de la structure, il convient de remonter à la naissance de l'enfant jusqu'à la fin de l'adolescence : la formation du psychisme de l'enfant s'élabore en effet en plusieurs étapes : une première, où l'enfant reste indifférencié de sa mère sur le plan somatique et psychique ; la différenciation qui s'ensuit, à mesure que l'enfant se perçoit autre que sa mère, n'empêche pas que celui-ci reste perméable « *aux influences extérieures narcissiques, toxiques aussi bien que maturatives* » [314]. La deuxième étape est annonciatrice d'une « *sorte de "pré-organisation" déjà plus spécifique* », en fonction, nous dit l'auteur, « *des lignes de force déterminées d'une part par des données héréditaires et congénitales indéniables et d'autre part par les expériences objectales successives touchant des zones érogènes de plus en plus étendues, des pulsions de moins en moins partielles* » traduisant la « *structuration du Soi puis du Moi*[315] » [316], étape qui recouvre les expériences de sociabilité de l'enfant : face aux conflits, frustrations et autres expériences traumatiques, des modes de défense s'élaborent et tendent de plus en plus à se répéter. Progressivement, « *le psychisme de l'individu s'organise, se cristallise*[317]*… avec des lignes de clivage et de cohésion qui ne pourront plus varier par la suite* » [318]. La troisième étape constitue enfin la véritable structure de personnalité, le « Moi-authentique », ce qui signifie que la seule possibilité de changement s'opérera sur un mode pathologique, réversible ou irréversible, mais toujours sur la même ligne d'organisation structurelle. Pour l'auteur, et cela nous concerne particulièrement, jusqu'à la fin de la crise de l'adolescence, l'individu peut connaître une ultime possibilité de changement structurel.

Ce qu'il faut retenir de ce qui vient d'être avancé, c'est qu'il n'existe d'un point de vue nosologique que deux grands axes de structure[319] : la lignée structurelle névrotique et la lignée structurelle psychotique, auxquelles il convient d'ajouter un mode d'organisation spécifique caractérisé par son astructuration non encore évoqué et que l'on nomme généralement état limite ou « borderline » : « *le moi, dans le cas des états limites, a dépassé sans de trop grandes frustrations ni de trop grosses fixations le moment où les relations initiales précoces très mauvaises à la mère auraient pu opérer une pré-organisation de type psychotique. Ce Moi continue donc, sans trop d'encombres, son chemin vers l'Œdipe quand subitement, au moment du début de l'Œdipe le plus souvent, cette situation relationnelle triangulaire ne peut s'aborder dans des conditions normales ; un fait de réalité du contexte, qui dans d'autres circonstances structurelles n'aurait peut-être pas eu le même impact significatif, est ressenti par le sujet comme une frustration très vive, un risque de perte d'objet ; c'est ce que j'appellerai le "traumatisme psychique précoce". Un tel traumatisme doit être compris au sens affectif du terme : il correspond avant tout à un émoi pulsionnel intense survenu dans un état encore trop mal organisé et trop mûr quant à son équipement, ses adaptations et ses défenses, pour y faire face dans des conditions inoffensives* » [320]. L'environnement affectif de l'enfant et la qualité du lien qui va se nouer avec sa mère et son père vont être déterminants pour le développement de celui-ci et à la source de la structure psychique qui le définira[321]. Celle-ci traduira à son tour nombre d'adaptations, réactions, gestions pulsionnelles, etc. de l'enfant, qui ne seront que l'expression de ses forces et fragilités mises en oeuvre pour gérer les sources de tension internes et externes.

L'individu ne se réduisant pas à sa seule structure psychique, j'évoquerai ici également pour compléter ce qui vient d'être dit, et continuer d'explorer l'idée de la « personnalité alcoolique » le « caractère » tel qu'il est encore défini par J. Bergeret : « *je considère le caractère comme l'émanation même de la structure profonde dans la vie relationnelle (indépendamment de tout facteur morbide éventuel) ; le caractère constitue donc le témoignage visible de la structure de base de la personnalité, le véritable "signe extérieur de richesse ou de pauvreté structurelle "* » [322]. Et l'auteur de préciser : « *l'abord relationnel traduit les modes de fonctionnement du Moi sur le plan défensif et adaptatif, la façon dont sont traités les besoins pulsionnels, la nature du choix objectal, le niveau des conflits, … Comme l'a défini H. Ey (1967) "le caractère c'est la physionomie originale de l'individualité psychique "* » [323]. S'appuyant sur les travaux de O. Fenichel et S. Rado, l'auteur évoque enfin deux paramètres qui participent également à l'élaboration du caractère : l'influence de l'environnement social sur (l'aménagement de) celui-ci et la façon dont le caractère négocie les exigences pulsionnelles et le monde extérieur. Tout comme la structure psychique, le caractère va s'élaborer dans la relation fusionnelle, puis duelle, puis triadique, etc.

S'il ne peut être question de « personnalité alcoolique » pour définir qui est le sujet alcoolique, avant et après l'alcool, puisque l'on trouve des sujets alcooliques de lignée névrotique et psychotique, les auteurs et cliniciens s'accordent néanmoins aujourd'hui pour définir celui-ci comme présentant certains traits de caractère dominants, une « économie addictive » pour J.-P. Descombey[324], une « part alcoolique » et « non alcoolique » pour M. Monjauze[325]. Et pour ce qui intéresse plus particulièrement la prévention, de nombreuses recherches ont également été menées afin d'évaluer la récurrence de certains facteurs individuels de vulnérabilité favorisant la dépendance à l'alcool : environnement affectif, comportements durant l'enfance, etc., afin d'établir un profil de « la personnalité préalcoolomane » [326].

Je commencerai mon propos par deux auteurs qui s'intéressent particulièrement à la psychopathologie de l'enfant et de l'adolescent. D. Marcelli et A. Braconnier, qui réfutent également la possibilité d'une personnalité alcoolique spécifique, reconnaissent cependant certains traits au sujet potentiellement futur alcoolique :

1) une intolérance à la frustration ;
2) une certaine anxiété ;
3) une tendance dépressive et un sentiment d'infériorité, perte d'estime de soi, honte ou gêne dans son corps ;
4) une dépendance affective [327].

Dans ma pratique de prévention, il m'importe peu finalement que soit ou non établie une personnalité alcoolique spécifique. Ce qui retient toute mon attention, c'est l'observation clinique de ces « récurrences », quelle que soit la structure psychique à laquelle elles se rattacheront une fois l'adolescence terminée. Ce qui m'intéresse également, c'est qu'il est aujourd'hui admis que la structure psychique du sujet est déterminée par l'environnement psychoaffectif dans lequel celui-ci s'est développé étant enfant. Il ne me paraît donc pas inconcevable de considérer ces modes de fonctionnement pour ce qu'ils sont, des indicateurs d'une certaine vulnérabilité à l'alcoolisme (ou toute autre forme d'addiction), et qu'ils représentent donc un intérêt préventif certain. Par ailleurs, mais j'en ai déjà fait mention, compte tenu de ce qui vient d'être dit, il faut également s'interroger sur les raisons qui nous sont à ce jour proposées pour justifier d'une telle spécificité française à refuser l'ancrage de l'alcoolisme dès l'adolescence, alors que les débuts des autres formes de dépendance sont reconnus pour commencer à cet âge, qu'il s'agisse de toxicomanie, de boulimie anorexie, etc.

En ce sens, il faut noter les « subtilités » de langage qui vont être utilisées pour contourner l'obstacle : D. Marcelli et A. Braconnier parlent ainsi en termes de « *personnalité spécifique de la situation de dépendance* » [328] pour aborder ce qui définit la personnalité du sujet alcoolique, sur le même argumentaire développé par J. Bergeret. M. Corcos, M. Flament et P. Jeammet vont eux s'exprimer en termes de personnalités révélant « *des conditions d'émergence de conduites de dépendance* » [329].

J.-P. Descombey va s'exprimer en termes « d'économie addictive », économie qui reprend les deux secteurs du fonctionnement du Moi décrits par A. de Mijolla et S. A. Shentoub : un secteur alcoolique et un secteur non alcoolique. Ici encore, il est intéressant de comprendre que pour l'auteur, ce qui définit l'économie addictive, c'est, plus qu'un seul rapport à l'alcool, un fonctionnement qualitatif au monde.

En ce sens, l'auteur espagnol F. Alonso-Fernàndez va beaucoup plus loin que la plupart des auteurs français, puisqu'il insiste sur la notion de « *parcours psychique* » [330] du sujet alcoolique, soit un historique bien spécifique de celui qui présente une personnalité *préalcoolomane* [331]. Selon cet auteur, il convient de remonter à la petite enfance pour rencontrer déjà un profond sentiment de solitude qui assaille dès cette période. Il décrit le « candidat à l'alcoolomanie » comme un enfant qui déjà

« *ne se montre pas très enclin aux rencontres ou aux dialogues* » [332]. Il explique cette « prédisposition » par un déficit affectif précoce dans la relation qui le lie à ses parents, lequel, comme je l'ai déjà développé, peut se traduire par le fait qu'à cette période, l'attachement à la mère ne s'est pas déroulé dans de bonnes conditions, qu'elle n'ait pas su s'adapter aux besoins progressifs de l'enfant en se montrant ou trop présente ou trop distante, ne lui laissant aucune place psychique, et l'enfant doit alors *être* ce que sa mère attend de lui, ou qu'elle l'ait faiblement investi : dans de telles conditions, celui-ci va connaître des difficultés pour aborder le temps de la séparation (incapacité à se représenter psychiquement l'absence de la mère, et de fait sa propre individualité).

C. Brisset va faire l'économie du refus catégorique de la spécificité d'une personnalité alcoolique en questionnant la structure psychique de ce qu'il appelle « l'alcoolique grave », soit le sujet alcoolique ayant développé une consommation toxicomaniaque de l'alcool. En analysant les différentes caractéristiques de fonctionnement des sujets alcooliques, c'est-à-dire dans ce qu'elles ont de constant en tant qu'organisateurs, il parvient à définir un certain nombre de traits qu'il regroupe sous le terme de « structure de déficit narcissique ». Pour cet auteur, qui reprend l'hypothèse d'un développement insécure de l'enfant, particulièrement fragilisé sur le plan de son développement affectif, la spécificité des sujets alcooliques est à rechercher dans le déficit narcissique contre lequel ils ne cesseront de lutter. S'inspirant de la théorie des états limites telle qu'elle a été développée par J. Bergeret, C. Brisset inscrit la « structure de déficit narcissique » entre la structure névrotique et la structure psychotique : « *le développement se fera donc à l'abri des grandes catastrophes de type schizophrénique ou maniaco-dépressif, mais il se fera dans l'angoisse, la menace de dépression, le malaise vital, la recherche constante d'assurance et d'affection* » [333].

Dès lors, on le comprend, l'individu futur alcoolique va très vite rechercher à apprendre à se passer d'amour, de la relation à autrui, en s'attachant à une dépendance qui ne lui fasse pas défaut. Cette possibilité comprend tout à la fois un fonctionnement qui permette de ne plus en avoir besoin mais également de ne plus avoir à en donner. L'alcool, et l'illusion qu'il procure sur ses vertus socialisantes, viendra vite conforter cette habitude et ce nouveau mode relationnel sans engagement, sans investissement affectif aucun. Car comment recevoir quand on ne sait pas donner, et comment donner lorsque l'on n'a pas reçu ?

Ce que F. Alonso-Fernàndez traduit en ces termes : « *la vérité est que l'autre ne s'est pas forcé non plus à lui donner de l'amour. Par conséquent, les liens qui le lient sincèrement à autrui sont fragiles et instables. Ainsi, il se produit facilement une sensation de manque d'un proche authentique, imprégnée d'un sentiment de solitude* » [334].

De son point de vue d'alcoologue, l'auteur espagnol rejoint les auteurs français tout en allant beaucoup plus loin puisqu'il affirme en effet qu'existe « *un modèle de personnalité infantile à partir de laquelle se fixe l'alcoolomanie* », et dont les caractéristiques sont les suivantes [335] :

1) « l'immaturité affective », qui se traduit par le paradoxe suivant : alors que ces enfants sont dans une demande d'amour particulièrement excessive, celle-ci

est l'objet d'un refoulement d'une conduite dont on attendrait qu'elle soit ouvertement dépendante, ces enfants éprouvant dans le même temps une peur panique du besoin de contact qu'ils ressentent[336] ;

2) « l'immaturité émotionnelle », qui se manifeste par des réponses inadéquates à une situation et peuvent le conduire parfois à une certaine impulsivité dans ses réactions, bien que sa personnalité soit fortement marquée par de puissants mécanismes auto-répressifs ;
3) « la prévalence des marques de passivité », et d'évasion dans le comportement, qui représentent pour ces enfants un moyen, notamment en cas de conflit, de s'extraire d'une situation insupportable (l'alcoolisme tend vers un même objectif qui est de rendre supportable une réalité qui ne l'est pas). La personnalité de ces enfants est également marquée d'un grand besoin d'autonomie, moyen de défense utilisé pour lutter contre leur dépendance affective qu'ils ne peuvent vivre pleinement du fait de la peur du contact qui les habite ;
4) « l'attitude amicale envers autrui », bien que toujours relativement superficielle, n'atteint jamais une qualité de communication suffisante pour satisfaire leurs protagonistes (l'incapacité à tisser des liens satisfaisants trouve en partie sa source dans l'absence de qualité relationnelle vécue par ces enfants dès leur plus jeune âge, tant avec la mère qu'avec le père).

Ainsi, contrairement à D. Marcelli et A. Braconnier, qui évoquent la « personnalité alcoolique » en termes de répercussions comportementales, F . Alonso-Fernàndez définit la personnalité de l'enfant comme déjà fragilisée par une structure psychique particulière susceptible de recevoir l'alcoolisme. L'auteur parle bien de « personnalité infantile », c'est-à-dire d'un fonctionnement, d'une structure psychique prédéterminant une possible dépendance.

En reprenant les caractéristiques de l'auteur espagnol, soit l'immaturité affective, l'immaturité émotionnelle, la prévalence des marques de passivité et l'attitude amicale envers autrui, je ne peux que remarquer que ces quatre aspects tendent, pour prendre un langage informatique imagé, vers une absence de connexion entre l'enfant et la réalité, comme si celui-ci ne possédait pas les moyens cognitifs et émotionnels d'agir de façon adaptée à son désir (mais nous allons voir que c'est en termes de besoin et non de désir qu'il faut comprendre le sujet alcoolique), en conformité avec les données possibles d'une réalité, autrement qu'en agissant de façon totalement contraire à ses besoins, soit toujours *en réaction à* ce qui est souvent ressenti comme une agression. En ce sens, et j'y reviendrai[337], la personnalité de l'enfant potentiellement alcoolique, tant qu'elle subit des contingences dont elle ne peut s'extraire autrement que par un fonctionnement étranger à ce qui la définit intimement (dans la souffrance donc), relève d'un fonctionnement anormal. Une tentative de « pseudo-normalité » sera recherchée dans la pratique alcoolique, mais la normalité du sujet alcoolique, c'est-à-dire l'équilibre trouvé dans la structure psychique qui est la sienne, ne pourra être obtenue qu'à travers le processus de l'abstinence, dont l'objectif est de découvrir

et devenir ce qu'il est véritablement, intimement, profondément (le soi profond de D.W. Winnicott).
Les modes défensifs déployés par l'enfant futur sujet alcoolique relèvent tous d'une mise à distance entre ce qu'il est (ses besoins, ses désirs, ses plaisirs, ses émotions et ses sentiments) et la réalité, c'est-à-dire ce qu'il n'est pas, ce qui n'est pas lui : l'extérieur, l'autre. Il faut en ce sens rappeler à quel point la question identitaire est au cœur de la pathologie.
F. Alonso-Fernàndez s'appuie également sur les conclusions des travaux de W. et J. Mc Cord datant de 1950, 1960 et 1962, pour souligner l'absence de relation de qualité de relation reçue par ces enfants : « *le futur alcoolique souffre d'un besoin exagéré de dépendance, mais il n'affronte que rarement les occasions de s'y adonner ; mais pour le réprimer, il fuit le contact humain, la participation aux groupes organisés et se livre apparemment à une conduite autonome* » [338].
Le sujet futur alcoolique souffre en effet d'un déficit affectif important. N'ayant pas reçu le capital confiance que procure l'expérience positive de la séparation d'avec la mère, c'est-à-dire la possibilité d'autres relations affectives, donc d'un futur qu'il puisse se représenter psychiquement, l'enfant est alors incapable de supporter cette solitude, ce sentiment d'abandon, cette dépendance affective frustrée[339].
Dans son « parcours psychique », l'enfant connaît donc une solitude affective, qui va venir progressivement entacher de morbidité la façon d'appréhender la vie, ses épreuves et ses échecs ; une sorte de désespoir maladif s'installe, marqué d'une empreinte d'échec. L'espoir d'un avenir meilleur, d'une réussite potentielle, la représentation d'un autre temps que le présent sont impossibles psychiquement, et plutôt que de risquer l'échec (c'est-à-dire la réussite), ce type de personnalité préfère renoncer immédiatement. Est ainsi créé un passif d'échecs sur lequel le futur sujet alcoolique pourra s'appuyer pour refuser de rêver[340] et de se projeter dans l'avenir. Nous retrouvons ici l'absence de créativité décrite par D.W. Winnicott et indirectement évoquée par J. Maisondieu. Ce dernier décrit en effet le sujet alcoolique comme un individu qui n'a pas été capable de renoncer à sa mère, ce qui provoque chez lui un chagrin infini qu'il tentera de soulager avec ou dans l'alcool, pour se retrouver, quand il était lui-même dans et avec sa mère, plongé au sein d'une relation exclusive. La personnalité du sujet alcoolique, nous dit l'auteur, est une personnalité qui s'est construite sur la peur et la honte. Mais J. Maisondieu, partagé qu'il est à l'encontre de la psychanalyse freudienne et lacanienne, en oublie de fait la fonction du père qui consiste à mener l'enfant au désir, à son propre désir. Ce que l'auteur ne peut formuler, et c'est la raison pour laquelle il s'exprime en termes de peur et de honte, c'est que le père du sujet alcoolique n'est pas parvenu à atteindre cet objectif. Le sujet alcoolique n'est pas un être de désir, il est en deçà du désir, resté fixé sur le désir de sa mère. N'ayant pas (accès à une) conscience de sa complétude, il ne se porte aucune estime et se ressent indigne d'être aimé, ce qui explique l'empreinte d'échec.
Surtout, ce qui fera la particularité du sujet alcoolique, c'est qu'il est, de ce qui vient d'être dit, enfermé dans un passé dont il ne parvient à s'extraire, ni par le

refoulement, ni par le déni, pour ne citer que ces deux modes de défense caractéristiques de la névrose et de la psychose. Ce qui fait la souffrance du sujet alcoolique, c'est que lui, il se souvient (ou se souvient d'un imaginaire) mais ne veut (ne peut) pas oublier. D. Vasse, analysant *L'interprétation des rêves* de S. Freud, va me permettre de mieux traduire ma pensée en questionnant le sens de l'oubli : pour l'auteur, il convient d'abord de comprendre que « *c'est de ne pas pouvoir penser l'objet du désir que nous désirons en tant que sujet* », évoquant par là le refoulement : « *la perte de l'objet, son échappée, fonde le désir humain qui, de ce fait, à travers toutes les positions transférentielles que l'on veut, vise toujours autre chose que la chose, autre chose que l'objet* » [341]. A cet endroit, je peux donc déjà remarquer que le sujet alcoolique, lui, ne souhaite pas que cet objet lui échappe. Envisageons maintenant ce que l'auteur entend par désir, « *le désir est le point aveugle où il faut se situer pour penser l'Autre* », ce qui exige, nous dit-il, de le rattacher à la loi « *le désir vise en effet un au-delà de la limite ou de la contradiction et c'est même pour cela qu'il n'y a pas de désir hors de l'épreuve de la limite (castration) : il n'y a pas de désir du sujet sans loi* » [342]. Comme je l'ai démontré précédemment, c'est la fonction du père qui est ici convoquée, et qui dans la réalité du sujet alcoolique, a été inopérante. Mais si celui-ci est incapable d'accéder au désir, à son désir, c'est parce qu'il reste volontairement « coincé » dans la première relation maternelle et dans ce non désir, précisément parce qu'il ne veut pas l'oublier. L'oubli, nous dit l'auteur, n'est pas un non-acte, mais un acte psychique, « *il est le fruit d'un travail qui libère l'inconscient de sa fixation à un objet imaginaire. Il est le fruit de la chute de cet objet et c'est cette chute qui libère le désir. Mais pour qu'il y ait oubli, il faut qu'il y ait souvenir. On n'oublie que cela même dont on se souvient et c'est bien là que vient se jouer la résistance : elle est obstacle au souvenir* ». Le sujet alcoolique, son souvenir (ou sa reconstruction), il ne souhaite pas qu'il lui échappe. « *Oublier vraiment, libérer le désir inconscient dans sa quête, c'est travailler à réintégrer dans la chaîne des signifiants d'une histoire ce qui ne veut par être su par la conscience et qui de ne l'être pas, d'être oublié par la conscience se trouve retenu dans l'inconscient et constamment réinvesti par la part libre de libido* »[343]. Pour le sujet alcoolique, le désir se trouve lui, au contraire, bloqué dans la conscience. Ce qui fait défaut, c'est sa volonté de ne pas oublier son souvenir, ce qui l'empêche en conséquence d'accéder au désir.

On peut alors comprendre cette incapacité à se représenter psychiquement un projet à venir qui va provoquer chez le sujet alcoolique une intolérance à la frustration et créer chez lui de vives tensions émotionnelles. Pour s'en protéger, il va utiliser le mécanisme psychologique défensif de la répression, visant avec l'alcool à faire taire tout désir.

L'ennui est également un puissant vecteur de passage à l'acte, lorsqu'il se conjugue aux différentes conditions que je viens d'évoquer[344]. Il ne faut cependant pas confondre l'ennui, qui peut correspondre à une insatisfaction passagère provoquée par l'inaction ou le désintérêt (et est en fait synonyme de désir), et l'ennui qui habite l'individu dans sa globalité, quand toute perspective de projet a disparu de son champ visuel. L'ennui définit alors un sentiment de profonde solitude doublée d'absence d'espoir : « *l'élément primaire du désespoir consiste en la suppression de l'activité au service des aspirations et projets par le fait de les sentir comme irréalisables* » [345].

A se construire une personnalité centrée sur le non désir, le jeune sujet futur alcoolique finit par devenir indifférent à tout. La perte d'intérêt, et donc d'aspiration au plaisir (c'est ce qui motive le désir) le conduit progressivement vers un ennui profond, un vide existentiel. Tout ce qui n'est pas envisagé comme réalisable cesse d'être intéressant.

C'est d'ailleurs ce même état d'ennui que peut connaître l'adolescent au cours de cette période de transformation amorcée avec la puberté et qui le rend si vulnérable à la consommation. Alors qu'une sensation de vide l'habite, l'adolescent sombre brutalement dans un non investissement du monde, plus rien n'a d'intérêt à ses yeux, aucun projet d'avenir ne devient réalisable.

Les relations amicales, ou plus largement, une tendance à vouloir se rassurer dans le groupe, ne satisfont pas plus ce jeune sujet, même si le groupe en question peut être l'occasion de satisfaire le désir conscient (ou non) d'agresser le groupe référentiel, celui de la famille oppressante - groupe primaire -, tout en offrant certaines garanties de défense et de protection à l'intéressé.

Le sujet futur alcoolique est vite enfermé dans un cercle vicieux car aucune relation à autrui n'est possible. Recherchant la fusion sans jamais vouloir l'accepter, le sujet alcoolique se retrouve dans ses relations amicales sous l'emprise de la première relation d'objet, et l'investissement libidinal qu'il y déploie est sensiblement identique, si bien que l'autre, l'ami investi comme une mère de substitution, ne pourra jamais répondre à ses attentes, le laissant avec toujours le même sentiment abandonnique. Le sujet futur alcoolique souffrant également d'un déficit identitaire, le groupe risque aussi d'ancrer fortement cette fragilité. D. Anzieu a décrit l'ambiguïté de la situation groupale, proposant à la fois une possibilité fragile de processus identificatoires individuels (puisqu'ils ne sont pas suivis d'une certaine autonomisation), tout en contraignant le sujet déjà en mal d'identification au renoncement de certains aspects originaux de sa personnalité[346].

Jusqu'aux débuts de la puberté, une « pseudo-normalité » [347] est ainsi obtenue, qui permet d'éviter, ou de retarder des perturbations importantes, cependant que le processus d'émancipation est freiné, tant sur le plan des besoins libidinaux que sur celui des relations objectales, « *la conséquence topique de cette carence économique se manifeste dans le surinvestissement d'un Idéal du Moi puéril et la conséquence dynamique dans l'orientation plus ou moins exclusivement narcissique offerte aux investissements pulsionnels* » [348]. Ce qui définit on ne peut plus clairement le sujet alcoolique dans sa pratique de l'alcool et l'évolution inéluctable du processus : l'originalité du sujet, à travers l'alcool (autant que le groupe, qui est là pour conforter la pratique de l'alcool), n'étant plus valorisée, la « normalité » qu'elle offrait dans un premier temps perd plus ou moins rapidement de son intensité, et renvoie ainsi le sujet alcoolique à sa problématique identitaire de départ.

F. Alonso-Fernàndez évoque également un rapport au travail particulier très précocement ancré dans la personnalité préalcoolomane. Selon l'auteur, « *il* [le préalcoolomane] *ne dépense pas dans son travail une grande énergie, un effort compétitif ou une persévérance suffisante. Il se limite à travailler avec un certain automatisme, dépourvu des caractéristiques stimulantes propres à la créativité, car il n'attend rien de la vie* » [349].

Même si j'ai déjà abordé la question du travail comme critère d'émancipation, je souhaiterais y revenir ici pour préciser le rapport qu'entretient le sujet alcoolique au travail. Je ne partage pas totalement le propos de l'auteur, et je ne suis parvenue aux conclusions qui vont suivre que tardivement dans la rédaction de ce travail, et ce pour plusieurs raisons : la question du rapport au travail n'a été que peu abordée avec moi lors des réunions Alcooliques Anonymes de l'année 2000 auxquelles j'ai participé, et c'était de toute façon un aspect de l'alcoolisme qui, il me faut le reconnaître, ne m'intéressait guère, la question affective dominant beaucoup plus mon travail de recherche de l'époque[350]. Ce n'est seulement qu'après les quelques entretiens que j'ai réalisés avec plusieurs sujets alcooliques abstinents en 2005 que j'ai pu mesurer l'importance du rapport au travail pour les sujets interrogés, et la manière dont ils articulaient leur passage vers une alcoolisation pathologique à mesure qu'augmentait la pression.

Aussi souhaiterais-je apporter une nuance à la pensée de l'auteur : il est vrai que le jeune sujet futur alcoolique peut faiblement investir son travail, ou toute autre activité créatrice, mais ce n'est pas tant d'un point de vue quantitatif que qualitatif. Dans ce domaine, je ne peux pas affirmer que c'est parce qu'il n'attend rien de la vie, mais au contraire parce qu'il en attend trop. Trop attaché à une succession d'échecs (mais pas nécessairement, et encore peuvent-ils être relatifs, même s'ils sont perçus comme prégnants par son auteur), le jeune sujet attend de la vie qu'elle lui soit redevable des épreuves douloureuses qu'il a déjà connues (immaturité affective et émotionnelle). Aussi tant qu'il ne reçoit pas une reconnaissance sociale telle qu'elle nourrirait enfin de manière satisfaisante la blessure narcissique laissée par cette empreinte d'échecs, rien ne vaut d'être *affectivement* investi[351].

Pour aller plus loin dans la réflexion, je dirais, et je fais ici référence aux personnes que j'ai interrogées, que le désinvestissement se manifeste au moment où le sujet alcoolique est d'une certaine façon « condamné » à réussir. C'est à ce moment que le rapport à l'alcool se modifie et qu'il commence à absorber la source de tensions internes associées à la réussite professionnelle. Le sujet alcoolique est en effet habité de désirs contradictoires : réussir (la toute puissance de l'enfant qui l'habite encore et ses pouvoirs magiques) et échouer (pour renoncer à tuer le père, puisqu'il est absent). A mesure que le choix se précise, le sujet alcoolique va progressivement perdre pied, et avoir recours à l'alcool, parce qu'il lui est impossible de choisir ou de renoncer – même momentanément (ce qui revient au même). C'est la raison pour laquelle beaucoup d'entre eux associent leurs « problèmes d'alcool » au travail.

J'en terminerai par la question sexuelle, dans la continuité de ce qui a déjà été avancé autour de la nécessité de s'autonomiser (à l'adolescence notamment). Pour K. Abraham, l'alcool représente d'abord un moyen de lever « *les inhibitions psychiques*... [qui] *sont des sublimations d'énergies sexuelles* » [352]. Aussi, l'alcoolisme est-il à analyser principalement dans la particularité des relations qu'il entretient avec la sexualité. On en trouvera différentes expressions, puisque, affirme l'auteur, si

« *notre vie sociale, l'ensemble de notre culture reposent sur ces sublimations* [,] *il n'en est aucune qui ne puisse être atteinte, voire supprimée par l'effet de l'alcool* »[353].
Une première expression s'observe autour de la question de l'homosexualité. Chez le sujet alcoolique, la composante homosexuelle de la pulsion sexuelle ne serait pas sublimée et réapparaîtrait sous les effets de l'alcool (aptes à lever d'ailleurs d'autres pulsions partielles refoulées comme l'agressivité). Le sujet alcoolique n'aurait pas réfréné des penchants homosexuels qu'il retrouverait notamment au contact d'autres personnes alcooliques lors de rituels considérés par eux comme valorisants sur le plan de leur virilité, de beuveries, etc. Pour S. Ferenczi, l'alcool (et l'alcoolisme) ne lève pas les inhibitions, mais doit s'analyser comme un moyen de détruire la sublimation ayant permis de refouler un penchant homosexuel : le fait de s'adonner à la boisson résulte « *de l'opposition insoluble entre ses désirs hétérosexuels conscients et ses désirs homosexuels inconscients ; par la suite, l'alcool, en détruisant la sublimation* » permet le retour d'un érotisme homosexuel refoulé[354].
Une deuxième expression va concerner la question de l'inceste. Pour K. Abraham, c'est dans le même sens, en lien avec ce qui a été évoqué précédemment à propos de la fonction familiale de l'alcool, qu'il évoque également dans cette addiction une force à lever l'interdit de l'inceste.
Pour l'auteur enfin, le sujet alcoolique semblerait manifester un faible intérêt sexuel, ce qu'il va comprendre en analysant la fonction qu'occupe l'alcool dans son économie psychique. Alors que l'alcool représente initialement pour les hommes alcooliques un moyen d'agir sur un « *complexe de virilité* »[355], ils négligent très vite les effets du produit qui les rendent progressivement impuissants. Pour autant, loin de s'en détacher, « *ils continuent à identifier l'alcool avec leur sexualité et l'utilisent comme son substitut* » [356]. L'auteur pointe donc la fonction substitutive de l'alcool à une sexualité peu investie.
Plus tard, de nombreux auteurs contemporains éclaireront ce domaine par une analyse plus conséquente, « *l'essentiel ne sera pas dans les déviances sexuelles mais dans l'infiltration de toute la vie psychique et relationnelle par les rejetons d'une sexualité archaïque, infantile, auto-érotique ou anaclitique* » [357], sexualité dont J.-P. Descombey précise qu'il ne faut pas l'entendre au sens de sexologie mais de sexualité infantile. Ainsi, ce n'est pas tant l'aspect oral[358] (plaisir par la bouche) qui est en question chez le sujet alcoolique, mais un type de relation objectal, qui ne concerne alors pas seulement l'alcool, mais tout type de relation à l'objet (personne, activité, etc.). C'est en ce sens qu'il faudra comprendre le prétendu penchant homosexuel du sujet alcoolique, non pas tant comme levé par une destruction de la sublimation grâce à l'alcool (Freud), mais plutôt comme l'expression d'une « problématique identitaire précaire », « *sans bonnes identifications primaires* » [359], ayant d'abord pour visée de ne pas se distinguer de l'autre et d'appréhender l'altérité. Ce qu'exprimera H. Gomez en évoquant l'exclusivité de la référence féminine autour de la seule figure maternelle (absence de père) et le caractère préoedipien du sujet alcoolique : « *si la femme reste une référence exclusive, il n'y a place que pour l'impuissance si l'interdit prévaut ou pour l'inceste s'il est transgressé* » [360].

Ce que je souhaite dire à cet endroit nous renvoie à ce qui a été développé précédemment autour de la question du désir. A mon sens, la question de la sexualité, si elle est centrale de cette pathologie, ne doit pas s'entendre comme un penchant homosexuel refoulé (qui est une identité sexuelle) mais en terme d'incapacité à se reconnaître et se vivre comme sexuellement identifiable (identification sexuelle). J. Bergeret l'analyse alors comme conséquente d' « *une relation mère-enfant aux stades préoedipiens, c'est-à-dire une recherche de la complétude narcissique et de la mère et du sujet lui-même par le jeu de l'image en miroir* » [361]. Ce qu'il semble important de rappeler, c'est l'absence de désir qui caractérise la personnalité alcoolique, en ce sens que son désir est encore centré sur la figure maternelle. Le sujet alcoolique n'a surtout pas la possibilité de s'individualiser dans une sexualité adulte, en ce sens qu'il ne trouve pas de « *jouissance dans l'acte sexuel* » [362], tout au plus le moyen d'assouvir un besoin physiologique, sans recours à la tendresse. C'est un des aspects qui permet de voir dans l'acte de boire un substitut à l'acte sexuel. Pour autant, il convient me semble-t-il de considérer l'acte de boire, non pas tant comme un substitut sexuel, mais comme la traduction de l'incapacité pour le sujet alcoolique d'avoir pu accéder au stade génital, ce que décrit parfaitement J. Bergeret à propos de l'aménagement pervers du sujet état limite et que l'on doit rapprocher ici pour comprendre la relation entre le sujet alcoolique et la sexualité. « *Dans l'organisation perverse, l'angoisse dépressive se trouve évitée par suite de la réussite d'un déni portant sur une partie seulement et très focalisée du réel : le sexe de la femme* » [363]. Cette situation s'ancre dans les premières relations de la mère à son enfant, et trouve racine en ce que cette mère se croit privée de phallus (à entendre comme « *organe symbolique de la puissance de l'ordre narcissique* » [364]), ce qui se traduit chez elle par un sentiment de carence narcissique et lui fait développer une angoisse existentielle (et non sexuelle comme le précise l'auteur), mais la confusion chez l'enfant vient de que ce que lui est transmis « *une confusion entre le sexe et le narcissisme* » [365] : pour lui, sa mère serait privée de pénis (et non de phallus). Du coup, chez l'enfant (comme chez la mère), « *le narcissisme primaire se trouve ainsi mal intégré et figé au niveau de l'attrait pour un objet partiel plein de mystère, dans une évolution affective restée indécise entre un auto-érotisme qui n'a pas encore été complètement dépassé et un stade objectal à peine halluciné et qui ne s'est jamais trouvé réellement atteint* » [366], parce que « *la précocité de l'excitation libidinale a été telle que pulsion et objet partiel se sont soudés trop tôt et que l'objet total n'a pu se constituer* » [367]. Ceci se traduira au niveau sexuel par un « *aménagement… dans lequel le système de défense contre le génital est vraiment organisé et organisateur* » [368], qui fera qualifier le sujet de cette astructuration par M. de M'Uzan de personnalité « *structurée en dehors de la problématique oedipienne, en marge de l'Œdipe* » [369], ce qui signifie que l'enfant ne différencie pas ses père et mère d'un point de vue sexuel, mais seulement caractérologique, puisque qu'il n'a eu pour identification qu' « *un Moi idéal maternel exclusif et angoissant* [qui le dégoûtera] *à jamais de la génitalisation différentielle transformant le phallus en pénis* » l'empêchant dès lors de parvenir à « *une image véritablement sexuelle et exaltante du pôle génital féminin* » [370].

On peut alors comprendre que chez le sujet alcoolique, l'alcool vienne jouer, non pas tant un substitut sexuel, puisque la sexualité ne peut s'exprimer qu'avec un objet partiel, mais plutôt faire office d'objet partiel en ce sens qu'il s'y substitue.
Aussi sommes-nous loin de l'analyse freudienne, qui voyait dans l'addiction (même si ce n'était pas encore le terme) l'expression d'une pulsion, et même d'une compulsion pour A. De Mijolla et S. A. Shentoub, substitutive d'une pulsion sexuelle associée et par conséquent réprimée, maintenant l'intéressé à « une *fixation au stade oral de la libido* » (d'où l'association au verbe biberonner, qui renverrait à une sensibilité labiale particulière).
Je dirais, pour conclure et m'éviter des généralisations erronées, que c'est d'abord un profond sentiment de *différence* qui est ressenti précocement, une impossibilité à s'identifier aux camarades du même âge, et plus tard un contact avec les adultes relativement problématique.
Ce profond sentiment de différence doit s'entendre d'une injonction paradoxale qui lui exprimerait une absence d'individualisation (il n'est pas différencié) autant qu'une impossibilité à se vivre identique (le même) puisqu'il n'a de toute façon pas eu accès à l'altérité. Le futur alcoolique se perçoit dès son plus jeune âge comme seul au monde. Plus tard, chaque alcoolisation, chaque cuite lui permettront de retrouver une forme d'espoir, « des lendemains qui chantent », où à la suite de la gueule de bois, c'est un nouveau départ qui verra le jour. En ce sens, l'alcool donne l'illusion d'un courage que son consommateur n'a pas, celui du goût à vivre.

SECTION 2
L'ADOLESCENCE ALCOOLIQUE, DÉSORDRE NORMATIF OU ENJEU D'UN CHANGEMENT CULTUREL ?

La question de l'alcoolisme de l'adolescent n'est pas seulement réfutée d'un point de vue alcoologique, cette position est également partagée par de nombreux cliniciens ayant à prendre en charge les désordres de l'adolescence sur le plan de la psychopathologie. J'ai précédemment exposé l'enjeu que représentait à mon sens pour notre société de banaliser les consommations d'alcool des adolescents. Si j'écris banaliser, c'est bien parce que ce regard porté sur ces pratiques ne s'est jamais modifié, en dépit des profonds changements qui les ont accompagnées et/ou induites. Et si l'on assiste paradoxalement sur le plan médiatique à une approche pluridisciplinaire de ce qui questionne aujourd'hui à l'adolescence, elle ne vise pas tant à comprendre le sens qui est prêté aujourd'hui à ces pratiques qu'à tenter de les saisir comme un phénomène proprement adolescent, ce qui me semble inapproprié. M. Valleur écrit par exemple : « *en interdisant l'usage d'un certain nombre de substances, la société en a fait un des moyens privilégiés pour les adolescents de s'imposer une telle épreuve : fumer un joint devient signe de défi aux adultes, transgression de la loi, prise de risque minime et généralement demande de reconnaissance par le groupe de pairs. L'usage de tabac ou d'alcool a souvent le même sens, la première cigarette ou la première ivresse étant plus ou moins l'instrument d'un rite de passage* » [371]. Il me semble dangereux de pointer cet aspect sociologique de tels comportements, non pas qu'il soit erroné (encore qu'il conviendrait d'interroger les raisons qui autorisent à y voir, comme l'écrit l'auteur, l'expression de conduites qui « *symbolisent aussi souvent l'appropriation par le sujet d'attributs des adultes, puissance virile, courage, convivialité, etc.* » [372], et sont interprétées comme un allant de soi), mais en ce qu'il masque précisément que ce qui fait sens à l'adolescence n'est que la reproduction de ce qui fait aussi sens pour l'adulte. En prêtant à ces conduites d'alcoolisations adolescentes une spécificité qu'elles n'ont pas, on laisse entière la question de ce qui justifie un tel recours pour tout individu et la fonction qu'occupe l'alcool psychotrope pour tout un chacun. Lorsque J.-P. Descombey écrit *Alcoolique, mon frère, toi*[373], il ne croit pas si bien dire. Le sujet alcoolique, ce n'est pas seulement l'autre. J. Maisondieu va parfaitement résumer la situation en questionnant non seulement la fonction de l'alcool, mais également la fonction qu'occupe le sujet alcoolique dans notre société, aussi me permets-je de le citer en intégralité, sans qu'il y ait besoin d'y introduire quelques commentaires : « *de fait, l'alcool est le produit qui engourdissant l'esprit, est capable de faire perdre la tête, au point de faire disparaître la honte le temps de son action. C'est pourquoi son usage est aussi répandu, c'est pourquoi également l'étude de sa consommation excessive est si délicate : les motivations secrètes des buveurs "normaux" ne sont pas fondamentalement différentes de celles des buveurs excessifs, ces alcooliques vilipendés comme lie de la société. Un silence gêné plane sur cette évidence, car il est difficile d'accepter la réalité d'une communauté d'intention entre ceux qui se conduisent bien et les autres* » [374]. Plus loin, on peut lire « *notre culture marche à l'alcool, et l'alcoolique y sert à baliser la limite entre la norme et l'anormal, entre le bien et le mal, entre le permis et le défendu… La vraie question n'est pas tant pourquoi ils boivent trop, mais pourquoi, nous tous, nous avons besoin d'alcool et d'alcooliques ? Quel est le secret qui justifie l'existence d'une alcoologie ?* » [375].

La théorie des aménagements transitoires, et donc temporaires, pour brillante qu'elle soit, n'en cautionne pas moins cette volonté secrète précédemment décrite, qui vise à ne pas questionner la fonction qu'occupe l'alcool dans l'univers de tout un chacun. S'il y a bien aménagement à l'adolescence, aménagement d'une dépendance qui ne le quittera jamais, il ne faut y voir qu'un aménagement le préparant à une identité nouvelle, laquelle, en ce qu'elle suppose de nombreux changements et peut amener à certains passages à l'acte, ne doit pas pour autant nous empêcher de questionner le sens que prendront, individuellement, et de façon indépendante, les pratiques d'alcoolisations.

§ 1
Les aménagements temporaires ou la loi du désordre [376]

En faveur de l'aménagement temporaire, P. Jeammet et M. Corcos ont une position intéressante : tout d'abord dans la terminologie, qui leur fait préférer le terme d' « organisation psychique » plutôt que « structure psychique » adoptée par J. Bergeret, « *ce qui suppose des mouvements de désorganisation et de réorganisation, et des modalités diverses de fonctionnement. Celles-ci peuvent se juxtaposer sans que la prédominance de l'une d'entre elles soit encore assurée. Là encore, ce sera souvent l'effet de l'adolescence que de conduire à cette prédominance* » [377]. Cette préférence pour le terme « d'organisation psychique » permettrait, selon les deux auteurs, une plus claire appréciation des différents aménagements temporaires de l'adolescence.
Et bien que J. Bergeret lui préfère celui de « structure de personnalité », concernant la question de l'alcoolisme à l'adolescence, ces trois auteurs n'en partagent pas moins le même avis. Pour cet auteur freudien, « *la structure de la personnalité se conçoit donc, d'une part, comme la base idéale d'aménagement stable des éléments métapsychologiques constants et essentiels chez un sujet, pendant que le caractère apparaît d'autre part comme le niveau de fonctionnement manifeste et non morbide de la structure telle qu'elle vient d'être définie. Dans une telle optique, la symptomatologie devient tout simplement le mode de fonctionnement morbide d'une structure quand celle-ci se décompense, c'est-à-dire dès que les facteurs internes ou externes de conflictualisation ne se trouvent plus équilibrés par un jeu efficace (et non perturbateur lui-même) des mécanismes variés de défense et d'adaptation* » [378]. Pour J. Bergeret, une structure mentale (névrotique ou psychotique), c'est-à-dire « *lorsque le psychisme individuel* [a] *atteint un degré d'organisation qui équivaudrait à une "cristallisation" définitive* » [379] se conçoit comme une organisation stable, ce qui sous-entend qu'il n'y aura pas de variation ultérieure : que l'individu s'inscrive dans une stabilité ou qu'il décompense (rupture pathologique), cela ne pourra s'opérer que dans sa structure initiale : un individu de structure psychotique ne pourra développer qu'une psychose et ne retrouver de « normalité » que dans sa structure initiale (psychotique) à nouveau bien investie comme telle. Et l'auteur de préciser : « *en ce qui concerne l'adolescence, enfin, les cliniciens ne verront pas une découverte dans le point de vue développé ici et portant sur la difficulté à définir valablement une structure durable à ce moment de la vie. Cette difficulté semble, dans notre hypothèse, liée non seulement au flottement légitime des investissements libidinaux et objectaux, souvent décrits par les auteurs, mais surtout à la possibilité pour le sujet de changer, encore et pour la dernière fois, de structure à cette période où tout semble pour lui à nouveau remis en question au milieu d'un ouragan pulsionnel et conflictuel. Il semble nécessaire de revaloriser encore plus que cela n'a été fait la valeur du potentiel structurel de l'adolescence* » [380].
L'auteur est donc on ne peut plus clair : jusqu'à ce que l'adolescence se termine, et je ne peux ici que renvoyer le lecteur à la difficulté pour déterminer quand, de manière précise, datée, il est possible d'affirmer que la « crise » d'adolescence est

belle et bien achevée, néanmoins, pour J. Bergeret, tant que dure l'adolescence, la structure psychique n'est pas « cristallisée », ce qui a pour conséquence qu'il est impossible de définir qu'un mode défensif quelconque puisse relever du registre pathologique puisqu'il n'est pas encore permis de définir de manière définitive la structure psychique à laquelle il se rattache. Et comme l'affirment ces trois auteurs, ce possible va-et-vient entre les différentes structures psychiques jusqu'à un choix définitif fait loi à l'adolescence. Comment dans ces conditions apprécier un comportement pathologique, une « symptomatologie » lorsqu'il est impossible de définir ce qui représenterait la normalité ? Comment appréhender si comme l'exprime J. Bergeret, « *les facteurs internes ou externes de conflictualisation ne se trouvent plus équilibrés par un jeu efficace (et non perturbateur lui-même) des mécanismes variés de défense et d'adaptation* », lorsque l'on ne peut définir la normalité de ces mêmes mécanismes, faute de pouvoir les rattacher à une structure psychique stable ? Difficile en effet d'affirmer si un carré répond aux normes qui le définissent si l'on ne sait pas ce qu'est un carré.

Envisageons dans un premier temps la position de P. Jeammet et M. Corcos sur les aménagements de la dépendance à l'adolescence pour tenter dans un deuxième temps de comprendre pourquoi ces auteurs apprécient les pratiques d'alcoolisations adolescentes comme des aménagements temporaires (la règle) plutôt que comme le début de l'installation du processus de l'alcoolisme.

Pour ce faire, il me faut rapporter la définition de la dépendance telle qu'elle est décrite par ces deux auteurs : « *se plaçant du point de vue du fonctionnement psychique, la dépendance peut être décrite comme l'utilisation à des fins défensives de la réalité perceptivomotrice comme contre-investissement d'une réalité psychique interne défaillante ou menaçante. Dans cette perspective, la dépendance est une virtualité sinon une constante du fonctionnement mental car il existe toujours un jeu dialectique d'investissement et de contre-investissement entre la réalité psychique interne et la réalité externe du monde perceptivomoteur.* ***Elle pose problème dans la mesure où elle devient un mode prévalent et durable de ce fonctionnement au détriment d'autres modalités***[381]*. Il s'agit donc d'une modalité de fonctionnement susceptible de concerner des structures et organisations psychiques différentes* » [382]. Ici encore, il me faut remarquer la prudence excessive des auteurs. Si je partage leur position à propos du savant, progressif et nécessaire affranchissement que tout individu doit effectuer à l'encontre de son propre fonctionnement dépendant, lequel l'accompagne dès sa naissance, je ne peux que regretter les limites de leur position : comment en effet reconnaître qu'une dépendance est devenue « un mode prévalent et durable de fonctionnement » si ce n'est qu'a posteriori, c'est-à-dire une fois qu'elle s'est installée ? Et les deux auteurs de poursuivre : « *vont devenir dépendants ceux qui vont utiliser de façon dominante, contraignante, la réalité externe, c'est-à-dire le monde perceptivomoteur pour contre-investir une réalité interne sur laquelle ils ne peuvent pas s'appuyer car elle ne leur donne pas la sécurité interne nécessaire, fondement de cette relative liberté* [alors qu'] *une réalité suffisamment sécurisante offre, en cas de conflit ou de difficultés, une possibilité de régression qui n'est pas synonyme de désorganisation* » [383], sécurité dont ne disposent pas les sujets dépendants évidemment, mais à s'appuyer sur les propos

de P. Jeammet et M. Corcos, qu'il n'est possible de diagnostiquer qu'une fois qu'elle est constatée.
L'adolescent a, à sa disposition, différentes stratégies possibles pour se départir de cette dépendance, certaines très archaïques (les modes de défense psychiques, et les deux auteurs de citer le déni, les couples idéalisation/dénigrement, clivage/fusion, etc.) et d'autres plus manifestes comme le sont les comportements. Et comme le spécifient P. Jeammet et M. Corcos à propos de ces aménagements, le « *caractère pathologique ne dépend pas tant de leur nature* ***que de l'usage qui en est fait***[384] *et surtout de leurs effets sur l'équilibre du sujet et des résultats sur ses capacités d'adaptation immédiate et d'évolution future* »[385]. Il me semble que la question de l'usage « *qui en est fait* » peut correspondre à mon premier critère, celui du mobile de la consommation de l'adolescent quand le second, celui des « *effets sur l'équilibre du sujet* » correspondrait au second critère que j'ai avancé, celui qui contient la réponse de l'adéquation des attentes de l'adolescent par rapport au produit et de ses effets sur sa réalité intérieure et extérieure.
Et d'en tirer une nouvelle remarque : plutôt que d'insister sur les effets (potentiellement négatifs) sur l'équilibre psychique de l'adolescent, pourquoi ne pas avancer comme premier argument que le caractère pathologique d'une consommation est déterminé par ce que l'adolescent attend de son usage, lequel sous-entend que dès lors qu'il y a une consommation d'alcool exclusivement centrée sur la recherche d'effets, celle-ci doit nécessairement s'entendre comme pathologique, ou tout au moins fortement risquée, la répétition de l'acte de boire, quelles qu'en soient les modalités, ayant pour visée de ressentir avec la même intensité les premiers effets des premières consommations ?
Et lorsque l'aménagement par les défenses psychiques ne peut s'accomplir, c'est par une réponse comportementale que l'adolescent va réagir : « *par opposition à l'action, prolongement du travail psychique d'élaboration, l'agir, qu'il soit interne ou externe, vient offrir une voie de décharge à la place de ce travail psychique auquel il se substitue. Il apporte un équivalent d'objet substitutif de l'objet interne, et par là une possibilité de maîtrise, et remplace ce qui constitue l'essence même du travail psychique le plus élaboré, le déplacement* »[386]. A propos de cette pathologie de l'agir, je souhaiterais également formuler une remarque : il me semble qu'à l'adolescence, nombreux sont celles et ceux qui incarnent cette pathologie de l'agir, au moins parmi les nombreux élèves que j'ai rencontrés, ce qui ne signifie pas que ce mode de fonctionnement perdurera définitivement. Il me paraît cependant assez malhonnête de la part des adultes, et plus encore des professionnels, d'accepter l'idée d'une « crise de l'adolescence », laquelle existe à n'en pas douter, tout en continuant à attendre que pour les plus fragiles, l'inéluctable arrive, sans proposer d'accompagnement spécifique prophylactique. Que penser d'une société qui banalise et relativise cette période de troubles pour éviter d'être taxée d'hygiéniste, et ne fait qu'anéantir une possibilité de repérage précoce pour près de 20% de sa population adolescente ?
Pourtant, J. Bergeret ne s'exprime pas autrement quand il affirme que « *dans toute situation de dépendance, c'est le registre comportemental qui dépasse de beaucoup en quantité comme en qualité d'investissements énergétiques et relationnels les investissements réalisés sur les*

deux autres registres [mental et corporel] » [387], qu'il décrit comme un « *incontestable mouvement de régression à partir du registre mental en direction du registre comportemental* » [388]. Cet « *agi comportemental* » s'apparente à une « *attitude davantage antidépressive tournée vers des idéaux* » [389] où le rationnel n'a aucune valeur.
Cet aménagement par le comportement « *reflète le débordement, plus ou moins important et durable, de l'appareil psychique, mais il offre en même temps l'opportunité de découvrir un mode d'expression qui permet de figurer une problématique psychique dont on peut penser qu'elle serait difficile à décrypter en l'absence de ce moyen* » [390]. Je ne peux qu'opposer la même critique à ces auteurs : pourquoi s'enfermer dans un système de pensée clos sur lui-même ? P. Jeammet et M. Corcos nous affirment que d'un côté, il n'est pas possible de penser l'adolescence comme une période de troubles qui soient plus significatifs que ce qu'ils sont : des aménagements temporaires, et de l'autre, ils constatent, sans autre forme de procès, que la pathologie de l'agir ne peut être décelable qu'une fois qu'elle est précisément agie. Il me semble pourtant que ce mode de défense à venir peut être anticipé chez de nombreux enfants, et ce bien avant l'adolescence. Lorsque j'intervenais auprès des classes de cinquième au Collège François Rabelais d'Angers en 2005, une toute jeune fille de 12 ans, dans un jeu de mise en situation, s'exprimait sur ses difficultés à refuser une cigarette ou un verre d'alcool si d'aventure cela se produisait en discothèque. J'avais beau lui exprimer de nombreux arguments, elle ponctuait chacune de ses réponses par un contre argument me renvoyant la certitude de ses difficultés, voire de son incapacité totale à refuser l'expérience d'un produit, même si elle n'en avait pas envie, même si elle savait le produit en question dangereux pour sa santé, etc. Le jeu de mise en situation n'étant pas par définition une situation contextuelle réelle, on pourrait m'opposer que dans cette deuxième situation, elle puisse finalement réagir autrement. Cependant, contrairement à ses camarades, qui n'étaient pas *inquiets* de leurs difficultés à ne pas trouver d'arguments d'opposition, cette jeune fille, elle, parvenait parfaitement à se visualiser la scène, et semblait me dire qu'elle *savait*, par avance, qu'elle ne pourrait pas refuser. Il n'est pourtant pas question de dramatiser, mais il me semble juste d'affirmer qu'il n'est pas nécessaire d'attendre « l'agi comportemental » pour réagir.
Et de terminer sur un paradoxe, une contradiction ? P. Jeammet et M. Corcos affirment enfin: « *on se trouve là devant ce qui nous apparaît être le point central de la pathologie de l'adolescence : la propension naturelle du symptôme (incluant le trouble du comportement) à se substituer aux relations objectales et donc à induire un mouvement de désobjectalisation. Un tel mouvement altère les capacités d'investissement libidinal, a un effet de déliaison pulsionnelle et appauvrit la vie relationnelle de l'adolescent y compris dans sa dimension mentale de vie fantasmatique. Aux échanges relationnels vivants, diversifiés, potentiellement conflictuels, ouverts aux changements et à la découverte se substitue le repli sur soi et sur des objets de substitution (la drogue, l'alcool, l'aliment, la préoccupation dysmormophobique, le symptôme, etc.) qui ont en commun de se prêter à une relation de maîtrise* » [391] : pourquoi, en effet, les auteurs admettent-ils que cette pathologie de l'agir existe bel et bien chez l'adolescent, tout en continuant à affirmer que, de manière générale, il ne faut voir dans les différents troubles de l'adolescence que des aménagements temporaires ?

Si j'ai choisi de « dérouler » un extrait de l'ouvrage de ces deux auteurs, encourant le risque de me montrer quelque peu rébarbative, c'est pour souligner la résistance, chez de nombreux spécialistes de l'adolescence ou de l'addiction, à formuler ce diagnostic d'alcoolisme de l'adolescent. Car dans le propos que je viens de rapporter, il me semble que c'est bien de la même pathologie dont il est question. Au risque de me répéter, cette attitude n'est pas sans conséquence d'un point de vue préventif, les auteurs allant même jusqu'à nous faire croire qu'avant l'installation définitive de ce mode défensif, il n'est pas possible d'en déceler quelques indices. L'enjeu est pourtant de taille : la gravité de telles conduites « *vient, entre autres, que contrairement aux relations objectales, elles n'assurent aucun réapprovisionnement narcissique et que le bénéfice de maîtrise qu'elles procurent n'a d'issue que dans le renforcement permanent de la conduite* » [392]. En France, en dépit de nos nombreuses connaissances, il faut attendre, et spécifiquement dans le domaine de l'alcoolisme plus que toute autre dépendance, que celui-ci soit déjà bien installé. Il est en ce sens assez remarquable d'observer que les quelques rares auteurs français qui se sont attaqués à l'alcoolisme de l'adolescent s'appuient, pour soutenir cette thèse, presque exclusivement sur des travaux de source anglo-saxonne[393].

Si je ne peux nier, n'étant ni psychologue, ni psychanalyste, que l'adolescence est une période de turbulences, vis-à-vis de laquelle, comme l'affirme J. Bergeret, « *nous n'avons pas le droit d'appeler vraiment "toxicomanes" ceux qui ne sont pas encore dépendants* », et notamment « *de jeunes personnalités encore très mal structurées, donc très influençables, ayant été un samedi soir les victimes de quelques compagnons ou compagnes prosélytes* » [394], la question demeure d'un point de vue pragmatique de savoir comment aborder le public adolescent qui s'alcoolise régulièrement la semaine et le week-end, et pour lesquels « *l'approche structurale à cet âge* » [395] soulève de nombreuses réserves. Je partage avec ces auteurs la prudence qu'il convient d'avoir face à d'exceptionnelles cuites du samedi soir, mais mon objet de recherche ne concerne pas ces adolescents. Mon attention se porte vers ceux qui, tout en ne manifestant aucun signe de manque, n'en sont pas moins déjà accoutumés à une certaine consommation d'alcool, régulière, hebdomadaire, et parfois presque quotidienne. Une fois encore, il ne s'agit pas de stigmatiser de manière précoce ces adolescents plus fragiles que les autres et plus vulnérables au produit en les étiquetant « alcooliques », mais d'appréhender ces modes de consommation comme faisant partie d'un processus pathologique, lequel les conduira inéluctablement vers une dépendance à court ou moyen terme. Et il me semble que, paradoxalement, l'approche psychopathologique de l'adolescence comme période de crise et de remaniements psychiques ne fait que retarder un diagnostic qui permettrait à l'adolescent qui s'alcoolise régulièrement une prise en charge précoce pouvant exclure l'inévitable couperet social de l'abstinence. Car parmi les jeunes consommateurs d'aujourd'hui figurent les alcooliques de demain.

Le plus surprenant figure dans les précautions de ces auteurs, lesquels finissent immanquablement par produire des contradictions : je reprends pour les illustrer les propos de P. Jeammet et M. Corcos : « *nous avons une grande réserve à l'égard d'une approche structurale à cet âge. Ce constat nous a amené à relativiser la notion de structure*

appliquée à la réalité intrapsychique. Nous pensons en effet que celle-ci n'est vraiment prégnante que pour les organisations les plus extrêmes que ce soit dans le sens de la pathologie ou à l'opposé de ce qu'il faut bien appeler la normalité. Mais dans l'entre-deux, il existe des possibilités d'évolution qui laissent celle-ci relativement ouverte pendant une longue période, en tout cas largement au-delà du début de l'adolescence. Nous préférons parler d'organisation, ce qui suppose des mouvements de désorganisation et de réorganisation, et des modalités diverses de fonctionnement. Celles-ci peuvent se juxtaposer sans que la prédominance d'une modalité soit encore assurée. Là encore, ce sera souvent l'effet de l'adolescence que de conduire à cette prédominance » [396]. Il me semble que les auteurs souhaitent insister sur le fait que ces « mouvements de désorganisation et de réorganisation » doivent être entendus comme constituant la règle, le fonctionnement « normal » de l'adolescent, et ce qui de l'extérieur – les comportements, les réactions, etc. – peut parfois être difficilement compréhensible ne doit pas pour autant être interprété comme une décompensation. Une fois encore, je partage cet avis, même s'il me semble que les adolescents d'aujourd'hui sont parfois complètement abandonnés à ces bouleversements, dans le sens où parce que chacun considère désormais comme « normaux » ces fonctionnements paradoxaux et paroxystiques, une tendance à l'attentisme, « il faut bien que jeunesse se passe » augure parfois un désarroi plus profond auquel on peut ne prêter que tardivement attention. La contradiction, ou, pour être plus précise ici, l'ambivalence des auteurs se situe dans cette affirmation, ce constat qui ponctue leur propos : « *là encore, ce sera souvent l'effet de l'adolescence que de conduire à cette prédominance* ». Comment est-il cohérent tout à la fois d'écrire qu'il ne faut pas considérer ces pratiques d'alcoolisations pour plus graves qu'elles ne le sont et affirmer que c'est à cette période que tout se joue. Car selon ces auteurs, c'est bien dans « l'après-coup » qu'il convient de constater les dégâts.
Cette position me met d'autant plus dans l'impasse qu'elle ne laisse aucune place vers une possibilité d'évolution positive pour l'adolescent, en dépit de ce qu'affirment ces deux auteurs : en effet, nous savons aujourd'hui que la structure de personnalité d'un individu va être largement conditionnée par les premières années de l'enfance, notamment à travers la capacité maternelle puis paternelle de s'adapter progressivement aux besoins de l'enfant. Or, P. Jeammet et M. Corcos expriment l'importance, pour une issue favorable à cette période de troubles, du rôle que doivent jouer les parents à l'adolescence de leur(s) enfant(s) : « *ils peuvent également créer les conditions d'un plaisir à fonctionner et à échanger qui autorise l'adolescent à réinvestir libidinalement les liens objectaux sans avoir à prendre conscience de l'importance de ces objets. On retrouve là les conditions de l'aire transitionnelle de la première enfance* » [397]. Comment peut-on espérer que des parents, qui ne sont pas parvenus à offrir une bonne et suffisante adaptation au développement de leur jeune enfant, réussissent à l'adolescence là où ils avaient échoué, c'est-à-dire qu'ils parviennent à trouver la bonne distance affective et émotionnelle, laquelle sous-entend que l'enfant ait déjà pu en bénéficier entre zéro et trois ans, ce qui n'est pas le cas ? Mon propos n'est pas ici de généraliser sur cet enchaînement de causalités, et il est possible que cette dysharmonie relationnelle ait été circonstanciée par un événement imprévisible ou particulièrement traumatique : maladie, deuil, chômage, etc., lequel a alors entraîné

un bouleversement familial ne permettant pas d'accueillir la naissance de l'enfant dans des conditions relativement paisibles mais ne nuit pas à une évolution ultérieure positive. Mais ce n'est pas à cette situation que je fais référence[398].
J'en terminerai avec ces deux auteurs par une dernière réflexion. Je ne sais pas ce qu'est, très concrètement, pour P. Jeammet et M. Corcos, une pathologie, et ce que cela sous-entend d'un point de vue symptomatique, mais jusqu'où faut-il aller, dans la manifestation de sa souffrance, pour obtenir un peu d'écoute ? Ils écrivent en effet : « *insister sur les risques pour ces adolescents de s'enfermer dans ce comportement de désobjectalisation, et donc de devenir de plus en plus opératoires dans une relation de type toxicomaniaque, ne signifie pas que cette dépendance est un état pathologique en lui-même. On peut y voir tout au plus une certaine vulnérabilité* » [399]. J'ai rencontré en réunions d'anciens buveurs un nombre important d'hommes et de femmes, plus ou moins jeunes, lesquels avaient commencé à boire à l'adolescence, et qui présentaient aujourd'hui encore une « certaine vulnérabilité » « tout au plus », tout en continuant de se débattre avec les affres de l'abstinence. Ceux-là ont eu la chance d'avoir une main tendue, laquelle leur enjoignait avant toute autre chose, d'arrêter de se détruire dans l'alcool.

§ 2
Arguments et réflexions en faveur de l'alcoolisme de l'adolescent

Pour appréhender l'alcoolisme dans sa globalité, en tant que phénomène psychique, mais également social et culturel, c'est-à-dire aussi en tant que processus, il est nécessaire d'intégrer dans la définition de cette pathologie les débuts de l'alcoolisation envisagée comme *solution* dans l'histoire individuelle du sujet pour que soit efficace une prévention secondaire, notamment dans le cadre d'interventions en milieu scolaire.
Il convient, je le répète, d'apprécier chez le jeune sujet si certaines conditions sont réunies pour qu'il soit possible d'affirmer qu'une consommation à risque peut déjà l'engager dans un processus pathologique.
En 1942, E.M. Jellinek écrivait dans *Alcohol addictions and chronic alcoholism* [400] que le futur alcoolique boit son premier verre d'alcool d'une façon totalement différente de la personne non-alcoolique. Selon cet auteur, la différence serait que chez le premier, l'état de tension émotionnelle se relâche bien avant qu'il n'ait développé une dépendance de l'alcool.
En fait, ce qui différencie le futur alcoolique de ceux qui ne le deviendront pas lors de ce premier contact avec l'alcool, c'est que celui-ci se sent « chez lui » dans l'alcool. Sa détresse s'emboîte parfaitement dans cette « solution imaginaire » [401] pour réparer provisoirement ce que C. Olievenstein a appelé le « miroir brisé » :

chez le toxicomane, la drogue s'appréhende comme un objet « transitionnel » au sens de D. W. Winnicott sauf qu'il est vécu par l'intéressé comme un « objet inerte pervers » [402] plutôt que comme un « objet partiel ». La drogue vient s'engouffrer dans la « brisure », cette faille qu'un « *enfant apparemment normal subit* [comme] *un traumatisme immédiat en se regardant dans un miroir, réel ou imaginaire, qui se brise* » [403]. La drogue permettra de façon illusoire de tenter de reconstruire la plénitude d'avant la brisure (un peu dans la même logique de J. Maisondieu, pour qui l'enfant soudainement prend conscience qu'il n'est pas tout pour sa mère).
En ce sens, il me paraît nécessaire d'opérer une distinction fournie par la psychanalyse lacanienne, qui va éclairer l'inscription dans le processus pathologique à travers la lecture de l'acte (de l'adolescent) : « *il ne saurait y avoir d'acte, hors d'un champ si complètement articulé* [par le langage] *que la loi ne s'y situe. Il n'y a d'autre acte qu'acte qui se réfère aux effets de cette articulation et en comporte toute la problématique* » [404]. L'acte, nous dit l'auteur, doit être différencié de l'acting out et du passage à l'acte. « *L'acting out est toujours un coup de folie destiné à éviter une angoisse violente* » [405], c'est un « agir », qui a pour objectif de s'arracher à la certitude de l'angoisse, cet acte-là n'est alors qu' « *une mise en scène d'un désir du sujet que l'Autre n'entend pas* »[406], c'est un acte qui lui est adressé. Au contraire, le passage à l'acte « *ne s'adresse à personne en particulier… Il est une demande brute d'amour, de reconnaissance de l'être sur un fond de désespoir* » [407], et s'exprime déjà dans un espace où la relation à l'Autre n'est plus récupérable, simplement, il n'est plus possible au sujet de vivre avec cette certitude.
L'acting out autant que le passage à l'acte s'inscrivent donc dans les pathologies de l'agir telles qu'elles ont pu être analysées par M. Corcos, P. Jeammet et J. Bergeret et que j'ai précédemment développées. L'agir permet « *de sortir de l'emprise du désir de l'Autre* » [408] et de l'angoisse qu'il provoque par la « *création d'un objet de la réalité, comme séparation entre le sujet et l'Autre désirant* » [409], mais si l'agir relève d'une création d'un espace possible entre le sujet et l'Autre, sa limite se trouve dans le fait qu'il s'agit là toujours d'un « espace transitionnel », et que de fait, il porte en lui la présence de l'Autre, c'est donc « *un lien incomplet* » [410], parce qu'il ne marque pas de véritable séparation.
Pourquoi distinguer l'acte de l'acting out et du passage à l'acte ? Parce que l'acte, contrairement à ces deux agir, a une fonction de « division subjective », il est une reconnaissance du manque de l'Autre et non une certitude d'existence ; l'acte « *est pris dans le langage* [et est donc] *signifiant en tant que tel* » [411], il « *échappe au sujet dans sa réalisation* » [412]. Ainsi « *l'acte n'est pas, comme le demanderait le sujet, une réalisation subjective, mais bien une fondation du sujet divisé* » [413].
Si j'ai introduit cette distinction dans le paragraphe présent, c'est qu'elle invite à une réflexion sur les alcoolisations adolescentes. A mon sens, leur banalisation sous l'analyse qui en est faite et se traduit en termes d'usages récréatifs, de rituels de passage, etc., traduit l'absence de réflexion autour de la question de l'acte. Si pour beaucoup d'adolescents, ces alcoolisations ne représenteront que des passages à l'acte, voire des acting out isolés, que l'on peut ne pas encore qualifier de pathogènes, en ce qu'ils participent d'un processus d'acceptation d'une

« division subjective » à accepter puisque nécessaire, et aboutiront a priori vers la possibilité d'actes, pour d'autres, cette dernière possibilité ne verra jamais le jour, parce que, nous l'avons vu, l'acte ne s'apprécie qu'en tant qu'il fait parler la loi. Dans les constellations familiales les plus pathogènes, la loi n'existe pas puisque la relation mère/enfant est exclusive, quelles qu'en soient les raisons, de l'altérité. Transformer un agir en acte, cela oblige à ce que l'Autre ne soit pas sans cesse convoqué, ce qui suppose que le sujet acteur (du verbe act-er) puisse y renoncer, et pour ce faire, cela implique que l'Autre ait été non seulement présent, réel, mais qu'il ait introduit une altérité (duelle puis tierce). Dans les familles que j'ai pu décrire, dont on s'accorde aujourd'hui à dire qu'il existe un risque non négligeable pour qu'elles déterminent des personnalités addictives, il paraît (plus) difficile à l'adolescent de s'engager vers ce processus qui d'agir, le conduit progressivement vers l'acte. Je n'affirmerais pas que cela soit impossible, mais cela me semble difficilement réalisable sans accompagnement. Pour ce faire, il me semble une fois encore nécessaire d'accepter que pour certains adolescents, les alcoolisations occupent à cette période une fonction bien spécifique.
S'il y a parfaite adéquation comme je l'évoquais en introduction, quand le jeune sujet futur alcoolique boit son verre, c'est bien parce qu'il ressent immédiatement le soulagement que lui procure ce produit, un soulagement tel, qu'il apaise (momentanément, mais à ce stade de la consommation, l'adolescent ne le sait pas encore) non seulement les angoisses actuelles, mais qui lui offre également, et c'est là ce qui lui donnera toute son importance, l'illusion d'effacer leurs sources. C'est en ce sens qu'il ne s'agit que d'un agir, puisque dans ce soulagement, c'est la figure maternelle qui est convoquée, que l'adolescent s'adresse encore à elle, en revenant ivre mort et en s'écroulant au milieu du salon par exemple, ou qu'il ne s'adresse même plus à elle en particulier, préférant cuver son vin toute la nuit sur un banc. Dans le premier exemple, la mère est encore introjectée dans la bouteille, et l'enfant devenu adolescent exprime sa difficulté à se séparer, dans l'autre, il a accepté de l'avoir définitivement perdue tout en ne pouvant pas supporter l'angoisse que génère cette certitude.
Ces modes d'alcoolisation adolescents, pour inquiétants qu'ils seront, nécessiteront ce que j'appelle une « épreuve » nouvelle à l'adolescence qui les renvoie à ce premier traumatisme dont parlent C. Olievenstein ou J. Maisondieu. Dans ces conditions, la rencontre avec le produit alcool s'avérera en apparence parfaite, et pourra servir de date fondatrice dans le processus d'alcoolisme qui va alors commencer à se mettre en place. Cette épreuve, véritable « rupture d'étayage » [414] dans l'équilibre de l'adolescent, va raviver dans la mémoire du jeune consommateur sa première détresse qui lui avait également paru insurmontable.
La nécessité d'un soutien extérieur (ayant fonction d'objet partiel) se manifestera pour l'adolescent, parce qu'il expérimente déjà l'insatisfaction qu'il ressent dans ses relations amicales et familiales, puisqu'il cherche avant tout à s'en détacher. L'alcool vient alors à point nommé pour remplir cette fonction, puisqu'il lui permet d'établir un « compromis » : il peut tout à la fois se détacher en s'attachant une dépendance choisie, et puisqu'il s'agit d'une dépendance, elle lui permet dans

le même temps de ne pas trahir la première relation d'objet, puisque l'alcool n'est pas de fait une personne. Une vraie libération peut être perçue comme possible : « *ces tentatives, si caractéristiques de cet âge, de substituer aux aléas de la relation de complémentarité avec autrui objet de désir, les certitudes offertes par la relation d'emprise avec des substituts objectaux, ersatz de la relation, représentés par la drogue, l'alcool, l'aliment, ont en commun de chercher à remplacer une relation interhumaine par un objet matériel perçu comme maîtrisable, renouvelable à volonté et donc indestructible. L'objet n'est plus reconnu dans sa différence et sa complémentarité, mais investi dans son seul rôle fonctionnel et d'utilité pour l'équilibre psychique. L'appellation d'aménagements pervers nous a de ce fait paru fondée pour désigner cette pathologie de l'agir* » [415]. Et comme il y a « *déni total de l'altérité de l'objet qui est investi* », « *la contrepartie c'est que la source d'excitation demeure elle aussi externe et doit sans cesse être renouvelée* » [416].

C'est une réalité, le sujet potentiellement alcoolique ne dispose que d'une faible capacité d'adaptation quand il est confronté à une situation vécue par lui comme insupportable. L'inertie si caractéristique de cet âge est décuplée chez ce type de personnalité : « [il] *contemple sans réagir le démantèlement de son espoir sans adopter les attitudes émotionnelles d'acceptation active du désespoir qui le conduiraient de la résignation à une réorganisation existentielle ; mais il ne choisit pas non plus les attitudes de refus qui pourraient aboutir au désespoir et au suicide. Il reste prisonnier dans l'état de désespoir-déception sans atteindre la renonciation (résignation) ni succomber au désir d'autodestruction irréversible (désespoir)* » [417].

Rares, extrêmement rares sont les auteurs français à exprimer clairement leur position sur l'alcoolisme de l'adolescent. H. Gomez est un de ceux-là, et nous offre une définition éclairante parce qu'elle est une des rares à intégrer l'idée de processus : l'auteur insiste en effet non seulement sur la notion de temps à laquelle ne font pas référence les autres définitions, mais également sur celle de conditionnement affectif du sujet qui va se retrouver devant une absence de choix face au produit (et donc une impuissance à s'inscrire dans le registre de l'acte): « *l'histoire naturelle du lien à l'alcool est évolutive et concerne la vie entière, tout en s'inscrivant dans une autre histoire, celle des liens familiaux* » [418].

L'inscription du futur sujet alcoolique dans un contexte affectif et culturel particulier (je l'ajoute, bien que l'auteur y fasse référence sans toutefois l'intégrer clairement dans sa définition) va le prédisposer à l'alcoolisme sans qu'il n'y puisse rien changer, « *la familiarité du problème garanti(ssant) son opacité* » [419].

Selon H. Gomez, « *est alcoolique toute personne dont la façon de boire se révèle* ***préjudiciable avec le temps***[420] » [421]. Est ainsi nettement distinguée la personne alcoolique de la dépendance alcoolique, qui se caractérise « *par le besoin irrépressible de boire et par les signes physiques du manque* » [422]. De ce fait, H. Gomez fait entrer dans la catégorie des personnes alcooliques différents profils de consommateurs à problème, bien que non appréhendés comme tels habituellement, comme le bon vivant, le dépressif, le toxicomane alcoolique (dont la pratique vise exclusivement la défonce), l'alcoolodépendant (celui pour lequel aujourd'hui l'alcoolisme ne fait pas de doute au regard des différentes définitions), l'abstinent nécessaire et, pour ce qui m'intéresse plus particulièrement, le jeune lorsqu'il s'alcoolise dans un

contexte particulier : la fête. Pour l'auteur, *la "fête" est de nos jours le puissant révélateur d'un défaut fondamental qui s'exprime grâce aux excès qu'elle autorise. La perte de contrôle est au premier plan. L'alcool semble s'engouffrer dans une sorte de faille. Elle distingue ce jeune de son groupe d'appartenance. Quand il commence à boire, lors des sorties, il va le plus souvent "au bout", jusqu'à la perte de conscience. Le lendemain, il s'inquiète : il ne se souvient de rien... Pourtant, le reste de la semaine, l'alcool ne lui dit rien ou, même, il peut prendre sans conséquence un verre de bon vin à la table familiale* » [423].
Et l'auteur de justifier sa position : « *ce serait une piètre conception de l'action médicale que d'attendre la période de l'alcoolisation "irrépressible" ou celle de la cirrhose, pour nous sentir concernés. Pourquoi cantonner le soignant à la " lutte finale" ou aux périodes critiques ?* » [424].
Il me semble difficile d'être plus limpide que l'auteur, lequel résume parfaitement ma pensée. En dépit de ces nombreuses pages de réflexion, je ne parviens pas, si je fais abstraction de toute la partie théorique qui offre une explication rationnelle à la résistance française, à comprendre comment d'éminents spécialistes, psychiatres, psychanalystes, psychologues, continuent à écrire des ouvrages de plus en plus précis, basés sur une expérience clinique, et qui concernent tout aussi bien la toxicomanie, l'addiction, la dépendance, tout en réfutant l'idée d'un alcoolisme de l'adolescent, alors que leur démonstration tend finalement à prouver le contraire.
Quel intérêt à faire débuter le processus de l'alcoolisme aux moments de ces premiers verres ? J'ai déjà développé un certain nombre d'arguments, dont la fonction que le produit va occuper dans l'économie psychique du sujet, la qualité prédictive d'un environnement que l'on pourrait résumer sous le qualificatif de toxique, déterminant de personnalités susceptibles de recevoir le produit et de développer un lien addictif, etc. Le plus important réside cependant à mon sens dans ce que j'ai évoqué précédemment, et qui vise à questionner plus honnêtement la fonction des alcoolisations dans notre société autant que dans nos modes relationnels, les bénéfices à raisonner de la sorte devant conduire à une prévention de meilleure efficacité et éviter l'abstinence d'alcool aux intéressés.
J. Maisondieu écrit « *s'il n'y avait pas la honte, il n'y aurait pas d'alcoolisme* » [425] au même titre que « *si le mépris n'existait pas, l'alcoolisme guérirait* » [426].
Je compléterai ces propos par « si l'alcoolisme de l'adolescent existait, il n'y aurait plus d'alcooliques ». La prévention est évidemment au cœur de ma problématique, et elle justifie que soit reconnue cette pathologie comme un processus, donc comme inscription dans une économie qui est déjà alcoolique avant même le produit, et surtout bien avant l'exigence d'une dépendance physique.
Pourquoi attendre que l'alcool fasse problème, quand on sait qu'il n'est qu'un « *symptôme et viatique d'un mal-être radical, qu'il soulage et entretient dans le même temps* » [427] et que le sujet ne vient consulter que lorsque la peur de mourir est parvenue à supplanter la peur de ne plus boire ?
Faisons notre cette remarque de sujet alcoolique, lequel se jouant de sa peur de mourir, ironisait en répliquant « *l'alcool tue lentement, je sais, je ne suis pas pressé* » [428] et

acceptons qu'au même titre que l'adulte alcoolique nous permet hypocritement de nous définir encore comme consommateurs normaux (comme si nous ne buvions pas pour les mêmes raisons !), l'adolescent considéré comme non alcoolique nous permet de refouler ce qui s'est joué pour nous à cet âge, la nécessité de rompre avec cet attachement maternel si puissant.

DEUXIÈME PARTIE
LA NÉCESSAIRE REDÉFINITION DE L'ALCOOLISME

Longtemps confondu avec l'une de ses manifestations, l'ivrognerie, que l'on pourrait définir très simplement comme la manifestation visible de la permanence d'un état d'ivresse, l'alcoolisme fut longtemps perçu comme un vice, une véritable expression de la déchéance humaine dans ce qu'elle a de plus spectaculaire et méprisable.

Il faut attendre le milieu du XIXème siècle et le Suédois M. Huss[429] pour qu'apparaisse une lecture nouvelle de ce manque de contrôle de la consommation d'alcool que l'on appréhende désormais comme une maladie. Le concept de « maladie alcoolique » dans sa compréhension moderne sera développé par l'Américain E. M. Jellinek, lequel considère l'alcoolisme comme « *tout usage de boisson contenant de l'alcool et qui cause un dommage à l'individu, à la société ou aux deux* » [430].

Si progressivement, l'alcoolisme devient une maladie, offrant un statut plus appréciable pour celui qui s'en trouve victime, force est de constater que n'a point disparu une certaine conception morale du comportement face à l'alcool dans notre société, et ce de façon apparemment paradoxale puisque la France présente historiquement une impressionnante permissivité pour ces comportements excessifs. C'est en interrogeant les adolescents sur les représentations sociales qu'ils ont de la personne alcoolique que j'ai pu constater que l'alcoolisme continuait d'être confondu avec l'une de ses manifestations les plus visibles : l'ivresse. Dans la perception des adolescents, le sujet alcoolique est avant tout un individu toujours ivre, non pas tant celui qui ne tient pas l'alcool, mais celui qui ne se tient pas devant l'alcool. N'est-ce pas là une conception surprenante de la part de jeunes individus, lesquels pour la plupart présentent des comportements similaires ?

D'une certaine façon, c'est pourtant bien ce qu'est le sujet alcoolique. Celui qui manque à tous ses devoirs de bonne tenue, dès qu'il y a présence d'alcool. Non pas tant selon moi d'un point de vue moral, mais plutôt psychologique : le sujet alcoolique est un individu qui perd *sa* raison devant ce produit auquel il est « addicté ».

Concernant plus particulièrement les comportements adolescents vis-à-vis de l'alcool, ou des autres substances psychoactives en général, certains préfèrent y voir un acte de transgression, qui s'analyserait comme une réaction – salutaire – face à un ordre établi dont les règles seraient pour l'individu source de souffrance ou d'oppression. L'inscription dans une forme de déviance choisie offrirait à son auteur une somme de bénéfices secondaires, ces modes de consommation transgressifs devant être considérés comme une réactivité salvatrice pour l'équilibre psychosocial de l'intéressé, en opposition à une soumission passive, source progressive de pathologie plus durable.

La consommation d'alcool, qu'elle soit modérée ou excessive, régulière ou intermittente, avec ou sans recherche d'ivresse, n'a rien, absolument rien qui pourrait rentrer dans la définition d'un acte de déviance, définition sur laquelle je reviendrai ultérieurement, et qui à mon sens, relève plus d'une maladresse conceptuelle visant à justifier des passages à l'acte qui s'inscrivent, justement, à des fins totalement contraires à celles qu'on leur prête.

L'alcoolisme est, pour celui qui s'inscrit dans ce processus, la mise en acte d'une souffrance intime, profonde, d'une incapacité à se vivre comme un être individualisé dans une organisation humaine donnée et le sentiment de ne pouvoir y accéder, et d'être reconnu comme tel, qu'en modifiant la structure psychique profonde qui est la sienne (fonction normalisatrice) à l'aide d'une substance utilisée de façon toxique.

L'alcoolisme doit également s'entendre comme la formulation maladroite mais cohérente, adressée à cette même organisation humaine, d'une demande de reconnaissance en tant qu'être social, ayant sa place et sa fonction, ce dont le sujet (alcoolique) s'est depuis toujours senti exclu (fonction socialisante).

Enfin, l'alcoolisme est l'expression plus générale d'une souffrance existentielle, où l'alcool est utilisé pour sa fonction la plus archaïque d'intermédiaire entre le plan terrestre et le monde spirituel, invisible, divin (fonction transcendantale).

CHAPITRE III
LA FONCTION DE NORMALISATION DE L'ALCOOLISME

Pour tenter d'appréhender le sens de l'alcoolisme et proposer une alternative à cette progressive descente aux enfers, certains praticiens se sont longuement penchés sur sa causalité. Quelles sont les raisons qui poussent un individu à s'alcooliser de plus en plus, au péril de sa santé puis de sa vie, jusqu'à en perdre la raison ? En permettant à l'alcoolisme de pénétrer la sphère médicale et de devenir « maladie », le sujet alcoolique à bénéficié (au moins en théorie) d'un progrès social incontestable, perdant progressivement de sa honte en acceptant cette nouvelle identité. Cette nouvelle approche est d'ailleurs reprise par nombre de mouvements néphalistes et permet à n'en pas douter l'ancrage d'abstinences si difficiles à maintenir. Mais ce qui à mes yeux a représenté un progrès trouve aujourd'hui ses limites. L'absorption dans la catégorie « maladie » maintient le sujet alcoolique dans sa pathologie initiale, sa souffrance d'être ce qu'il est. Dans l'abstinence, le sujet alcoolique continue d'être relié à l'alcool, il ne boit plus mais il en parle tous les jours, il subit au quotidien cette empreinte parce qu'il est maintenant obligé de ne pas consommer ce produit, au restaurant, en famille, sur son lieu de travail. Il peut être contraint de refuser une invitation à un mariage parce qu'il redoutera un excès d'alcoolisations de la part des autres invités. Il n'est pas « guéri », comme disent les Alcooliques Anonymes, simplement « rétabli », et pour le temps qui lui reste à vivre, le sujet alcoolique abstinent va souvent lutter pour se maintenir dans son rétablissement. Et connaître à de multiples occasions la soif, non pas tant la soif de boire, mais cette sensation si particulière qui présidait autrefois à l'acte de boire. Soif de boire quand une épreuve se présente, la soif ravivée à certaines périodes de l'année, la soif lorsque se présente encore et encore une proposition de consommer. Parce que la souffrance initiale n'a aucunement disparu. Ce manque indicible, difficilement exprimable, même (idéalement) après de nombreuses années d'analyse, l'habite toujours. La soif, exacerbée par le regard des autres qui ont encore, eux, le droit de boire et de s'enivrer. Parmi les nombreuses personnes alcooliques que je connais ou que j'ai rencontrées au cours de mes entretiens depuis ces cinq dernières années, la plupart ont délibérément, ou bien malgré eux, pris la décision de s'extraire du monde des « buvants », et de restreindre progressivement leur entourage à quelques intimes, abstinents eux aussi. En ce sens, il me semble que l'alcoolisme, pour la personne abstinente, inscrit définitivement celle-ci dans une déviance[431], c'est-à-dire dans une exclusion contrainte, contrairement à la période durant laquelle l'individu consomme. En 2005, alors que je réalisais quelques entretiens avec des personnes abstinentes, l'une d'elles, un homme qui a 16 ans d'abstinence, me relata une épreuve dont il ne sortit pas indemne : invité à la célébration d'un mariage dans sa Haute-Savoie natale, il eut à subir les railleries familiales du fait de son abstinence, laquelle continuait d'être considérée comme « non virile » par son entourage. Sans qu'il fasse le lien avec cette difficile épreuve, il a pris la décision d'abandonner progressivement toutes les actions auxquelles il participait, principalement celles ayant un lien direct avec la prévention de l'alcool (ou de la rechute). Alors que je lui demandais pour quelle raison il s'était rendu à ce mariage alors qu'il aurait dû anticiper sur la réactivation émotionnelle évidente en terre familiale, il me répondit que cela n'avait rien à voir, et qu'il s'agissait-là de quelques « vieux rétrogrades », affirmant que cela ne se passait pas ainsi dans la famille de sa femme, en Normandie. Je lui fis alors remarquer que l'on consommait également beaucoup en Normandie, mais que sa famille d'adoption ne provoquait pas nécessairement, de part et d'autre, le même effet miroir. Il ne fut absolument pas d'accord avec mes propos, se refusant, jusqu'à ce jour, à questionner son alcoolisme autrement que dans un lien de cause à effet événementiel (pour lui, la raison de son alcoolisme se trouvait dans la pression exercée par son travail). Durant quelques mois, il a véritablement mis en péril son abstinence. Il a négligé la question de son bien-être en société. Or, pour qu'une abstinence d'alcool s'installe de façon durable, il me faut, à mon grand regret, faire remarquer que le plus souvent, cela n'est possible qu'en établissant autour du sujet alcoolique une « barrière de sécurité », laquelle si elle fait défaut, inscrira celui-ci dans une permanente mise en danger. Car le sujet alcoolique ne peut vivre heureux que s'il se sent « normal », et cela ne peut être que lorsqu'il parvient à vivre non seulement sans alcool, mais également « hors alcool »[433], ce qui ne signifie pas hors de toute présence (physique) du produit, mais plutôt lorsque le sujet abstinent est parvenu à un équilibre relatif qui se maintient en dépit des épreuves qu'il continue de traverser et sans craindre la rechute. Je souhaiterais pointer ici toute la spécificité dont est porteuse l'inscription dans l'alcoolisme : l'utilisation de l'alcool est à la fois réponse à une souffrance individuelle, et cela fonctionne au moins pour un temps, mais parce que cette réponse s'inscrit dans un temps plus long, elle provoque alors l'effet contraire de ce à quoi elle était destinée, au temps des alcoolisations comme en période d'abstinence : là où l'alcool pouvait être consommé pour désamorcer un certain mal-être en société, l'absence de mesure (ébriété, ivresse) renforce l'isolement du consommateur ; là où l'alcool offrait à l'individu l'impression d'une normalité apparente, ce sentiment d'absence de normalité réapparaît pour le sujet alcoolique au moment de son abstinence, le contraignant dès lors toujours et encore à faire bonne figure du fait de son lien si particulier avec ce qui fut son produit d'affection.

SECTION 1
NORMALITE ET PATHOLOGIE

S'il est important pour moi d'évoquer la question de la normalité au côté de l'alcoolisme, c'est qu'il me semble que cette pathologie prend appui pour s'installer sur un sentiment d'anormalité insurmontable. Le sujet alcoolique va dans un premier temps user de l'alcool pour faire taire une souffrance. J'ai, en période de rédaction finale, découvert l'auteur qui validait mon hypothèse de mode défensif à propos de l'alcoolisme : J. Mac Dougall écrit en effet à propos des addictions en général, qu'il s'agit de « *mécanismes de défense massive contre la douleur psychique, visant à obscurcir, écarter les expériences psychiques irrépressibles, insupportables (en raison de la force des affects, de leur caractère conflictuel inélaborable, de la faible tolérance des sujets à leurs affects)* » [433]. Si cette hypothèse a son intérêt, c'est qu'elle me permet de faire le lien avec la question de la normalité psychique. En utilisant l'alcool à des fins de stabilité mentale, le sujet alcoolique va retarder le questionnement de sa normalité, en faisant sienne une pratique (l'alcoolisation répétée) socialement acceptée par tous.

Que faut-il entendre par normalité ? Il me faut d'abord préciser que c'est la seule santé mentale qui m'intéresse, et non la santé physique du sujet alcoolique. Nombreux sont les auteurs qui se sont penchés sur la question du normal et du pathologique, et j'y reviendrai. Mais l'intérêt pour un tel questionnement est d'aborder sa contemporanéité. Les pathologies ont changé, certaines comme l'hystérie ont disparu, d'autres au contraire connaissent une augmentation sans précédent comme les états limites. Le propos de M. Valleur est à ce sujet sans équivoque, « *aux pathologies de l'excès de retenue, de maintien, caractéristiques d'une société victorienne et marquées par le refoulement et la névrose, succèdent des pathologies de l'agir, de la prise de risque, de la démesure dans la quête de plaisir, comme les diverses addictions, les tentatives de suicide, la psychopathie (ou les troubles antisociaux), les phénomènes de bandes d'adolescents, etc.* » [434].

Qu'est-ce qui définit donc aujourd'hui, en France, au XXIème siècle, un individu « normal » ? Sur quels arguments s'appuyer, et dans quel but ? Cette définition correspondra-t-elle à l'idée que l'individu se fait de lui-même ? En d'autres termes, la définition de la normalité doit-elle être une appréciation individuelle et/ou subjective ou consensuelle et collective ? Doit-elle se référer à la norme, d'un point de vue légal, ou à la conception plus large de la norme statistique ?

§ 1
La normalité psychique du sujet alcoolique

Nombreux sont les auteurs à avoir questionné ce qui distinguerait le normal du pathologique. Si je commence avec A. Freud, c'est qu'elle va s'intéresser à la souffrance de l'enfant. D'un point de vue général, elle affirme « *nous parlons de normalité quand nous avons l'impression d'un équilibre intérieur satisfaisant auquel correspond un degré égal d'adaptation à l'entourage. Les conflits et perturbations internes, les échecs à établir une relation harmonieuse avec le monde extérieur nous laissent en revanche l'impression d'un tableau pathologique, même si ces manifestations sont les sous-produits inévitables des processus de développement* » [435]. Pour l'auteur, la normalité appelle deux exigences, un bien-être avec soi-même autant qu'un bien-être avec l'autre. Le sujet normal est un être doué d'une certaine sociabilité. L'intérêt de son propos est de pointer dès le début de son ouvrage la difficulté d'un tel objectif, lequel pour obligé que soit le passage, n'en demeure pas moins d'une vaste complexité. Se développer, s'adapter et trouver un équilibre sont pour l'auteur le signe d'un certain dépassement de la souffrance inhérente à l'enfance. Mais l'auteur de préciser que le normal ne se distingue du pathologique qu'au regard de celui qu'on questionne, l'enfant dans sa subjectivité, « *il ne suffit pas de faire remarquer qu'il n'y a pas de réponse générale convenant à tous les enfants, mais seulement des réponses particulières pour un enfant donné* » [436], il revient encore à l'analyste, une fois qu'il aura déterminer le niveau de développement de l'enfant, d'« *établir la signification psychologique que revêt, pour l'enfant, l'expérience ou la contrainte que ses parents ont l'intention de lui faire vivre* » [437]. Ce propos vient à point nommé pour rappeler, si je ne l'ai pas déjà suffisamment clairement exprimé, que les développements de la première partie ne représentent qu'un tableau général pouvant « favoriser » l'alcoolisme. Pour autant, et cela est heureux, ils n'ont d'intérêt qu'en ce qu'ils offrent des éléments de prévention propres à questionner certains modes d'alcoolisation adolescents qui pourront s'avérer pathologiques avec le temps. Ce qui fait défaut (et j'emploie à dessein ce terme en référence à M. Balint) durant l'enfance pour A. Freud, c'est aussi la façon dont l'enfant va vivre ces différentes contraintes qu'exige le fait de grandir (et d'être totalement dépendant dans un premier temps de ses géniteurs ou figures parentales), ce qui signifie évidemment qu'à environnement familial égal (s'il en est), tel enfant souffrira de telle situation en s'enfonçant à chaque étape d'autonomisation quand l'autre parviendra à la sublimer et trouver un équilibre intérieur. Les différentes résiliences décrites dans *Les vilains petits canards* de B. Cyrulnik[438] illustrent l'échelle des possibles dans ce domaine. On ne pourra manquer enfin de citer l'auteur dans ce qu'elle analyse de la toxicomanie, analyse qui pour incomplète qu'elle soit, puisque A. Freud, fille de son père, ne considère pas (peut-être) le fait de fumer comme une toxicomanie, a le mérite de souligner l'ambivalence qui gouverne cette relation au produit, « *il est simultanément perçu comme nocif, irrésistible, affaiblissant, dévirilisant, châtrant... C'est le mélange de deux pulsions opposées, des désirs de force et de faiblesse, d'activité et de passivité, de masculinité et de féminité qui attache le toxicomane adulte à l'objet auquel il s'adonne...* » [439].

On peut dire que M. Foucault, dans la suite d'A. Freud, tentera de montrer, par incidence, en questionnant l'histoire et la place des fous dans notre société, que celui que l'on prétend tel peut trouver dans la folie un exutoire à la souffrance. Décrivant la passion amoureuse interrompue par la décès de l'aimé, on ne peut manquer de voir la ressemblance avec le sujet alcoolique dans le choix d'un mal qui déplace la souffrance d'un indicible manque : « *l'amour déçu dans son excès, l'amour surtout trompé par la fatalité de la mort n'a d'autre issue que dans la démence. Tant qu'il avait un objet, le fol amour était plus amour que folie ; laissé seul à lui-même, il se poursuit dans le vide du délire. Châtiment d'une passion trop abandonnée à sa violence ? Sans doute ; mais cette punition est aussi un adoucissement ; elle répand sur l'irréparable absence, la pitié des présences imaginaires* » [440]. Ce que l'on retiendra de cet auteur, c'est la vive critique du corps psychiatrique, son incompréhension du phénomène, qui au fil des siècles, n'aborde la folie que dans la négativité[441], ce qui amènera M. Foucault en fin d'ouvrage à s'intéresser aux génies de l'art et de la pensée et à conclure que « *là où il y a œuvre, il n'y a pas de folie* » [442]. La question peut en effet se poser, et en citant M. Foucault, je pars de l'idée qu'il y a dans l'alcoolisme un petit grain de folie. L'ouvrage de B. Cyrulnik précédemment cité est riche d'exemples en tout genre de vies résiliées, en termes d'adaptation sociale, sans que l'auteur ne questionne véritablement l'équilibre intérieur des personnes qu'il cite. De la même façon, l'alcoolisme de nombreux écrivains, de nombreux cinéastes, de nombreux peintres, pour ne citer qu'eux, questionne sur l'idée d'une sublimation « réussie » [443]. S'il s'agit bien ici d'adaptation sociale, pour autant, il n'est pas possible d'en retenir une certaine normalité psychique, telle qu'elle a pu être dessinée par A. Freud, et telle qu'elle est définie par J. Bergeret. Ce que G. Devereux confirme, « *le poète ou le savant véritablement créateur l'est malgré et non pas grâce à sa névrose* » [444].

La définition de la normalité telle qu'elle est envisagée par J. Bergeret me paraît répondre à cette question. La normalité d'une personne se définirait comme suit : « *le véritable " bien-portant " n'est pas simplement quelqu'un qui se déclare comme tel, ni surtout un malade qui s'ignore, mais un sujet conservant en lui autant de fixations conflictuelles que bien des gens, et qui n'aurait pas rencontré sur sa route des difficultés internes ou externes supérieures à son équipement affectif héréditaire ou acquis, à ses facultés personnelles défensives ou adaptatives, et qui se permettrait un jeu assez souple de ses besoins pulsionnels, de ses processus primaire et secondaire*[445] *sur des plans tout aussi personnels que sociaux en tenant un juste compte de la réalité, et en se réservant le droit de se comporter de façon apparemment aberrante dans des circonstances exceptionnellement " anormales "* » [446].

J. Bergeret, reprenant les travaux de D. Anzieu et de R. Diatkine, définit la personne « normale » comme une personne dans sa pleine maturation affective – nécessaire à toute « *normalité authentique* » [447] – , ayant quitté le stade de l'angoisse pour celui de la liberté, maturation définie par D. Anzieu comme une « *attitude sans anxiété vis à vis de l'inconscient tout autant dans le labeur que dans les loisirs, une aptitude à faire face aux inévitables manifestations de cet inconscient dans toutes circonstances où la vie peut placer l'individu »* [148], c'est-à-dire de façon normale, adaptative, ce qui englobe également comme le précise J. Bergeret, de façon apparemment aberrante quand les circonstances sont exceptionnellement anormales. Pour R. Diatkine, qui distingue le « normal » du pathologique dans le simple fait pour un individu de « *ne pas se sentir bien* » ou « *de n'être pas heureux* », tout en rappelant comme le fait J. Bergeret, qu'il est nécessaire de ne pas confondre entre le diagnostic d'une structure mentale stable (c'est-à-dire en dehors de toute référence à la pathologie) et celui de normalité psychologique (c'est-à-dire la façon dont le sujet s'arrange avec sa propre structure psychique[149]).

A mon sens, l'alcool/l'alcoolisme viendrait remplir une fonction contraire à l'idée reçue qui consiste à croire qu'il dénature le fonctionnement habituel, et considéré habituellement comme normalement acceptable, de l'individu, alors qu'il occupe une fonction opposée dans l'économie psychique du sujet alcoolique et a pour objectif de rendre son consommateur « normal », le temps de son incapacité à vivre en relative harmonie avec la structure psychique qui est la sienne. L'alcoolisme ne peut être envisagé comme une volonté transgressive, mais plutôt comme ayant un objectif de socialisation, c'est-à-dire permettant à l'intéressé de mieux vivre qui il est, tel qu'il se représente mais également tel qu'il appréhende la représentation des autres de sa propre personne : l'ancrage alcoolique lui offre une identité d'individu « normal ».

Dès lors, c'est bien comme une maladie mentale qu'il faut appréhender l'alcoolisme. Si comme l'exprime J. Bergeret, celle-ci (épisodes morbides véritables, névrotiques ou psychotiques) désigne « *un état de désadaptation visible par rapport à la structure propre et profonde* » du sujet, « *une forme plus ou moins durable de comportement émanant réellement de la structure profonde à la suite de l'impossibilité de faire face à des circonstances nouvelles, intérieures et extérieures, devenues plus puissantes que les défenses mobilisables habituellement dans le cadre des données structurelles, et dans ce cadre seulement* », alors l'alcoolisme ne serait que la traduction de la nécessité d'une adaptation à une réalité intérieure (l'acceptation de soi) et extérieure (pouvoir être soi-même en société) devenant de plus en plus impossible, et face à laquelle les moyens de défense habituels deviennent inopérants.

Dans son rapport à la normalité, le sujet futur alcoolique se trouve en effet en décalage entre différentes injonctions contradictoires :

- ce qu'il est réellement,
- ce que l'on voudrait qu'il soit,
- ce qu'il souhaiterait être pour se sentir bien dans une réalité déplaisante,
- et ce qui serait effectivement bon pour lui pour atteindre cet objectif.

En souhaitant parvenir à satisfaire simultanément ces différentes injonctions, le sujet n'a d'autre choix que de lutter contre la structure profonde de sa personnalité afin de devenir une image de lui-même suffisamment acceptable, du moins dans un premier temps, puisque le choix de l'alcool comme solution à ses tourments va rapidement le renvoyer à sa problématique de départ : consommé de façon excessive, l'alcool devient inopérant en matière de socialisation. L'impression de se sentir différent, « anormal », conduit en effet le sujet alcoolique à remplacer ce qu'il est réellement par une nouvelle identité plus acceptable pour tous, et pour lui en particulier. Mais comme ce mécanisme de fonctionnement (qui trouve sa source dans la contradiction de ses besoins[450] et de leur expression) est utilisé depuis sa plus tendre enfance, l'échelle d'intensité et d'efficacité des modes adaptatifs doit être régulièrement renforcée pour être efficace.

Il me faut maintenant introduire un auteur qui va venir éclairer ce que je définis comme une tentative de normalité du sujet alcoolique en ce qu'il éclaire sur le choix de ce symptôme plutôt qu'un autre. J'aurais pu placer le développement qui va suivre dans la section suivante, qui traite d'une tentative de normalité sociale, mais à bien y réfléchir, je préfère développer à cet endroit ce qui va suivre, dans la mesure où l'alcoolisme, comme j'essaierai de le démontrer, participe d'abord d'une tentative de normalité psychique dans un contexte culturel donné. G. Devereux a questionné le normal et le pathologique, bien qu'il se distingue en utilisant le terme d'anormal, ce qui a mon sens revêt une signification différente de celui de pathologie, ce que nous allons voir.

L'auteur, s'inscrivant dans un champ bien spécifique, l'ethnopsychiatrie, repère quatre types de désordres de la personnalité :

- « *les désordres types, qui se rapportent au type de structure sociale ;*
- *les désordres ethniques, qui se rapportent au modèle culturel spécifique du groupe ;*
- *les désordres "sacrés", du type chamanique ;*
- *les désordres idiosyncrasiques* »[451].

G. Devereux prône une typologique psychiatrique qui soit valable pour les sociétés traditionnelles autant que pour les sociétés modernes, et s'il est intéressant, c'est que cet angle de lecture va me permettre de questionner l'alcoolisme d'un point de vue véritablement culturel, c'est-à-dire global, résolument anthropologique : « *d'un point de vue psychiatrique, les critères de normalité valables sont tous absolus, c'est-à-dire indépendants des normes d'une quelconque culture ou société, mais conformes aux critères de la Culture en tant que phénomène universellement humain* »[452]. Dans les quatre types de désordres de la personnalité que l'auteur retient, il me paraît nécessaire d'en questionner deux, « *les désordres ethniques, qui se rapportent au modèle culturel spécifique du groupe* » et « *les désordres idiosyncrasiques* ».

G. Devereux apprécie ces deux types de désordre en fonction des modes défensifs qui vont être utilisés pour y remédier, lesquels doivent être conçus comme deux segments distincts de l'inconscient. « *L'inconscient culturel… est composé de tout ce que, conformément aux exigences fondamentales de sa culture, chaque génération apprend elle-même à refouler puis, à son tour, force la génération suivante à refouler* »[453]. L'objectif de chaque culture est de permettre « *à certains fantasmes, pulsions et autres manifestations du psychisme d'accéder et de demeurer au niveau conscient et exige que d'autres soient refoulés* »[454]. Lorsque ces moyens défensifs que la culture met à disposition de l'individu se révèlent insuffisants, en ce qu'ils ne permettent plus à l'individu de résoudre ses conflits, « *la culture tend alors à fournir, bien qu'à contrecoeur, certains moyens culturels qui permettent à ces pulsions de s'exprimer au moins de façon marginale* »[455].

Au contraire, « *l'inconscient idiosyncrasique se compose des éléments que l'individu a été contraint de refouler sous l'action des stress uniques et spécifiques qu'il a dû subir* » [456], les stress devant se distinguer des traumatismes, les premiers s'entendant comme des « forces nocives » qui atteignent l'individu alors que les seconds sont les conséquences nocives de ces stress. Les troubles d'ordre idiosyncrasique se développent quand les modes défensifs culturels ont été inopérants, soit que le trouble est particulièrement rare sur le plan culturel, soit qu'il est exceptionnellement intense. En ce sens, G. Devereux pointe le mode défensif idiosyncrasique comme la résultante de l'échec des modes défensifs culturels, ces derniers participant d'une certaine paix sociale en accompagnant les troubles idiosyncrasiques de la personnalité, inhérents à la condition d'être humain : lorsque l'individu ne parvient pas à s'appuyer sur les modes défensifs culturels qui sont à sa disposition, il est en effet contraint de « *se forger de toutes pièces la majeure partie de ses symptômes* » [457], marquant ainsi par la spécificité et la visibilité de sa maladie « *une importante manifestation de son négativisme social* » [458].
Quand les modes défensifs culturels opèrent, au contraire, et l'auteur de poser une limite à une certaine conception de la normalité, s'ils ne permettent pas de reconnaître en effet le sujet comme « normal », ils lui offrent au moins « *une restructuration conventionnelle de ses conflits et de ses symptômes,* [mais] *sans réelle prise de conscience concomitante de la nature de ses conflits, et sans être parvenu à se constituer de véritables sublimations* » [459].
J'en viens maintenant à ce que je souhaiterais faire partager. On ne saurait aujourd'hui ignorer la fonction de symptôme culturel de l'alcoolisme au sens de « trouble ethnique », tel qu'il a été développé par G. Devereux. Si à bien des égards, l'existence même de l'alcoolique permet aux autres consommateurs, par procuration, de se considérer comme « normaux », nous ne devons pas négliger que celui-ci constitue également un garde-fou qui permet, à ceux qui partagent ce symptôme culturel, l'inhibition de certaines de leurs pulsions. Et si je considère l'alcoolisme comme un trouble *également, spécialement* culturel, c'est en ce qu'il constitue pour le sujet alcoolique un mode défensif, un « *symptôme restitutionnel* » à ses conflits d'appartenance (d'ordre idiosyncrasique donc), mode de défense qui équivaut à « *un mode d'emploi abusif* », un « *modèle d'inconduite* » qui lui est fourni *précisément* par la culture : « *toute société comporte non seulement des aspects "fonctionnels" par lesquels elle affirme et maintient son intégrité, mais aussi un certain nombre de croyances, dogmes et tendances qui contredisent, nient et sapent non seulement les opérations et structures essentielles du groupe mais parfois jusqu'à son existence même* » [460]. Les individus troublés, affirme l'auteur, et nous devons alors y faire figurer les sujets alcooliques, ont alors pour fonction de synthétiser par leurs troubles, de manière visible, certaines de ces « *valeurs sociales antisociales* », mais seulement d'une certaine façon reconnue comme telle implicitement par la culture, leur permettant ainsi « *d'être antisocial d'une manière socialement approuvée et parfois même prestigieuse* ». Les troubles ethniques ont en effet pour origine des troubles idiosyncrasiques « *suffisamment courants dans une culture donnée pour contraindre cette culture à en prendre connaissance dès que leur fréquence ou leur intensité dépasse un certain seuil. Lorsque tel est le cas, la culture est obligée de se constituer*

contre ces désordres des défenses dont l'une sera précisément l'élaboration de symptômes modèles qui, en permettant d'extérioriser les désordres sous formes standardisées, les rendent plus aisément contrôlables... la raison étant que la culture met à la disposition d'individus soumis à des tensions de ce genre une panoplie complète de défenses sous la forme de symptômes préstructurés représentant un type de "modèle d'inconduite" standardisé » [461].

Au contraire, la toxicomanie (addiction à des drogues illégales) peut alors s'interpréter chez certains sujets toxicomanes comme un « *négativisme social* » qui « *ne dépasse pas certaines limites au-delà desquelles il devient incontrôlable et chez qui subsiste un besoin résiduel de demeurer intégré, ne serait-ce que marginalement, à la société* » [462], « *le segment inconscient de la personnalité ethnique* [n'étant] *pas désorganisé au point de les inciter à une révolte totale contre l'ensemble des normes sociales. Bien que réellement malades, ces sujets ont tendance à emprunter à la culture les moyens leur permettant de manifester leur désordre subjectif d'une manière conventionnelle, ne serait-ce que pour éviter d'être confondus avec les criminels ou les sorciers* » [463].

Mais il en est de la toxicomanie comme de l'alcoolisme, ces deux types de troubles de la personnalité doivent s'entendre comme de désordres spécifiquement ethniques, culturels en ce que « *le comportement du "malade"* [est] *non seulement prévisible, mais très spécifiquement prévisible en fonction du cadre culturel, alors que les désordres idiosyncrasiques ne le sont qu'en fonction du cadre de référence psychologique* » [464].

L'intérêt à mon sens de considérer l'alcoolisme comme un désordre ethnique n'a rien d'exclusivement théorique, au contraire. Car ce qu'induit la classification de G. Devereux, c'est la dimension nécessairement culturelle du soin. Toute thérapie ne peut être opérante que si elle intègre non seulement le trouble psychique mais également sa dimension culturelle. Tant que l'alcoolisme ne sera considéré que comme une maladie individuelle, et non comme une réponse, un mode de défense visant à une certaine normalisation sociale, sociétale, l'abstinence ne suffira pas à son rétablissement toujours très précaire. Tant que durera cette appréciation de la causalité, l'alcoolisme continuera de constituer une réponse, puisqu'elle est malgré tout reconnue comme telle puisque fournie par la société.

C'est en ce sens, me semble-t-il, qu'il est indispensable d'en passer par une reconnaissance d'un alcoolisme possible à l'adolescence. Tout comportement risqué doit être pris au sérieux, et n'y voir qu'un fonctionnement transitoire ou un rituel de passage me paraît relever d'une dangereuse insouciance dans la première situation, d'une hérésie dans la seconde. Comme pour le sujet alcoolique adulte, l'alcool a pour fonction chez l'adolescent de lui donner cette apparente normalité psychique, et je dirais, quelle que soit la variabilité des facteurs de vulnérabilité individuels de chacun, même s'il est nécessaire de clarifier ce propos par le fait que l'alcoolisme n'est un risque pour l'adolescent que dans la mesure où il cumule également des fragilités autres que psychologiques : sociales, familiales, etc.

Par souci de clarté, je rappelle la distinction opérée par M. Corcos et P. Jeammet à ce propos : « *il faut préciser que vulnérabilité ne veut pas dire pathologie et peut être une richesse potentielle* » [465], ce en quoi je suis d'accord, si l'on veut bien tenir compte des seuls facteurs de vulnérabilité psychologique inhérents aux bouleversements de l'adolescence. Les auteurs évoquent en effet une limite à leur propos, « *d'autres*

sujets vulnérables ratent souvent au moment de l'adolescence cette potentialité et vont se construire en négatif, c'est-à-dire dans une autodestruction d'eux-mêmes (fascination par le négatif comme moyen suprême de contrôle de la réalité menaçante) » [466]. Il me semble que l'inversion de ces deux réflexions aurait été plus juste : il conviendrait de voir dans l'alcoolisation des adolescents un risque véritable d'autodestruction, sans cependant négliger que leur vulnérabilité individuelle puisse servir à une véritable créativité, « *où ils s'auto-construisent dans un mouvement d'affirmation* » [467].
M. Corcos et P. Jeammet souhaitent pourtant démontrer que les comportements à risque ne sont pas nécessairement le début d'un processus pathologique, et affirment : « *on entend par facteurs de risque les caractéristiques mesurables chez un sujet donné dans une population donnée qui précèdent le trouble observé dans cette population avec une fréquence significative. Facteur de risque ne signifie ni facteur de vulnérabilité spécifique, ni symptôme prémorbide, ni facteur prédictif (si ce n'est potentiellement) et cela n'implique pas une valeur étiologique. La notion de facteur de risque est statistique dans une dimension collective. Elle n'a pas de valeur clinique prédictive à l'échelon individuel* » [468]. Je formulerai une première remarque sous forme interrogative : faut-il attendre l'élaboration de statistiques significatives pour s'inquiéter de ces modes d'alcoolisation adolescents, sachant que « *cette méconnaissance des conduites d'abus d'alcool chez l'enfant et l'adolescent apparaît d'autant plus dommageable que l'on sait maintenant que la plupart des sujets adultes traités pour alcoolisme ont vu débuter leur consommation excessive d'alcool avant l'âge de 20 ans* » [469] ?
A cela j'ajouterai quelques chiffres : en France, on note que, chez des enfants âgés de 7 à 11 ans, 70 à 80 % d'entre eux ont déjà goûté à l'alcool, que 2 à 9 % en consomment régulièrement, et que plus de 20 % ont déjà été ivres au moins une fois[470]. Toujours en France, tous les chiffres s'accordent pour constater l'augmentation constante d'alcool chez les adolescents qui boivent beaucoup plus que leurs aînés, une initiation et des alcoolisations de plus en plus précoces, un rapprochement en quantité et en expérience entre filles et garçons, etc.
Si l'on doit retenir la fonction de normalisation psychique qu'occupe l'alcool dans l'économie du sujet alcoolique adulte, nous ne saurions faire l'impasse sur la question des alcoolisations adolescentes et prétendre que l'alcool occuperait à cet âge une fonction différente. Comme le décrit G. Devereux, il n'est pas vain de rappeler que ce trouble ethnique conduit l'individu immanquablement à son problème de départ. Il n'est toujours pas considéré comme « normal », pas plus qu'il ne se sent « normal » lui-même. En refusant de considérer les alcoolisations en général comme autant de passages à l'acte, même s'il faut admettre que certains s'en sortent plutôt bien, parvenant à un juste équilibre entre tensions internes et externes, c'est la fonction de la consommation d'alcool occupée chez tout un chacun qui est niée, alors que nous avons vu avec J. Maisondieu qu'elle participe de la même préoccupation. Dans ces conditions, c'est aussi la fonction sociale de l'alcool, de l'alcoolisme et de la personne alcoolique que nous refusons de questionner. Je ne manquerai pas de rappeler ici encore que ce n'est pas le plaisir de consommer de l'alcool qui est dénié, pas plus que je ne prône une logique prohibitionniste. La position qui est mienne est de m'insurger contre le déni

général en France qui consiste, notamment en refusant l'idée d'un alcoolisme adolescent, à s'interroger sur la fonction obscure, en ce que l'on refuse de la nommer, de la consommation d'alcool, retardant de fait toute possibilité de prévention, laquelle ne se conçoit pour l'alcoolisme qu'en termes de soins, c'est-à-dire qu'une fois que la pathologie est définitivement installée.
Ce qui peut se poser différemment. Pourquoi une société a-t-elle besoin de définir une certaine normalité, un seuil à ne pas dépasser, si ce n'est pour pointer exagérément la sortie de certains d'un système de penser et d'être, cloisonnant pour l'expression créative, lesquels bouleversent incontestablement un équilibre précaire de paix sociale en remettant en cause, comme ils le peuvent, par leur incapacité à s'adapter, des valeurs prétendument partagées ? Ne s'agit-il pas là d'« *un monde qui fait semblant d'accepter la différence pour mieux l'assassiner* » [471] ?

§ 2
Prévalence de la figure maternelle

D'un point de vue anthropologique, il m'a semblé utile d'introduire un nouvel élément dans la compréhension de l'alcoolisme tel qu'il peut être compris aujourd'hui en tant que réponse à une culture en pleine évolution. On pourra donc reprocher à ce paragraphe certaines redites, voire certaines longueurs, pour autant, elles n'ont pour fonction que d'apporter de nouveaux éclairages nécessaires à la compréhension de l'alcoolisme, et plus encore aux fonctions que vont occuper les alcoolisations pour de nombreux adolescents. La constellation familiale, du fait de l'économie et de l'évolution des droits de la femme, s'est en effet transformée, et les différences entre figure paternelle et figure maternelle ne s'entendent plus toujours de la même façon. Dès sa naissance, les premiers soins, les premiers contacts se font autant avec la mère que le père, lequel s'investit dans les premiers mois. On pourra alors trouver surprenant le titre de ce paragraphe, puisque tendanciellement, mon introduction tend à démontrer le contraire, l'investissement du père se matérialisant dès les premiers jours de naissance de l'enfant d'une part, la mère/femme faisant de son côté parfois le choix de reprendre son emploi dès la fin du congé légal de maternité. Ce que je souhaite ici démontrer, c'est l'évolution en termes de rôles des père et mère, et comment la fonction paternelle perd de sa place au profit de rôles qui lui sont désormais possibles d'endosser. La question n'est donc pas tant d'apprécier cette évolution en termes de responsabilité parentale au regard des nouveaux troubles que peuvent développer ces enfants devenus adolescents, ayant évolué dans ces constellations familiales, mais de prendre en compte l'incidence sur leur développement en fonction de ces nouveaux paramètres. On ne saurait nier en effet que ces changements profonds puissent avoir des conséquences au niveau du développement psychique de l'enfant autant qu'en termes d'éducation. De la même façon, il convient d'interroger dans quelles conditions la fonction symbolique du père peut continuer d'exister, alors même qu'il occupe des rôles maternels auprès de son enfant. Il me semble que ces profonds changements qui se sont opérés ces dernières décennies au sein des organisations familiales doivent être intégrés à l'analyse qui permet de comprendre les différents agir de l'adolescence. La prévalence de nombreux rôles maternels aujourd'hui partagés avec le père doit interroger sur les capacités de l'enfant à se développer dans cette nouvelle configuration. Ce sont ces différents changements qu'il convient maintenant d'intégrer pour comprendre les alcoolisations adolescentes et ce qu'ils peuvent augurer de fonctionnements pathogènes. J'envisagerai en premier lieu une expression pathogène de cette prévalence à travers l'exemple breton et le « matriarcat psychologique » pour ensuite analyser la contemporanéité de cette constellation familiale.

1. Le « matriarcat psychologique »

A côté (ou en marge) des deux grands systèmes de parenté (matrilinéaire et patrilinéaire), qui règlent et organisent selon divers principes et croyances le bon développement de l'enfant coexiste une autre forme d'organisation familiale, où ni l'individuel, ni le collectif ne priment véritablement. L'individu est alors censé se développer dans un univers où la culture (en tout cas certains de ses aspects) autant que les repères familiaux sont tout à la fois très présents sans être très structurants. Ni l'individu, ni le collectif ne profitent de cet enchevêtrement ; la famille, autour de la figure centrale de la mère, au contraire, bénéficie, en tant que « clan», de ce fonctionnement.

Les organisations humaines qui fonctionnent ainsi ont reçu le nom de « *sociétés matrifocales* » [472], « *sociétés matricentiques* » ou encore « *matriarcat psychologique* » [473], sociétés où la mère occupe l'espace psychique de ceux qui l'entourent. Les sociétés matrifocales présentent souvent la caractéristique d'être des sociétés transitoires sur le plan culturel et économique, et c'est d'ailleurs souvent lorsque l'économique empiète sur les valeurs culturelles que la société se retrouve fragilisée : cette période transitoire bouleverse l'équilibre individuel et collectif au sein de la famille, et tandis que ce profond changement profite à la femme (émancipation), il redessine également une configuration familiale exclusivement centrée sur la mère. A mon sens, cette fragilité « culturo-familiale » offre la particularité d'empêcher un développement individuel stable sans assurer pour autant une sécurité habituellement garantie par la cohésion d'un collectif fort. Et s'il me semble si important de l'évoquer à cet endroit, c'est-à-dire comme deuxième critère de normalité psychique joué par l'alcoolisme pour l'équilibre individuel, c'est que la société d'aujourd'hui présente, par bien des aspects, une lecture contemporaine de

« matriarcat psychologique » qui n'est pas sans incidence sur l'augmentation de certaines pathologies comme je l'ai évoqué précédemment. Il faut entendre par lecture contemporaine de « matriarcat psychologique » une nouvelle organisation familiale où la figure maternelle est omniprésente, dans le sens où à bien des égards, les rôles du père autant que sa fonction se « calent » sur un modèle maternel. Et si l'alcoolisme peut être considéré comme une tentative de normalité psychique, c'est aussi parce que la consommation d'alcool est censée représenter une certaine expression de virilité fortement valorisée chez le sujet issu de ce type d'organisation familiale.

Envisageons maintenant ce qu'est le « *matriarcat psychologique* » [474]. J'ai choisi de m'appuyer pour cette démonstration sur plusieurs auteurs ayant de près ou de loin étudié ce type d'organisation familiale : P. Carrer pour la Bretagne, J. André pour les Antilles, ainsi que sur ma propre expérience d'observateur, ayant vécu dans chacune de ces régions durant plusieurs années.

Pour P. Carrer, qui adopte comme G. Devereux une lecture ethnopsychiatrique, la pathologie, quelle qu'elle soit, ne peut s'apprécier qu'au regard de la culture d'origine du patient, laquelle détermine l'acceptabilité sociale, individuelle et collective, des comportements humains, et de s'appuyer sur les travaux R. Benedict pour affirmer avec elle que, nécessairement, « *on est fou par rapport à une société donnée* » [475]. Comment, écrit l'auteur, dans ces conditions, négliger, dans cette mise en acte si spectaculaire du sujet alcoolique, la prégnance de son passé, et faire si peu cas dans la prise en charge thérapeutique en Bretagne, du lien de causalité qui existe entre le développement des nombreuses pathologies du peuple breton (alcoolisme, dépression, suicide, etc.) et le processus d'anéantissement de sa culture qui débuta bien avant la perte de son indépendance en 1532 ? Pour l'auteur, l'histoire du sujet alcoolique est indivisible de son Histoire.

Pour P. Carrer, le refus du peuple breton à céder au processus d'acculturation par la mise en acte de certaines pathologies devrait s'interpréter, non pas tant comme un acte de désespoir de s'être soumis – ce qui est visible –, mais plutôt comme un mode de défense, une ré-action « normale » [476], compte tenu du danger auquel il a été exposé. L'organisation familiale bretonne en « matriarcat psychologique » va traduire, pour l'auteur, la vulnérabilité spécifique du peuple breton nécessaire à la compréhension de l'alcoolisme en Bretagne.

Dans ses différents ouvrages, particulièrement instructifs pour le lecteur puisqu'ils sont constitués de nombreux articles où il est loisible d'apprécier l'évolution de sa réflexion, P. Carrer exprime le constat suivant : l'alcoolisme breton trouve ancrage dans une triple causalité[477] :

- un processus d'acculturation non surmonté ;
- la progressive mise en place d'un matriarcat psychologique pathogène, lequel se justifie par :
- une dévalorisation du père/de l'homme dans un contexte historique de fin de société patriarcale.

Avant d'aller plus avant dans la compréhension du point de vue de l'auteur, il convient de préciser ce que P. Carrer entend par « matriarcat psychologique » ou « matricentrisme ». Il s'agit d' « *une dominance de la femme, notamment dans la famille, associée à un type de relation à l'homme en rapport avec l'importance remarquable de l'influence et des fonctions exercées, ainsi que (souvent mais non toujours) à des particularités psychologiques pathogènes pour l'entourage* » [478]. Et l'auteur de préciser que « *le matricentrisme psychologique... n'implique nullement une organisation matriarcale da la société et peut se voir dans certaines familles évoluant en plein système patriarcal* » [479].
Pour P. Carrer, le « matriarcat psychologique » est à comprendre à l'intérieur du couple autant que dans l'expression de la parentalité au sein de l'organisation familiale : alors que l'homme/le mari est « *soit absent physiquement, du fait de sa profession (marin, représentant), ou en dehors du travail (au café, à la chasse...), soit absent psychologiquement, demandant simplement à sa femme de lui garantir un minimum de tranquillité à la maison en calmant les enfants* » [480], le matriarcat donne « *à la femme le pouvoir et l'autorité au sein de la famille* » [481]. Et l'auteur de remarquer qu'en Bretagne, la femme détient un statut psychologique considérable : « *j'entends par "statut psychologique" le pouvoir et l'influence réels d'un individu au sein du couple, quels que soient par ailleurs les statuts social et juridique* » [482]. Et de souligner, pour qu'il y ait équilibre dans le couple, et donc entre les parents, « *il paraît nécessaire, parmi d'autres facteurs, que les statuts social et juridique respectifs de l'homme et de la femme coïncident, en gros, avec leur statut psychologique, dans le cadre familial* » [483], ce qui évidemment pour l'auteur est loin d'être le cas en Bretagne.
Pour P. Carrer, le « matriarcat psychologique » en Bretagne n'avait, il y a quelques siècles encore, rien de pathogène, la femme celte disposant de rôles sociaux et culturels beaucoup plus importants que son homologue « française ». Il ne le serait devenu que parce que, progressivement, et je reviendrai sur l'argumentation de l'auteur, il s'est exercé au détriment de l'homme/du père. L'alcoolisme des sujets bretons aujourd'hui ne devrait être envisagé que comme l'expression d'une réaction collective (mode de défense) face à un processus de déculturation (plutôt que d' « acculturation » non surmontée[484]). P. Carrer, dans ses différentes réflexions, s'appuie avant tout sur l'éclairage anthropologique, lequel, rappelons-le, a historiquement porter son attention sur les sociétés traditionnelles. Or, il me semble important de revenir sur le contenu de cette notion de « matriarcat psychologique ».
Pour définir au mieux le « matriarcat psychologique », l'auteur fait fréquemment référence aux sociétés matrilinéaires des sociétés traditionnelles. Or, je pense que cette comparaison n'est pas judicieuse : les sociétés matrilinéaires sont des organisations humaines cohérentes, normées, ce qui signifie que les individus qui y participent partagent des valeurs et des croyances communes. Elles s'appuient sur un certain nombre de règles qui organisent notamment la parenté : transmission du patronyme, lieu d'habitation, personnes responsables de l'éducation, etc., et traduisent de fait un ensemble de règles et de valeurs partagées, ou respectées par tous, exigence nécessaire à l'éducation de l'enfant (puisque c'est bien de lui dont il est question).

Sans qu'il soit nécessaire d'entrer plus avant dans le détail, il est possible à l'enfant, dans une société matrilinéaire, de s'appuyer au moins sur deux référents parentaux : la mère biologique d'une part, les frères de celle-ci (système avunculaire) d'autre part, lesquels sont également relayés dans ces sociétés fortement normées par le groupe social qui exerce également un contrôle sur l'enfant et participe de fait à son émancipation/autonomisation en relayant la loi du père (ou de celui qui en fait office). Ainsi l'image maternelle ne l'emporte-t-elle pas sur celle du père, pas plus qu'il n'est possible d'affirmer, contrairement à ce que dit l'auteur, qu'il y ait un quelconque affaiblissement de la fonction séparatrice du père : l'enfant élevé dans un système matrilinéaire rencontre bien un interdit moral relatif à sa conduite, même si précisément, « *la valeur est donnée par le groupe social et non par un Surmoi individuel intériorisé* » [485]. Dans ces conditions, l'intériorisation de la loi ne se fait pas au détriment du père (nuance qui en soi est un non-sens, puisque le père *est* la loi), puisque celui-ci est à la fois représenté par les hommes de la lignée maternelle et par le groupe social dans son entier.
A propos du « matriarcat psychologique » qui existe en Bretagne, tel qu'il est décrit par P. Carrer, et qui existe également dans d'autres sociétés qui se sont construites au cœur d'un même processus de déculturation (Iles des Antilles, de La Réunion, etc.), c'est le système éducatif et non le système de parenté qu'il convient d'interroger pour en comprendre toutes les conséquences sur le plan familial. Alors que le système de parenté continue en Bretagne - comme en France - , d'être inscrit dans un système patriarcal, certes déclinant [486], le système éducatif, lui, se révèle d'une grande complexité. Le « matriarcat psychologique » breton, comme son nom l'indique, et en ce sens je lui préfère le terme plus clair de « matrifocalité » [487], ne s'exerce qu'autour de la mère, et non pas de la femme comme l'écrit P. Carrer : « *c'est ainsi que nous avons pu mettre en évidence la fréquence particulière d'une organisation familiale de type matricentrique : homme absent physiquement et symboliquement, ou homme-enfant immature, et femme-mère soit autoritaire et castratrice, soit hyperprotectrice, soit immature elle-même et soumise à sa propre mère.* ***La femme paraît plus mère qu'épouse*** [488]*. Le lien avec les enfants est très fort et l'homme se situe fréquemment davantage comme le rival de ses enfants que comme le chef de famille* » [489]. C'est bien la fonction maternelle qui est centrale et exclusive, et la femme n'a l'autorité et le pouvoir dans sa famille que parce qu'elle *est* mère. En ce sens, la femme ne me semble pas plus mère qu'épouse comme l'affirme l'auteur, il n'y a là rien de « naturel » ou de culturel, simplement elle ne peut à la fois être épouse *et* mère, et si sa préférence va vers ce statut de mère plutôt que celui d'épouse, c'est bien parce qu'elle y trouve plus de bénéfices.
Pourquoi décrire le « matriarcat psychologique » comme un système imparfait, dont on pourrait retrouver trace aujourd'hui, sous une forme contemporaine ? Parce que, dans le « matriarcat psychologique », l'attachement de l'enfant, qu'il soit fille ou garçon, et son développement psychique, ne vont se construire qu'en référence à une seule personne, et ce contre l'image du père, lequel n'échappe pas à cette soumission à la loi de la mère (la sienne autant que celle de son épouse/mère). C'est donc bien l'éducation et non le système de parenté dont il est

question en Bretagne [490]. Aujourd'hui, les différents changements que l'on observe au sein de l'organisation familiale tendent à nous laisser penser que l'enfant se construit non pas autour de la seule figure maternelle, mais plutôt au regard d'un seul modèle maternel, puisque le père, à bien des égards, se comporte comme une seconde mère : il s'occupe de son enfant dès sa naissance et tend à reproduire, dans ses nouveaux rôles, les mêmes attitudes que la mère.

La comparaison du « matriarcat psychologique » avec le système des sociétés matrilinéaires ne me paraît donc pas opportun, car le pouvoir et l'influence réels de la mère dans ces sociétés est loin d'atteindre ceux de la mère dans les sociétés à « matriarcat psychologique ». Comme l'écrit N. Rouland, « *il est très important de comprendre que matrilinéarité n'est pas synonyme de matriarcat : la plupart des systèmes matrilinéaires sont patriarcaux, en ce sens que la transmission des biens et des statuts se fait de l'oncle utérin aux enfants de la mère, et non pas de la mère aux filles. Autrement dit, si la filiation prend les femmes comme points de référence, c'est au profit des hommes qu'elle fonctionne ; l'oncle maternel est le chef de famille, l'autorité continue à appartenir aux hommes et à leurs frères* » [491]. C'est d'ailleurs en ce sens que P. Carrer se contredit puisqu'il affirme « *sur le plan sociologique, cette situation expliquerait la présence, non certes d'un matriarcat au sens où l'entendent les ethnologues (régime juridique et social en vertu duquel la mère transmet son nom aux enfants, la seule filiation légale étant la filiation maternelle), mais d'un certain matricentrisme breton... Cette relation à la mère, d'une intensité excessive, ne peut produire tous ses effets pathogènes que s'il existe en même temps une certaine absence du père, absence psychologique, absence sur le plan symbolique et pas obligatoirement absence physique comme chez les marins* » [492]. L'auteur semble en effet voir dans la société matrilinéaire l'achèvement ultime d'un matriarcat psychologique, dans sa version « dure », ce qui n'est pas le cas. Et c'est justement parce que dans les sociétés matrilinéaires, il est question de système organisé et normé que l'on ne peut aboutir à un « matriarcat psychologique », précisément parce que, du point de vue de l'enfant, ce système offre de nombreux contre-pouvoirs à la toute puissance maternelle (système avunculaire, contrôle social, rites d'initiation, etc.) et évite « *cette relation à la mère, d'une intensité excessive* ». D'où la formulation d'une deuxième critique.

A propos du « matriarcat psychologique », P. Carrer en énonce deux expressions : une forme non pathogène et une forme pathogène. « *Ce matriarcat familial, qui pourrait n'être pas pathogène, le devient à coup sûr dans le cadre d'un patriarcat déclinant* » [493]. Et de s'appuyer sur l'argument suivant pour cette distinction : n'est ou ne devient pathogène que le « matriarcat psychologique » qui s'associe « *à la dévalorisation de l'homme acculturé* » [494]. J'aurai deux remarques à faire à ce sujet.

Tout d'abord, dans aucun de ses ouvrages, l'auteur ne cite ne serait-ce qu'un exemple de ce qui pourrait justifier à ses yeux l'affirmation selon laquelle avant le processus de déculturation du peuple breton, le « matriarcat psychologique » qui prévalait était dénué de toute conséquence pathogène. Au contraire, P. Carrer rappelle la préexistence d'une forme d'attachement excessif à la mère avant même la mise en œuvre dudit processus : « *cette recherche collective d'alcool... évoque ce que les psychanalystes appellent des conduites de régression orale et est généralement en relation avec une fixation à la mère, particulièrement forte. Le fait que chez les Bretons et autres Celtes de telles*

habitudes collectives aient un caractère ancien, plaide en faveur d'un rôle particulier de la mère chez ces peuples » [495]. Contrairement à ce qu'affirme l'auteur, il me semble que le processus de déculturation n'a fait qu'accentuer l'aspect pathogène préexistant du « matriarcat psychologique », sinon comment interpréter son propos qui exprime que les Celtes avaient *déjà* l'habitude de ces ivresses collectives, et que ce comportement pouvait *déjà* s'interpréter comme un fort attachement à la mère ?
De la même façon, lorsque l'auteur écrit d'une part « ... *la fixation maternelle caractéristique des sociétés celtes favorise le recours régressif à l'alcool... Toutefois, tant que ces sociétés demeurent en équilibre, il s'agit d'un recours festif et ritualisé. En revanche, quand ces sociétés se désintègrent sous l'effet d'une acculturation ratée et que l'image du père n'est plus en mesure de faire contrepoids à la toute puissance maternelle, la recherche de l'ivresse se fait désordonnée, collectivement et individuellement* » [496], et d'autre part « *ce qui frappait chez les Bretons, c'était leur propension à rechercher l'ivresse et leur absence de honte à ce sujet du fait que l'ivresse était facilement admise par les populations. Ce qui paraît évident à la lecture des textes anciens, c'est une attirance fort ancienne des Bretons pour l'alcool, avant même leur arrivée en Armorique* » [497], ne peut-on entrevoir dans cette contradiction une certaine réticence de P. Carrer à interpréter comme une des conséquences négatives du « matriarcat psychologique » sur le peuple breton et qui s'est traduit, ces derniers siècles, dans son incapacité à surmonter le processus d'acculturation, faute d'un accès à la représentation d'un père symbolique, laquelle permet justement la mise en œuvre du processus d'émancipation/autonomisation[498] ?
Car, comme le souligne F. Gracchus, pourtant cité par l'auteur, « *la matrifocalité n'est pas la présence de la mère et l'absence du père, même si c'est ce qui se voit, c'est l'émergence d'une figure qui, pour briller, ensable l'autre. C'est une représentation qui s'est érigée sur un meurtre et s'empresse d'effacer les traces* » [499]. A mon sens, il ne peut y avoir « matriarcat psychologique » sans, si ce n'est une dévalorisation, même inconsciente, au moins une négation de l'homme dans sa fonction de père. A fortiori, et sans volonté consciente de la mère, il ne peut, de par ce que je viens d'énoncer, exister de « matriarcat psychologique » qui ne soit pas foncièrement pathogène pour le développement de l'enfant, puisque de cette situation découle une éducation qui ne fait aucune place à la figure/fonction paternelle (la pratique du fosterage celtique semble cependant y faire exception, bien que pratiquée à un âge tardif de l'enfant).
Comment dans ses conditions P. Carrer peut-il maintenir cette distinction chronologique (avant et après la mise en œuvre du processus de déculturation) quand il décrit le « matriarcat psychologique » comme suit : « *ce qui caractérise la Bretagne, ce n'est pas tant l'absence physique du père que sa faiblesse symbolique dans l'inconscient de la mère, fatalement donc la faiblesse de son pouvoir* » [501] ? Dans un avant-propos daté de 1989, il abordera cet aspect de la question, en affirmant « *sans contrepoids paternel suffisant, et sans mécanisme de défense vicariant, comme peut l'être l'avunculat des sociétés matrilinéaires où le rôle du père est généralement dévolu à l'oncle maternel, les enfants affronteront le conflit oedipien avec un handicap considérable et connaîtront de difficiles problèmes d'identification* » [502]. Pourtant, dans son ouvrage révisé de 1999, l'auteur réaffirme la distinction opérée préalablement entre matriarcat psychologique

pathogène et matriarcat psychologique non pathogène, ce qui, me semble-t-il, est regrettable.
Ces quelques critiques ne sauraient à elles seules cependant exprimer l'ampleur du questionnement et la remarquable intuition de l'auteur, et alors qu'il est aujourd'hui, plus que jamais, question des différentes expressions de la dépendance, à un produit, mais aussi à une personne, une activité, etc., il me faut également souligner à quel point la compréhension du processus de l'alcoolisme proposée par P. Carrer continue d'être d'actualité.

2. Regard anthropologique sur la parenté

P. Carrer eut l'intuition, il y a de cela près de 30 ans, que ce fonctionnement pathogène – l'alcoolisme – pouvait ne pas présenter de caractère « exclusivement breton », mais que la souffrance de ce peuple, qui s'exprimait notamment dans la pathologie, ne traduisait en fait qu'une amorce de réaction défensive, laquelle ne tarderait pas à devenir collective, à l'échelon national et international : « ... *nous retiendrons que, dans certaines sociétés, existent conjointement le matricentrisme, l'oppression ethnique et l'acculturation. Cette association paraît bien multiplier et même, selon nous, tend à généraliser, sur le plan de la psychologie individuelle, les phénomènes de fixation maternelle, de régression narcissique orale, d'identité négative. Ceux-ci ont pour conséquence d'ouvrir la voie à une pathologie psychiatrique où la dépressivité, l'alcoolisme et plus récemment les toxicomanies se taillent la part du lion. La Bretagne n'aurait fait que précéder les sociétés industrielles modernes sur tous ces points. Quant au record d'alcoolisme détenu par la Bretagne, il serait dû au fait que le courant moderne verrait s'accroître sa puissance et sa violence en trouvant un chemin déjà frayé par le courant historique ancien* » [502].
Ce que l'on retiendra de cette remarque, c'est qu'il convient nécessairement de faire le lien entre les alcoolisations adolescentes telles qu'elles se présentent aujourd'hui, précoces, excessives et le plus souvent spectaculaires (recherche de défonce) et les mutations qui s'opèrent depuis quelques décennies sur le plan culturel, qui laissent de moins en moins de place à un sentiment d'appartenance collective au profit d'un individualisme difficilement structurant. A bien des égards, il serait nécessaire d'envisager la société française comme traversant une crise identitaire, ne suscitant plus guère d'adhésion des jeunes générations qui ne se reconnaissent plus dans le triste projet de société qui se présente à eux. Les manifestations durant l'année 2005 contre le Contrat Premier Emploi autant que contre les multiples Lois contre l'immigration proposées par le ministre de l'intérieur, Nicolas Sarkozy, témoignent dans le même sens d'un désaccord profond avec un certain projet de société qui n'offre que précarité à sa jeunesse et illustre une volonté étatique de repliement identitaire, processus qui est toujours l'expression d'une ultime tentative, en période de crise, de rassemblement autour de valeurs parfaitement superficielles cherchant à recréer un sentiment d'appartenance nationale (nationaliste et non collectiviste) qui n'est plus. Quand

une démocratie ne fédère plus que par la haine de l'altérité, il ne faut y voir que la traduction de la vacuité du contenu des valeurs et croyances qui jusque-là pouvaient encore permettre de croire à l'existence d'une véritable culture. C'est donc bien du point de vue de l'anthropologie réciproque qu'il conviendrait d'analyser notre société, en permettant à des observateurs étrangers une analyse de ce qui fait crise.

C'est dans cet esprit qu'il m'a paru nécessaire de rappeler certains principes qui régissent la parenté et l'éducation des enfants dans les sociétés traditionnelles pour éclairer l'analyse des difficultés auxquelles notre société est aujourd'hui confrontée. Pour simplifier, il est possible d'affirmer que la société traditionnelle accompagne l'individu dans sa construction psychique en lui offrant la possibilité de se développer autour d'une multitude de référents, qu'ils soient familiaux ou sociaux (sociétés matrilinéaires ou patrilinéaires offrent une parentèle suffisamment large qui rend de fait moins opérante la défaillance inévitable des parents isolés dans leur fonction éducative dans les sociétés modernes). En contrepartie, son désir, ses choix, ses envies comptent modérément au regard de l'équilibre familial et collectif. Mais l'individu n'est jamais seul, et tant qu'il adhère et respecte les valeurs de son groupe social, il peut s'appuyer sur lui[503].

Dans les sociétés modernes au contraire, la valeur du collectif ne trouve plus guère de place, à commencer par la famille qui connaît depuis quelques décennies une véritable mutation. Durant sa croissance, l'enfant ne va pouvoir s'appuyer que sur quelques référents adultes, et c'est son individualité qui va primer dans son développement. Même dans les situations où des adultes inscrits à l'extérieur de la généalogie de l'enfant pourraient en faire office (l'instituteur, le professeur de sport, etc.), il n'est pas certain qu'il soit légitimé comme tel par les responsables de l'enfant.

L'absence de culture consensuelle aujourd'hui autour de valeurs et croyances collectivistes (dont les valeurs servent de fondements à la société) en Occident[504] va compliquer considérablement le développement de l'enfant, qui ne peut guère s'appuyer que sur des structures parentales de ce fait fragilisées à tout point de vue (perte du rôle des ascendants, familles recomposées, monoparentales[505], etc.).

Pour comprendre le lien qui unit l'enfant à ses parents, il faut interroger le système de filiation dans lequel il évolue. Celui-ci détermine non seulement les relations parentales, mais également l'éducation et le statut de l'enfant : nom patronymique, autorité parentale, lieu de résidence, droit successoral, etc. Dans les sociétés traditionnelles, les systèmes de filiation peuvent être patrilinéaires, matrilinéaires ou bilinéaires (c'est-à-dire les deux à la fois).

Ce qu'il est important de retenir de la filiation matrilinéaire, c'est que l'enfant n'appartient pas au lignage[506] de son père biologique (géniteur), il est rattaché à sa famille maternelle. L'autorité paternelle et les fonctions de « père » sont exercées par le frère de sa mère, l'oncle utérin (système avunculaire). On peut comprendre ici en quoi l'importance du collectif conditionne la survivance de chaque groupe social. Dans le matrilignage, les hommes ont besoin de leurs sœurs qui assurent les enfants du lignage, et les sœurs de leurs frères qui pourvoient à l'éducation et aux besoins de leurs enfants.

Dans la filiation patrilinéaire, ces mêmes règles s'appliquent, mais en inversant les sexes, avec cependant un déséquilibre au profit des hommes, lesquels dans ce système tendent à maintenir leur position dominante sur tous les plans. C'est ce système qui prédomine dans les sociétés modernes (pour C. Lévi-Strauss, cette adhésion à un tel type de système s'analyserait par la séparation du pouvoir politique du pouvoir parental, quand la cohabitation entre un pouvoir politique essentiellement masculin et une organisation parentale matrilinéaire deviendrait difficile[507]).

Mais indépendamment du système (matrilinéaire ou patrilinéaire), le statut de l'enfant diffère considérablement selon qu'il évolue dans une société traditionnelle ou dans une société moderne : si les liens qui sont établis entre lui et ses parents biologiques sont variables selon le système de filiation pratiqué dans son groupe familial, « *d'une façon générale, la paternité est un lien autant social que biologique, et la légitimité d'un enfant dépend moins de l'identification précise de son auteur que le fait de savoir s'il se trouve ou non intégré à un groupe familial* » [508]. Dans le prolongement de ce qui vient d'être dit, je rajouterai que la fonction du groupe familial, et du groupe social dans son entier, va venir relayer l'apprentissage et le respect de la Loi du père, permettant ainsi à l'enfant un accès à une autonomisation à l'égard de la figure maternelle.

Dans les sociétés modernes, c'est une toute autre tendance qui s'observe : la relation qui prime est avant tout nucléaire, celle qui lie l'enfant à ses parents, à ses grands-parents éventuellement (à travers notamment la pratique des deuxième et troisième prénoms - et parfois comme premier prénom de l'enfant, qui est ainsi nommé en mémoire d'un ou plusieurs aïeux). Ce qui pouvait s'observer il y a encore quelques décennies n'est plus possible aujourd'hui : la parentèle[509] tend à se réduire de plus en plus, en raison de la nécessaire mobilité géographique des parents contraints de trouver un emploi loin de la terre natale, privant l'enfant de la possibilité de bénéficier d'autres référents éducatifs (et affectifs). La filiation la plus reconnue est également celle qui relie un enfant à ses parents d'un point de vue biologique. Même si de nombreuses pratiques existent aujourd'hui qui tendent à se substituer à ce mode de filiation, comme l'adoption, les procréations médicalement assistées (FIV, etc.), elles n'en demeurent pas moins, dans la majorité des cas, qu'un ultime recours pour pallier une incapacité à procréer de manière « traditionnelle », naturelle. Dans les sociétés modernes, le lien du sang prime sur le lien social.

Je l'ai évoqué en introduction, l'approche de l'alcoolisme par le « matriarcat psychologique » me paraît non seulement novatrice, puisqu'elle introduit dans la prise en charge de l'alcoolisme la question de l'histoire individuelle du sujet, familiale *et* culturelle, mais elle me semble également d'une grande actualité.

Le déclin de notre société patriarcale depuis une quarantaine d'années a considérablement bouleversé les rôles parentaux, l'idée de la fonction éducative et sa mise en œuvre[510]. Les grands changements dont a pu bénéficié la femme française ont eu parfois une incidence non prévisible sur l'éducation et le développement de l'enfant. Et P. Carrer de s'interroger : *« comment croire qu'un phénomène social d'une envergure aussi considérable que la fin des sociétés patriarcales à laquelle nous assistons présentement, et son corollaire, l'affaiblissement des imagos paternelles qu'un auteur comme Mendel a particulièrement décrit et analysé, puisse ne pas retentir sur la structure familiale, sur les rôles respectifs du père et de la mère et en fin de compte sur le type de relation d'objet ? »* [511].

Ce qui s'est produit durant plusieurs siècles pour le peuple breton, le peuple français le connaît à son tour, une étonnante transition identitaire : nécessité d'assimiler de nouvelles valeurs (principalement matérielles et individualistes), perte des anciennes croyances (religieuses), laïcisation des rituels, etc.

Je citerai ici quelques illustrations :

- l'émancipation de la femme, que je ne conteste pas, a néanmoins bouleversé le paysage de la famille française, en même temps que l'ère de la société post-moderne tissait ses contours. Culte de la jeunesse, de la liberté individuelle et de la performance, la société de consommation a également cultivé le plaisir de l'immédiateté. La modification de la valeur travail qui jusqu'à présent définissait l'être humain, a vu rogné ses principes avec l'accélération du nombre de chômeurs et s'installer de manière durable un mode de vie très précaire. Désormais, l'insertion sociale, au sens de rôle social, d'existence sociétale, ne peut plus se définir uniquement par cette distinction travailleur (catégorie dans laquelle nous classons également la femme au foyer)/ retraité.

La société française est aujourd'hui confrontée à une perte totale de ses valeurs traditionnelles qui faisait la famille sans avoir trouver l'équilibre au sein d'une famille nouvelle stabilisée (dans sa définition) :

- les ascendants, bien que fort nombreux, n'ont cependant plus aucun rôle à jouer dans la sphère familiale, la société française allant aujourd'hui chercher ses paroles de sagesse dans des religions extérieures à sa culture et son histoire, et dont les plus représentatives sont l'hindouisme et le bouddhisme. Au-delà du phénomène de « mode » qu'on pourra reprocher à cette tendance, celle-ci n'en traduit pas moins un net besoin de la part de ceux qui s'y intéressent de sagesse orientale (telle qu'elle est présente dans les représentations occidentales) et de spiritualité, qui a aujourd'hui remplacé la religion d'autrefois ;
- la religion ne fait plus autant « d'adeptes » qu'autrefois, probablement en partie en raison du décalage, pour ses fidèles, entre un discours aux tonalités beaucoup trop conservatrices et une réalité socioéconomique déjà toute autre. Le mariage, la liberté sexuelle, etc. en sont quelques illustrations, mais il faut également se demander si les valeurs profondes défendues par l'Eglise, notamment dans la définition du bon chrétien, correspondent aujourd'hui encore à une société qui ne s'organise qu'autour du culte de la performance, du profit et de l'individualisme forcené, et qui résonne de ce fait difficilement aux oreilles du citoyen français aujourd'hui ;

- et comme je l'évoquais plus haut, l'émancipation de la femme, laquelle lui a sans aucun doute profité sur un plan humain, social et professionnel, mais a néanmoins totalement bouleversé la représentation de la famille ainsi que celle des valeurs qu'on lui attribuait jusque-là. Les lois votées et introduites dans le code civil à partir des années 70 en sont une bonne illustration : suppression du divorce pour faute au profit d'un divorce aux torts partagés, disparition des textes qui faisaient de la femme mariée un mineur incapable, loi sur l'IVG, etc. La famille ne se réduit plus au modèle nucléaire, un père, une mère et deux enfants, mais une famille monoparentale, un couple hétérosexuel non marié, un couple homosexuel, des couples « pacsés », etc. L'illustration de l'immédiateté s'observe notamment par le prisme qu'offre le PACS : faut-il y voir une conception plus large de liberté individuelle, la « non demande en mariage » de Georges Brassens, ou doit-on entrevoir une véritable nouvelle aliénation de l'individu, à qui l'on donne l'illusion d'un tout contrôle sur sa vie ? N'est-il pas surprenant en ce sens d'observer que de nombreux jeunes couples allergiques à l'idée jugée conservatrice du mariage passent contrat pour organiser leur vie à des fins économiques (et autres certes), quand le mariage pouvait également leur procurer les mêmes avantages ?
Aussi n'est-il pas difficile d'entrevoir la fragilité actuelle de la société française, au regard de ces critères que sont la stabilité familiale et l'attachement culturel aux valeurs historiques. Par incidence, il convient également de questionner les conséquences que ces changements produisent également sur la fonction paternelle. Car s'il faut saluer l'émancipation de la femme, laquelle peut désormais choisir de travailler (émancipation professionnelle), avoir des enfants, et pour ce qui nous intéresse plus particulièrement, s'appuyer sur son conjoint, père de ses enfants pour les soins du nourrisson, le bain, le biberon, les promenades au parc, etc. (émancipation psychologique), l'homme/père a désormais devant lui un véritable travail d'adaptation à opérer pour trouver sa place, son rôle, sa fonction : sur un plan strictement juridique, auprès de son épouse/conjointe (lois sur le divorce), de ses enfants (lois sur l'établissement de la filiation et droits du père), etc., et d'un point de vue psychologique : à s'occuper pareillement de ses enfants, à soulager sa femme dans les tâches ménagères, et à ne plus être le chef de famille (attributions financières et morales), l'homme/père doit se construire une nouvelle identité.
En questionnant la parentalité, le même constat peut être établi. Bien souvent les deux parents travaillent, sont amenés à se détacher de l'ancrage familial géographique (mutation, nouvel emploi) et se retrouvent isolés de leurs « racines », avec tout ce que cela entraîne : isolement éducatif, perte ou affaiblissement des rituels familiaux, etc. La question de l'éducation et du bien-être de l'enfant ayant été au cœur de la réflexion de ces dernières décennies, les jeunes parents sont également assaillis d'informations, lesquelles il faut bien le reconnaître ne les préparent pas du tout aux difficultés que ce nouveau statut engendre.
Qu'en est-il de l'enfant ? A dresser très brièvement une synthèse de ces quelques dernières décennies, et au risque de perdre l'attention du lecteur, il me faut arriver à mon premier constat, lequel était déjà abordé par P. Carrer pour le peuple

breton, en citant à mon tour G. Mendel : *« il est sans doute propre au trouble des époques de transition entre deux moments culturels que le sentiment abandonnique s'exprime avec une grande force et comme à nu : ce sont les heures où l'on parle ouvertement d'une crise de l'autorité »* [512]. Ce qu'a traversé le peuple breton avec une violence incontestablement plus aiguë, nous le connaissons à notre tour. Si la fin de la société patriarcale semble inévitable, force est de reconnaître que la redistribution qui caractérise actuellement la fonction paternelle mais aussi maternelle est parfois à la source de pathologies qui touchent aujourd'hui nombre d'adolescents, comme en atteste l'augmentation impressionnante des personnalités dites « états limites » et des personnalités psychotiques d'une part, et la décompensation de celles-ci d'autre part[513]. Certains auteurs comme J. Bergeret vont à ce sujet plus loin en affirmant que nos sociétés contemporaines présenteraient à la fois une défaillance du père *et* de la mère, les sujets des nouvelles générations, s'ils « *n'ont pas été fixés par des parents trop puissamment toxiques dans l'étroitesse du cadre structurel de mode psychotique, inversement, ils n'ont pu atteindre, grâce à des parents eux-mêmes assez présents sur le plan relationnel-génital, un statut psychique organisé sous le primat du génital* » [514].

Et P. Carrer de rappeler que ce qui permet à une société imagoïque maternelle de maintenir la santé psychique de ses membres passe nécessairement par une représentation symbolique du (bon) père dont la force de l'organisation sociale et humaine se fait la traduction : ce qui « *nous permet de comprendre comment une société à Image du Père faiblement intériorisée équilibre la toute puissance maternelle au moyen de ce que Mendel désigne sous le nom de père extra-psychique, constitué en fait par les coutumes, rites religieux et sociaux mais aussi par le groupe social, et ajouterons-nous, par le culte des ancêtres morts* » [515]. Si le peuple breton, en dépit de tout ce que je viens de rappeler, n'en est toujours pas totalement dépossédé, le peuple français lui me semble certainement plus exposé. A trop valoriser le culte de la performance et de la réussite matérielle, délesté de tout souffle religieux et donc spirituel, nous devons nous attendre à quelques années de tourmente.

Mais la question demeure : en situation de fragilité culturelle, d'acculturation en ce qui nous concerne aujourd'hui, quelle est la réaction, individuelle et/ou collective qui semble la plus juste, j'entends par là la plus saine, sachant que c'est de notre culture, de notre éducation et de nos ressources propres que nous tirons, individus, notre force et notre créativité[516] ? En d'autres termes, faut-il interpréter la pathologie comme un acte délibéré de résistance dans un monde où l'idée même d'humanité à perdu tout son sens, ou au contraire comme l'incapacité individuelle et/ou collective de s'adapter à de nouvelles valeurs se traduisant par exemple aujourd'hui par ce que je serais tenté d'appeler un excès de normalité en matière de consommation d'alcool : la Bretagne, la France véhiculant depuis des siècles l'idée d'un partage festif et ritualisé autour de l'alcool imprègnent fortement les consommations de nos adolescents contemporains, dont on peut prétendre qu'ils agissent par souci d'imitation (faire comme l'adulte), mais au sujet desquels il conviendrait plutôt d'y voir une très nette incapacité (plus ou moins durable pour certains) de devenir adulte (l'alcoolisation excessive empêchant l'autonomie et l'émancipation).

Car si la question se présente de manière si évidente pour moi, c'est qu'elle détermine également l'orientation de mes interventions : dans un tel contexte de centration sur la fonction maternelle (plutôt que sur la mère), la question de la limite se pose avec d'autant plus d'acuité : le premier message à délivrer auprès des adolescents ne doit-il pas nécessairement se faire le relais de la loi du père, de la limite ?

De nombreux cliniciens formés à la prise en charge de l'adolescent ont constaté ces dernières années l'augmentation d'un certain nombre de pathologies : « *tout ce que l'on rassemble sous les appellations d'états limites, de pathologies anaclitique ou narcissique, ainsi que les conduites addictives, les troubles du comportement, en particulier associés à des conduites suicidaires et les désordres de la personnalité apparaissent comme une pathologie d'actualité, tant au vu des données épidémiologiques croissantes que du nombre de publications qui leur sont consacrées...* » [517]. Dans ces conditions, on peut s'interroger sur les réticences de ces auteurs à établir le lien entre cette tendance actuellement observée et l'influence que l'organisation de la nouvelle cellule familiale a pu avoir sur elle ? P. Jeammet et M. Corcos affirment en effet que si « *l'évolution de nos sociétés... favorise l'expression plus aiguë de problématique que l'on peut regrouper sous l'appellation de conduites de dépendance... la question reste ouverte de savoir si elle les crée structurellement. Rien ne nous permet en effet d'affirmer que les adolescents en difficulté d'aujourd'hui présentent des organisations psychopathologiques structuralement différentes de celles des générations précédentes* » [518]. Si la nuance apportée dans le propos de ces deux auteurs mérite que l'on s'y attarde, c'est qu'elle soulève en fait un double questionnement :

1) quel intérêt y a-t-il à distinguer « *en favoriser l'expression* » et « *créer structuralement* » d'un point de vue pratique, en ce qui concerne notamment la prise en charge de l'adolescent en souffrance, mais également d'un point de vue théorique puisque l'alternative pourrait ne pas s'analyser comme telle mais plutôt comme le constat que cette nouvelle configuration sociétale participe de toute évidence au développement de nouvelles pathologies ?
2) Est-il juste d'affirmer que, pour ces deux auteurs, il pourrait y avoir eu autant de structures psychiques (ou organisations plus ou moins stables pour les états limites) dans les précédentes générations sans qu'il y ait eu décompensations, simplement parce que les structures familiales ne les autorisaient pas ?

Comment ne pas reconnaître l'influence des changements sociaux sur la fonction éducative et par incidence l'influence de celle-ci sur la structure psychique de l'enfant ? Ce qu'affirment P. Jeammet et M. Corcos, c'est que les adolescents des anciennes générations, bien qu'ayant eu à vivre les mêmes difficultés propres à l'adolescence et, pour certains, s'inscrivant dans des organisations psychopathologiques probablement similaires, n'ont pas eu le loisir de s'en exprimer parce que le corps social ne l'aurait pas tolérer. Sans aucun doute, le changement de notre société permet aujourd'hui l'expression d'un mal-être qu'elle n'autorisait pas hier. Mais peut-être d'une part l'autorisait-elle sous une autre forme. Dans un récent sondage, on pouvait lire qu'aujourd'hui les parents souhaitent que leurs enfants soient heureux, quand hier ils souhaitaient qu'ils réussissent dans la vie[519]. Ne peut-on se demander si les enfants n'expriment pas leur souffrance dans un registre où ils pensent qu'ils seront entendus ? La réussite sociale tant espérée d'hier a également donné naissance à un groupe social aujourd'hui en passe de disparaître : les clochards, ces hommes et femmes dont on se disait (à tort) qu'ils avaient fait le choix de s'extraire de la société[520], contrairement aux Sans Domicile Fixe et autres « marginaux » contemporains. Les clochards n'étaient-ils pas l'expression la plus parlante de l'échec à la réussite sociale projetée sur eux par leurs parents ou par la société, au même titre que les enfants d'aujourd'hui auxquels leurs parents souhaitent tant de bonheur ne peuvent s'exprimer sur leur difficultés qu'en n'étant pas ce qu'on espère pour eux ?

Par ailleurs, il me semble difficile de réprimer une souffrance simplement parce que le contexte socioculturel n'en permet pas l'expression. Si les adolescents des générations précédentes n'ont pas eu la possibilité d'exprimer leur désarroi lié à cette période de transformations, elle a pu s'exprimer à un autre moment de leur existence, ou être tout simplement passée inaperçue pour les parents, lorsque les barrières intergénérationnelles étaient encore si peu perméables, et pour les professionnels auxquels de fait ils n'étaient pas présentés en consultation.

Enfin, ne faut-il pas voir dans la possibilité qu'offrent les sociétés modernes aux adolescents d'aujourd'hui de « s'afficher » dans des conduites de dépendance comme justement un indicateur supplémentaire des faiblesses des organisations familiales contemporaines, ou au moins comme le corollaire de ce qui favorise ce type de comportements ? Dans les familles d'aujourd'hui, ce qui définit la relation parents/enfants est avant tout d'ordre consensuel : affaiblissement des limites et des interdits au profit de la négociation et de la justification, investissement narcissique de l'enfant et recherche d'osmose affective, etc. : « *dans un tel contexte, les parents refusent de plus en plus d'entrer en conflit avec les adolescents et veulent avant tout trouver en eux un soutien et une confirmation qu'ils sont de bons parents* » [521].

Il en est de la santé mentale - normalité psychique - comme de la pathologie de l'alcoolisme : la question de l'attachement est centrale. Quelques auteurs, psychanalystes, se sont alors penchés sur le lien qui pouvait peut-être exister entre la structure familiale et certaines pathologies, dont l'alcoolisme, dans une lecture résolument anthropologique. Les conclusions de ces auteurs convergent vers une même direction : l'organisation familiale en « *matriarcat psychologique* », « *matrifocalité* », ou encore « *matricentrisme* » tend, pour les enfants qui y évoluent, à provoquer un certain type d'attachement (exclusif à la mère).

Je pense aujourd'hui, au vu des nombreux changements qu'a connu notre société et dont les incidences n'ont pas manqué de se répercuter sur la famille, qu'une nouvelle forme de centration sur la mère tend à se développer, et dont la prise en compte pourrait permettre un nouvel éclairage des troubles adolescents, notamment lorsqu'ils s'expriment dans des alcoolisations excessives et répétées.

SECTION 2
NORMALITE SOCIALE ET DEVIANCE

De la normalité à la norme, il n'y a qu'un pas. Dans son sens étymologique, le sens latin de la *norma* signifie « équerre, règle ». Si la normalité s'entend de ce qui n'est pas pathologique, la norme se définit de façon positive comme « *une formule abstraite de ce qui doit être [...] conforme à la majorité des cas* » [522]. Juridiquement, est normatif « *ce qui constitue une norme, [...] dont l'objet est constitué par des jugements de valeur, et qui donne des règles, des préceptes* » [523]. La loi, du latin *lex, legis*, se définit comme « *une règle impérative imposée à l'homme de l'extérieur, une règle ou un ensemble de règles obligatoires établies par l'autorité souveraine d'une société et sanctionnées par la force publique* » [524].

Le sujet alcoolique ne rencontre pas seulement des difficultés avec l'acceptation de ce qu'il est et l'impossible accès à un bien-être relatif, il est également confronté dans son rapport à la norme, la Loi, l'autorité, au problème que lui pose la limite, source pour lui de frustrations intolérables. Le rapport à la norme (et par extension à la Loi - légale) a été pour lui source de conflit intrapsychique dès sa plus tendre enfance[525].

La préférence pour le produit alcool n'est cependant pas anodine sur le plan légal, et il paraît difficilement concevable d'exprimer celle-ci en termes de choix rationnel du sujet, même si l'inscription dans une pratique d'alcoolisations répétées semble en apparence relever de cet acte : examinons dans un premier temps la situation contextuelle dans laquelle l'acte de boire s'autorise en lui-même, pour ensuite interroger ce qui a pu faire penser à certains que l'alcoolisme pourrait s'interpréter comme une déviance, ce qu'il est et n'est pas tout à la fois.

§ 1
Les Français, l'alcool et la personne alcoolique

L'alcoolisme ne peut être entendu que comme un carrefour causal : au-delà de la vulnérabilité psychique, il n'est jamais possible de faire l'économie d'une compréhension socioculturelle de cette pathologie, qui trouve d'abord sa possible expression dans la permissivité historique française de ses différentes manifestations, qui vont de la simple consommation régulière d'alcool aux manifestations d'ivresses les plus spectaculaires.

Nous l'avons vu, peu d'auteurs se risquent à définir le jeune sujet, l'adolescent, comme un possible alcoolique. Nombreuses sont les raisons qui empêchent ce diagnostic, et il faut maintenant mentionner celle de la stigmatisation sociale que cela entraîne. Car il est bien évident que l'adolescent ou le très jeune adulte

diagnostiqué alcoolique (ou présentant de sérieux problèmes d'alcool) renvoie à une série de questionnements individuels, sociaux et culturels, et notamment celui de la représentation de la personne alcoolique.
Cela signifie également une nécessaire interrogation sur la place de l'alcool dans l'univers de l'adolescent et du jeune adulte. Ses parents consomment-ils ? Dans quel cadre, à quelle occasion, quelle régularité, etc. ? Mais également quant au sens que donnent les parents aux consommations de leurs enfants et à leurs éventuelles ivresses? Y sont-ils favorables ? En ont-ils connaissance? Et est-ce un sujet sur lequel il est possible de communiquer en famille ?
Surtout, la possibilité d'un alcoolisme précoce interroge sur la place sociale de l'alcool. Quelle vie est–il possible d'avoir quand l'alcool ne peut plus être consommé ? Les repas entre amis ? Les repas de famille, les fêtes religieuses comme Noël, les anniversaires ? Les invitations professionnelles au pot de fin d'année, au départ en retraite ? L'entourage, que l'on associe de plus en plus à la guérison du sujet alcoolique lorsque cela est possible (thérapies familiales), est-il également contraint de modifier son approche de l'alcool, c'est-à-dire son mode de consommation ? Est-il possible de boire de l'alcool en présence d'une personne alcoolique abstinente ? Qui cela gêne-t-il le plus ? Se sent-on contraint de moins consommer en sa présence ? Trouve-t-on cette personne beaucoup plus ennuyeuse depuis quelle ne boit plus d'alcool alors qu'avant … ? Ce qui revient à questionner le genre de vie sociale l'on peut espérer lorsque l'on n'est plus alcoolique pratiquant.
Si l'on compare le sujet abstinent d'alcool au sujet abstinent de tabac, la spécificité de la représentation en France du sujet alcoolique induit des regards diamétralement opposés selon qu'il s'agit de dépendance tabagique ou alcoolique. Alors que le sujet tabagique est généralement félicité de son abstinence, le sujet alcoolique rencontre déjà des difficultés à avouer son abstinence de peur d'être jugé de n'avoir pas « su » boire. L'alcoolisme continue de véhiculer l'image de quelqu'un emprunt de vice, de dégradation. Le sujet tabagique au contraire est perçu comme une victime d'un produit au sujet duquel chacun s'accorde à le définir comme nocif. Ainsi le produit tabac est-il responsable du malheur de l'individu, alors qu'avec l'alcool, c'est l'individu qui fait son propre malheur. De même, un non fumeur ne vivra aucune exclusion sociale de par sa décision, alors que le sujet abstinent d'alcool est souvent contraint à une certaine marginalité. L'abstinence d'alcool ne suscite pas le même malaise en société, en groupe, etc. que l'abstinence de tabac. Ce court développement est transposable au toxicomane abstinent, comme je l'ai évoqué précédemment. Il serait inconcevable de définir l'alcoolisme en France sans faire mention de la place que l'alcool occupe dans ce pays.
On ne saurait faire abstraction, pour comprendre les résistances françaises à interpréter les alcoolisations adolescentes comme participant d'un mode de consommations potentiellement pathogènes, de la relation si singulière qui existe en France entre l'alcool et ses consommateurs. Dans ce pays premier producteur mondial de vin, où l'alcool était jusqu'à récemment donné comme fortifiant aux

nourrissons et enfants, autorisé à être servi dans les cantines scolaires jusqu'en 1974, du moins dans les textes (!) et aujourd'hui encore, toujours recommandé par les médecins les plus sérieux (le si particulier *french paradoxe*[526]), comment ne pas intégrer dans la définition de l'alcoolisme et penser la politique de prévention sans tenir compte de la spécificité d'un tel attachement culturel et social à ce produit ? Comment ne pas intégrer dans ce qui définit l'alcoolisme en France ce rôle d'un produit aux vertus magiques pourtant à la source d'un nombre incalculable de décès ?

Comment faire abstraction d'une politique gouvernementale qui se paralyse en 2005 en une journée à l'annonce d'une augmentation ridicule sur l'alcool (0,05 centimes) quand elle n'hésite pas à augmenter les paquets de cigarettes du tiers de leur prix, et prévoit une aide financière aux viniviticulteurs, parce que sa politique de prévention routière obtient de trop bons résultats, et que, pour ne citer qu'un exemple, les Français consomment moins d'alcool au restaurant par crainte de la politique de prévention routière plus répressive, etc. ? [527]

Différents auteurs ont ainsi opéré une distinction entre alcoolisme individuel et alcoolisme socioculturel[528] : le premier se rapporterait plus spécifiquement à des causalités d'ordre psychologique et psychiatrique, le second serait l'aboutissement d'un abus régulier d'alcool, bien qu'il ne faille en aucune façon en déduire que l'un est exclusif de l'autre. Car tout alcoolisme subit cette double influence de facteurs individuels et socioculturels.

Mais l'intérêt d'une telle distinction réside ici non pas tant dans le rôle que peut jouer la culture française de l'alcoolisation dans l'alcoolisme des Français, mais plutôt dans l'incidence que ce contexte socioculturel va avoir sur 1) la fonction de normalisation sociale de l'alcoolisation et 2) un diagnostic tardif de l'alcoolisme, même chez l'adulte.

Citant H. Solms et E.M. Jellinek, l'alcoologue F. Alonso-Fernàndez rapporte le lien de causalité établi entre la permissivité d'une culture et l'alcoolisme (de ce fait appelé socioculturel), ce que G. Devereux à travers l'ethnopsychiatrie avait également démontré en établissant un rapport entre la culture d'une société donnée et les différentes pathologies existantes, sur le plan individuel autant que collectif[529].

Pour chaque pays cité, H. Solms analyse sous forme pyramidale le rapport facteurs psychiatro-psychologiques (vulnérabilité pré-alcoolique des malades alcooliques - anomalies de caractère, psychoses, névroses -) / facteurs socioculturels (dimension du critère permissif de la population pour l'ingestion d'alcool) et constate qu'il est selon chaque pays proportionnellement inversé, ce qui sous-entend que sur une échelle de 1 à 100 par exemple, l'un des deux facteurs prédominant réduit proportionnellement l'influence de l'autre. Concernant la France, celle-ci occupe la première place dans ce que H. Solms définit comme « *la dimension du critère permissif pour l'ingestion d'alcool* » (facteur socioculturel) et se situe donc en dernière ligne concernant les facteurs psychiatro-psychologiques[530].

Selon l'auteur espagnol, *« l'habitude sociale de boire, activée par des intérêts économiques et stimulée par la publicité, dit-on, constitue l'étiologie de l'alcoolisme socioculturel. Que l'homme qui s'adonne d'une façon excessive à l'habitude sociale de boire contracte ou non une intoxication ne dépend que de sa résistance biologique »* [531].

Déjà, E. M. Jellinek en 1962 faisait remarquer que la permissivité d'une société face à une façon de boire exagérément, sur l'échelle du temps aussi bien que sur celle de la quantité (buveurs excessifs chroniques ou consommations jusqu'à l'ivresse), favoriserait l'existence de buveurs excessifs, qui peuvent sans subir le contrôle social (et l'exclusion/sanction qui peut en découler qui existe dans d'autres cultures), s'adonner sans limites aucunes à leurs excès alcoolisés. Le contexte socioculturel ne suffisant pas à lui seul à couvrir le pourquoi de l'alcoolisme, les facteurs psychologiques individuels complètent cette spécificité nationale. En d'autres termes, le contexte culturel sert de terreau à l'alcoolisme quand les facteurs psychologiques individuels représentent l'engrais nécessaire à son développement[532].

En observant la société française, c'est un attachement à l'alcoolisation singulier qui prédomine (au sens de modèle identificatoire unique). Outre la grande permissivité face à l'alcoolisation excessive et aux manifestations d'ivresse, la société française reste très attachée à des traductions excessives, presque orgiaques du sens de la fête. Celle-ci ayant beaucoup perdu de son sens religieux, lequel, que l'on soit ou non croyant, servait de cadre ritualisé, ne reste qu'un excès alimentaire alcoolisé.

Cette place socioculturelle de l'alcool classe le sujet alcoolique français parmi ce que F. Alonso-Fernàndez définit comme le buveur invétéré, il « *est celui qui ingère souvent, parfois même quotidiennement, une quantité d'alcool qui comporte des risques pour sa santé, en n'étant jamais ou presque jamais en état d'ébriété* » [533].

La distinction d'avec le buveur modéré opérée par l'auteur peut notamment être évaluée du point de vue des calories apportées par le régime alimentaire du sujet : « *toute personne dont le régime alimentaire comporte habituellement plus de 20 % des calories se trouve menacée par le risque de contracter une alcoolisation persistante ou chronique. Pour un régime alimentaire de 3000 cal., toute ingestion d'alcool qui apporte plus de 600 cal. (un cinquième des 3000 cal.) se trouve dans le cas d'un buveur invétéré… La quantité d'alcool que libèrent 600 cal. est de 84 g d'alcool éthylique pur, c'est-à-dire 840 cm³ de vin à 10°. De cela résulte la norme biologique générale suivante : on considère comme un buveur invétéré tout homme vigoureux qui ingère quotidiennement plus de trois quarts de litre de vin à 10° et toute personne qui, ayant une activité physique réduite, boit par jour plus d'un demi-litre de vin du même degré* » [534]. Nous sommes donc loin des 24 verres/semaine français qui signifient qu'au-delà, l'individu *peut* présenter certains problèmes d'alcool !

Le deuxième critère qui définit le buveur invétéré, le buveur français donc, est lié à l'ivresse : le buveur invétéré est un individu qui n'atteint presque jamais l'ébriété, ce qui le distingue dans la classification de l'auteur, du buveur alcoolomane, mais également du buveur malade psychiquement, le premier présentant un alcoolisme psychologique avec un mode consommatoire irrégulier suivi d'ivresses, le second se situant parmi les alcooliques psychopathologiques avec un mode de boire régulier ou irrégulier et recherche d'ivresse. Alors que « *le buveur alcoolomane ou buveur excessif occasionnel est celui qui s'adonne à la boisson alcoolisée avec une fréquence*

irrégulière jusqu'à n'en plus pouvoir, afin de se trouver dans un état d'ébriété » [535], le buveur malade psychique « *s'adonne à la boisson afin de modifier les expériences et tensions émotionnelles produites par une maladie psychique* », celui-ci ne suivant pas « *un rythme uniforme dans (sa) manière de boire* » [536].
Toujours selon F. Alonso-Fernàndez, le buveur alcoolomane aurait un urgent besoin *psychologique* d'alcool, quand le buveur invétéré présenterait une dépendance *biologique*, le buveur malade psychique (la majorité d'entre eux plus précisément puisque certains recherchent dans l'alcool l'exaltation des phénomènes morbides) agit poussé « *par le désir de réduire la souffrance contenue dans les expériences psychopathologiques* » [537]. Par opposition aux deux autres types de buveurs, le buveur français présenterait principalement dans cette classification un alcoolisme socioculturel, une façon selon l'auteur « *d'affirmer davantage sa situation dans un environnement où l'habitude de boire est devenue un modèle de comportement socioculturel* » [538], mode de consommation auquel il faudrait ajouter pour de nombreux Français, une utilisation à des fins de « *médicament à action soutenue* » [539]. Ces trois types de buveurs, selon l'auteur espagnol, convergeraient tous inéluctablement vers une intoxication alcoolique chronique, de celle qui définit ceux que l'auteur nomme les buveurs invétérés, qui présenteraient tous un parcours individuel d'alcoolisation selon ces trois modalités de buveurs. Simplement, le facteur socioculturel serait prédominant dans la façon dont s'alcoolise le Français.
Il me semble qu'il faille à cet endroit clarifier une réalité qui est loin d'être aussi binaire. Il n'est pas possible de retenir une telle distinction, au risque de dissoudre le sujet alcoolique français dans un alcoolisme spécifiquement culturel. Ce qu'il faut retenir de cette distinction, c'est que ce mode de boire culturel permet au « buveur malade psychique » une certaine normalité en se mêlant à d'autres consommateurs, qui, pour n'avoir pas la même souffrance, s'alcoolisent de la même façon, c'est-à-dire avec les mêmes différences qui peuvent caractériser plusieurs personnes alcooliques : recherche d'ivresse, grosses quantités, etc. Ce qui aura pour effet de retarder, chez les uns comme chez les autres, une prise en charge, pour alcoolisme ou pour alcoolopathies.
La France fait partie des cultures qui face à l'alcool, présentent en effet la particularité d'être tout à la fois permissives et inconditionnelles, selon la classification de D.J. Pittman et Ch. R. Snyder[540], ce qui signifie que culturellement, sont totalement autorisées la consommation d'alcool *autant* que les manifestations d'excès et d'ivresse[541]. S'inspirant de cette distinction, l'auteur espagnol distingue deux types de sociétés : alcoolophiles et alcoolophobes. Sont évalués pour opérer l'appartenance à telle société plutôt que telle autre deux types de caractéristiques : les caractéristiques directes, qui renvoient au modèle de boire, et les indirectes, de type « *général interpersonnel et social* ». Mais ce qu'il faut retenir comme caractère aggravant pour le mode de boire français, autre facteur directement alcoolophile, c'est la croyance culturelle (profane) et médicale de « *l'efficacité de l'alcool éthylique contre l'hypotension artérielle, l'insuffisance coronaire et l'influence du froid, alors qu'il agit précisément dans le sens contraire …* » [542], le désormais célèbre French Paradoxe.

Si je considère l'alcoolisme comme une tentative de normalisation sociale, c'est bien dans le sens où dans un premier temps, le fait de boire en société permet au sujet en souffrance, tel qu'il a été décrit dans la première partie, de faire taire celle-ci tout en offrant l'illusion à l'intéressé de ne pas mal vivre la relation à l'autre et de s'insérer socialement. En ce sens, c'est parce que l'alcool permet certaines désinhibitions, qu'il est (presque unanimement) validé comme pratique sociale. Consommer de l'alcool en société, entre amis, véhicule une attitude sociale positive. Et c'est parce que le sujet alcoolique le sait, parce qu'il l'a le plus souvent observé, qu'il se sert de l'alcool pour maintenir l'apparence d'une certaine « normalité », telle que décrite par J. Bergeret[543]. Le sujet alcoolique, grâce à l'alcool, donne l'impression qu'il est en paix avec lui-même. Le « *je bois comme tout le monde* » de la personne alcoolique va venir illustrer mon propos en convoquant J. Maisondieu. L'auteur traduit ce qu'exprime cette réponse, qui « *signifie à la fois "je bois pour faire comme tout le monde" et "je bois pour être comme tout le monde"* » [544]. Le sujet alcoolique, qui ne sait exprimer sa différence (son individualité) sans redouter de se sentir rejeté, va trouver refuge dans l'alcool, dans « *l'anonymat* » [545] qu'il lui offre. Etre consommateur d'alcool en France n'a en effet rien de stigmatisant, ce qui fait conclure à l'auteur à propos de l'initiation des adolescents que « *la dépendance est d'abord sociale. Avec une gentillesse douteuse, les adultes initient les jeunes, pour s'étonner ensuite de découvrir que ceux-ci ont un goût excessif pour les boissons qu'ils leur ont tendues en se moquant d'eux s'ils faisaient mine de ne pas les apprécier* » [546].

§ 2
De la « déviance » de la personne alcoolique

Dans le développement qui précède, j'ai tenté de démontrer que le choix d'un produit tient beaucoup à l'importance du contexte social et à la disponibilité du produit qu'il offre, contexte social qui influencera l'environnement éducatif familial autant qu'il sera influencé et validé par celui-ci. C'est ce contexte social qui déterminera, favorisera, voire cautionnera implicitement les premières expériences d'alcool eu égard au sens qu'il prête à la nécessité de la permanence de ces pratiques. Pour autant, le choix d'un produit, s'il a quelque chose à voir avec sa légalité (et donc son accessibilité : production, vente, consommation), doit nous renseigner, non pas tant sur une volonté plus ou moins transgressive de son consommateur, mais plutôt sur l'échelle de son incapacité à se socialiser. A mon sens, la légalité d'une substance psychoactive permet de comprendre le sujet addicté au regard d'une certaine norme socialisante, ce que sa consommation autant que son comportement n'expriment pas nécessairement très clairement, mais qu'il faut entendre comme un « agir » qui se parle (acting out ou passage à l'acte) et réclame une reconnaissance sociale. De mon point de vue, et compte tenu de ce que j'ai pu développer dans la première partie, le consommateur de drogues illégales, plutôt que de devoir être regardé comme un *transgresseur*, doit être reconnu dans son comportement comme exprimant au contraire une souffrance à ne pas être un acteur (au sens de « l'acte » lacanien) social qui se reconnaîtrait dans les valeurs socialement partagées et serait également reconnu comme tel. C'est la raison pour laquelle je pense que l'inscription dans un certain mode d'existence illégale doit préalablement s'entendre comme une demande de reconnaissance sociale (et c'est d'ailleurs ce qui fera l'objet de tout accompagnement thérapeutique). Le choix de l'héroïne ou de la cocaïne correspond d'abord à la recherche de certains effets : ainsi l'héroïnomane souhaite s'exclure d'une réalité autant que le cocaïnomane, mais la divergence de personnalité et de contexte socioculturel les conduit l'un et l'autre vers un produit plutôt qu'un autre pour obtenir des effets plus en « harmonie » avec leur personnalité autant qu'avec leur réalité sociale. Mais il suffit d'observer l'abstinence de produit pour constater une problématique identitaire chez l'un comme chez l'autre. L'héroïnomane, le cocaïnomane ou l'alcoolique rencontrent de sérieuses difficultés dans leur rapport à la Loi (à commencer par la Loi symbolique de l'interdit de l'inceste), ce qui donne peu de crédit à l'analyse sociologique qui n'y voit qu'une *volonté* de transgression sociale, a fortiori qui serait plus prégnante chez les consommateurs de drogues illégales. La spécificité de l'alcool nous renvoie peut-être, simplement, à plus de socialisation préexistante chez le futur sujet alcoolique, dans le sens où la quête d'existence et de reconnaissance sociales ne nécessitent pas d'expression aussi violente que celle qui consiste à se placer dans une situation illégale (au moins dans le choix du produit). Ainsi serait-il possible d'affirmer que plus la substance psychoactive est perçue négativement par la société, plus la demande exprime une difficulté à se reconnaître dans les valeurs socialement partagées (ou dominantes), ce qui ne signifie pas qu'il existerait chez l'intéressé un trait de caractère « déviant ». Ce que sous-tendra la remarque de J. Bergeret sur l'« associabilité » du toxicomane : « *ce facteur comportemental propre au toxicomane et voisin des facteurs caractériels rencontrés dans de nombreuses formes de déviance sociale ou délinquance, constitue sans aucun doute un des éléments de nature à rendre la personnalité du toxicomane si difficilement supportable pour les environnements divers qu'il rencontre…* [cependant] *la difficulté relationnelle du toxicomane ne pourrait être réduite à ce seul facteur* » [547].

L'« intérêt » de l'alcoolisme réside dans ce qu'il va démontrer à celui qui en est victime : alors que la fonction de l'alcool est de créer du lien social, en favorisant en apparence tout ce qui est de l'ordre du relationnel, du festif, etc., celui qui s'en démarque un peu trop, et la frontière est fragile autant que mouvante, sera exclu, pour des raisons complexes que je me propose d'aborder.

H.S. Becker[548], à propos des fumeurs de marijuana, va s'intéresser à la question de l'opportunité sociale de cette pratique, au détriment d'une quelconque prédisposition psychologique, préférant voir dans l'inscription d'une pratique déviante un choix rationnel représentant d'abord une source de plaisir plutôt qu'une volonté de transgression de la loi. Ce n'est que « l'étiquetage » social de cette pratique qui contraindrait le sujet consommateur à une certaine déviance, déviance non choisie mais subie[549]. Une difficulté que l'on peut rencontrer en s'interrogeant sur la déviance consiste à définir ce que l'on va questionner. Ce concept englobe à lui seul un nombre infini de comportements, qui va du simple écart de conduite sans transgression de normes, légales ou informelles, à la transgression la plus condamnable, celle perçue (majoritairement) de manière négative, pour l'individu autant que pour la collectivité.

Pour aborder la déviance, H. S. Becker s'inscrit dans une recherche résolument empirique et redonne ses lettres de noblesse à l'approche ethnographique (observation participante) délaissée à l'époque au profit des approches statistiques très éloignées du terrain. S'inscrivant dans le courant interactionniste, l'auteur va étudier deux modes de comportements considérés comme déviants : les fumeurs de marijuana et les musiciens de danse (de jazz), « *non pas tant du point de vue des qualités du comportement en lui-même, mais de l'interaction entre la personne qui commet l'acte et celles qui réagissent à cet acte* » [550]. Pour l'auteur, « *le déviant est celui auquel cette étiquette a été appliquée avec succès et le comportement déviant est celui auquel la collectivité attache cette étiquette* » [551].

La théorie de « l'étiquetage[552] » est ainsi entendue comme un jugement moral, rendu public, porté sur des comportements par d'autres groupes sociaux (autres sous-cultures) ou par ceux que Becker appelle « *les entrepreneurs de morale* » que nous pourrions résumer sous le vocable de législateur.

Tels que décrits par H. S. Becker, en prenant l'exemple des musiciens de danse, ceux-ci rencontrent plusieurs difficultés dans leur vie quotidienne et professionnelle, lesquelles assemblées constituent un problème qu'ils ne peuvent résoudre que par l'inscription dans la déviance, déviance subie à la lecture de la « théorie de l'étiquetage ». Pour l'auteur, les déviants sont considérés comme tels par « *les processus par lesquels ils sont désignés comme étrangers à la société et en viennent eux-mêmes à se considérer comme tels* » [553]. De fait, en s'appuyant sur la théorie de « l'étiquetage », H. S. Becker va réfuter la conception sociologique qui définit « *la déviance par le défaut d'obéissance aux normes du groupe* » [554], en invitant le lecteur à réfléchir sur les multiples situations de déviance à l'intérieur d'un sous-groupe (d'une sous-culture) qui ne sont absolument pas considérées comme telles par d'autres. Si cette position semble refléter une certaine réalité, l'auteur oublie que d'un point de vue global, c'est l'existence même de cette norme, la plus consensuelle soit-elle (et c'est là l'objectif des sociétés démocratiques), qui permet une régulation sociale optimale. L'évidence qu'une norme puisse ne pas convenir à tous les sous-groupes n'est pas à démontrer. Mais c'est l'existence même de la norme que critique H. S. Becker, ce que l'on ne peut lire qu'entre les lignes. Pour lui, la raison de la déviance est à chercher dans l'existence même des normes, c'est-à-dire dans l'existence de la société : « … *le fait central en matière de déviance, à savoir que celle-ci est créée par la société* » [555]. Et de poursuivre : « *ce que je veux dire, c'est que les groupes sociaux créent la déviance en instituant des normes dont la transgression constitue la déviance, en appliquant ces normes à certains individus et en les étiquetant comme déviants. De ce point de vue, la déviance n'est pas une qualité de l'acte commis par une personne, mais plutôt une conséquence de l'application, par les autres, de normes et de sanctions à un « transgresseur ». Le déviant est celui auquel cette étiquette a été appliquée avec succès et le comportement déviant est celui auquel la collectivité attache cette étiquette* » [556]. Et de conclure : « *je considèrerai la déviance comme le produit d'une transaction effectuée entre un groupe social et un individu qui, aux yeux du groupe, a transgressé une norme. Je m'intéresserai moins aux caractéristiques personnelles et sociales des déviants qu'au processus au terme duquel ils sont considérés comme étrangers au groupe, ainsi qu'à leurs réactions à ce jugement* » [557].

Si la lecture de H. S. Becker est intéressante, et ce malgré quelques contradictions, c'est qu'elle renverse une certaine causalité[558]. Alors par exemple que pour E. Durkheim, l'alcoolisme au même titre que le crime doivent être considérés d'un point de vue sociologique comme des phénomènes normaux, puisque généraux[559], pour H. S. Becker, est déviant celui qui est rejeté comme tel par un consensus social et sociétal normatif, et qui finit de fait par se penser comme tel. Je souhaiterais m'en inspirer ici pour proposer de comprendre l'alcoolisme, et démontrer que cette relation pathologique à l'alcool, si elle est une volonté (et une possibilité) de normalisation sociale en période de consommation (ce que j'ai développé précédemment en décrivant la relation caractéristique entretenue entre les français et l'alcool), elle inscrit au contraire le consommateur abstinent dans une déviance (subie donc).

Pour quelles raisons ? Elles sont simples et complexes tout à la fois, et je m'inspirerai de la prose de M. Foucault questionnant la folie à l'âge classique pour traduire les sentiments ambivalents qu'inspirent également le sujet alcoolique et sa pathologie, comme les ont inspirés les fous d'autrefois. La comparaison ne me paraît pas surfaite puisque parmi les fous d'hier figuraient les alcooliques d'aujourd'hui, les « fols ivrognes » :

1) le sujet alcoolique reconnu comme tel par le corps médical, « estampillé », qu'il parvienne à être abstinent ou qu'il soit encore consommateur, permet de délimiter la norme en matière de consommation d'alcool, le convenable, et même le raisonnable. S'il délimite, cela signifie également que les consommateurs qui ne sont pas reconnus comme tels se sentent normaux puisqu'ils consomment, eux, normalement : « si je ne suis pas alcoolique, c'est donc que je n'ai pas de problème d'alcool, c'est que je bois normalement ».
2) Cette norme implicite qui distingue un mode de consommation raisonnable de pratiques perçues comme pathologiques peut également opérer sans que le corps médical intervienne, puisque la distinction est opérée et connue de tous, « c'est vrai qu'il existe des alcooliques ». Ainsi, en société, chacun s'accordera pour dire, qui a l'alcool méchant, qui a l'alcool gai, et surtout qui ne peut jamais s'arrêter et finit toujours ivre mort sur la moquette du salon. Puisque l'excès est représenté, la limite et posée, une certaine norme est établie. Le sujet alcoolique permet alors dans sa « spectacularité » [560], de rassurer celles et ceux qui l'accompagnent sur leur normalité, « l'alcoolique, c'est toujours l'autre » : ce qui est désigné ici, ce n'est pas tant l'alcoolisme, « *mais une forme de folie qui serait perçue comme la pointe extrême de défauts. Comme si… la sensibilité à la*

folie n'était pas autonome, mais liée à un certain ordre moral où elle n'apparaît plus qu'à titre de perturbation » [561].

3) Lorsque le sujet alcoolique est devenu abstinent, les choses changent, car désormais, la norme qu'il offre au monde n'est plus partagée, et se pose alors la question du normal. Face à la personne alcoolique qui ne boit plus, l'autre ne se sent plus à l'aise dans ses excès, et c'est la consommation d'alcool qui est maintenant questionnée, « *on l'accueillait autrefois parce qu'il venait d'ailleurs ; on va l'exclure maintenant parce qu'il vient d'ici même* » [562]. La personne alcoolique n'est plus là pour servir de trompe-l'œil, masquant une réalité sociale (et psychique) qui ne peut se vivre sans alcool, elle étale au contraire sa pénible abstinence comme une première victoire, son combat contre ce produit addictogène qui lui a si longtemps servi de cache-misère.
4) La personne alcoolique abstinente explique maintenant les raisons qui l'ont fait sombrer dans l'alcool, parce qu'elle se sentait mal dans sa peau et que le produit lui offrait une anesthésie momentanée, parce qu'elle en avait besoin pour oublier ses soucis, pour supporter la pression, etc. Avec ses explications, la personne alcoolique renvoie à l'autre, celui qui croyait boire normalement, qu'il consomme peut-être pour les mêmes raisons, « c'est vrai qu'un petit whisky tous les soirs, ça fait oublier la journée ». Il est vrai que le sujet alcoolique abstinent, comme le fou, « *n'a pas tellement affaire à la vérité et au monde, qu'à l'homme et à la vérité de lui-même qu'il sait percevoir* » [563]. Il est tout aussi vrai que l'autre peut encore se raconter que lui, il ne boit pas autant, mais la personne alcoolique lui renvoie malgré tout une évidence, ils sont rares celles et ceux qui consomment modérément, simplement par goût, par connaissance, ils sont peu nombreux également ceux qui boivent du symbole.

L'abstinence devient difficile pour le sujet alcoolique. Difficile parce qu'il continue de vivre une réalité sociale qui lui renvoie sans cesse sa différence : abstinent, le sujet alcoolique est toujours un autre, hier il buvait trop, aujourd'hui, il ne boit plus. S'il pouvait perturber la soirée autrefois, au moins était-ce en posant l'excès comme limite. Aujourd'hui, il dérange. S'il est lui-même dérangé, c'est quand l'entourage ne reconnaît pas ses difficultés avec l'alcool, je l'ai évoqué à propos de la codépendance au sein du couple, de la fonction familiale de l'alcool, je dois rajouter à cette liste la fonction amicale, relationnelle du produit. Certaines relations ne fonctionnent en effet qu'autour de l'alcool, sans produit, on ne se dit plus rien, on n'est pas capable d'échanger. Le sujet alcoolique, pour se maintenir dans cette voie de rétablissement par l'abstinence, peut faire le choix de s'exclure de cet environnement toxique qui le met en danger. C'est une première expression de la déviance (subie). Parce qu'il ne consomme plus, le sujet alcoolique modifie l'équilibre précaire qui fonctionnait autour de ce silence que permettait l'alcool.

Une autre expression de cette déviance va s'exprimer dans l'inconfort que génère la présence d'une personne abstinente en société. Si j'ai évoqué en partie ce que cette identité génère comme autant de questionnements personnels que tout un chacun ne souhaite pas se poser sur ses propres consommations, de par sa seule présence, la personne alcoolique abstinente induit de nouveaux comportements d'alcoolisations, mais pas chez n'importe qui. L'abstinence dérange celles et ceux qui boivent mal, qui boivent trop, qui utilisent l'alcool comme une solution « magique », au même titre que le sujet alcoolique lorsqu'il s'alcoolisait encore. Dès lors, dans un environnement social autre que familial, le sujet alcoolique n'est pas non plus le bienvenu, il vient « gâcher » la fête. Progressivement, il sera exclu de toutes les occasions de boire.

CHAPITRE IV
LES ALCOOLISATIONS ADOLESCENTES, UNE TENTATIVE DE RITUEL ?

Nombre de professionnels travaillant sur la question adolescente (santé, éducation, etc.) émettent l'hypothèse du recours à l'alcool à l'adolescence comme d'un rituel de passage qui pourrait s'apparenter aux rituels des sociétés traditionnelles, symbolisant la volonté de l'adolescent de montrer aux adultes qu'il n'est plus un enfant puisqu'il s'inscrit dans une pratique qui leur est réservée. En transgressant un interdit implicite (l'alcool est réservé à l'adulte), l'adolescent, de façon délibérée, manifesterait, dans ce passage à l'acte, qu'il souhaite s'inscrire dans le monde des adultes, et être reconnu comme tel.
Si cette qualification s'autorise d'elle-même, c'est qu'en dépit de nombreuses campagnes d'information visant à prévenir les dangers de la consommation excessive d'alcool, celle-ci demeure en France majoritairement vécue comme un acte convivial, et s'agissant des adolescents, de fait, comme un rite de passage indissociable des turbulences propres à cet âge. Si j'écris « de fait », c'est que la valeur des alcoolisations, cette qualité de lien social qu'on lui prête, autorise implicitement qu'elles soient qualifiées de rites de passage, puisque ne sont jamais remis en question que les seuls excès, et parfois même les seuls comportements à risques qui en découlent, comme les accidents de la route. Interprétées en ce sens tout à la fois comme des transgressions qui peuvent se révéler positives, une exploration de limites nécessaire à l'émancipation, la confusion devient totale à convoquer l'anthropologie, comme je tenterai de le démontrer, et certains auteurs nous offrent « en live » leurs difficultés à démêler les fils entre rite de passage et transgression, rite de passage et rite de guérison.
Ces modes de consommation adolescents apparaissent pourtant porteurs d'un message qui dépasse largement le produit lui-même, et reflètent les tourments d'une génération libérée des anciens carcans idéologiques des précédentes générations, mais qui paie cher et comptant le prix de sa liberté individuelle. Pour celles et ceux souffrant intimement d'un mal-être aux causalités multiples, faute de transcendance et de croyance spirituelle, peu de portes s'ouvrent qui ne ressemblent à une fuite, et la fragilité des différentes prises en charge offertes aux sujets alcooliques nous montre à quel point il est nécessaire de replacer au dessus de la tête de l'adolescent « en devenir adulte » la possibilité d'une protection et d'un accompagnement qui facilitent son émancipation et son autonomisation. En voie de libération de l'autorité parentale, l'adolescent se retrouve également privé de son corollaire, leur protection. Ce processus de mise en acte de l'individualité peut fragiliser nombre d'entre eux, qui se retrouvent alors seuls et exposés, et pourront avoir tendance à rechercher une réassurance dans l'alcool plutôt que dans la confiance en soi. Supprimer toute croyance collective spirituelle oblige

nécessairement toute société à déplacer sur la tête d'autres référents, « visibles » ceux-là, les attributs d'une « Puissance supérieure » comme l'appellent les Alcooliques Anonymes, appréciée pour ses qualités « surhumaines », soit le plus souvent les parents (ou un substitut référent). Mais comme ceux-ci ne sont par définition que des êtres humains, ils faillissent dans leur tâche, créant souffrance chez l'enfant, l'adolescent puis l'adulte et ne lui offrant pas d'autre alternative que son aptitude propre à prendre soin de sa personne.
La question de l'adolescence renvoie à celle de l'altérité, de quelque façon qu'on l'envisage. Si elle se questionne ici à travers la souffrance qu'elle peut engendrer, la problématique de l'adolescence reflète dans son appréhension un certain modèle de société, et je crois que c'est là tout l'intérêt de la questionner à travers les alcoolisations, qui changent de sens et de fonction selon les époques, mais gardent cette empreinte d'une tentative, même ponctuelle, si ce n'est de guérison, au moins de soulagement de difficultés inhérentes à l'homme condamné à grandir. « *Le débat social replace à l'avant de la scène historique l'affrontement des générations, les rapports et conflits entre classes d'âge. Lorsque les sociétés prennent conscience de leur existence problématique, des difficultés rencontrées à assurer leur continuité – c'est-à-dire leur reproduction –, la mise en question des processus de socialisation s'exprime avec force. Elles interrogent leur "jeunesse" et s'interrogent sur ce qu'elles en font* » [564]. G. Balandier a le mérite de formuler la bonne question, et de nous interroger : aujourd'hui, en France, est-ce bien notre jeunesse que nous questionnons, et à travers elle les dysfonctionnements sociétaux qu'elle pointe, ou les analyses qui sont proposées ne servent-elles pas d'alibi pour refuser de poser la véritable question qui permettrait peut-être de retrouver une relation consciente à l'alcool, et de ne pas conduire toute une génération au destin tragique de révélateur d'une question qui elle ne se pose pas : quelle est la fonction des alcoolisations en France ?

SECTION 1
POURQUOI LA CONSOMMATION D'ALCOOL CHEZ LES ADOLESCENTS NE PEUT S'ENTENDRE D'UN RITUEL DE PASSAGE

Si nous nous attachons à comprendre ce qui définit un rituel dans une société traditionnelle, nous voyons qu'il se traduit par une somme d'exigences (collectif, classe d'âge, cérémonie, etc.), lesquelles en première analyse, se reflètent difficilement dans la réalité des alcoolisations adolescentes en France. Il convient, avant d'en envisager le détail, de définir ce qui est ici questionné. De nombreux auteurs français ont qualifié certains comportements adolescents de comportements à risques, parmi lesquels les conduites addictives figurent au premier plan. De nombreuses qualifications, que l'on doit entendre comme une tentative de catégorisation et donc de compréhension, ont conduit ces mêmes auteurs à voir dans les alcoolisations adolescentes une forme moderne d'« actions ordaliques », comme M. Vasseur ou D. le Breton, où l'adolescent met en acte un jeu avec la mort pour s'éprouver dans sa propre réalité. D'autres préfèrent analyser ces comportements à risques comme autant de rites de passage, en référence au vocabulaire (et à son contenu) anthropologique, tels qu'ils ont pu être étudiés dans les sociétés traditionnelles. Mais à bien analyser leur démonstration, il devient étrange d'établir une telle comparaison dans la mesure où, finalement, ce qui ressort, c'est que les alcoolisations adolescentes, qualifiées de rites de passage, n'en ont que le titre, puisqu'elles ne ressemblent, sur aucun critère, aux rituels de passage tels qu'ils existent dans les sociétés traditionnelles.

Ce qui fait également question dans le choix d'une telle analyse, c'est que sont confondus deux types de rituels bien distincts, le rituel de puberté, propre donc à la période préadolescente, et le rituel de guérison, qui introduit la consommation ponctuelle de substances psychoactives sous l'autorité d'un homme médecine. La confusion qui s'opère sur la tête des adolescents des sociétés modernes entre ces deux pratiques bien distinctes, même si nous verrons que d'un certain point de vue, leur fonction occupe une place quelque peu similaire d'un point de vue individuel et collectif dans les sociétés traditionnelles, n'est certainement pas anodine dans la permanence des conduites d'alcoolisations adolescentes au fil des âges, voire peut-être dans les transformations de la fonction sociale de l'alcool dans cette classe d'âge. On peut en effet d'ores et déjà interroger l'influence de cette qualification en « rites de passage » sur les comportements adolescents à l'égard de l'alcool. Dans quelle mesure l'analyse médiatisée des comportements addictifs et autres comportements à risques sous un tel vocable n'influe-t-elle pas sur la fonction symptomatique de ces alcoolisations, dans le sens où les adolescents souhaiteraient alors pointer une défaillance sociétale en « pathologisant » certains comportements largement validés par les différents groupes sociaux, ce qui a fait dire, avec beaucoup de justesse, à J. Maisondieu : « *…le mal-être des jeunes sans présent et sans avenir, qui se bourrent d'alcool et de drogues faute d'avoir une place pour exister, ce mal-être est bien peu de chose, il suffit de ne pas trop y penser pour le voir s'amenuiser puis disparaître !… l'alcoolisme des jeunes n'est plus seulement l'autothérapie à visée intégrative et socialisante de leurs parents, il rejoint les toxicomanies dans lesquelles la dimension désintégrative est au premier plan. Quand, dans une société, les jeunes se droguent à en mourir, c'est cette société qui est malade* » [565].

Enfin, il conviendra également de questionner les raisons qui ont motivé ces mêmes auteurs, ou d'autres, à comprendre les alcoolisations adolescentes comme de positives transgressions en même temps qu'ils qualifiaient ces comportements de « rites de passage », alors que ces derniers visent justement à empêcher des « agir », puisqu'ils représentent une dérégulation sociale manifeste. Les rites de passage ont en effet fonction de cohésion sociale, en anticipant et en régulant les conflits intrapsychiques inhérents à toute société, au moment de l'adolescence mais aussi de tous les âges, en offrant un cadre normatif fort autant qu'en

délimitant certains comportements déviants, tel l'amok étudié par G. Devereux[566]. Dans ces conditions, il pourra sembler difficilement acceptable de qualifier les comportements à risques des adolescents comme participant à la fois de rites de passage et de transgressions, sauf à analyser ce contresens comme révélateur d'une information silencieuse, fournie malgré la volonté de l'auteur.
Si ces différents aspects me paraissent utiles pour ce qui concerne la prévention de l'alcoolisme chez les adolescents, c'est qu'ils renvoient également à une difficulté nouvelle et peut-être beaucoup plus complexe d'une forme de refus à questionner les alcoolisations adolescentes comme autre chose que des aménagements temporaires. Il paraît en effet inconcevable de ne pas interroger plus avant la fonction sociale d'une telle pratique, alors même que l'adolescence est paradoxalement l'objet de plus en plus d'attentions, comme en témoignent les innombrables recherches sur le sujet.
En ce sens, il m'a paru nécessaire de comprendre les alcoolisations adolescentes, non seulement dans ce qu'elles m'évoquent, l'objet de ce travail visant à proposer une nouvelle définition de l'alcoolisme, mais également sous quel angle elles questionnent, comment elles sont perçues et analysées par le corps scientifique, quelle qu'en soit la discipline. Il ne paraîtra pas anodin de lire que pour les psychiatres et psychologues, il s'agit de comprendre ces pratiques comme autant d'aménagements temporaires devant constituer la règle, ce qui sous-entend également que la pathologie de ces pratiques est analysée hors champ social et culturel. Dans ces conditions, c'est l'adolescent qui est au cœur du questionnement plutôt que ses actes, qui sont mis d'une certaine façon à distance puisque c'est sur le long terme que s'appréciera s'il y a ou non pathologie à travers une lecture quantitative.
Pour l'alcoologue, confronté dans son quotidien le plus souvent à la personne alcoolique en fin de parcours, cumulant des années d'alcoolisations et développant certaines alcoolopathies, c'est en termes médicaux que s'analyse la prise en charge. En dépit des nombreuses définitions existant sur la question, rares sont ceux qui dans cette discipline, sont parvenus à modifier une approche centrée sur les soins en véritable politique de prévention. Et paradoxalement, l'apport des sciences humaines dans ce domaine a d'une certaine façon masqué un aspect de la pathologie de l'alcoolisme. En déterminant un certain nombre des traits de personnalité vulnérable à l'installation de l'alcoolisme, l'alcoologie a pu faire l'économie d'un tout autre questionnement, qui consiste à interroger la place d'un tel symptôme récurrent sur le plan historique et sociétal.
Enfin, du point de vue de la sociologie, nous ne serons pas étonnés de lire que c'est la société, et d'abord ses sous-groupes, qui ont fait l'objet de toutes les attentions. Les comportements individuels, pour subjectifs qu'ils soient, et pour ce qui m'intéresse ici, les alcoolisations adolescentes, ne sont analysées que comme autant de réactions ayant un sens collectif et une fonction sociale particuliers. Mais le plus souvent encore, si ces analyses peuvent refléter une réalité, beaucoup ont fait l'impasse sur la dimension culturelle prégnante de ces pratiques adolescentes, n'y voyant le plus souvent qu'un acte de rébellion constructif pour l'adolescent, la

société étant alors perçue comme à l'origine de nombreux décalages, voire d'oppression, entre les normes qu'elle impose et les valeurs et croyances des sous-groupes.
En définitive, ce qui réunit ces différents points de vue, c'est bien l'idée à l'adolescence d'un besoin inhérent à cette période, d'une volonté de transgression de normes établies par l'adulte, dans l'objectif de s'approprier certaines pratiques jusque-là réservées à ce statut, signifiant par là un moyen de réclamer à être reconnu comme pouvant désormais en bénéficier. Pour autant, nulle mention n'est laissée à la question des alcoolisations et de leur fonction, tout âge confondu.

§ 1
Rituel de puberté et rituel de guérison

Comme je l'exprimais à l'instant, il est intéressant de comprendre le choix qui fait qualifier les alcoolisations adolescentes par certains auteurs de « rites de passage », en référence aux rites de puberté pratiqués dans les sociétés traditionnelles. Il est pourtant surprenant, à lire les nombreux témoignages d'anthropologues les ayant étudiées et ayant observé les différents rituels et cérémonies qui y sont pratiqués, de constater qu'aucune comparaison n'a lieu d'être posée. Ce que je souhaite pointer ici, c'est que dans la majorité des rituels de puberté, la drogue n'est que très rarement utilisée. Pas plus qu'un rite de passage ne peut s'envisager dans les sociétés traditionnelles comme un acte transgressif (à l'exception des rites d'inversion). Il peut donc paraître surprenant que certains auteurs empruntent sa terminologie à l'anthropologie, tout en confondant les fonctions et les significations de ces rituels, confusion qui doit être analysée.
Avant d'entrer dans ce qui questionne le choix d'un tel vocabulaire, celui-ci renvoyant à une certaine appréciation de ces phénomènes d'alcoolisations adolescentes, laquelle influe à son tour sur la valeur de cette expérience pour les adolescents eux-mêmes, il convient de rappeler brièvement ce que sont les rituels de passage ou rituels de puberté et les rituels de guérison.

1. Rituels et transgressions

Il est possible de dénombrer un certain nombre de points communs, quels que soient l'ethnie (ou le groupe social) et l'usage de ces rituels dans les sociétés traditionnelles :

1) les rituels sont toujours organisés sous la responsabilité d'un ou plusieurs dignitaires ayant la connaissance et l'expérience, voire l'aptitude à communiquer avec l'invisible, et que j'appellerai homme(s) médecine dans le cadre des rituels de guérison. Qu'il s'agisse des chamanes d'Amérique de Sud, des brahmanes d'Asie ou du groupe des Anciens dans les pays d'Afrique, seules quelques personnes sont dépositaires d'un savoir ancestral, et c'est ce statut qui leur permet (et les oblige) de veiller au bon déroulement du rituel[567].
2) L'utilisation d'une drogue l'est toujours à des fins spirituelles, c'est-à-dire dans le but d'établir une communication avec une divinité, le monde invisible et/ou le monde des Ancêtres. L'utilisation de la drogue offre ainsi un caractère de réalité sociale[568].
3) L'utilisation de la drogue est pratiquée de façon collective, c'est un acte social à visée spécifique, le plus souvent thérapeutique. C'est ainsi que J.-P. Chaumeil insiste à propos des Yagua, en rappelant que le rituel est destiné à la découverte des troubles qui désoriente l'individu venu consulter le chamane, et de fait la société Yagua toute entière, troubles qui se caractérisent par leur origine, et non par leur symptôme. Car les phénomènes pathologiques ne sont appréhendés qu'en tant qu'ils perturbent la cohésion des activités sociales et des représentations du groupe[569]. Le chamane doit en effet ramener l'individu perturbé aux normes du groupe.
4) Durant l'intoxication, le chamane sert de guide et d'interprète pour toutes les visions qui apparaissent à l'individu. C'est ainsi que le sujet doit se laisser guider par « la sagesse de la plante », qui lui montre quelles sont les véritables questions qu'il doit aborder, quand bien même il souhaitait initialement aborder d'autres thèmes.
5) Le rituel a pour fonction d'apaiser l'individu perturbé, mais également les troubles que ce désordre psychique provoque sur un plan social.
6) L'effet thérapeutique du rituel ne fonctionne que parce qu'il existe entre les différents membres qui y participent une croyance collective assise sur des valeurs et des fonctionnements communs.
7) Concernant les rituels de puberté des sociétés traditionnelles, qui visent à marquer et célébrer le passage dans le monde adulte, ils sont relativement similaires à ce qui vient d'être précisé, si ce n'est que l'individu, ou les individus, ne sont pas « malades », mais *implicitement* perturbés, et qu'en principe, aucun usage de substances psychoactives n'est requis. Les pubères vont, de par le rituel, avoir la possibilité de passer d'un statut à un autre en bénéficiant d'un cérémonial collectif visant à résoudre les conflits intrapsychiques propres à cet âge. La responsabilité du rituel peut reposer sur la tête d'aînés, d'anciens, ou de membres désignés comme tels par la collectivité. A cela s'ajoute la particularité que c'est généralement une classe d'âge dans son entier qui va vivre le rituel et partager des épreuves autant psychologiques que physiques. Concernant le rituel de puberté, celui-ci est symbolisé par sa douleur physique, exutoire à la douleur psychique de devoir « s'arracher » de la tutelle parentale, et le plus souvent maternelle. En résistant

à cette épreuve de la douleur, le jeune pubère montre qu'il est prêt à s'inscrire dans une autre réalité sociale, faite de contraintes et de responsabilités plus importantes. Le fait de réussir les différentes épreuves qui lui sont imposées permet à l'adolescent de mieux vivre le deuil qu'il a à effectuer pour s'émanciper et il en sera de fait socialement fortement valorisé.

De ces différents aspects, il faut retenir l'essentiel de la fonction du rite, quel qu'il soit. L'objectif du rituel vise à l'obtention d'une transformation, une modification de la personnalité, en lui retirant ou en lui ajoutant quelque chose. A propos des « rites magiques », M. Mauss retient qu' « *il y a toujours, en effet, soit imposition, soit suppression d'un caractère ou d'une condition : par exemple, ensorcellement ou délivrance, prise de possession ou rachat, en deux mots, changement d'état* » [570]. Les rites magiques ont alors fonction de guérison, quelle que soit leur forme et leur organisation (rituels manuels, rituels oraux, utilisation de drogue). Et l'auteur de compléter par une autre exigence afin que le rituel fonctionne, « *c'est la foi du malade au pouvoir du magicien qui fait qu'il sent effectivement l'extraction de sa maladie* » [571].

M. Mauss, comme S. Freud, va pointer le lien qu'il faut établir entre rites positifs (accomplir certains actes), rites négatifs (pratiques de précaution à l'égard de certaines prohibitions sociales) et rituels de guérison, avec les tabous propres à chaque société. Dans la croyance collective, le non respect des rites négatifs est sanctionné, non pas tant par la société que par la seule crainte individuelle et l'auto-développement de symptômes par celui qui se sera risqué à ne pas les observer[572]. Pour S. Freud, « *le tabou est un acte prohibé, vers lequel l'inconscient est poussé par une tendance très forte… quiconque accomplit ce qui est défendu viole le tabou, devient tabou lui-même… car il possède la faculté dangereuse d'inciter les autres à suivre son exemple* » [573]. On comprend alors la valeur intégrative du respect des normes, et l'exclusion sociale de celui qui les enfreint.

Ce qu'il faut en déduire dans un premier temps, c'est que le rituel de guérison est le plus souvent à rattacher avec un interdit culturel qui n'a pas été respecté, l'intéressé redoutant les conséquences de cet irrespect en développant certains troubles idiosyncrasiques ; la consultation de l'homme médecine permettra alors non pas une guérison complète, mais une modification de ces troubles en troubles ethniques, ce que G. Devereux appelle une « *rémission sans prise de conscience* », n'empêchant pas alors la possibilité d'une inévitable « *exacerbation ultérieure du conflit psychopathologique fondamental*, [entraînant] *une multiplication incontrôlable des symptômes et des défenses* » [574].

Par rapport aux alcoolisations adolescentes, quel lien est-il alors possible d'établir entre ce qui vient d'être dit et le propos de certains auteurs ayant proposé (et de fait confondu) de comprendre les alcoolisations adolescentes comme des rituels de passage. De toute évidence, les pratiques d'alcool n'ont rien d'un rituel de guérison, sauf à y voir une automédication de la part de chaque adolescent, ce qu'elles sont à mon sens. De là à parler de rituel, il faudrait franchir un pas, démesuré si l'on veut rester dans ce langage imagier. Dans les sociétés modernes, l'ingestion d'alcool à des fins thérapeutiques ne se pratique pas non plus sous l'autorité d'un tiers ayant la qualité d'homme médecine, pour autant, je me risque à extrapoler une certaine croyance adolescente dans les vertus magiques de l'alcool. L'absence de médiateur impose à ce type de consommations leur réitération à l'infini, puisque n'est visée que la modification d'une perception de la réalité plutôt que l'obtention d'une nouvelle identité ou d'un nouveau statut. A ne rechercher que les effets du produit, l'adolescent s'enferme dans la magie de l'instant plutôt que dans une réelle volonté de changement et de transformation. Contre toute attente, alors qu'il s'agit ici d'actions et non d'abstentions, les alcoolisations adolescentes s'apparentent beaucoup plus à des rites négatifs, en ce sens que le recours à l'alcool s'inscrit dans une stratégie d'évitement de la nécessité de grandir. C'est peut-être dans cette direction qu'un parallèle peut être établi avec le tabou tel qu'il a été défini par S. Freud : l'oppression intérieure provoquée par la nécessité de renoncer à la figure maternelle et à se forger des figures parentales positives, alors même qu'elles ont été insatisfaisantes, ou du moins vécues comme telles, va être génératrice d'angoisse dans la mesure où l'adolescent vit comme une difficulté la nécessité de se détacher de ceux qu'il aime et déteste dans le même temps (parce qu'ils ont été vécus comme insatisfaisants autant que parce qu'ils le contraignent psychiquement, se faisant la voix du groupe social, à se détacher d'eux géographiquement, tout en restant ambivalents sur l'exigence de détachement affectif). Cet état de tension et d'angoisse, pour réprimé qu'il soit chez tout un chacun, adolescents et adultes, puisqu'il induit une ambivalence certaine, pourra trouver à se libérer dans une angoisse ayant une source extérieure[575], en violant la norme implicite du recours à l'alcool. Dans ces conditions, l'adolescent fait sien un rituel auquel il n'a pas droit. Pour autant, il ne s'agit pas d'un rituel de guérison au sens où il est entendu dans les sociétés traditionnelles, tout en ayant paradoxalement une fonction de tentative d'auto-guérison. Simplement, la réalité vient signifier à l'adolescent que de guérison, il n'y a point, puisque les conditions du rituel ne sont pas réunies. L'erreur d'analyse des auteurs qui en font la confusion n'est donc pas sans intérêt. Sans vouloir reconnaître ce qu'il y a de tabou, de prohibé dans l'acte de boire, dans le sens où cette pratique n'est en apparence tolérable et concevable que si elle se cantonne à l'espace collectif et a pour fonction d'être un liant social (quand la consommation a pour objectif et pour effet de détendre et non de défoncer), les auteurs qui qualifient à tort de rite de passage les alcoolisations adolescentes font l'économie de questionner les excès et déviances en tout genre qui se pratiquent en France chez les consommateurs d'alcool. Et c'est bien dans ce sens qu'il y a un tabou autour de l'alcool. A se refuser de circonscrire comme normales les seules alcoolisations qui ont pour fonction sociale de créer du liant, ces auteurs font l'impasse sur l'utilisation thérapeutique, pharmacologique de ce produit. Dans ces conditions, ils ne peuvent faire autrement, sans s'exposer à de vives critiques sur l'incomplétude de leur démonstration, que de qualifier les alcoolisations adolescentes de rites de passage, au mépris de la confusion entre rite de guérison et rite de puberté, tout en affirmant malgré eux, c'est-à-dire sans s'en rendre compte, que cette même confusion induit bien que de telles pratiques d'alcoolisation ne demandent qu'à s'inscrire dans un rituel de guérison (ce qu'elles ont pour fonction dans la réalité adolescente) dans la mesure où elles expriment une difficulté à résoudre un conflit psychique. L'usage de l'alcool n'a donc pas pour objectif de guérir, mais plutôt de montrer qu'il y a symptôme. Pas plus qu'il ne peut s'entendre d'un rite de passage, puisque de passage il n'y a point. Mais avant d'aborder cette question, je souhaiterais également faire un point sur la confusion faite à propos des transgressions lorsqu'elles sont associées aux rites de passage.

Je l'affirmais il y a quelques lignes, il m'apparaît que les différentes analyses qualifiant les alcoolisations adolescentes de rites de passage ont cela d'intéressant qu'elles donnent aussi, et peut-être surtout, une information signifiante de ce qui fait défaut (le questionnement des alcoolisations). Ce que je souhaite ici développer, c'est non pas l'erreur d'interprétation mais plutôt la source de renseignements qu'elle représente à mon sens. Pourquoi en effet qualifier les alcoolisations adolescentes de « rites de passage » en empruntant sciemment ce vocabulaire à l'anthropologie, sans y intégrer les multiples dimensions que ces rituels recouvrent ? Ce serait avoir une piètre conception de nos chercheurs aujourd'hui que de croire qu'ils méconnaissent la signification d'un rituel de passage. Je crois que l'on peut envisager au moins une interprétation en convoquant S. Freud, dans l'interprétation qu'il a fournie des « actes manqués » [576]. L'auteur nous dit qu'il faut comprendre ce qui se manifeste de l'inconscient à travers le signifiant subjectif du mot ou de l'acte qui lui se trouve au niveau conscient et est formulé, parlé. Il me semble que dans cette logique, il soit intéressant de comprendre la qualification de « rites de passage » par de nombreux auteurs comme l'expression de ce qu'il manque justement dans leur analyse, puisqu'ils savent de toute évidence que les alcoolisations adolescentes ne peuvent s'entendre ainsi. Mais en empruntant cette terminologie à l'anthropologie, il faut y voir de leur part un « acte manqué » en ce qu'ils invitent par-là même à questionner avec les outils de cette discipline, autour de ce rite fondateur (le rituel de puberté), dans ce qu'il a pour fonction au niveau social et individuel. Il sera en ce sens intéressant de noter la confusion qui s'opère alors, d'une part entre rite de guérison par la drogue et rite de puberté comme je viens de l'entrevoir, mais également entre transgression et rite de passage. Et il me semble que si la question de l'adolescence autant que la fonction de l'alcoolisation (à tout âge) sont à ce point laissées en suspens, c'est parce que l'une comme l'autre font l'objet d'un déni qui s'autoalimente, dans le sens où questionner l'adolescence à travers ses pratiques d'alcoolisations reviendrait à interroger ce qui est difficile à tous, le détachement des figures parentales ; de la même façon, questionner les alcoolisations comme non spécifiques de l'adolescence nécessiterait d'aller plus loin dans la compréhension de ce qui justifie une telle pratique à l'âge adulte : retrouver, ne serait-ce qu'un instant, cette illusion de toute puissance et de relation duelle où l'objet est à disposition. Cette absence de questionnement est parfaitement restituée par E. Kestemberg : « *dans la plupart des cas, les adultes, même au sein de la relation analytique, racontent leur adolescence dans le registre du connu et non pas du vécu. Ils peuvent se rappeler les souffrances ou les joies de cette période de leur existence, sans que la résurgence de ces souvenirs entraîne d'émotion actuelle ; en fait, la plupart ont, à l'endroit de ces années de leur jeunesse, le sentiment de leur être étrangers* » [577].

Certains auteurs[578] ont tenté de rapprocher certains comportements transgressifs de rituels initiatiques, dans le sens où l'expérience permettrait à l'adolescent d'affirmer sa volonté d'être considéré et reconnu comme un nouvel adulte. Lorsque ces comportements transgressifs n'ont pas d'incidence négative pour l'adolescent lui-même autant que pour la collectivité, ils doivent alors être reconnus comme des prises de risques dynamiques. Si cette analyse ne me paraît nullement dépourvue de fondement et reflète une certaine réalité, ce qui fut l'hypothèse de F. Dolto analysant ces comportements plus ou moins transgressifs comme « *le projet répondant à la tentation du danger avec une certaine prudence,* [pouvant] *aider à mourir à l'enfance pour atteindre à un autre niveau de maîtrise dans la vie collective* » [579], pour autant les transgressions ne sauraient s'entendre de rituels initiatiques. Tout d'abord parce que tout rituel oblige à une organisation bien spécifique, qui est normée et normative, alors que ce qui se décrit des transgressions ne prend la forme que d'actions individuelles. Surtout, il convient de prendre en compte la qualité de la transgression. M. Mead nous en fournit l'explication lorsqu'elle parle de « *déviation décadente* » à propos d'actes délinquants d'adolescentes samoanes : la valeur de transgression négative (c'est-à-dire non dynamique) peut être appliquée à des actes lorsqu'ils ont pour objectif d'entrer en conflit avec le groupe, « *non parce qu'elle* [l'adolescente] *se comporte selon des normes différentes, mais parce qu'elle viole les normes du groupe, qui se trouvent être aussi les siennes* » [580]. Si j'analyse cette situation, non au regard d'une société traditionnelle mais de notre société moderne, dans quelle mesure peut-on désormais affirmer qu'une transgression est source de construction, d'individuation pour l'adolescent ?

Pour répondre à cette question, il me semble nécessaire de l'éclairer d'une autre forme de rituel, courante dans les sociétés traditionnelles, celle des rituels d'inversion. Ces rituels, nous dit G. Balandier, opèrent dans des sociétés fortement normées et hiérarchisées et « *contribuent au renforcement des structures sociales et politiques. La "protestation" rituellement organisée, dirigée contre le souverain et les groupes sociaux privilégiés, ne menace pas effectivement la hiérarchie existante, mais favorise au contraire son maintien. La société est "mise à l'envers" durant une courte période, et sous contrôle des gestionnaires du sacré, pour se retrouver ensuite consolidée "à l'endroit"* » [581]. La comparaison entre transgression et rites de passage ne présente guère d'intérêt si l'on tente de comparer ce qui n'est pas comparable. Dans ce sens, vouloir transposer en tout point une forme de régulation sociale propre aux sociétés traditionnelles ne présente aucun intérêt. Pour autant, les propos de G. Balandier et de M. Mead ont ceci de particulier qu'ils me permettent de distinguer le normal du pathologique de certaines transgressions dans notre société moderne. Là où la transgression est ponctuellement contestataire, pour permettre un plus juste équilibre psychique et social à l'adolescent en fonction de valeurs et croyances nouvelles qu'il souhaite pouvoir explorer, parce qu'elles sont siennes et ne se reflètent pas dans celles de ses parents, il me semble que l'on puisse y voir un processus dynamique d'émancipation si dans la relation, un retour à la paix sociale est possible. L'analyse

de la fugue adolescente proposée par F. Dolto peut illustrer cette première situation : la fugue, à condition qu'elle ne soit pas délinquante, doit être entendue comme « *une vraie évasion. La fugue est l'échappatoire en négatif, un signe que l'enfant est arrivé à sa phase adolescence et qu'il ne voit pas d'issue à ses pulsions d'ouverture sur le monde* » [582]. Pour autant, il n'est pas possible de parler de rituel. Si au contraire, la transgression s'analyse comme une violation des normes du groupe, alors elle n'est pas source d'individuation parce qu'elle est d'abord révélatrice d'un dysfonctionnement familial contre lequel l'agir adolescent, c'est-à-dire la transgression, doit d'abord s'entendre comme une difficulté d'émancipation. Ce qu'il faut comprendre, c'est que dans cette dernière configuration, au moins dans nos sociétés occidentales, ce n'est pas tant la transgression qui est qualifiée de pathologique, mais bien plutôt ce qu'elle nous révèle d'un dysfonctionnement familial : son utilisation marque une absence de continuité, une véritable rupture avec non pas tant les normes du groupe d'appartenance que la difficulté de l'adolescent à s'y reconnaître. Mais ici plus encore, on ne saurait y voir un rituel.
Il nous faut donc maintenant envisager ce qui définit un rituel de puberté dans les sociétés traditionnelles pour comprendre les raisons qui ont justifié une telle comparaison avec les comportements à risques adolescents dans nos sociétés modernes.

2. Les rituels de puberté

S'il est un intérêt que nous ont fourni les nombreux travaux anthropologiques sur les rites d'initiation, c'est bien celui, comme l'affirmait F. Dolto, de nous avoir éclairés sur les moyens sociaux offerts par les sociétés traditionnelles aux adolescents pour sublimer la castration symbolique inhérente à l'autonomisation et à l'émancipation des figures parentales. L'auteur, qui a théorisé sur les différentes castrations, entend celles-ci comme autant de séparations nécessaires qui marquent l'enfance puis l'adolescence et permettront au sujet d'intégrer le manque de l'autre[583]. Il faut y voir non pas tant une nécessité de frustrer l'enfant que la nécessité pour celui-ci d'accepter ces progressives mises à distance comme autant de marques de liberté. A propos des rites d'initiation, l'auteur écrit : « *ces épreuves collectives aidaient les jeunes à se délivrer du sentiment de culpabilité transgressive qui s'empare d'eux, car le passage réalisé seul, sans soutien, est vécu comme une transgression. Mais il est nécessaire aussi qu'il s'opère sous le poids d'une certaine menace, par l'affrontement d'un réel danger. La transgression devient dès lors intronisation et la peur de violer et d'être violé (ou castré) s'abolit* » [584]. B. Bettelheim, se plaçant spécifiquement du point de vue de l'adolescent, analysera les rites de puberté comme nous renseignant sur un axiome particulier, lequel est « *qu'un sexe éprouve de l'envie à l'égard des organes sexuels et des fonctions de l'autre sexe* » [585]. En ce sens, les rituels de puberté doivent s'entendre, plus qu'un moyen de lutter contre l'angoisse de castration, comme autant de « *tentatives pour résoudre le problème de l'angoisse sexuelle et de l'envie qui en découlait* » [586]. Dans ces conditions, sont offerts au futur adolescent les moyens

d'intégrer et d'accepter les rôles sociaux qu'on attend de lui en fonction de son sexe. En les reconnaissant comme tels à l'occasion des rites de puberté, il trouve là un moyen de « *renoncer aux plaisirs prégénitaux et infantiles* » [587].
A cet égard, B. Malinowski, bien avant B. Bettelheim, a également vivement critiqué l'universalité du complexe d'Œdipe, en argumentant sur plusieurs points développés par S. Freud. J'en retiendrai deux, le premier qui définit le complexe d'Œdipe comme un « *caractère essentiellement patriarcal* » [588], le second qui réfute que « *les rapports entre un enfant et sa mère ne ressemblent en rien à des rapports sexuels* » [589]. Pour intéressant que soit le propos de l'auteur, il ne fera pas l'objet d'une critique mais d'une simple remarque. Si l'universalité du complexe d'Œdipe est discutable, notamment dans ce qu'il aurait de transposable dans toute société, il m'importe à cet endroit de questionner la fonction des rituels de passage, et on ne saurait nier cet aspect essentiel, qui consiste à désamorcer un conflit, une tentation irrépressible de ne pas respecter certaines relations interdites. Que les figures parentales ne soient pas nécessairement les père et mère biologiques, comme c'est le cas par exemple dans les sociétés matriarcales, ne change rien dans ce que S. Freud a souhaité démontrer : il faut reconnaître à certains liens d'attachement premiers leur inaccessibilité pour permettre la survie du groupe social, et c'est bien là qu'il faut entendre l'universalité du complexe. Je ne discuterai pas la nécessité qu'il se décline différemment selon l'organisation sociale, mais ne remets pas en cause ce qui a justifié qu'on le pointe et qu'on le reconnaisse comme universel.
Abordons maintenant les rituels de puberté. Il me faut également souligner que je ne ferai aucune distinction entre rites de puberté et rites d'initiation à l'adolescence. A. van Gennep a en effet précisé à propos de la circoncision qu'il fallait y voir un acte social et le différencier en cela des rites de puberté (au sens somatique) [590]. Pour ma part, la distinction, si elle mérite d'être soulignée, n'introduit pas de différence fondamentale entre ces deux types de rituels, d'une part parce l'un comme l'autre sont des actes sociaux dans le sens où ils participent de la même façon à la cohésion sociale et à la réaffirmation de valeurs communes nécessaires à la continuité de ces sociétés, d'autre part parce que s'ils peuvent être distincts sur le plan de leur organisation, ce qui n'est pas le cas de toutes les sociétés, ils doivent être entendus comme de multiples étapes participant d'un même processus et ayant un objectif final identique, l'accès au statut d'adulte.
Pour M. Mead, il y a une distinction à opérer entre filles et garçons, et ce qu'elle dit des Arapesh s'observe également (le plus souvent à ma connaissance) dans les autres sociétés traditionnelles. Les rituels des adolescents Arapesh ne revêtent pas la même fonction selon le sexe du pubère : « *ces rites, qui mettent fin officiellement à l'enfance d'une fille, sont d'un ordre différent de ceux observés lors de l'initiation d'un garçon, bien qu'ils aient de nombreux points communs… Pour le garçon, il s'agit du passage d'un mode de vie à un autre. Avant, il était un garçon, maintenant c'est un homme, qui a les responsabilités d'un homme et peut, par conséquent, partager les secrets des hommes. Rien de tel pour la fille… Aussi la cérémonie n'a-t-elle pas le sens d'une admission à un nouveau genre de vie, mais simplement celui du passage rituel d'une crise physiologique, qui est importante pour sa santé et sa croissance* » [591]. Ce que l'auteur observe et analyse, c'est que le rituel de puberté de

la jeune fille (qui a lieu au moment de ses premières menstruations) n'opère pas de changement social, dans la mesure où ses activités ne changent pas, elle continue d'accomplir ses tâches domestiques. Pour le garçon, au contraire, la puberté et l'initiation qui s'ensuit l'introduit à de nouvelles responsabilités sociales autant qu'à la connaissance de secrets d'hommes. Mais, réaffirme l'auteur, pour les filles comme pour les garçons, ces rituels de puberté participent d'une même fonction, faire prendre conscience aux pubères de leur physiologie sexuelle : le garçon est désormais tenu « *de faire une nette démarcation entre la fonction reproductrice de la femme et la fonction alimentaire de l'homme* » [592]. Les rituels, qui vont s'opérer à travers diverses opérations autour de l'appareil génital et l'obligation du respect de certains tabous (principalement sur le plan alimentaire et autour de pratiques de masturbation), ont pour objectif de révéler les fonctions sexuelle et reproductrice nouvelles, « *ce qui est sexuel est bon, mais dangereux pour ceux qui ne sont pas encore des hommes faits* » [593]. L'intérêt, ou la logique des rituels de puberté sont à comprendre dans la dimension de continuité qui caractérise les sociétés traditionnelles : la jeune fille, déjà chargée de tâches domestiques, se prépare à devenir femme et mère. Elle sait que le rituel de puberté sera suivi du mariage. Le garçon, lui, va désormais occuper une fonction nourricière, il est à la fois responsable et redevable à l'égard de ceux qui l'ont nourri, mais également de sa future femme. Les rituels de puberté présentent donc bien une double fonction psychique (devenir autre) et sociale (permanence des normes) : inscrire les pubères dans une logique de croissance, liée à leur possibilité de reproduction, et permettre à travers eux le respect des fonctions qui incombent à chaque sexe, pour la continuité et la survie du groupe. Ce que confirme également G. Balandier en précisant à propos des rituels pour les garçons que « *l'initiation n'impose pas seulement des épreuves, au terme desquelles s'acquiert l'existence sociale, elle conduit à vivre symboliquement des ruptures et des réintégrations. Elle exprime un arrachement au monde de l'enfance, une libération de la "dépendance mentale paternelle" et une révolte qui seront dépassées "dans le sens voulu par la société". Le père biologique s'efface devant le père social, l'enfant dépendant et socialement marginal devant l'adulte responsable, la sexualité "sauvage" devant la sexualité socialisée des futurs géniteurs* » [594]. En ce sens, le rituel permet également de contrôler les conflits intrapsychiques qui s'expriment entre enfants et parents, entre frères et sœurs, mais également dans certaines relations où la proximité de la filiation, pour n'être pas biologique, laisse craindre des possibilités de relation sexuelle (entre belle-sœur et beau-frère n'ayant aucun lien de sang par exemple). Ainsi, selon l'organisation de la société, les rituels auront tantôt pour fonction de séparer la mère et le fils, tantôt de régler les relations entre gendre et belle-mère, entre père et fils, etc. Cette anticipation de ce que chaque société redoute à travers les liens biologiques, contractuels, de mariage, d'autorité, etc. n'ont pour d'objectif que de maintenir la cohésion sociale. G. Balandier a dénombré trois types de fonction propres aux rituels des sociétés traditionnelles, « *ceux qui permettent de limiter les effets de l'usure sociale par routinisation* » en ayant recours à des moyens de réfection, « *ceux qui servent à expulser, ou désamorcer, les antagonismes générés par les systèmes d'inégalité et de domination* » et ceux enfin « *qui contribuent à convertir toute pratique menaçant l'ordre social en un facteur de renforcement* » [595].

Selon l'organisation de chaque société, et les relations qui existent entre chaque membre du groupe, hommes/femmes, aînés/cadets, etc., on peut reconnaître aux rituels de puberté ces différentes fonctions, même si l'objectif de chacun est bien de permettre un renforcement social. C'est aussi la raison qui justifie, lors des rituels de puberté (et de tous les autres d'ailleurs) le rappel de la présence des esprits, des ancêtres, voire des fondateurs de la société : « *il ne s'agit donc pas de mécanismes permettant en quelque sorte de remonter le temps, mais plutôt de l'abolir, en montrant que l'ordre social reste conforme au projet initial, inaltéré et inaltérable, dominant les hommes en raison même de cette "éternité". Tous les systèmes politiques traditionnels fondent la légitimité sur la continuité, et se chargent de sacralité en réactualisant périodiquement le moment de la fondation* » [596].

Il convient donc de comprendre que dans les sociétés traditionnelles, les rites de passage participent d'une volonté (implicite) ou d'une nécessité (vitale pour la survivance du groupe social) de s'inscrire dans une continuité sociale. Le plus généralement, ce sont les aînés du même sexe qui vont accompagner les adolescents le temps de différentes épreuves. A cela s'ajoute la particularité que c'est généralement une classe d'âge dans son entier qui va vivre le rituel et partager des épreuves autant psychologiques que physiques. Le rituel de puberté est symbolisé par sa douleur physique, exutoire à la douleur psychique de devoir « s'arracher » de la tutelle parentale, et le plus souvent maternelle. En résistant à cette épreuve de la douleur, l'adolescent montre qu'il est prêt à s'inscrire dans une autre réalité sociale, faite de contraintes et de responsabilités plus importantes : « *c'est grâce à ces rites, et aux révélations qu'ils comportent, qu'il* [l'adolescent] *sera reconnu comme un membre responsable de la société* » [597].

On pourra reprocher à ces rituels de puberté une violence autant psychique que physique, et parfois véritablement maltraitante, mais il me semble que leur déroulement correspond à la qualité des premières relations qui se tissent entre l'enfant et sa mère, et la brutalité des épreuves n'a d'égale pour l'adolescent que la nécessité de se détacher, pour les mêmes raisons que dans les sociétés modernes, l'autonomisation et l'émancipation. A cette différence près cependant, c'est que non seulement l'adolescent initié l'est avec ses pairs issus de la même classe d'âge, et cette réalité est structurante puisqu'elle donne un sens rassurant puisque partagé à l'épreuve, mais il faut également mentionner qu'une fois les épreuves surmontées, l'adolescent devenu adulte est désormais reconnu comme tel, et qu'il en sera valorisé par la collectivité. De ces deux remarques, il faut comprendre que ce nouveau statut social offre une contrepartie à la nécessité de se détacher de la figure maternelle. En quittant son giron, l'adolescent initié ne ressent que rarement un sentiment d'abandon puisqu'il bénéficie désormais de fonctions sociales qui lui confèrent une nouvelle appartenance. En passant d'un statut à un autre, l'adolescent initié continue de faire partie d'un tout, « *la différence fondamentale entre la tradition africaine et l'Occident est que du côté africain, il existe une conception participative et socialement réglée, et du côté occidental, un sentiment exacerbé de l'individualité aux prises avec la déréliction de l'anonymat… En Afrique, l'homme se définit comme projet de participation vitale* » [598].

Ce qui argumente à mon sens pour justifier l'erreur d'appréciation des auteurs occidentaux contemporains qualifiant les divers comportements à risques adolescents de rites de passage, c'est que précisément ils participent d'une toute autre volonté, soit qu'ils s'affichent comme une volonté de rupture avec les normes du groupe des aînés, soit qu'ils expriment une difficulté à participer et se reconnaître dans ces valeurs et croyances sans pour autant être capables d'en proposer de nouvelles. Alors que les rites de passage des sociétés traditionnelles s'inscrivent dans une nécessité de continuité, les comportements à risques expriment une difficulté adolescente, soit de se reconnaître dans cette continuité, soit une incapacité à innover et à proposer un autre modèle. Plus ces comportements à risques expriment une rupture avec les normes du groupe social, plus ils traduisent selon moi le besoin qui se fait sentir chez l'adolescent de normes et de valeurs dans lesquelles il aurait besoin de se reconnaître.

§ 2
Valeur et sens de l'interprétation des alcoolisations adolescentes en « rites de passage »

A considérer les situations actuelles de consommation collective d'alcool (en discothèque, entre amis, lors de fêtes de famille, etc.), et à ne considérer que celles qui se déroulent dans un cadre en apparence convivial (c'est-à-dire en faisant abstraction de toute dimension subjective révélatrice d'une souffrance individuelle), force est de constater que manque à l'appel un certain nombre d'exigences. Si dans certaines situations, il est effectivement possible de parler de rituels, en aucun cas ces configurations ne peuvent être envisagées, du point de vue de l'adolescent, comme des rituels de passage, alors que bien souvent, et notamment dans le cadre familial, il s'agira le plus souvent d'initiations à l'alcool et non pas de rituels dans le sens où ils sont entendus comme permettant l'accès à l'âge adulte. Il conviendrait même de s'interroger sur les conséquences qu'il y aurait à interpréter ces initiations à l'alcool en famille comme de véritables rituels, notamment en s'interrogeant sur la valeur d'une telle reconnaissance familiale du statut de nouvel adulte par le seul vecteur de l'alcool ? Si l'intronisation dans le monde adulte s'exprime par ce biais (et même si mon propos n'exclut pas que cette reconnaissance s'exprime *par ailleurs* sur d'autres modalités), ce serait nécessairement reconnaître dans la relation à l'alcool une vertu fondatrice de permanence sociale, en ce que l'autorisation de la consommation du produit participe activement et symboliquement à la reconnaissance du statut d'adulte. De la même façon, les alcoolisations adolescentes ne sauraient être envisagées comme des rituels de guérison, lesquels se produisent sous la haute autorité d'un homme médecine et ont pour principal objectif de maintenir une cohésion sociale. Cependant, l'aspect d'auto-prescription à visée thérapeutique ne saurait échapper à la compréhension de ces passages à l'acte, dans le sens où, en dépit de ce que je viens d'affirmer, la dimension de normalité psychique et de normalité sociale n'est pas absente. Simplement, l'adolescent est seul dans l'utilisation de la substance psychoactive alcool, et c'est bien pour cette raison que je ne peux partager l'appréciation de telles pratiques comme proches de rituels de passage. On ne saurait dans le même sens qualifier comme telles des pratiques, sous le seul argument qu'elles s'effectuent en groupe, avec les pairs. La dimension collective ne suffit pas à leur conférer la qualité de rituels, encore moins celle de rituel de passage. Et si l'adulte est présent en Occident dans ce genre de manifestations collectives, c'est uniquement à titre répressif (présence policière par exemple alentour des raves), au mieux pour surveiller, contrôler et réagir en cas de débordement, c'est-à-dire lorsque la consommation d'alcool (ou de toute autre substance psychoactive) occasionne des troubles et/ou des comportements nocifs pour la santé ou la sécurité du consommateur malhabile et des autres consommateurs participant également à la manifestation (réduction des risques – présence de médecins pour tester la qualité chimique de certains produits).

Il s'agit alors de veiller à ce que l'effet provoqué par l'alcool (ou toute autre substance psychoactive) n'occasionne pas de dommages pour la collectivité en général, soit des troubles d'ordre social, parmi lesquels il faut ranger des troubles individuels comme l'overdose par exemple. Comme la consommation d'alcool en elle-même, les troubles qu'elle peut engendrer sont encadrés dans l'immédiateté, mais l'adulte, à aucun moment, ne sert de guide, et encore moins de guide spirituel aux consommateurs qui vont sous son contrôle, mais non sous sa responsabilité morale, s'essayer à l'alcool.

Au pire, et je vais justifier l'emploi de cette appréciation, cette initiation se fait par un groupe d'aînés, et cela est surtout vrai pour la consommation de certaines drogues illégales d'origine non chimique, héroïne ou cannabis par exemple, qui sont consommées en vue d'un apaisement et du partage des sensations qu'elles provoquent. Dans des conditions de consommation collective, il n'est pas rare que les aînés plus expérimentés initient les nouveaux consommateurs et les guident afin de consommer « au mieux » le produit pour obtenir les sensations désirées. Ils occupent donc bien la fonction de guide, mais uniquement dans le fait d'accompagner le nouveau consommateur sur l'effet désiré. Rarement, ils s'analysent comme des guides spirituels, bien que la quête spirituelle ne soit pas absente de leur préoccupation[599]. Dans ces mêmes conditions, la fonction thérapeutique du produit est rarement mise en avant, au détriment d'un rapport au plaisir. S'il ne faut pas nier la dimension de plaisir que peuvent procurer ces substances, celle-ci est rarement conservée sur une pratique de long terme, en raison notamment du refus des consommateurs d'y voir une fonction pharmacologique.

Afin d'éclairer au mieux les critiques que me semble justifier l'emploi de « rites de passage », j'illustrerai mon propos par quelques exemples d'auteurs s'y étant référé pour exposer ensuite dans quelle mesure de telles erreurs d'appréciation présentent un contenu d'informations éclairant à la fois pour comprendre la fonction des alcoolisations adolescentes et comment cette théorisation participe d'une permanence du recours à l'alcool comme « pathologisation » d'une pratique socialement et psychiquement normative.

1. Exemples d'une lecture moderne

La confusion est pourtant bien présente dans l'esprit de certains auteurs. Ainsi P. G. Coslin, qui introduit un de ses ouvrages par un chapitre s'intitulant « Adolescence et limites. Risque, rites initiatiques et ordalie ». L'auteur, qui reconnaît à certaines alcoolisations adolescentes un aspect pathologique (à travers la dimension toxicomaniaque qu'elles peuvent emprunter) souligne dans un premier temps, et à juste titre, l'incidence dans les sociétés modernes de l'absence de rituels initiatiques, qu'il faut comprendre comme des rituels de puberté, en rappelant que « *l' "adolescence" apparaît et se cristallise lorsque les rites initiatiques dépérissent ou disparaissent et lorsqu'il n'y a plus rupture avec l'enfance et mort symbolique pour renaître à l'état adulte* » [600]. Mais la confusion arrive lorsqu'il introduit la drogue comme objet d'initiation (sous-entendu visant à acquérir le statut d'adulte). Empruntant son propos à A. J. Charles-Nicholas, P. G. Coslin fait en effet la comparaison avec l'initiation à la drogue, qui n'a rien d'un rituel de puberté, même s'il s'agit bien d'une initiation. Un rite initiatique, nommé comme tel en empruntant au vocabulaire de l'anthropologie, ne peut se confondre avec une initiation à un produit psychoactif, puisque cette dernière aboutit au résultat contraire de la fonction qu'elle occupe dans les sociétés traditionnelles. N'y a-t-il pas contradiction chez l'auteur entre la juste analyse qu'il propose des rites de puberté des sociétés traditionnelles et l'introduction de la drogue comme rite initiatique ? La consommation de drogue, en tant qu'expérience initiatique, initie il est vrai à ses effets et à la réitération de ces mêmes effets. On pourrait alors parler sans erreur de rituel initiatique, à condition de ne faire aucune référence au vocabulaire de l'anthropologie. Les premières expériences de l'héroïne ou du cannabis se font souvent comme je l'ai déjà mentionné, sous l'autorité d'un aîné, de manière extrêmement ritualisée dans le sens où une consommation de qualité (produisant les effets désirés, voire optimums) doit respecter un certain nombre d'actions, dans un certain ordre, etc. Mais l'auteur y fait justement référence puisqu'il compare ces pratiques à celles des sociétés traditionnelles (en utilisant le terme de « primitif »). C'est la raison pour laquelle je pense qu'il se trompe et ne peut donc écrire « *le toxicomane, à l'inverse du primitif, répète l'épreuve initiatique, souvent dans la solitude* » [601] sans commettre une erreur d'interprétation. Il n'est pas juste en effet de comparer deux situations si elles ne se ressemblent en rien et n'ont d'autre point commun que l'usage d'une substance psychoactive : si le toxicomane répète l'épreuve initiatique et qu'il est dans la solitude, alors ce sont là deux arguments

contraires essentiels qui font la démonstration que l'on ne se trouve effectivement pas dans une situation de rituel initiatique. L'erreur la plus manifeste ne se situant pas à mon sens dans cette erreur d'appréciation, mais bien plutôt dans la confusion qui la précède. L'initiation à la drogue n'a jamais eu à ma connaissance la fonction dans les sociétés traditionnelles de se suffire à elle seule pour permettre le passage de l'enfance au monde adulte. Et même dans l'hypothèse d'un rituel de guérison, cet objectif n'est atteignable que lorsque la drogue est un moyen pour y parvenir, et non le moyen d'y parvenir.
Une autre critique peut lui être opposée quand il aborde la qualité de la transgression qui peut être lue dans ces pratiques d'alcoolisations : « *il y a dans la transgression quelque chose de dynamique l'apparentant à la progression* » [602]. Même si P. G. Coslin fait bien la distinction entre acte transgressif et toxicomanie, il induit une nouvelle confusion en catégorisant la consommation de drogue ou d'alcool comme un acte transgressif positif (quand il n'y a pas d'incidence se traduisant par un mode de consommation pathogène) pouvant être analysé comme un rite initiatique. Me plaçant toujours du point de vue anthropologique, comment est-il possible d'affirmer que la transgression puisse se confondre avec un rituel initiatique ou de puberté, quand justement, les cérémonies qui encadrent et régissent ces événements ont précisément pour objectif d'éviter tout comportement transgressif ? En ritualisant ce qui pourrait devenir symptôme à l'adolescence, les sociétés traditionnelles anticipent sur des mises en acte individuelles qui perturberaient l'ordre social. Dans ces conditions, si je partage la position de l'auteur en ce que certaines transgressions dans nos sociétés peuvent révéler ce quelque chose de dynamique, et pas seulement à l'adolescence, et je pense ici aux minorités actives telles qu'elles ont été analysées par S. Moscovici[603], il ne saurait y avoir de référence et de comparaison entre rite de passage et transgression. Car dans la réalité, soit l'expérience initiatique (dans le sens de première fois) n'est pas satisfaisante pour l'adolescent qui alors va s'en détourner et l'on peut alors affirmer qu'il a réussi à faire le choix de l'altérité, le choix de se situer dans l'acte (au sens lacanien), soit cette expérience se répète, empêchant l'accès de celui-ci à une véritable autonomie, mais en aucun cas il ne s'agit d'un rite initiatique. C'est dans le même sens que je trouve critiquable l'extrait de A. J. Charles-Nicholas, lequel affirme que « *la toxicomanie est utilisée comme rite de passage* » [604] par de nombreux adolescents ayant essayé sans « plonger ». Même si ce dernier ne fait que retraduire le discours adolescent, il me semble risqué de l'interpréter dans ces termes, car c'est bien cette qualification, médiatisée, qui fait s'illusionner bien des adolescents sur les vertus prétendument initiatiques de l'alcool ou de tout autre substance psychoactive. L'alcoolisation, pas plus que l'expérience de toute autre substance psychoactive, n'initie l'adolescent au monde adulte. C'est même tout le contraire puisque cette expérience traduit l'incapacité, qui peut certes être momentanée, de l'adolescent à choisir entre deux statuts : en faisant un tel choix d'objet d'attachement (à l'alcool), l'adolescent nous signifie qu'il n'est pas encore prêt à s'autonomiser et à faire le deuil de ses figures parentales.

C'est ce que, d'une certaine façon, P. Baudry, auquel j'ai déjà fait référence, a tenté de montrer en parlant de « rituels détraqués ». Si je ne partage pas avec l'auteur la qualification « d'actes transgressifs » pour qualifier notamment ces pratiques d'alcoolisation adolescentes, puisqu'il me semble que ce serait là les réduire à la partie visible de l'iceberg et qu'il faut s'intéresser à la fonction de substitution qu'occupe le produit dans l'économie psychique de l'adolescent (et en ce sens ils doivent en effet s'analyser comme des actes normatifs, puisqu'on ne peut à la fois les qualifier de rites de passage en renvoyant à un contenu anthropologique et de transgressions dans leur sens sociologique), nos divergences s'arrêtent là. Après avoir critiqué une lecture colonialiste des premiers anthropologues, position qu'il convient effectivement de mentionner car cette appréciation participe de la remise en question de ce que je tente de démontrer, l'auteur qualifie ces expériences adolescentes de rites « détraqués » [605]. Je continue de désapprouver l'emploi du terme de rituel pour de telles pratiques, parce qu'il induit une certaine organisation et un ordre dans de telles expériences, ce que ne reflète pas la réalité. Mais son analyse est judicieuse dans la fonction qu'occupent de telles expériences dans une société très carencée sur le plan culturel[606] (dans le sens de culture[607], telle qu'elle a été définie par F. Laplantine) où de nombreuses « *minorités nomiques* » cohabitent avec des « *majorités anomiques* » [608] sans former un consensus social autour de valeurs communes fondatrices et régulatrices. Ce que P. Baudry pointe en effet, c'est la fonction de régulation thérapeutique et de fait de paix sociale des rituels, visant comme l'a déjà analysé G. Devereux à canaliser les conflits idiosyncrasiques. Alors que « *dans les rituels initiatiques, le sujet est affronté à la limite de la mort* [,] *dans les conduites "extrêmes" d'aujourd'hui, l'individu se risque à défier la mort. La mort n'est plus ici l'espacement absolu, mais elle devient l'interlocutrice d'une souffrance qui ne peut s'élaborer. Celui qui se tue vise la mort en lieu et place du trou que laisse le tiers absent de la culture* » [609]. Il me semble qu'il faut comprendre dans le propos de l'auteur, non seulement la mort au sens réel comme expression de sa propre finitude, mais également le deuil de quelque chose ou de quelqu'un. En s'inscrivant dans de tels comportements, les adolescents expriment leur incapacité ou leur difficulté d'un renoncement à l'enfance et à une relation duelle (la figure maternelle). C'est bien dans cette compréhension qu'il me semble impossible de qualifier les alcoolisations adolescentes comme autant de rituels de passage, puisque précisément, le passage ne se fait pas. C'est peut-être cette raison qui justifie chez D. Le Breton la préférence donnée aux conduites ordaliques, qu'il analyse comme « *des rites d'apaisement,* [qui] *ont valeur de rites individuels de passage qui choisissent la brutalité du défi, l'affrontement direct à la mort, plutôt que sa métaphore telle qu'on la connaît dans les rites de passages traditionnels* » [610] et dont il justifie la qualification de « rite de passage » en ce que ces comportements adolescents évoquent « *une forme clandestine et solitaire de symbolisation du goût de vivre* » [611]. Ici encore je ne partage pas la position de l'auteur pour ce choix de terminologie emprunté à l'anthropologie, ce d'autant plus qu'à mon sens, D. Le Breton fait la démonstration contraire de ce qu'il exprime en affirmant qu'il n'y a pas passage, « *il s'agit ici de rite individuel de passage dans la mesure*

où l'acte est singulier, où il n'a de valeur que pour celui qui l'ose, où l'individu n'est pas toujours lucide sur l'objet de sa quête, et où il ne modifie en rien, s'il en réchappe, son statut social » [612].
La question mérite donc d'être posée, et de comprendre ce qui justifie le recours à une telle terminologie quand la réalité de ce qui est observable ne correspond en aucun point avec ce qui est comparé. Certes, l'auteur qualifie d'abord de « conduites ordaliques » les comportements à risques de certains adolescents, mais pour autant il les définies comme des rites de passage en se référant précisément à leur signifiant anthropologique.

2. Analyse et conséquences sur les modes de consommations adolescents

Il me semble que ce qui doit attirer notre attention ne relève pas tant de ce que j'estime être des erreurs d'interprétation, mais plutôt de ce qui justifie une telle comparaison entre alcoolisations adolescentes (ou tout autre comportement à risque) et rites de passage. Les auteurs qui ont fait ce choix partagent tous l'idée que ces comportements doivent être analysés comme des pseudo rituels, lesquels renvoient nécessairement à une faiblesse de l'organisation sociale et des valeurs qui s'offrent aux adolescents, adultes de demain. Pourtant, rarement est questionnée l'alcoolisation en tant que telle, et je m'interroge de savoir si cet emprunt terminologique à l'anthropologie ne permet finalement pas de déplacer sur d'autres causalités la première question qu'il aurait peut-être fallu poser. Qu'est-ce qui justifie chez de nombreux adolescents la nécessité du recours à l'alcool si ce n'est parce que le produit occupe une fonction sociale, culturelle, économique et psychique (pharmacologique) ? Il me semble en ce sens nécessaire de rappeler l'utilité de distinguer les différents comportements adolescents et le choix de telle conduite plutôt que telle autre. Car s'ils participent certainement d'une même difficulté initiale, les modes de prise en charge autant que la parole qui doit être posée n'impliquent pas le même contenu. Si la question du choix de « rites de passage » fait problème, c'est bien, comme je l'ai déjà affirmé, parce ces comportements à risque doivent s'analyser comme une incapacité ou une volonté de différer le « passage » dans le monde adulte. On ne saurait donc utiliser ce vocabulaire emprunté à l'anthropologie, et ce d'autant plus que sont le plus souvent confondus rituels de puberté et rituels de guérison (où la drogue peut à cet endroit intervenir).
Reprenons quelques instants la fonction sociale des rituels de passage. J'ai tenté de le développer, les rituels de puberté autant que les rituels de passage ou rites d'initiation ont une visée sociale : anticiper sur les troubles et conflits intrapsychiques inhérents à la puberté et l'adolescence en leur donnant une valeur positive par le succès d'une épreuve physique, laquelle traduit la nécessité d'une souffrance psychique à s'arracher des premières figures d'attachement. L'intégration individuelle et collective de limites est valorisée en ce qu'elle offre de

nombreuses compensations, la principale étant d'être reconnu dans un nouveau statut, avec de nouvelles responsabilités, etc. Ces rituels offrent également une valorisation de l'acceptation d'un changement identitaire : être reconnu comme adulte n'isole pas, bien au contraire. A égale valeur, il faut aussi voir la permanence d'un groupe social, avec cette qualité qui caractérise les sociétés traditionnelles de s'inscrire dans une volonté de continuité (respect des normes, croyances communes, etc.). Dans ce sens, les rituels de puberté ou rites d'initiation, rites de passage, participent activement à cet objectif.
Ces différents aspects ont été largement validés par l'observation des nombreux anthropologues de terrain sans qu'il soit nécessaire d'en reprendre plus avant le détail. Partant de cette remarque, il faut également comprendre que c'est également, pour le chercheur qui s'y intéresse sans être nécessairement rattaché à cette discipline, la représentation que nous en avons, et les quelques auteurs contemporains qui ont qualifié les comportements à risques adolescents de « rites de passage » ne s'écartent pas de cette lecture. On peut donc reprendre à propos des alcoolisations adolescentes, que l'on qualifiera de non pathogènes pour le moment dans la mesure où l'on admet qu'elles ne portent pas à conséquence sur l'état de santé des intéressés, qu'elles sont qualifiées de « rites de passage » occidentaux, dans la mesure où elles s'expriment 1) pour les mêmes raisons et 2) ont la même fonction de survivance culturelle et/ou de renforcement social. Reprenons ces deux points.

1) Les alcoolisations adolescentes, si l'on fait abstraction de vulnérabilités psychiques spécifiques (maladie mentale, etc.), doivent s'entendre de « rites de passage » parce qu'elles expriment, comme dans les sociétés traditionnelles, via une pratique sociale validée vécue (nécessairement) comme une épreuve d'arrachement, un passage du statut d'adolescent à celui d'adulte. Je ne crois pas me tromper en reformulant de la sorte la pensée des auteurs. C'est un premier aspect de ce que j'ai qualifié de lecture moderne du « rite de passage », moderne dans le sens où je tente de traduire une expression moderne, occidentale, des usages et pratiques sociaux offerts aux adolescents pour surmonter l'épreuve d'autonomisation/émancipation.
2) Le deuxième point de cette représentation du « rite de passage » tel qu'il nous est donné par l'anthropologie, et dont je crois qu'il est reconnu comme tel par les auteurs qui qualifient de « rites de passage » les alcoolisations adolescentes, c'est qu'elles ont donc également pour fonction de valider et de renforcer une cohésion sociale, en réaffirmant la permanence de certaines valeurs, croyances, pratiques, etc.

Par cette simple démonstration, il faut donc comprendre que la consommation d'alcool à l'adolescence occupe une fonction d'épreuve qui permet le passage du statut d'adolescent à celui d'adulte, ce qu'elle offre effectivement si elle ne s'inscrit pas dans un mode d'attachement pathogène au produit. Cette consommation d'alcool à l'adolescence renforce la cohésion sociale en ce que, validée par tous, ou au moins par une majorité (que je ne qualifierai pas, mais qui s'entend déjà d'un point de vue statistique), elle exprime la réassurance par une nouvelle génération d'un certain comportement, lequel renvoie de fait à certaines croyances et valeurs communément admises et partagées. Toujours en me situant dans un registre « normal », c'est-à-dire de comportements non pathogènes, la consommation d'alcool convoquée à l'occasion de divers événements, repas entre amis, pots de fin d'année, Noël, anniversaires, etc., doit alors être comprise comme un acte social participant de la même logique : réaffirmer son sentiment d'appartenance sociale. De cette démonstration, il faut donc accepter que la consommation d'alcool est prépondérante, si ce n'est centrale d'une certaine cohésion sociale, en ce qu'elle est invitée dans toute occasion à être l'objet même qui caractérise la réaffirmation de son appartenance collective et de l'adhésion aux valeurs qu'elle véhicule. Si à ce constat j'ajoute l'élément culturel spécifiquement français de l'attachement au vin comme valeur cardinale d'un savoir vivre, savoir être et d'un savoir reconnaître les plaisirs de la table, on ne saurait nier la relation (et par là même la représentation attachée à cette pratique, mais aussi au produit lui-même) qui unit le consommateur à l'alcool.

A mon sens, la qualification des alcoolisations adolescentes de « rites de passage » véhicule ces différents signifiants. Dans ces conditions, on ne saurait nier l'influence d'une telle qualification, largement médiatisée, sur le sens et la valeur que tout adolescent prête à la consommation d'alcool. En consommant de l'alcool, l'adolescent, très certainement, fait le choix, contrairement à ce qui s'exprime dans la consommation d'autres substances psychoactives, d'une certaine reconnaissance des normes et valeurs sociales communément admises, et c'est en ce sens que pour lui comme pour le sujet alcoolique adulte, je parle de fonction sociale et socialisante de l'alcool. L'adolescent qui s'alcoolise demande certainement, aussi, à être reconnu comme tel par le monde des adultes.

Concernant maintenant les alcoolisations répétées, excessives, quand l'alcool devient indispensable à toute manifestation collective spécifiquement adolescente, il m'intéresse de comprendre, au regard de ce qui précède, si elles s'inscrivent toujours dans une volonté de réaffirmation d'un sentiment d'appartenance au groupe social référent convoqué : les adultes, autant qu'un renforcement (implicite) des valeurs et croyances défendues par ces mêmes adultes ? Il s'agit ici, non plus de questionner la normalité de ces comportements (ou son absence), mais de voir si cet excès exposé mérite de n'être entendu que comme un épisode transitoire qui se répète, et se répète, de nombreuses années ? Ce que je souhaite interroger ici, c'est dans quelle mesure les adolescents qui s'alcoolisent très régulièrement, et ce alors même qu'ils savent que leurs comportements mobilisent chercheurs, médias et adultes en général, ne souhaitent-ils pas, à travers le détournement d'une pratique sociale valorisée, pointer, plus que la remise en question de l'usage et de la fonction de l'alcool, la difficulté qu'ils rencontrent durant cette période transitoire, à s'émanciper et à en retirer des bénéfices qui les valorisent alors dans l'accession à ce nouveau statut ? Si j'interroge ces comportements en tant que détournement, c'est parce qu'on ne saurait nier l'interpellation sous-jacente dans de tels excès, ce qui ne signifie pas que les excès soient si nombreux, mais qu'ils interrogent et sont régulièrement sous le feu des projecteurs. En acceptant donc cette interprétation : les adolescents, en s'alcoolisant de manière excessive, détournent l'alcool de sa fonction sociale, telle qu'elle est véhiculée et telle qu'ils se la représentent, il faut alors tenter d'explorer quelles sont les difficultés qu'ils essaient d'exprimer par ce biais. Si l'on reprend le double argumentaire proposé qui consiste à aller au-delà de la simple qualification de « rites de passage » et de comprendre le signifiant qu'elle véhicule, soit un moyen d'accéder au statut d'adulte et d'être reconnu comme tel, mais aussi de réaffirmer, dans l'adoption de pratiques de consommation, une certaine permanence des valeurs et croyances sociales, on peut faire l'hypothèse qu'à travers les alcoolisations adolescentes excessives, qui se donnent en spectacle, ce sont ces deux mêmes aspects qui parlent. Dès lors, il faut regarder les adolescents qui s'alcoolisent comme des êtres particulièrement en difficulté, dans le sens où ces comportements ont une valeur singulière, qui questionnent et peut-être même réclament une continuité sociale qui ne s'opère plus. Les adolescents qui s'alcoolisent doivent alors être entendus pour ce qu'ils demandent : l'inscription dans une continuité sociale qui leur offrira la garantie d'une certaine sécurité, laquelle passe nécessairement par leur reconnaissance et leur participation. Pour l'avoir développé à différents degrés dans les pages précédentes, je ne reviendrai pas sur la fracture qui caractérise notre société contemporaine. Nous n'y pouvons pas grand chose sur le court terme, en ce sens que nous vivons peut-être une époque transitoire qui trouvera son équilibre dans l'adaptation humaine à de nouvelles valeurs, ce qui sous-entend que cela doit passer par l'expression de troubles à l'échelon aussi bien individuel que collectif. Pour autant, nous pouvons commencer par nous poser les bonnes questions, ce qui nous renvoie à la nécessité d'une formulation qui trouve non seulement écho dans la réalité observée (le public concerné), mais qui permette également d'offrir les solutions les mieux ajustées. Il faut entendre l'ajustement comme la réponse qui va de soi une fois que la vraie question est posée.

En ce sens, il me paraît tout d'abord particulièrement malhonnête de questionner à ce point l'adolescence, quand c'est d'abord le groupe social dans sa globalité qui va mal. Si l'adolescence mobilise autant d'attentions, il est regrettable qu'elle ne s'inscrive pas de façon plus claire, dans un discours qui est élaboré pour eux, dans une appréhension globale du phénomène sociétal. En convoquant G. Balandier, j'ai montré précédemment à quel point ce qui questionne à travers l'adolescence relève toujours d'un débat plus général, celui d'une fracture sociale qui rend le groupe incapable d'assurer sa propre continuité. J'interprète l'analyse qui consiste à voir dans les comportements à risque une certaine transgression positive, dynamique, comme une échappatoire de l'adulte qui n'a plus les ressources de se préoccuper de la génération qu'il a engendrée. Le groupe d'aînés, comme on les nomme dans les sociétés traditionnelles, a cette fonction éducative essentielle de transmettre certaines valeurs, le respect de certaines normes, et le moyen d'y parvenir, notamment en valorisant et en renforçant le sentiment d'appartenance inhérent a l'existence même d'un groupe social. On pourra opposer à ce mode d'organisation certaines limites, celle notamment de ne laisser que peu de place aux protestations ayant valeur de changements, ce qui d'ailleurs n'est pas tout à fait vrai. Ces changements sont possibles, mais ils sont eux-mêmes normés, anticipés. Là où la norme restreint, elle libère également. Renoncer à certaines libertés individuelles (telles que nous les concevons) pour profiter de la permanence d'une sécurité offerte au sein du collectif ne me semble pas participer d'un refus de progrès social, au contraire. En ce sens, l'analyse qui consiste, à travers les différents médias, à restituer aux adolescents une interprétation de leurs comportements comme autant de marques de rupture avec les normes et valeurs qui furent celles de leurs parents doit les mettre bien dans l'embarras. Je ne pense pas que ce soit là l'essence même de leurs protestations ou de leurs revendications. Les alcoolisations adolescentes me semblent beaucoup plus traduire un fort attachement aux figures parentales, du fait d'une insécurité aux expressions multiples, plutôt qu'un rejet de ces modèles préexistants, ce qui signifie que l'adolescent réclame bien plus une inscription sociale qui ait du sens en ce qu'elle lui renvoie une valorisation de sa personne autant qu'une reconnaissance sociale qui lui donne une place, qu'une volonté de rompre avec des valeurs et croyances dans lesquelles il ne se reconnaît plus. Qualifier de transgressions positives ces comportements à risque permet à l'adulte de ne pas voir ses propres difficultés à se séparer lui aussi. En prétendant que le rejet vient de son adolescent, cette projection permet à l'adulte non seulement de ne pas questionner la réactivation du processus d'autonomisation/séparation qu'il a lui-même, en son temps, connu, mais elle le dédouane d'un autre questionnement, celui de sa propre difficulté à transmettre, laissant l'adolescent seul.

Le choix d'un vocabulaire emprunté à l'anthropologie n'a donc rien d'anodin. C'est bien la sécurité qu'offrent les sociétés traditionnelles, telles qu'elles ont été décrites, qui questionne à travers les différentes analyses contemporaines. Le besoin de sécurité, en tant qu'il inscrit le sujet social dans une réassurance de son appartenance et la reconnaissance sociale qui en découle, montre bien qu'il s'agit aujourd'hui d'une carence sociétale. Convoquer la mort, comme cela a été analysé dans les « actions ordaliques » est donc bien un agir adolescent (mais pas seulement, qu'on en juge par le nombre d'addictés, médicamenteux chez les personnes âgées, aux sensations fortes chez les adultes) qui interpelle l'absent et le contrait à ne se définir comme vivant qu'au regard de sa propre subjectivité. Qu'on ne s'étonne pas qu'il juge de la reconnaissance sociale que lui offre la société qu'en n'ayant pour seul rite que le choix de remettre en jeu son existence-même. Le monde actuel ne lui offre la possibilité de se renforcer socialement que vis-à-vis de lui-même.

Cependant, il me semble qu'il est un aspect de ces rituels de puberté qui n'est pas absent dans nos sociétés modernes et qui participe de l'analyse qui précède, c'est la dimension spirituelle inhérente au fonctionnement des sociétés traditionnelles : les rituels de puberté ont en effet également pour fonction d'introduire l'adolescent à son nouveau statut d'adulte, et « *dans de très nombreux cas, les rites de puberté impliquent, d'une façon ou de l'autre, la révélation de la sexualité, mais celle-ci aussi, pour tout le monde pré-moderne, participe à la sphère du sacré. Bref, par l'initiation on dépasse le mode naturel, celui de l'enfant, et on accède au mode culturel, c'est-à-dire qu'on est introduit aux valeurs spirituelles* » [613], ce que je vais maintenant tenter de démontrer.

SECTION 2
LA CONSOMMATION D'ALCOOL CHEZ LES ADOLESCENTS, UNE QUÊTE SPIRITUELLE ?

Un autre aspect du rituel des sociétés traditionnelles, l'autre aspect caractéristique de tout rituel, est qu'il ne doit sa force psychologique sur le plan individuel et collectif, et n'est source de cohésion sociale, que parce qu'il relève d'un système de croyances partagées par la communauté, croyances qui maintiennent le lien entre la réalité (espace-temps) et le monde spirituel (tel que perçu par chaque société traditionnelle : Dieu pour les sociétés monothéistes, mais aussi le monde invisible, les ancêtres, les mythes fondateurs pour les sociétés animistes et polythéistes). Tout rituel a donc également pour fonction de ramener l'apaisement social par le rappel de la puissance du spirituel sur toute vie terrestre en ce que les sujets ne sont pas leur propre origine, mais également en réaffirmant la prégnance de cet autre monde à l'intérieur de chacun : je ne suis pas ma propre origine mais je suis la somme de toutes mes origines, mes parents, mes ancêtres, les divinités fondatrices, etc.

Pourtant, les auteurs qui qualifient les comportements à risque de « rites de passage » réfutent le plus souvent la recherche de cette dimension spirituelle chez les adolescents occidentaux (et même, le plus souvent, elle n'est tout simplement pas abordée). Ainsi est-il écrit à propos de la consommation de substances psychoactives dans les raves (comparées à la consommation de l'ayahuasca chez les Yagua d'Amazonie péruvienne) : *« les usagers ont beau se réunir dans les raves, par exemple, autour d'une musique définie et de quelques codes, nous n'observons qu'une lignée qui part de l'efficacité, avec un système de références dans lequel aucune place n'est faite à la croyance, et qui aboutit à une impasse psychique, une fermeture »*. Et l'auteur de poursuivre *« là où les Yagua, en consommant l'ayahuasca, croient rencontrer Dieu, le sujet de la modernité ne traverse qu'un effet et ne rencontre personne* » [614].

La dimension initiatique qui caractérise par exemple l'accès à la transe sous l'autorité d'un homme médecine est certes absente et s'oppose à une transposition identique de ce qui se déroule dans les raves. Pour autant, l'auteur fait erreur lorsqu'elle affirme que cette pratique en rave est dénuée de quête spirituelle (telle qu'elle sera définie dans le développement qui va suivre). En posant ce constat comme une affirmation irréversible, C. Gervais ne parvient pas à percevoir ce qui réunit les adolescents français d'aujourd'hui, ce qu'elle traduit par une absence collective, partagée, de croyance, et donc de transcendance. Il me semble au contraire qu'il y a une véritable quête spirituelle chez nombre d'adolescents et jeunes adultes consommateurs d'alcool et autres substances psychoactives. Mais faute d'être relayés, soutenus par une société qui se réclame de sa laïcité autant que de son absence de questionnement au sujet de l'alcool, les adolescents se retrouvent seuls confrontés à un passage à l'acte au contenu et à la fonction qui leur échappent. Il y a donc dans le recours à l'alcool un aspect des rituels des sociétés traditionnelles, mais pour l'apercevoir, il convient de questionner la foi, et s'entendre sur ce qui définit une quête spirituelle, replacée dans sa dimension culturelle, dans sa dimension occidentale.

§ 1
Croyance, foi et quête spirituelle

Il est ici question d'alcool, mais je souhaiterais introduire mon propos en restituant quelques remarques de « raveurs », interrogés de façon informelle en 1999 sur leurs attentes et leurs ressentis à propos des produits psychoactifs qu'ils peuvent consommer en rave. De leurs attentes, ils n'ont pas su me parler, comme si la question ne se posait pas en ces termes. Mais en s'exprimant au mieux (c'est-à-dire très clairement, avec beaucoup d'analyse) sur ce qu'ils ressentaient en consommant notamment de l'ecstasy, il m'a été possible de comprendre, en tout cas d'en faire l'hypothèse, un peu de ces attentes : deux points doivent être abordés : le rapport à l'autre et le rapport au monde. Lorsque l'on consomme de l'ecstasy, dans un groupe qui lui-même en consomme, il se passe quelque chose de fusionnel, un « *sentiment d'appartenance universelle* », « *on pénètre le cerveau de l'autre* », il n'est plus nécessaire de se parler, « *on se comprend par télépathie* », les relations sont pacifiées, parce que chacun se voit comme partie d'un même tout, « *c'est un langage d'amour universel* ». Voici donc la restitution de quelques notes griffonnées sur un bout de papier il y a quelques années, alors que je me trouvais en compagnie de « raveurs ».

Pourquoi reconnaître à ces personnes, et aux adolescents d'aujourd'hui une recherche spirituelle à travers l'alcool, alors que lorsque j'interroge les adolescents sur la foi, rares sont ceux qui la reconnaissent comme un moyen de dompter l'alcool dans l'abstinence, et qu'aucun n'affirmerait sans avoir le sentiment d'un aveu de faiblesse, qu'il est croyant ?

Il faut d'abord s'entendre sur la foi, les croyances. Il n'est pas ici question de religion, ni même et surtout d'affirmer qu'une « Puissance supérieure », comme la décrivent les Alcooliques Anonymes, existe. Mon objectif est d'analyser la foi, son utilité sociale, sa nécessité psychique dans un contexte contemporain et moderne.

Croire en Dieu, dans la toute puissance d'un être supérieur, est un aveu d'impuissance, quelle que soit la religion, quels que soient la culture ou le groupe social d'appartenance. Les deux fondateurs du programme des Alcooliques Anonymes l'ont bien compris. Dans le *Douze & douze*, on peut lire « *nous avons admis que nous étions impuissants devant l'alcool et que nous avions perdu la maîtrise de nos vies* » (première étape) suivie de « *nous en sommes venus à croire qu'une Puissance supérieure à nous-mêmes pourrait nous rendre la raison* » (deuxième étape)[615]. Ce qu'il faut comprendre de la nécessité de remplacer l'alcool, la relation à l'alcool par *autre chose* n'a rien d'exclusivement « alcoolique ». Ces deux étapes sont parfaitement transposables pour tout un chacun.

Pourquoi évoquer la foi, la religion à côté de l'aveu d'impuissance ? Parce qu'elles représentent une première liberté, qui va pouvoir se décliner sur plusieurs strates, comme nous le montrent les différents rituels évoqués précédemment :

- libération pour l'individu de son sentiment de toute puissance en ce qu'il accepte l'évidence d'une limite. « Je ne suis pas ma propre origine en acceptant une première Loi » inscrit le sujet dans une relation au monde ;
- cette Loi va se retrouver transposée au niveau social et familial : l'adhésion collective à des valeurs et croyances communes permet à l'individu de s'inscrire dans une continuité culturelle (au sens que lui donne F. Laplantine) ;
- en contrepartie, l'acceptation de cette Loi offre une sécurité, sur le plan individuel, celle de réduire le sentiment de solitude, notamment au moment des épreuves, sur le plan collectif, dans la nécessaire réassurance de ces valeurs et croyances communes. La paix sociale autant que l'équilibre psychique individuel sont donc visés par la réaffirmation de la permanence d'une Puissance supérieure. C'est bien en ce sens que l'Abbé Pierre, s'exprimant sur la foi, évoque ses trois certitudes, « *le premier fondement de ma foi, c'est la certitude que l'Eternel est amour. Le deuxième fondement, c'est la certitude d'être aimé. Et le troisième, c'est la certitude que la liberté humaine n'a d'autre raison d'être que de nous rendre capables de répondre par notre amour à l'Amour* » [616] ;
- la religion (mouvement d'adhésion sur le plan collectif) comme la foi (faire siennes les valeurs religieuses sur le plan individuel) introduisent également le respect de normes, de rapport au monde et de rapport à l'autre, qui sont garanties par leur respect que s'impose le sujet. Si l'individu respecte ces normes sociales, ce n'est pas tant par crainte d'une exclusion, d'un rejet social, mais bien plutôt parce qu'il a connaissance, conscience qu'il participe à sa propre exclusion. La loi doit donc être comprise comme l'appropriation par chacun des valeurs et croyances qu'il estime nécessaires pour son propre besoin d'appartenance et de reconnaissance sociales. L'individu croyant reste libre de ses choix, et la foi doit être comprise en dehors de tout dogmatisme. Il convient donc d'écarter de ce qui nous préoccupe ici toute dérive sectaire qui introduit sur un plan terrestre des pouvoirs de Puissance supérieure à un être humain ; de la même façon, toute forme de fondamentalisme s'éloigne

des bienfaits ici décrits en ce que l'universalité du rapport au monde autant que le respect de la Loi et par incidence, de l'Autre, ne constituent pas le cœur de ce que je décris comme constituant la foi.

Quand C. Gervais écrit *« là où les Yagua, en consommant l'ayahuasca, croient rencontrer Dieu, le sujet de la modernité ne traverse qu'un effet et ne rencontre personne »* [617], elle ne reconnaît pas la démarche des adolescents consommateurs de drogue parce qu'elle s'appuie sur les seuls effets obtenus. Certes, notre société de consommation, par les valeurs qu'elle véhicule, empêche cette conscience de l'utilisation de toute substance psychoactive, quand l'immédiateté et le rapport au pouvoir (par l'argent notamment) sont devenus des valeurs dominantes autant que des objectifs sociaux, en ce qu'ils sont les critères essentiels d'une identification : dans une société moderne, on me reconnaît de la valeur, et je ne me vis comme un sujet valorisé qu'à travers le prisme du pouvoir que j'ai l'illusion d'avoir sur ma vie. L'adolescent contemporain, qui évolue dans un tel contexte, ne peut avoir conscience que sa quête initiale, à travers l'expérience d'alcool, est une demande de reconnaissance sociale.

Et si j'opère ici une distinction entre usage d'alcool et consommation de drogues illégales, c'est qu'une différence est à noter : alors que l'adolescent consommateur d'alcool recherche une reconnaissance sociale, horizontale, le consommateur de drogues illégales réclame une reconnaissance spirituelle, verticale. C'est peut-être bien en ce sens qu'il faut aussi comprendre ce qui sépare l'alcool des drogues illégales : si les deux modifient l'état de conscience du sujet, le premier va en quelque sorte « étouffer » la quête spirituelle. L'alcool désinhibe mais ne conduit pas à une forme d'introspection, d'exploration. Au contraire de l'héroïne, de l'ecstasy ou du cannabis qui vont, à l'inverse, exacerber le rapport au monde et la recherche d'une transe, d'une extase, d'un « trip ». Quand l'adolescent justifie ses alcoolisations, il parle de son souhait « *d'être bien* », « *d'oublier* », l'adolescent consommateur d'héroïne exprime lui son besoin « *d'être ailleurs* ». Si l'un nie son besoin de reconnaissance sociale, l'autre l'exalte. Mais l'emploi réitéré d'une volonté de « *triper* » chez les adolescents consommateurs d'alcool doit nous ramener à cette même nécessité : la sécurité que procure le partage de mêmes valeurs et croyances qu'ils recherchent dans la consommation d'alcool. C'est donc bien en ce sens qu'il faut comprendre cette tentative de quête spirituelle, non pas tant dans le besoin qui se fait sentir de croire en Dieu, en une Puissance supérieure, dans la force spirituelle d'objets ou animaux, mais dans ce qu'elle représente d'utilité sociale. L'adolescent qui consomme de l'alcool recherche et éprouve un sentiment d'appartenance défectueux, imparfait puisqu'il n'est lié qu'au groupe de pairs. Si ces consommations se teintent de pathologie, c'est bien dans ce sens exacerbé par le regard de l'adulte, lequel s'il approuve cette pratique comme réaffirmation d'une valeur sociale, la désapprouve dans le même sens en ne voyant de l'adolescence qu'une volonté de rejeter les valeurs et croyances des précédentes générations. L'alcool est alors utilisé de façon très perverse, puisqu'il ne représente une continuité sociale que dans son aspect qui est le moins questionné : ses effets, et que passe complètement inaperçu l'espoir sous-jacent

d'une génération de se reconnaître dans les valeurs et croyances de ses parents. Il ne s'agit pas ici de magnifier toute absence de désir de changement social, au contraire, mais de pointer que cette évolution, cette ambition n'est possible que si elle s'inscrit dans un partage beaucoup plus vaste de valeurs et croyances fondatrices. Et c'est bien en ce sens que la foi, en tant que reconnaissance de l'Altérité, permet aux nouvelles générations de proposer une nouvelle lecture du monde sans trahir celle qui avait été proposée par leurs parents, puisque le sentiment de trahison ne s'éprouve que lorsque le processus d'émancipation/autonomisation continue d'être source de conflit intrapsychique. L'adolescent ne peut se vivre comme traître s'il a suffisamment honoré ses parents en les reconnaissant comme tels ; de la même façon, il se sentira reconnu s'il participe à l'évolution de son groupe social en lui fournissant l'innovation, les changements qu'il peut produire et qui s'inscrivent dès lors comme une évolution et non comme une rupture.
Cette conception de la foi est donc très éloignée de celle qu'a développée et réfutée J.-P. Sartre. Il n'est pas question ici de définir l'homme tel qu'il a été créé par Dieu, mais d'entendre Dieu en ce qu'il est nécessaire à l'homme, non pas tant comme le décrira l'auteur en ce qu'il place l'homme sous sa tutelle, l'empêchant ainsi d'être libre et responsable, mais au contraire en ce qu'il permet d'introduire une Altérité. Alors que J.-P. Sartre conçoit Dieu comme une entrave à la subjectivité individuelle et à la liberté de l'homme, laquelle doit également s'entendre comme la responsabilité de ses actes, il faut comprendre Dieu et la foi comme une première étape de la liberté individuelle. La loi fait la liberté de l'homme non seulement parce qu'elle ne l'autorise pas à se vivre comme la seule expression de ses pulsions, mais parce qu'elle introduit, à cet endroit, l'essence même de la Loi : je ne suis pas seul, et c'est la raison pour laquelle si je l'accepte, cela m'aide à considérer mon existence, mes actes, mes pensées comme engageant l'humanité. Quand l'auteur écrit à propos de l'existentialisme « *il n'y a pas de nature humaine, puisqu'il n'y a pas de Dieu pour la concevoir. L'homme est seulement, non seulement tel qu'il se conçoit après l'existence, comme il se veut après cet élan vers l'existence ; l'homme n'est rien d'autre que ce qu'il se fait… c'est aussi ce qu'on appelle la subjectivité* » [618] mais également « *si, d'autre part, Dieu n'existe pas, nous ne trouvons pas en face de nous des valeurs ou des ordres qui légitimeront notre conduite… Nous sommes seuls, sans excuses* » [619], il place l'être humain dans une vraie solitude où l'Altérité sera difficilement appréhendable.
J.-P. Sartre a une conception individualiste de la liberté alors qu'il tente paradoxalement de l'inscrire dans une logique collectiviste. Si les valeurs qu'il défend pour justifier que l'existentialisme est un humanisme s'inscrivent majoritairement dans celles que je développe à cet endroit pour tenter de décrire la loi, il pose comme fondations de cette relation au monde un terrible sentiment de solitude qui n'aidera guère le sujet à se vivre comme faisant partie d'un tout. On peut même dire que le décalage sera d'autant plus grand que le sujet se percevra comme sa propre origine. Par boutade, je pourrais dire que J.-P. Sartre aura sa vie durant défendu des valeurs chrétiennes tout en s'en défendant. Mais là n'est pas le

propos, et j'essaierai de démontrer dans le paragraphe suivant comment certains auteurs de cette époque ont en vain tenté de lutter contre une société patriarcale, fortement hiérarchisée, autoritaire, en théorisant sur la liberté et le rejet de la foi.
Si je reprends maintenant les deux premières étapes du programme des Alcooliques Anonymes, il convient de les interpréter comme le début d'un processus d'acceptation de la difficulté que rencontrent certaines personnes à vivre un sentiment de solitude extrême, insupportable. En reconnaissant une Altérité extrême elle aussi, puisqu'elle n'est pas identifiable, qu'elle n'est pas humaine, cette « *certitude de l'inconnaissable* » [620] comme l'a définie l'Abbé Pierre, le sujet en souffrance (ou simplement en difficulté) dépose entre les mains d'Autrui le fardeau qu'il ne peut porter seul. Il s'en remet au substitut du tiers absent, le père, mais trouve également réconfort dans l'amour inconditionnel que l'on prête à cette Figure supérieure. Si cet aspect de la foi me semble si important, c'est qu'il peut répondre, d'un point de vue anthropologique, aux attentes de certains adolescents contemporains.

§ 2
L'alcoolisation, une quête spirituelle : tentative d'introduction de l'altérité

Si l'on s'attache aux points 5 et 6 définis précédemment[621], la consommation de drogue dans le rituel des sociétés traditionnelles a une fonction qui vise à l'équilibre même de la société : en supprimant les troubles vécus par un individu, le rituel a une fonction sociale puisqu'il vise également à rétablir la paix et la cohésion sociale, elles-mêmes perturbées par les conséquences du trouble individuel (point 5), ce que j'ai en partie développé dans le chapitre sur la normalité psychique en convoquant G. Devereux[622]. Cette cohésion sociale s'entend de toute adhésion individuelle aux systèmes de croyances et de valeurs qui sont ceux de la société, et tient de fait compte de ce que tout individu « malade » rend la collectivité, dans sa globalité, également malade. Chaque individu est donc considéré comme une partie du tout qui définit la société. Ce sont donc à la fois son individualité et sa fonction sociale qui définissent chaque individu dans une société traditionnelle.
Le rituel, dans sa fonction thérapeutique (point 6) ne fonctionne que parce qu'il existe entre les différents membres qui y participent une croyance collective assise sur des valeurs et fonctionnements communs. Notons ici toute la puissance accordée au lien social et à ses fondements historiques et philosophiques. Il n'est point de socialisation possible de l'individu dans une organisation humaine donnée, si les fondamentaux qui la soutiennent ne sont pas partagés par tous ses

membres. Si un individu se retrouve dans une mise en question par rapport à ces valeurs et fonctionnements communs, un rituel est organisé afin que lui soient restituées les raisons de son « égarement », et offerts les moyens de se réinscrire dans le lien social qui est le sien. De fait, le rituel, et à travers lui, la collectivité toute entière, terrestre, ancestrale et invisible, lui rappelle la nécessité de son existence sociale et de son équilibre psychique pour le bien-être de tous.

C'est donc l'individualité dans son rapport à l'Autre qui est célébrée, et non l'individualisme, dans son rapport à … personne. Chaque membre d'une même organisation humaine a besoin, pour son propre équilibre et pour l'équilibre collectif, que tous les autres membres adhèrent aux valeurs et fonctionnements fondateurs, c'est-à-dire qu'ils se reconnaissent dans ces fondamentaux. De nombreux chercheurs interrogés à ce sujet, même s'ils ne sont pas d'accord sur les dates, attestent néanmoins de l'ancienneté des préoccupations spirituelles de l'être humain, « *de nombreux éléments penchent en faveur de pratiques symboliques et spirituelles anciennes, déjà présentes en Afrique avant la sortie de l'homme moderne, il y a moins de 200 000 ans* » [623], affirme F. D'Errico, préhistorien au CNRS de Bordeaux. Réfutant l'idée de sacré au profit de manifestations préalablement symboliques, à travers les représentations artistiques notamment, J.-P. Mohen, directeur du Centre de recherches et de restauration des Musées de France, affirme que « *les premiers témoignages indubitables d'une forme de croyance sont fournis par les sépultures, qui vont de pair avec les premiers rites funéraires. Or, elles n'apparaissent que vers 100 000 ans avant J.-C.* » [624]. Si l'on fait abstraction de ces discordances, il n'en demeure pas moins que les auteurs s'accordent sur les fonctions du spirituel telles que je les défends, « *cette étape est primordiale, car elle implique que l'homme, pour la première fois, se projette dans l'au-delà, croit en l'existence d'un monde autre, à la différence de l'animal qui vit dans le présent. Il s'extrait ainsi de sa condition biologique, de son statut de mortel* » [625], mais également en ce sens que la foi, cette manifestation du surnaturel « *se fraie un chemin dans notre machinerie cérébrale d'autant plus facilement qu'elle est une entorse au sens commun… ce qui lui permet d'être mémorisée* [parce qu'] *elle stimule notre esprit, suscite des interrogations ou des interprétations* » [626], comme en atteste P. Boyer, chercheur au CNRS détaché à l'Université Washington à Saint Louis (Etats Unis).

Mais revenons aux rituels de guérison. Lorsque la paix sociale vient à être perturbée, c'est collectivement, à l'aide d'une substance psychoactive et d'un guide spirituel que le trouble peut être enrayé. Le guide spirituel devient le guide du guide qu'est la plante, lien entre le monde terrestre et le monde spirituel[627].

Je l'ai évoqué, dans les modes de consommation adolescents, il n'y a place ni pour un guide spirituel (la dérive sectaire n'est pas loin !), et encore moins pour une quelconque vertu et fonction thérapeutique de l'alcool (comme pour les autres substances psychoactives).

Pourquoi dès lors affirmer qu'il y a dans ces modes de consommation une quête spirituelle, de celle qui s'apparenterait aux rituels des sociétés traditionnelles, mais qui dans sa manifestation actuelle, resterait inaboutie ? Pour deux raisons.

La première, déjà citée, est liée à l'existence même du rituel : il y a nécessité d'organiser celui-ci lorsqu'un trouble individuel vient perturber la paix sociale, et le déroulement de celui-ci autant que son efficacité ne sont possibles que parce qu'il y a adhésion collective à un système de croyances communes. Si l'on transpose ces deux exigences à la société moderne, il est possible d'affirmer que l'adolescence, en tant que processus, trouble la paix sociale : les adolescents pensent, agissent et réagissent en apparence et de façon soudaine de manière parfois incompréhensible dans le regard des adultes, il peut y avoir souffrance, rejet des relations familiales, comportements contradictoires, de mise en danger autant que de recherche de sécurité, la communication devient impossible : il y a donc bien trouble social, au niveau individuel (la famille) et au niveau collectif (la société). Mais alors que la consommation de drogue s'inscrit dans un cadre précis avec une fonction prédéfinie dans les sociétés traditionnelles, dans les sociétés modernes, elle a perdu de son sens. Le sens n'y est plus, parce que l'adhésion à un système de valeurs communes n'est plus elle non plus. L'adolescent français ne peut envisager qu'en consommant de l'alcool, il cherche une transcendance à ce qu'il vit, un sens à tout ce qui va être sa vie, tout simplement parce qu'il appartient à une famille et une société essentiellement laïques. Il ne peut appréhender cette expérience comme l'exigence personnelle et collective de compréhension de son trouble appelant une modification de son propre comportement, une réponse d'adaptation sociale. Pourquoi ? Tout simplement parce que dans une société moderne, l'émancipation de l'adolescent est vécue comme une trahison qui déchoit l'adulte (parent et institutions sociales) dans son autorité. En refusant de renoncer à cette autorité, et même à ce pouvoir, l'adulte décrédibilise toute ritualisation de l'émancipation en lui retirant sens et nécessité. En diabolisant la consommation de drogue, elle refuse à l'adolescent la possibilité d'aller s'enquérir d'un référent (moral et éducatif) supérieur, et n'offre à celui-ci que la possibilité d'une expérimentation dépourvue de sa fonction, et dès lors vidée de son utilité.

Le plus préjudiciable pour l'adolescent est alors de se retrouver otage des contradictions propres aux adultes : alors que d'un côté, la société (famille et institutions) appelle une modification de son comportement : « tu deviens adulte puisque tu grandis, tu dois donc te comporter en adulte et devenir un être responsable », de l'autre elle empêche l'accès à l'âge adulte en refusant l'idée même du questionnement – et de sa réponse – qui se terrent derrière la consommation d'alcool, une quête de dépassement de ses peurs inhérente à cette période transitoire. Pire encore, l'adulte désacralise la fonction éclairante de la drogue en sanctionnant ceux qui s'y essaient en dépit des interdits légaux. A aucun moment, et notamment pour tous les adultes ayant fait l'expérience de la drogue, n'est exposée à l'adolescent la fonction première de ces substances psychoactives telles qu'elles sont encore utilisées dans les sociétés traditionnelles.

Et c'est parce que le sujet dépendant est un être qui doit fournir plus d'efforts que les autres pour conquérir son indépendance psychique et sociale, son autonomie, qu'il est dans nos sociétés doublement sanctionné : parce que l'amorce de la puberté, et de l'adolescence, réactivent la nécessaire séparation d'avec la mère en la rendant cette fois-ci effective (psychique mais aussi physique, financière et géographique), l'adolescent n'est non seulement pas cautionné dans son désir d'émancipation, mais pour celles et ceux n'ayant pu bénéficier de conditions affectives favorables à ce détachement, il devient plus difficile encore, compte tenu du silence social sur la fonction soignante, émancipatrice des substances psychoactives telles qu'elles sont utilisées dans les sociétés traditionnelles. L'adolescent n'aura souvent pas d'autre choix que de se laisser faire prisonnier par son produit, il débutera son processus de détachement à la période de l'adolescence pour conquérir sa véritable identité en faisant l'expérience psychique, mais également physique de son incapacité à se libérer de son statut d'enfant. Ce n'est qu'avec l'abstinence, lorsqu'une véritable prise de conscience s'opérera, que le nécessaire détachement de la mère pourra commencer.

L'alcool, qui aura remplacé la mère, ou ce qu'elle représentait pour l'enfant, en ce que la relation au produit fonctionne comme cette première relation d'objet, conduira son consommateur qui sera allé au bout du processus, à travers l'alcool puis sa suppression, à s'interroger sur une vie possible sans peurs dévorantes, c'est-à-dire en se découvrant une capacité à dépasser celles-ci et à vivre. Le long travail de l'abstinence consiste à faire prendre conscience au sujet alcoolique que la peur de la solitude/alcool peut être dépassée, et qu'il y a une vie « après la mère », c'est-à-dire non plus « *sans alcool, mais hors alcool* » [628].

Mais revenons à l'expérience d'alcool de l'adolescent. Celui qui grandit dans une société purement matérialiste et très individualiste n'a que peu de réponses à certains de ses questionnements qui appellent des réponses plus universelles, sur le sens de la vie en général.

Dans les sociétés modernes, l'individu est aujourd'hui libre de beaucoup de choses en ne s'appuyant que sur sa seule volonté : choisir son conjoint, avoir ou non des enfants, travailler dans tel corps de métier plutôt que tel autre, se vêtir comme il le souhaite, etc. A cela quelle contrepartie ? La perte du sentiment d'existence sociale. Libre de quitter les valeurs et fonctionnements communs de sa culture sociale d'origine, mais désormais seul. Aucune contrainte sociale ne menaçant en apparence l'expression de son individualité, mais pas de place ni de fonction sociales non plus qui ne soient rattachées à une vision plus collective de la société. Tant que l'individu garde l'illusion de son importance et de son utilité, l'apparence d'une existence sociale est maintenue. Mais si un grain de sable vient à se glisser dans ce rouage si parfaitement huilé, beaucoup d'individus ne se remettent pas de l'épreuve, parce qu'ils se retrouvent seuls, n'ayant pas développé de sentiment d'appartenance. Si la perte d'un élément de ce qu'ils vivaient comme une définition d'eux-mêmes : le travail, le statut d'homme marié, de père, etc., vient à disparaître, c'est toute leur identité qui se trouve altérée parce qu'ils se sont construits (leur identité) sur leur liberté individuelle, non sur leur liberté collective : j'appartiens à un tout cohérent et solidaire, et j'ai ma place simplement parce que je suis ce que je suis. A chaque étape de ma vie, j'ai une place et une fonction et elles ne pourront m'être retirées que si j'enfreins les règles de cohésion sociale. Si je suis victime, je suis entouré et bénéficie d'un soutien.

Et si pour l'adolescent ces questionnements amènent trop de souffrance, la quête de transcendance se fera de façon fictive et fugitive à l'aide d'un produit dont il va dévier la fonction initiale d'allègement des souffrances, mais également d'expansion de conscience, c'est-à-dire de modification de l'état de conscience et des perceptions qui jusque-là étaient les siennes. Ne disposant que d'une connaissance approximative des propriétés de l'alcool, celui-ci sera uniquement consommé par l'individu pour ses effets immédiats.

La seconde raison, qui découle de mon observation participante lors de réunions de groupes néphalistes, est que jusqu'à présent, la seule voie de guérison possible dans l'abstinence, c'est-à-dire celle qui permet enfin de vivre en accord avec soi tout en ne souffrant plus (exagérément) de ne plus boire, est de remplacer la fonction qu'occupait l'alcool – allègement des souffrances – par un équivalent au moins tout aussi puissant, et que les Alcooliques Anonymes décrivent comme une « Puissance Supérieure ».

Non pas parce que, comme par magie, les nouveaux abstinents se découvrent soudainement une foi sortie de nulle part, mais parce que l'expérience et le contact avec de plus en plus d'individus alcooliques sur le chemin de l'abstinence prouve une quête d'absolu chez ces personnalités fragiles qu'ils n'ont pu ressentir pleinement, du moins autant qu'ils en auraient eu besoin, lors des premières années, et dont ils en attendaient la manifestation de la part de celle qu'ils vivaient comme ayant la toute puissance de leur offrir : leur mère. C'est parce que ce désir de fusion totale et définitive avec la mère n'a pu être vécue pleinement et indéfiniment que le sujet alcoolique a choisi l'alcool, ce liquide qui lui rappelle aux premières gorgées cette sensation (ou le désir qu'il en avait) de plénitude à jamais perdue. L'alcool pouvant se boire à profusion, ne jamais manquer, remplit dès lors la fonction affective fusionnelle des premiers jours. Chaque menace de séparation et du terrible sentiment abandonnique est immédiatement tué dans l'œuf grâce à l'alcool.

Privé de cette profusion nourrissante, le sujet alcoolique ne peut espérer la retrouver dans aucune nourriture « terrestre », la certitude d'un amour à la fois conditionnel et inconditionnel ne pouvant être assuré que s'il provient d'un être ou d'un monde supérieur.

« *Plus jamais seul* » [629], commente P. Maillard, dominicain travaillant en prison. C'est bien-là ce dont il est question. Tout au long de ce travail, j'ai tenté, en convoquant différentes disciplines, de pointer à travers les alcoolisations adolescentes, ce mal du siècle. Croire, croire en Dieu, avoir la foi, est un aveu d'impuissance, écrivais-je à l'instant. S'il faut entendre cet aveu d'impuissance comme une première étape de l'aménagement de la dépendance, il faut renoncer à l'interpréter comme une faiblesse. J'ai décrit la foi comme un premier pas vers l'Altérité, une reconnaissance de ses propres limites autant que la reconnaissance par chaque individu de son besoin d'être associé au groupe et d'y avoir sa place. Il faut maintenant l'envisager comme l'expression du dépassement d'une faillite, d'un manque(ment).

J'ai précédemment évoqué une certaine conception de la foi que j'ai fait mienne, il me faut à présent tenter de démontrer dans quelle mesure les alcoolisations adolescentes participent de cette même recherche, de cette même quête spirituelle, sans qu'il soit nécessaire de questionner Dieu lui-même. La foi, les croyances, les religions ont proposé et nous permettent de trouver des réponses aux expériences qui ne font pas sens immédiatement. On pourra qualifier la foi d'évitement, de refus d'affronter ses responsabilités comme l'a dénoncé J.-P. Sartre, et c'est peut-être ce qui se joue pour certains croyants ayant un très fort besoin de se réassurer sans se risquer à comprendre ce qui les légitiment dans de telles valeurs. Mais là n'est pas mon objet de questionnement. Ce qu'il m'apparaît important d'interroger, c'est ce qui s'exprime à travers les alcoolisations adolescentes, en ce qu'elles doivent être contextualisées, sur un plan historique, culturel, social, etc. Et ce avec un objectif précis, celui de leur donner des clés, des pistes de questionnements qui ne se réduisent pas à cette seule perspective des cuites du week-end.

Quels arguments justifient de prêter aux adolescents, à travers leurs alcoolisations, une tentative de quête spirituelle, dans le sens où je l'ai définie ? J'illustrerai mon propos en convoquant deux auteurs qui se sont opposés tout en offrant la même analyse. Simplement l'un, comme J.-P. Sartre, a préféré s'en défendre quand l'autre a abdiqué, a renoncé.

E. Fromm a décrit l'amour de Dieu comme ce qui «*jaillit du besoin de surmonter la séparation et de réaliser l'union*», comme « *le besoin d'aimer procède de notre sentiment de séparation et du désir de surmonter l'angoisse de cette séparation par une expérience d'union* » [630]. Une première lecture nous fait comprendre que ce que dit l'auteur, c'est qu'à travers la foi se profilent les figures parentales. Mais, affirme-t-il dans un deuxième temps, la foi n'invite nullement le sujet à vivre Dieu comme ses père et mère, en ce sens que chaque acte, chaque pensée ne devraient pas être guidés par la crainte d'être puni par Dieu Le Père, ou par le besoin de plaire à Dieu La Mère ; l'homme authentiquement religieux a simplement «*foi dans les principes que Dieu représente ; il pense la vérité, vit l'amour et la justice... en fin de compte, il ne parle pas de Dieu, ni ne mentionne même son nom. S'il parlait d'aimer Dieu, cela signifierait simplement qu'il éprouve le désir nostalgique d'accomplir la pleine mesure de l'amour, de réaliser ce que "Dieu" est à ses yeux*», celui qui croit «*sait qu'il ne sait rien sur Dieu*» [631]. A travers ces quelques lignes, l'auteur parvient à résumer la foi, en ce qu'elle ne concerne effectivement pas la question ou pas de Dieu, mais s'inscrit simplement et résolument comme un regard sur le monde. Celui-ci n'est possible que si l'individu parvient à transposer à travers la Figure Divine les qualités autant que les caractéristiques de ses figures parentales, sans les confondre avec ce qu'elles étaient dans la réalité, en tout cas avec l'empreinte qu'elles ont laissée chez l'enfant. Là est la foi authentique, celle qui ne reproduit pas un schéma familial mais s'inscrit dans un système de valeurs, représentées par Dieu. Ce regard sur le monde autant qu'une façon d'être au monde ne peuvent donc s'observer que chez l'individu qui a accepté ses limites, c'est-à-dire ses peurs, dont celle d'être abandonné figure au premier plan, et il s'agit ici de limites « contenu », mais également de limites au sens d'acceptation de la Loi symbolique, et il s'agit alors de limites « contenantes ». E. Fromm décrira d'ailleurs la personne « *mûre* » comme celle qui « *s'est affranchie des figures extérieures du père et de la mère, et les a élaborées à l'intérieur d'elle-même. Non point en les incorporant, comme l'a prétendu Freud dans sa conception du Surmoi, mais en édifiant une conscience maternelle sur sa propre capacité d'amour et une conscience paternelle sur sa raison et son jugement* » [632].

Au contraire, S. Freud ne voyait dans Dieu qu'une exaltation de la figure paternelle, « *Dieu lui-même n'est rien d'autre psychologiquement qu'un père qui a été exalté* » [633], faisant figure, en psychologie collective, de surmoi[634], dont l'autorité a, en tout temps et en tout lieu, toujours été réclamée par l'homme, allant jusqu'à affirmer que « *la religion n'est qu'une névrose de l'humanité* » [635]. E. Fromm y faisant lui-même référence, je ne ferai que reprendre à mon compte sa critique. La foi, telle qu'elle est rejetée par S. Freud, est pour l'auteur synonyme d'immaturité, quand l'individu se comporte adulte sur un registre infantile, oscillant entre peur de la sanction quand il désobéit et besoin de flatterie quand il obéit. En ce sens, l'homme religieux est pour S. Freud un individu qui ne s'est pas encore reconnu dans ses propres valeurs, dans sa propre individualité, et continue d'adhérer à celles de ses parents sans pour autant les respecter en tant que telles. Par peur ou refus de grandir, l'homme qui croit fait figure de petit enfant qui ne s'est toujours pas autonomisé/émancipé. Il a, à mon sens, échappé à l'auteur, qui évolue dans une société encore patriarcale, où les figures parentales sont encore l'une et l'autre fortement autoritaires, une dimension que je souhaiterais maintenant développer.

Le choix de se risquer à croire, aujourd'hui, ne revêt plus la même signification. Quand les figures parentales font défaut, malhabiles dans cette période incertaine que représente l'adolescence dans la société occidentale, il peut être souhaitable de questionner l'altérité, c'est-à-dire sa propre individualité, *par-delà* des figures parentales défaillantes, en tout cas vécues comme telles. Je souhaiterais même aller plus loin en affirmant aujourd'hui que l'individu qui s'inscrit dans cette dimension (le risque de la foi) manifeste un désir réel, tangible, de devenir adulte, en se réappropriant des identifications parentales jusque-là défectueuses, ou pour le moins incomplètes, à travers une représentation de Dieu réunissant à la fois les deux dimensions historiques qui sont les siennes : patriarcale, mais aussi et surtout matriarcale. Cette quête d'absolu dont je pense qu'elle est celle des adolescents d'aujourd'hui qui font l'expérience de l'alcool et des autres substances psychoactives, doit s'entendre comme de la nécessité psychologique et sociale pour ceux-ci de trouver à leurs questionnements identitaires une réponse suffisamment satisfaisante pour pallier les nombreuses expériences vécues négativement par eux. L'état d'urgence amène ces nouvelles générations vers la nécessité d'une compréhension plus globale, nécessairement spirituelle, du monde dans lequel elles vivent aujourd'hui. A travers les alcoolisations adolescentes, il faut comprendre une tentative (désespérée) de transcender la faillite sociétale, en ce qu'elle n'offre plus de perspective de reconnaissance des nouvelles générations, pas plus qu'elle ne leur laisse une place. Ce qu'a su parfaitement résumer J. Bergeret, « *le mouvement de dépressivité individuelle et collective succédant à la faillite des principales positions philosophiques et idéologiques (exprimées ou tacites) a touché de plus en plus de sujets, des jeunes en particulier en quête d'un introuvable mysticisme et en réalité à la recherche d'images identificatoires parentales de plus en plus difficiles à rencontrer* » [636].

Il n'est pas question dans ce travail de questionner l'existence (ou pas) de Dieu, mais de comprendre comment la foi (ou sa recherche) permet de répondre psychiquement et socialement à des troubles qui autrement resteraient en l'état, occasionnant sur le registre comportemental autant de passages à l'acte qu'il est possible d'en compter. La quête spirituelle que l'on doit associer à ces conduites toxiques adolescentes permet de faire ressortir les défaillances sociétales d'aujourd'hui. Dès lors, on peut voir dans ces recherches d'ivresse et de défonce une volonté (excessive puisque l'expérience à échoué) de l'adolescent de se construire des figures parentales idéales ou imaginaires à travers une Figure Divine : Dieu est à la fois mère et réunit de ce fait les qualités qui la définissent : aimant de façon inconditionnelle et égalitaire, simplement parce ses enfants sont ses enfants, mais Dieu est également père, puisque son amour est conditionnel et hiérarchique, et qu'il introduit l'exigence d'une performance, et donc de rivalités, non pas tant pour être le meilleur dans une société matérialiste, mesurant la valeur de l'être humain sur sa capacité à gagner de l'argent et à avoir du pouvoir, mais bien au contraire dans une performance à être soi-même et à agir au mieux de ce qui peut être fait, pour soi et pour les autres, en intégrant donc une limite.
C'est en ce sens qu'il faut donc analyser les alcoolisations adolescentes, comme autant d'expressions d'échecs éducatifs et sociétaux à leur proposer si peu d'autres référents adultes pour dépasser les difficultés qu'ils peuvent rencontrer au moment de l'adolescence à renoncer aux figures parentales en leur en substituant d'autres momentanément.

TROISIÈME PARTIE
LA PRÉVENTION

Cette dernière partie est consacrée à l'expérience proprement dite de prévention qui s'est déroulée à Quimper (établissement Le Likès), et s'appuie autant sur l'analyse des questionnaires distribués lors de chaque session que sur les différents échanges qui se sont déroulés lors de chaque rencontre. Alors que le premier support consiste en une analyse des réponses fournies par les élèves, le second se veut plutôt une restitution analytique de mes propres propos. En effet, les différentes stratégies que j'ai pu adopter au moment des interventions n'avaient absolument pas été préparées, en ce sens que l'organisation type telle que je l'avais imaginée en amont n'a pas nécessairement pu trouver place, et qu'il m'a fallu trouver à de multiples reprises le moyen d'entrer en contact avec chaque classe, et parfois plus spécialement avec quelques élèves. Ces différentes stratégies ont donc été progressivement sériées et catégorisées au moment de la rédaction de cette dernière partie. Enfin, l'analyse initiale des réponses aux questionnaires, très ethnographique, a été considérablement réduite dans un souci de concision, afin de produire une théorisation des différentes représentations sociales des adolescents de l'alcoolisme, de la personne alcoolique et donc des alcoolisations en général, qui puisse être généralisable à toute autre intervention de prévention. Aussi, parmi les nombreuses thématisations annoncées au sujet de l'analyse du deuxième questionnaire, beaucoup ont été supprimées, afin de n'en restituer que l'essentiel théorisé.

Il est difficile d'intervenir sur un sujet aussi *étranger* aux adolescents que la prévention de l'alcoolisme. Plus encore sans doute, lorsqu'il s'agit d'élèves qui vivent en internat toute la semaine, avec pour seule possibilité d'évasion – pour les plus âgés (soit à partir de la seconde) – l'octroi de deux fois une heure de liberté en dehors de l'établissement, et pour lesquels ce thème d'interventions fut imposé par l'autorité administrative. Pour la majorité du public d'internat rencontré, l'alcool occupe une place particulière dans le quotidien, à titre d'expérience (rares sont celles et ceux qui n'ont jamais essayé lorsqu'ils atteignent l'âge de 14 ans), mais également en tant que source d'apaisement immédiat – les « pistes » de la semaine, ou l'idée de celles à venir comme les fêtes du week-end, permettent à la plupart d'entre eux de tolérer un quotidien parfois difficile, oppressant, qui se surajoute à la pression scolaire propre à tout étudiant. L'absence d'intimité, le sentiment d'emprisonnement, de « flicage » parfois plus important qu'au domicile familial, et surtout l'épreuve d'autonomisation (se « débrouiller » sans la présence – affective – quotidienne des parents) donnent à l'alcool, mais également à toute autre consommation (conjointe ou non) : cannabis, tabac, etc., une place importante pour désamorcer certaines tensions spécifiques. Pour nombre d'élèves de l'internat, la consommation d'alcool aide à vivre le quotidien.

Les six groupes que j'ai rencontrés trois fois dans l'année, à raison d'une heure et demie pour chaque intervention, m'ont permis d'apprécier dans quelle mesure, sous quelles conditions, il était possible d'entrer en relation, et par-delà, de faire passer un message, lorsque j'acceptais de jouer le jeu implicite du dévoilement et de l'authenticité. Etre formateur, intervenant auprès du public adolescent suppose une relative bonne connaissance de ses fragilités personnelles, car l'adolescence est un âge, plus que tout autre, en face duquel il n'est pas bon d'user d'un masque (illusoire) de la confiance en soi (si elle n'est pas acquise). Très vite, un ou plusieurs élèves cherchera à déstabiliser l'adulte, allant parfois jusqu'à la confrontation, pour une vaine tentative de rééquilibrage du pouvoir, à défaut d'une autorité plus saine dans ce genre de rencontre. Il m'a en effet semblé véritablement mal venu d'utiliser le pouvoir que me conférait l'autorité administrative, pas plus que je n'ai souhaité jouer d'une quelconque autorité dont je pouvais jouir face aux élèves de par mon statut d'adulte ou du fait d'un potentiel de savoir sur la question. Mon souhait premier, avant même le début des interventions, était d'entrer en contact avec les élèves, et grâce à l'appui des multiples rencontres, d'établir une mise en confiance, certes relative. Chaque intervention devait permettre d'aboutir à un « apprivoisement » réciproque. J'y suis parvenue avec plus ou moins de succès selon les groupes d'une part, et à l'intérieur du groupe, selon les élèves. Il est d'ailleurs véritablement regrettable que l'administration, pour des raisons de politique interne, n'ait pas désiré donner suite au projet initial de suivi des élèves rencontrés sur l'année 2002-2003.

Intervenir auprès d'adolescents exige également, comme je l'exprimais en introduction, une réelle empathie[637] pour cette tranche d'âge qui nous renvoie nécessairement à nos propres tumultes d'antan, mais dont le souvenir n'est jamais véritablement à la hauteur de ce qu'il a représenté comme bouleversements émotionnels. E. Kestemberg note à quel point cette période reste obscure pour les adultes, lesquels, même dans le cadre d'une cure analytique, « *racontent leur adolescence dans le registre du connu et non pas du vécu. Ils peuvent se rappeler les souffrances ou les joies de cette période de leur existence, sans que la résurgence de ces souvenirs entraîne d'émotion actuelle : en fait, la plupart ont à l'endroit de ces années de leur jeunesse, le sentiment de leur être étrangers* » [638].

S'il est incontestable que l'intervenant, le formateur, est totalement éloigné dans sa relation aux élèves du cadre de la cure psychanalytique, la remarque de l'auteur mérite cependant que l'on s'y arrête puisqu'elle se situe dans la difficulté de l'analyse d'adolescent et les risques d'attitudes contre-transférentielles de l'analyste. Et de poursuivre « *s'il n'est pas facile aux adolescents de s'identifier à un adulte, il est malaisé aux adultes de s'identifier à l'adolescent* » [639]. Ce que dit E. Kestemberg, c'est qu'il est difficile pour l'adulte de trouver une posture équilibrée face aux adolescents qui ne relève ni d'une nostalgie excessive pour cette période, ni d'un regard trop sévère face à des comportements jugés du haut de sa maturité d'adulte.

Et l'auteur de conclure qu'il est toujours tentant pour l'adulte de s'affronter à l'adolescent sur le terrain de la prise de pouvoir (en renvoyant l'adolescent à son ignorance : l'intervenant détient le savoir, ou a une hiérarchie de fait : je suis adulte tu ne l'es pas encore, je suis intervenant, donc mandaté par l'autorité administrative, et tu es élève) si ne s'opère pas chez l'adulte une réelle volonté de « *revalorisation de* [la] *personne* [des adolescents] *tout entière, …, l'acceptation justifiée de leur autonomisation* » [640]. E. Kestemberg va jusqu'à souligner le succès de certaines prises en charge, qui tiendrait moins de l'habileté et des connaissances du thérapeute que de ses « *possibilités de s'identifier à l'adolescent, donc en fait à sa liberté intérieure, au sentiment de sécurité et d'assurance qu'il a vis-à-vis de lui-même* » [641].

En me référant à ces deux auteurs (E. Kestemberg et C. R. Rogers), je souhaite souligner à quel point il peut être parfois difficile d'intervenir auprès d'adolescents sur un sujet comme la prévention de l'alcoolisme, et de garder intacte une ligne de conduite préalablement définie. Respecter l'individualité de l'adolescent a consisté pour moi à maintenir la ligne directive du contenu de mon discours, que l'adolescent suscite en moi une vraie sympathie (alors que j'étais là pour un rappel de la Loi) ou au contraire un agacement profond (lorsque j'oubliais qu'il demeurait libre de ses expériences).

CHAPITRE V
LES INTERVENTIONS.
DE L'IMPORTANCE DU LIEN QUI SE CRÉE ENTRE L'ADOLESCENT ET L'INTERVENANT

Le premier groupe avec lequel j'ai débuté les interventions m'a donné l'illusion de croire que celles-ci allaient être « faciles », faciles signifiant tout à la fois agréables de mon point de vue comme du leur, faciles parce que les élèves manifestaient un réel intérêt pour le sujet. Je dois également ici faire état du trouble que j'ai ressenti à constater, en tant qu'intervenante (c'était la première fois), la présence, dans ce groupe, d'adolescents présentant des consommations déjà très problématiques. Désormais, ce n'était plus des adultes qui témoignaient de leurs expériences d'alcool à 15 ans mais des adolescents. Je mesurais alors ce qui pour moi ne relevait jusqu'alors que de mes intuitions.

Ce premier groupe se composait d'élèves âgés de 15 à 19 ans, issus de sections professionnelles. La majorité d'entre eux jouait la dernière carte scolaire, les « sections pros » cumulant difficultés scolaires et familiales[642]. Pour autant, ces fragilités m'apparurent comme une force : tous ces élèves étaient d'une étonnante maturité, d'une intelligence rare et dans leur effronterie, ils se sont montrés très respectueux du travail que je souhaitais mener avec eux, beaucoup plus parfois que certains autres élèves plus prometteurs sur le plan scolaire rencontrés par la suite.

J'ai observé ces mêmes qualités dans le petit groupe d'élèves de 4ème /3ème (groupe 6), tous aussi consommateurs que leurs aînés, poly-consommateurs même pour certains d'entre eux. Les problèmes de « discipline », qui se manifestaient essentiellement par des pertes régulières de leur attention (les 13-14 ans aiment encore plus à se nicher dans un rapport de confrontation) ont été largement compensés par leur désir encore intact de se questionner (du fait de leur plus jeune âge ?) et la satisfaction manifeste de se lire comme « grands » dans mon regard. Cette curiosité ressortira cependant assez mal de leurs réponses aux différents questionnaires : le plaisir qu'ils ont pris à participer à ces interventions a masqué en partie l'illusion en temps réel que j'ai eu de croire qu'ils s'interrogeaient en fait également sur leurs propres consommations, ce qui n'est pas le cas[643].

Le groupe 2 était également issu d'une filière professionnelle, mais alors que le groupe 1 rassemblait des élèves de comptabilité et vente (vecteur de facilitation de l'utilisation de la parole), il s'agissait dans ce groupe d'élèves de sections industrielles. Bien que très concernés par la question alcool, beaucoup d'entre eux consommaient très régulièrement (voire poly-consommation), j'ai rencontré plus de difficultés à les faire s'exprimer sur le sujet, et à s'exprimer tout simplement.

Les autres groupes, 3 et 4, m'ont également donné beaucoup plus de difficultés, à tout point de vue : la prise de contact, le contenu de l'intervention, le plaisir de s'exprimer, etc. Une remarque mérite d'être avancée : les deux groupes précédents n'étaient pas, à une exception près, mixtes. Une seule jeune fille était présente dans le groupe des 4ème/3ème, et cette situation a probablement permis d'échanger de façon plus intime (dans cette dernière situation, pour les garçons exclusivement), de dévoiler sans prise de risque majeure certaines fragilités de comportement ou d'identité. Il ne m'a cependant pas semblé que cette mixité représentait un frein à la capacité de s'exprimer.
Les groupes 3 et 4 étaient des classes de seconde générale, et curieusement, plus les sections étaient valorisées, reconnues comme des sections supérieures dans les représentations des élèves et des enseignants (particulièrement les sections européennes), plus ces derniers élèves étaient pour moi source de difficultés. Nombre d'entre eux sont restés muets, muets sur la question alcool, mais également muets sur toute autre question.
L'image d'élèves studieux n'a pas suffi à expliquer ce silence presque hostile à l'encontre de toute forme d'expression individuelle. Certes, il faut reconnaître que, si l'on se fie aux réponses qu'ils ont données aux questionnaires distribués, plus l'on se situe dans les sections « valorisées », plus le pourcentage d'élèves qui ne boivent pas du tout d'alcool est élevé. Mais cette donnée n'est véritablement valable que pour les sections européennes. S'agissant des sections générales (littéraires, économiques et scientifiques), l'alcoolisation était autant pratiquée que par les élèves des sections professionnelles et techniques. Pour la plupart, les élèves des sections européennes m'ont paru plus immatures que leurs camarades, et ne prêtant guère d'intérêt à tout questionnement introspectif.
Quant aux élèves des sections générales, ils m'ont semblé très désabusés, par leur quotidien en internat, par le rythme scolaire qui laisse peu de place au rêve, mais également par tout ce qui définit le reste du monde et ne les concerne pas eux, adolescents de 15, 16 et 17 ans. Dès lors qu'un sujet est abordé *de l'extérieur*, par un adulte de surcroît, le dialogue ne leur semble pas d'un grand intérêt. Ils représentaient à mes yeux l'expression même de cet âge où l'on se pose mille questions pour éviter d'interroger *la* question de la sexualité, pourtant centrale de leurs échanges en interventions. C'est avec ces groupes que j'ai été mise en échec, je m'en suis aperçue à la lecture des questionnaires. Souvent en souffrance, installés parfois dans un mode consommatoire déjà régulier, ils ne s'en sont que très peu exprimés à l'oral, surtout les filles. Le nombre d'élèves par groupe était certes très élevé, et l'intimité pas forcément partagée, ce qui a nuit à l'installation d'une dynamique de groupe. Mais il m'apparaît que c'est essentiellement le manque de temps qui a été le « ralentisseur » à ce fameux apprivoisement que j'évoquais précédemment.
Reste le dernier groupe, le groupe 5, la filière technique. La majorité des élèves, hasard ou pas, étaient pour la majorité d'entre eux, issus du milieu rural, et par « nature », peu enclins à s'exprimer[644], en tout cas peu à même de faire confiance. Ce groupe m'a également posé beaucoup de difficultés, tous sujets confondus.

SECTION 1
DE L'UTILITÉ D'INCITER LES ADOLESCENTS À SE QUESTIONNER SUR LEUR RAPPORT À L'ALCOOL

Inciter l'adolescent à s'interroger sur son rapport à l'alcool pose en préambule la question de l'efficacité de ce mode d'intervention. Agir au nom de la prévention n'est-il pas vain ?

Depuis l'existence de la Mission Interministérielle de Lutte contre la Drogue et la Toxicomanie (MILDT - 1982), et pour ne s'attacher qu'à ces vingt dernières années, on peut dire sans provocation nihiliste que du point de vue des addictions en général, les seuls résultats obtenus s'appuient sur la politique de réduction des risques : baisse considérable de la transmission du VIH et des maladies sexuellement transmissibles par l'accès gratuit ou à un faible coût des seringues et préservatifs, contrôle médical des substances chimiques (ecstasy, etc.) dans les raves, et plus spécialement pour ce qui nous concerne, baisse des accidents de la route par la mise en place de dispositifs variés : éthylotests à la sortie des boîtes de nuit, entrées et boissons non alcoolisées gratuites pour les conducteurs, ramassages collectifs, etc.

Ces différentes actions, pour positives qu'elles soient, n'ont eu que peu d'incidences sur les alcoolisations adolescentes, car il ne s'agit pas de prévention de l'alcoolisme. La politique de la MILDT, comme celle de l'Association Nationale de Prévention en Alcoologie et Addictologie (ANPAA), qui fondent l'essentiel de leurs actions sur la valeur dissuasive de l'information, est absolument inefficace : l'idée que plus le consommateur est informé des risques qu'il encourt, moins il se met en danger a fait la preuve de son inadéquation.

Le seul effet dissuasif auprès du jeune public que l'on a pu observer s'est réalisé dans l'augmentation tarifaire du tabac, même si cette action a eu elle aussi ses effets pervers : les adolescents se sont alors tournés vers le tabac à rouler, les cigarettiers, redoublant d'inventivité, ont lancé les paquets de 10 cigarettes, etc. Cette prévention par les prix n'a pu se réaliser pour l'alcool, mais il serait vain de pointer une fois encore la puissance du lobby des alcooliers et l'ambivalence de nos politiques, car il me semble que c'est une réalité avec laquelle il faudra longtemps composer. Autant penser d'autres moyens d'action qui ne s'appuient pas sur cette seule revendication illusoire. Il serait de toute façon naïf de croire que la seule augmentation des prix de l'alcool puisse engendrer une modification durable des comportements adolescents. Pour autant, cette prévention par les prix obtient quelques résultats.

La prévention, pour être efficace, doit s'interroger sur la fonction qu'occupe l'alcool durant cette période déterminante qu'est l'adolescence, et appréhender au plus juste les attentes par rapport au produit, car c'est en fonction de ces deux

critères que l'on peut être à même de déterminer si la relation de l'adolescent à l'alcool est transitoire, pathogène ou pathologique.
La question de la confiance est primordiale dans cet accompagnement, et tant que les acteurs de la prévention ne tiendront pas compte de cet élément affectif du lien entre l'intervenant et l'adolescent, aucune intervention ne pourra fonctionner. Il n'est pas question ici d'instaurer un déplacement sur la personne de l'intervenant, mais c'est la qualité du lien qui autorisera l'adolescent à verbaliser son rapport à l'alcool, quand celui-ci est en mesure d'apprécier s'il fait ou non problème.
Jusqu'à ce jour, la prévention de l'alcoolisme est présentée et mise en œuvre comme un enseignement (très) accessoire. C'est au contraire à mon sens un enseignement qui devrait être central de ce qui fait question à l'adolescence, et je dirais non pas tant l'alcoolisme, ou plus exactement les alcoolisations (excessives), mais la fonction de substitution, de déplacement qu'elles occupent dans l'économie libidinale de l'adolescent. Ce n'est pas donc la prévention en tant que telle qu'il convient de remettre en cause, mais bien son contenu et l'organisation de son déroulement.

§ 1
L'enjeu du diagnostic de consommation problématique

Intervenir au nom de la prévention repose sur un triple postulat : de manière générale, cela induit du discours qu'il puisse avoir une quelconque incidence sur le comportement de celui qui en bénéficie ; concernant plus spécifiquement la prévention d'une problématique alcoolique, cela présuppose également que ce mode d'action permette à l'adolescent qui sera identifié comme entretenant un rapport pathogène/pathologique au produit de modifier cette relation en évitant le couperet de l'abstinence totale d'alcool. Enfin, il ne saurait être fait abstraction de l'acceptation par l'intervenant que l'adolescent puisse être en danger avec l'alcool, ce qui signifie que l'on ne peut s'inscrire dans une action de prévention de l'alcoolisme sans postuler préalablement que l'adolescent peut être alcoolique, ou au moins présenter une consommation problématique.
J'entends par consommation problématique d'alcool toute consommation qui a principalement pour objectif de soulager ou masquer une souffrance, mais également celle qui permet d'oublier « régulièrement » un quotidien difficilement supportable : me paraissent donc déjà problématiques à l'adolescence les pratiques d'alcoolisations suivantes :

- la consommation d'alcool jusqu'à l'ivresse : la défonce, dès lors qu'elle est régulièrement recherchée ;

- l'incapacité à ne pas consommer d'alcool lorsqu'elle s'exprime dans un contexte alcoolisé (entre copains, en fête, etc.) ;
- l'impossibilité à envisager une « fête » sans alcool ;
- la consommation systématique visant à se donner du courage pour dialoguer, s'amuser, rire, s'oublier, etc. ;
- la consommation d'alcool en solitaire ;
- etc.

Je n'affirmerai pas que ces adolescents sont déjà inscrits dans le processus de l'alcoolisme, mais plutôt qu'ils peuvent déjà s'inscrire dans le processus pathologique et développer une problématique alcoolique. Nombreux sont les auteurs/cliniciens qui se refusent à diagnostiquer un jeune, adolescent ou jeune adulte, comme sujet alcoolique, en objectant que les problèmes d'alcool à l'adolescence ne sont, dans la plupart des cas, qu'un fonctionnement transitoire. Le danger sous-jacent redouté par de nombreux professionnels de l'adolescence vise bien évidemment à retarder cette douloureuse stigmatisation sociale en ne stigmatisant pas justement l'adolescent avec cet adjectif substantivé : « alcoolique ». Ma position n'est pas de « labelliser » ces adolescents, mais de leur faire prendre conscience de la dangerosité de leur mode d'alcoolisation et d'inciter le corps soignant à plus de vigilance.

A propos des toxicomanes, J. Bergeret écrit : « *ce qui est certain aussi c'est que nous n'avons pas le droit d'appeler vraiment « toxicomanes » ceux qui ne sont pas encore dépendants, de dénoncer devant l'opinion publique et de mettre ostensiblement en état de détention plus ou moins prolongée de jeunes personnalités encore très mal structurées, donc très influençables, ayant été un samedi soir les victimes de quelques compagnons ou compagnes prosélytes cherchant à obtenir gratuitement leur « dose » en incitant leurs camarades à l'essai…* » [645].

Toujours à propos des toxicomanes, l'auteur renvoie à la nécessité ici d'établir nettement la distinction entre le consommateur occasionnel et celui qui est véritablement dépendant : « … *nous devons au contraire nous occuper plus attentivement de la personnalité du toxicomane, et rechercher au niveau de cette personnalité de quel genre de drogués il s'agit, c'est-à-dire si la drogue menace de constituer au sein de la personnalité un investissement tyrannique réduisant à peu près à néant toutes les autres formes d'investissement relationnel, ou bien si l'utilisation d'un produit (que nous savons dangereux) assure, (on peut espérer provisoirement) le simple colmatage d'une brèche, d'une faille dans l'élaboration de la personnalité, autrement dit un essai (sûrement pas inoffensif) d'adaptation, avec lequel bien sûr il va falloir compter mais sans prendre les choses au tragique à tout coup et d'emblée* » [646].

Je ne partage pas la position de cet auteur. Il m'est impossible de ne pas y déceler une dangereuse négligence, masquée par la subtilité du style, et de m'interroger sur différents points :

1) pour J. Bergeret, les week-ends systématiquement alcoolisés, la recherche de défonce (consommation excessive dans un laps de temps très court), l'incapacité à concevoir la « fête » sans alcool, l'expérience d'alcool de plus en plus précoce, etc., doivent-ils être considérés comme « *un investissement tyrannique réduisant à peu près à néant toutes les autres formes d'investissement*

relationnel », ou bien comme un *« simple colmatage d'une brèche, d'une faille dans l'élaboration de la personnalité, autrement dit un essai (sûrement pas inoffensif) d'adaptation* », sachant que ces modes de consommation sont fréquents chez de nombreux adolescents ?

2) L'adolescent qui se trouve dans ce cas de figure, c'est-à-dire dans ce mode de consommation, n'est-il pas *déjà* en danger (d'alcoolisme ou de toute autre dépendance, sans même évoquer les dangers immédiats : coma éthylique, conduite en état d'ivresse, etc.) et comment dans ces conditions définir le point de rupture entre « *investissement tyrannique* » et « *colmatage de brèche* » si ce n'est lorsque la dépendance est *déjà* installée ?
3) Ces modes de consommation de l'adolescent, parce qu'ils sont considérés comme des fonctionnements transitoires, sont dès lors perçus comme des modes occasionnels de consommation. Or, dans la réalité, cette consommation prétendument occasionnelle va perdurer sur de nombreuses années. Je ne peux appréhender les consommations d'alcool des adolescents que je rencontre comme des phénomènes « occasionnels ». La fréquence et la répétition de ces pratiques très vite les inscrivent dans une régularité dangereuse, parce que banalisée, qui les met en danger.
4) Il convient, écrit également l'auteur, de distinguer le type d'investissement au produit pour déterminer si l'individu est ou non « drogué », notamment par rapport à sa personnalité. A ma connaissance, peu d'individus s'inscrivent dans une consommation d'alcool *immédiatement* « tyrannique ». L'alcoolisme étant par définition un processus, la consommation est d'abord occasionnelle avant de devenir répétée, elle est, comme le formule un élève, « *d'abord désir avant de devenir besoin* ». Le simple excès systématique ou l'impossibilité de concevoir une fête sans alcool, etc., même s'il n'y a pas encore dépendance physique, ne devraient-ils pas être suffisants pour alerter le clinicien, le sociologue, l'adulte ? Comme H. Gomez, j'estime que « *ce serait une piètre conception de l'action médicale que d'attendre la période de l'alcoolisation " irrépressible " , pour nous sentir concernés. Pourquoi cantonner le soignant à la " lutte finale " ou aux périodes critiques ?* » [647]. Pourquoi en effet attendre l'installation de la dépendance, alors que de nombreux indicateurs peuvent permettre de l'éviter ?
5) Enfin, mais je l'ai déjà maintes fois signifié, ce qui sous-tend le propos de J. Bergeret participe de cette absence de questionnement relatif aux alcoolisations adolescentes. Dans quelle mesure, sur quels arguments l'auteur s'appuie-t-il pour n'émettre aucune objection quant à la recherche de défonce, même ponctuelle, de l'adolescent. Qu'est-ce qui justifie que cette expérience soit considérée comme normale, si ce n'est une validation, une légitimation de la consommation d'alcool chez l'adulte, et ce alors même que cette pratique est déjà détournée de l'objectif festif qu'on lui prête par l'adolescent ?

Il me semble que l'alcool tel qu'il est « utilisé » par de nombreux adolescents – dans les situations ou modes de consommation que je viens d'évoquer – vise à colmater une brèche, fonctionnement qu'il convient justement de ne pas banaliser.

Car s'il m'est heureux de reconnaître que ces différentes pratiques ne deviendront pas nécessairement alcoolisme, combien d'adolescents se retrouveront en réunion d'anciens buveurs parce que des adultes se seront refusés à vouloir porter un diagnostic trop rapide, lequel faut-il le rappeler aurait peut-être permis d'éviter une abstinence définitive d'alcool ? Il n'y a donc pas de mon point de vue de distinction à opérer.

Cela dit, la question qui se pose encore plus certainement est de savoir de quelle façon, dans le cadre d'interventions de prévention, il convient d'agir face à un adolescent présentant un problème d'alcool.

Lors de mes interventions, j'ai été confrontée à trois types d'élèves :

- ceux qui n'avaient aucun problème d'alcool (pas de consommation ou très épisodiquement), ou à propos desquels il serait possible d'affirmer qu'ils entretenaient un rapport de plaisir à l'alcool ;
- ceux qui « flirtaient » avec un mode d'alcoolisations fréquemment excessives, mais qui pour plusieurs raisons, ou parce que je manquais d'éléments pour me prononcer, ne présentaient pas de danger immédiat. Ces consommations pouvaient avoir valeur de fonction socialisante, ce qui revient à dire qu'elles étaient également influencées par le contexte social ;
- ceux qui présentaient déjà, et sans aucun doute, un mode de consommation problématique. La consommation de l'adolescent a alors une fonction mortifère.

Plusieurs critères ont été appréciés pour catégoriser ces différentes fonctions de la consommation d'alcool :

- s'agissant des élèves qui ne présentaient aucun problème d'alcool, ont été retenus :

1) les réponses aux questionnaires « *je ne bois pas* », « *je ne bois jamais* », « *je n'ai bu qu'une fois* », etc. : absence de familiarité avec cette pratique ;
2) ainsi que la concordance avec les propos tenus à l'oral, le manque d'intérêt évident pour un sujet et des questions dont ils étaient véritablement éloignés dans leur quotidien ;
3) la méconnaissance des boissons évoquées par leurs camarades, l'absence d'excitation ou de rire à l'évocation des cuites, etc. ;
4) l'âge. Il s'agissait souvent d'élèves, toutes sections confondues, entre 14 et 15 ans, faisant figure de « bon élève », relativement effacés et formant un petit groupe à part dans chaque groupe constitué par l'administration.

- Concernant les élèves appréciés comme « flirtant avec un mode d'alcoolisations fréquemment excessives, mais qui ne présentaient pas de danger immédiat », j'ai apprécié :

1) les réponses aux questionnaires, particulièrement les mobiles invoqués à la consommation d'alcool ainsi que les occasions les justifiant également : « *les fêtes familiales* », « *les fêtes entre amis* », « *pour rire* », «*pour être ivre* », etc. ;
2) les réponses données oralement sur les mêmes sujets et la façon de les formuler ou de prendre la parole (élèves le plus souvent interrogés), pas de

minimisation des quantités ingérées, gêne relative à évoquer une cuite, et de manière générale, réticence à relater une expérience qui relève pour eux du domaine de l'intime et pour lequel il n'y a matière ni à se valoriser, ni à se dévoiler.

3) De manière plus subjective, ces élèves me sont également apparus comme relativement « bien dans leur peau », à l'aise avec la parole, plutôt dans la mesure sur le plan comportemental, pas d'excitation ni mutisme ;
4) l'absence d'alcoolisme familial ;
5) un discours sur l'alcool, ses effets, son utilisation pathologique plutôt éclairé. C'est sans aucun doute dans cette catégorie que mes appréciations quant à la problématique alcool ont pu être le plus sous-estimées, faute d'avoir pu échanger de manière satisfaisante avec les intéressés ; l'analyse des différents questionnaires confirmera cette remarque.

- Enfin, pour ceux « qui présentaient déjà, et sans aucun doute, un mode de consommation problématique », j'ai pu parvenir à cette conclusion en faisant concorder un certain nombre de critères :

1) les réponses aux questionnaires à la question des raisons qui poussent à boire : figure toujours et en première réponse « *l'ennui* », « *pour aller mieux* », « *pour se changer les idées* », « *l'internat vécu comme prison et l'alcool comme échappatoire* », « *la résistance au système* » puis « *la fête* » ;
2) à la question des conditions dans lesquelles ils consommaient, ces élèves ont rarement répondu « *en famille* » [648], préférant l'alcoolisation « *entre amis* » et/ou « *seul* », avec pour mobile invoqué « *se récompenser du travail accompli* », « *oublier le quotidien* », « *oublier ses ennuis* » ;
3) la prise de parole lors des interventions sur un mode exalté, une excitation (et pour certains une fierté) à parler de leurs consommations et de leurs ivresses, ou à l'inverse, plus généralement pour les filles, une honte à s'exprimer sur le sujet, avec toujours pour tous une minimisation des quantités et un refus de justification de leur consommation par l'ennui (discours très contradictoire, surtout chez les filles).
4) La présence d'alcoolisme familial.
5) Poly-consommation (cannabis et/ou cigarettes).
6) Concernant les deux élèves reçus en face à face à la fin des interventions, rationalisation de leur consommation excessive par un quotidien familial difficile (divorce et désir de protéger la petite sœur des conflits parentaux, culpabilité à représenter une charge supplémentaire pour les parents durant la traversée de l'épreuve pour l'un, pour l'autre absence du père, solitude).
7) Contradictions dans le discours selon que la prise de parole est spontanée (valorisation des quantités d'alcool pouvant être ingérées, tenue de l'alcool, etc., discours de virilité) ou demandée par l'intervenant (déresponsabilisation sur les compagnons de cuite, minimisation des quantités, modification des mobiles invoqués : pour s'amuser et non plus par ennui ou sentiment de solitude, banalisation des alcoolisations vécues en solitaire qui se réduisent à un mode exceptionnel de consommation).

§ 2
Violence de dire, violence de ne pas dire ?

Lors de participations durant l'année 2000 à des réunions d'anciens buveurs (Les Alcooliques Anonymes - Paris), j'ai entendu de nombreux témoignages concernant l'absence d'effet miroir durant les premières années de consommation quand l'alcool commençait à jouer son rôle de solution magique : beaucoup d'anciens buveurs regrettaient que personne ne leur ait jamais renvoyé leur alcoolisme de façon claire. Nombreux étaient ceux également qui affirmaient que si l'expérience s'était présentée, peut-être n'auraient-ils pas attendu si longtemps avant d'accepter cette réalité, peut-être n'auraient-ils pas bu au point de se retrouver aujourd'hui seuls, après avoir été responsables (ou s'être sentis comme tels) de l'échec de leur mariage, de la mésentente avec leurs enfants (pour certains), de la perte de leur emploi, de leur situation affective et financière désastreuse, etc.
Cette position s'est également vérifiée lors de ma participation à d'autres réunions d'anciens buveurs durant l'année 2005, dans un cadre hospitalier [649], auxquelles participaient mensuellement nombre d'anciens buveurs et leurs conjoints, toutes associations confondues (AA, Vie libre, Les Pèlerins de l'eau vive, etc.), dans le but d'aider les personnes hospitalisées. Ce fut notamment évoqué au cours d'une réunion autour du thème « *Un homme qui n'a plus d'ami pour lui dire la vérité est un homme perdu* », Lino Ventura.
Mais à entendre ces témoignages, ce qui revenait le plus souvent pour celles et ceux qui se confiaient était qu'ils avaient dans la majorité des cas arrêté de consommer lorsqu'ils avaient eu la sensation très nette « de toucher *leur* fond », soit indépendamment du fait que certains amis ou membres de la famille leur avaient pourtant renvoyé ce qu'ils étaient depuis déjà longtemps : des personnes alcooliques. Ce n'est, pour beaucoup d'entre eux, qu'après avoir lu dans le regard de tiers, intimes ou non, cette terrible réalité, et la difficulté de plus en plus grande à être regardés, simplement regardés comme « minables », que la décision d'arrêter l'alcool a fait son chemin. Bien plus que la parole, ce qui avait véritablement créé une brèche dans le système de défense de ces personnes alcooliques, c'était le mépris ou la pitié qu'ils inspiraient et qui leur renvoyait la façon dont au fond d'eux-mêmes ils se percevaient vraiment. Lorsque ce regard était dirigé sur eux, au point que ces témoins n'aient plus besoin d'user du langage tant les faits parlaient d'eux-mêmes, alors bien souvent cet effet miroir provoquait un réel déclic conduisant progressivement vers la voie de l'abstinence. Ainsi un homme de 50 ans, abstinent depuis 20 ans, confiait-il sa décision d'arrêter l'alcool, lorsqu'au petit matin, après une nuit bien arrosée, ivre mort, gisant inconscient dans la rue, il en avait eu assez de lire mépris et dégoût à son encontre dans le regard des passants. Un autre homme, âgé de 38 ans, abstinent depuis une année, ressentit le même déclic, en voyant vraiment, pour la première fois, le regard de sa compagne,

usée par les dénégations répétées de son alcoolisme et n'accordant plus aucune crédibilité à l'homme assis en face d'elle lui bredouillant, largement éméché, qu'il n'avait pas de problème d'alcool.
Ce n'est donc que lorsque ne se présente plus aucune issue pouvant permettre une dernière fois d'illusionner leur entourage, et surtout de se tromper eux-mêmes sur ce qu'ils se sentaient être, que ces sujets alcooliques ont pris la décision de s'arrêter de boire, simplement parce qu'il ne se présentait devant eux plus aucune autre solution, c'est-à-dire plus aucune possibilité de se mentir et de mentir, et que les moyens habituels de s'y soustraire : banalisation de la consommation, déni, minimisation, déresponsabilisation, etc. ne fonctionnaient même plus à leurs propres yeux.
C'est en interrogeant sur ce sujet beaucoup de personnes alcooliques abstinentes que certaines se sont souvenues qu'il leur avait fallu bien des remarques et réflexions sur leurs consommations plus qu'excessives pour accepter qu'elles reflétaient une réalité depuis longtemps installée.
La question de la mise en garde et de ses conséquences psychosociales, car c'est bien de cela qu'il s'agit, se pose d'autant plus avec les adolescents ou jeunes adultes que je rencontre lors de mes interventions qu'elle ne se pose pour les sujets alcooliques abstinents susmentionnés rencontrés en réunions d'anciens buveurs. La majorité des personnes abstinentes auxquelles je fais référence se situait dans une tranche d'âge allant de 30 à 65 ans, et, à l'exception des plus jeunes, nombre d'entre elles avaient commencé à consommer l'alcool comme « solution magique » relativement tardivement (à partir de 25, 30 ans), si bien que la question de la stigmatisation sociale ne se posait pas dans les mêmes termes, étant vécue à un âge *déjà* adulte.
L'enjeu identitaire, bien que commun à *tous* les sujets alcooliques, n'entraîne cependant pas les mêmes conséquences à 18 et à 40 ans. S'il est vrai qu'à tout âge, l'alcool peut être utilisé *temporairement* comme « soutien logistique » pour surmonter une épreuve et être abandonné suffisamment tôt pour ne connaître aucune suite pathologique, cette possibilité l'est d'autant plus au moment de l'adolescence pour les raisons que j'ai développées dans les chapitres précédents : contradiction entre le besoin d'émancipation/besoin d'être rassuré, recherche de limites, positionnement par rapport à la Loi, « rituel » festif, etc.

1. Le face à face, une première main tendue

Un premier argument peut être invoqué pour justifier d'exprimer ses craintes à l'adolescent en danger. Il repose sur l'idée que plus tôt est renvoyée l'éventualité d'un rapport pathogène à celui qui utilise l'alcool comme une béquille, plus tôt l'on peut espérer une prise de conscience et une modification de sa relation au produit, l'objectif de cet effet miroir tendant à un mieux-être du sujet et une possibilité de continuer à consommer de l'alcool dans un rapport beaucoup plus sain. Pour autant, les nombreux témoignages évoqués semblent faire la preuve de l'inefficacité de cet argument. De plus, on pourra reprocher à cette position un certain effet pervers en suggérant d'une certaine façon à l'adolescent d'inscrire son comportement dans un registre pathologique. Celui-ci peut en effet trouver des bénéfices secondaires à s'installer dans un registre identitaire négatif. A défaut de vide, il est possible qu'il se complaise dans une *identité d'alcoolique.*

Mais la question de la stigmatisation interroge également sur la légitimité d'un tiers à restituer un diagnostic « problème d'alcool » à quelqu'un qui n'en a pas fait expressément la demande : aucun des adolescents que j'ai rencontrés en intervention n'avait demandé spontanément à bénéficier d'une intervention sur les dangers de l'alcool, à l'exception relative des élèves de l'établissement de Sainte-Marie, qui ont pu choisir dans le cadre d'une « semaine santé » parmi de multiples thèmes[650].

Que faut-il entendre par demande expresse ? La personne qui, délibérément, vient consulter un alcoologue, et lui demande sans détours : « suis-je alcoolique ? ». Rares, très rares sont les personnes alcooliques abstinentes rencontrées durant les années 2000 et 2005 lors des réunions d'anciens buveurs à avoir procédé de cette façon.

Mais que dire du sujet qui vient consulter son médecin généraliste pour obtenir un arrêt de travail, prétextant un état de fatigue, empestant l'alcool, ou au contraire présentant des signes de sevrage parce qu'il a retardé sa dose pour la circonstance, tout en ayant conscience qu'il aura les mains qui tremblent, qu'il suera énormément, etc. ? Ne sait-il pas qu'il y a une « chance » pour que le médecin lui parle de sa consommation et l'amène inéluctablement à s'interroger ? Cet acte posé – la visite chez le médecin – ne représente-t-il pas une demande d'aide implicite ? Parler de ses problèmes d'alcool, ce n'est pas demander un tube d'aspirine pour des maux de tête. Celui qui vient consulter, en prétextant malgré sa honte et sa culpabilité, un ennui de santé connexe, connaît le risque d'être percé à jour. Mais s'il maintient sa consultation, c'est qu'il présente un désir, même timide, mais manifeste, d'aborder la question. Celui qui se refuse à l'entendre, le médecin par exemple, ou préfère attendre une demande d'aide clairement formulée, ne fait que renvoyer l'individu alcoolique à son sentiment de solitude. Les premières rencontres sont à ce sujet parfaitement illustrées dans la pratique alcoologique décrite par les docteurs J.-Y. Gaignard et P. Kiritze-Topor, sur la nécessité d'écouter ce qui est formulé par l'individu alcoolique (et/ou son entourage), mais surtout sur ce qui est exprimé au-delà de la demande formulée lors de ces premières rencontres[651].

Lorsque j'ai rencontré en face à face les deux élèves au sujet desquels j'avais identifié un vrai problème d'alcool, j'ai eu la sensation de me retrouver dans la situation largement évoquée par tous les médecins/alcoologues en écoutant les réactions des deux adolescents : dans un premier temps, ils ont minimisé les quantités d'alcool qu'ils consommaient. Je les ai alors interrogés sur celles dont ils s'étaient vantés en classe. Loin de nier ces objections, ils sont passés à un

deuxième mode défensif : déresponsabilisation : certes, nous buvons beaucoup, seuls aussi, c'est vrai, mais c'est à cause de …, ou c'est conjoncturel, j'arrêterai dès que …
La dénégation fait partie de l'alcoolisme, ce mode défensif s'inscrit dans le processus d'acceptation de la pathologie et de sa « guérison » (rétablissement). Le temps de l'acceptation peut être plus ou moins long, et ne faire montre d'aucune résistance peut au contraire paraître suspect. Mais ce qui m'a ici particulièrement interpellée, c'est l'absence de stratégie à vouloir véritablement, sur la durée de l'entretien, nier un problème d'alcool. Ces deux élèves *savaient* déjà qu'ils buvaient trop. Je ne leur apprenais rien, ils en avaient fait eux-mêmes état. Ce dont ils n'avaient pas vraiment conscience, c'est que ce mode de consommation très excessif pouvait devenir un problème, et qu'à leurs difficultés actuelles pourrait s'ajouter un problème d'alcool. L'objectif du face à face devait les renseigner de mon inquiétude et les amener à prendre conscience que l'alcool ne résoudrait pas leurs épreuves actuelles.
Faut-il renoncer à leur exprimer cette dure réalité, sous prétexte qu'ils sont jeunes et que cela pourra passer, ou qu'ils ne sont pas aptes à l'entendre parce qu'ils sont trop fragiles ? Avec le temps, les épreuves vont continuer, et le problème alcool s'accentuer, au point de devenir central et de masquer tous les autres, qui ne seront pas pour autant réglés.
Faut-il attendre que l'adolescent devienne adulte pour lui dire qu'il a des problèmes d'alcool, parce que notre angoisse d'adulte redoute qu'un tel diagnostic ne puisse être supporté à cet âge ? L'adulte, qui doit composer avec ses propres blessures et s'est avec le temps constitué une bonne armure défensive, résiste bien souvent à l'idée que c'est en accompagnant l'enfant, puis l'adolescent, à se forger ses propres armes, qu'il l'aidera le mieux à se constituer un capital confiance. Le préserver d'une épreuve (ici lui annoncer le problème d'alcool) ne fera qu'entériner un mal-être et une solitude qui loin de l'épargner, ne feront qu'aggraver les choses.
Lors d'une réunion pour la préparation du centenaire de l'ANPAA qui se déroulait à Quimper, et à laquelle j'avais été conviée (sous l'autorité de l'établissement Le Likès), une personne mandatée par le Rectorat relatait les dangers des interventions en alcoologie en s'appuyant sur une expérience dont elle avait fort peu apprécié le retour qui lui en avait été fait : alors qu'un des intervenants (qui se trouvait être un ancien buveur) parlait de l'alcoolisme des parents comme vecteur possible de répétition transgénérationnelle, une jeune fille s'était tout simplement évanouie dans la classe. On apprit par la suite que le père de cette jeune fille était alcoolique. Ce qui avait choqué la représentante du Rectorat, c'est que d'une certaine façon, la santé et la sécurité des élèves (certes très relatives) avaient été mises en danger à l'écoute d'une sujet dérangeant. Dérangeant certes, mais pour qui ? Pour la jeune fille ? Je n'ai pas eu d'autres éléments d'information sur l'anecdote relatée, la jeune fille s'est probablement sentie malheureuse et honteuse d'avoir un père alcoolique, mais peut-être s'est-elle également sentie soulagée de pouvoir en parler et de ne plus porter ce secret vis-à-vis de ses amis et professeurs,

peut-être a-t-elle pu recevoir le soutien d'un professionnel pour l'aider à « vivre avec », plutôt que de vivre « comme si cela n'existait pas ».
Plusieurs hypothèses peuvent expliquer ce qui a plus vraisemblablement dérangé cette personne mandatée par le Rectorat informée de l'anecdote, soit que cela raisonne dans sa propre histoire familiale, soit que cela réveille de vieilles blessures d'enfant enfouies dont elle ne voulait plus se souvenir, soit qu'elle ait craint pour la réputation de l'école et qu'elle ait redouté des réactions de parents d'élèves ressentant les mêmes troubles réveillés par l'incident, soit également que l'alcoolisme représente pour elle un sujet tabou au sens freudien tel que je l'ai défini précédemment.
Je voudrais, pour argumenter en faveur de la nécessité d'informer l'adolescent sur ce qui fait question dans sa pratique de l'alcool, relater une expérience menée dans une pouponnière en région parisienne, laquelle permet de mettre en lumière les résistances que peut opposer l'adulte lorsqu'il est confronté à la souffrance exprimée par l'enfant qui est contraint de grandir. Tant que ce dernier réagit positivement aux encouragements de l'adulte, celui-ci se sent rassuré sur les moyens qu'il utilise pour accompagner l'enfant. Mais il arrive, et c'est souvent le cas, que l'enfant exprime une certaine souffrance face à cette nécessaire autonomisation. L'adulte peut apprécier ce comportement (l'expression de la souffrance de l'enfant) comme l'échec de son accompagnement. Il se retrouve alors à son tour dans une double difficulté : il souffre de la souffrance de l'enfant et il souffre de se sentir inefficace. Cette réaction de l'adulte peut également traduire une réactivation de ses souffrances personnelles, et il pourra alors avoir tendance, soit à « épargner » l'enfant, parce qu'il ne supporte pas l'expression de l'angoisse de séparation exprimée par celui-ci, avec pour conséquence de l'empêcher d'accéder à un stade supérieur d'autonomie – protection indirecte de l'adulte –, soit à se protéger lui-même directement en déplaçant l'objet de souffrance qui l'affecte lui – l'émancipation comme source d'angoisse – sur un objet extérieur, de façon à ne pas progresser avec l'enfant, par *peur de la peur* de souffrir.
L'expérience est menée dans une pouponnière du foyer de l'enfance dans le Val-de-Marne et relate l'arrivée en urgence d'un enfant de 11 mois dans un état physique et psychique déplorables, et dont l'équipe ne reçoit que peu de renseignements sur son histoire familiale. Un long travail d'observation s'inscrit sur le mieux-être de l'enfant, ses progrès, notamment autour de la relation entre ce petit garçon et son auxiliaire de puériculture privilégiée. L'objectif de l'observation consiste principalement, sur le long terme, à bien différencier la souffrance de l'enfant dans une situation donnée (exemple : la confiance dans l'équipe référente) des angoisses « naturelles » qu'il peut rencontrer dans son processus d'autonomisation (exemple : la marche). Dans le premier temps du séjour, tout le travail d'approche va être gratifiant pour l'auxiliaire de puériculture, parce que l'enfant lui manifeste progressivement sa confiance et que de fait il se sent plus rassuré, il accepte de manger, il rattrape un développement staturo-pondéral normal, etc. Mais lorsqu'il se met à exprimer une certaine souffrance en voyant

que l'auxiliaire s'occupe également d'autres enfants, et qu'il l'exprime notamment par un refus de sortir de son parc, alors l'auxiliaire, inquiète, appelle l'équipe au secours et propose d'intégrer l'enfant au jardin d'enfants, alors que jusqu'à présent, il avait été maintenu à l'écart parce qu'il vivait très mal la collectivité. L'auxiliaire de puériculture évoque alors comme hypothèse pouvant expliquer les attitudes de l'enfant la possibilité d'une souffrance liée à un trop long isolement.
Alors qu'à son arrivée, l'enfant exprimait sa souffrance par des balancements du corps et une excitation étourdissante, celui-ci parvient enfin à manifester sa souffrance par un gros chagrin se traduisant par des pleurs, qui sont possibles parce qu'il a trouvé une sécurité affective auprès de son auxiliaire. Ces pleurs sont intolérables à l'auxiliaire, elle est inquiète. Mais en refusant l'expression de la perte de cet attachement par l'enfant, l'adulte renvoie à l'enfant l'insécurité affective qu'il a connue dans son milieu d'origine et au mode défensif sur lequel il s'était jusque-là appuyé. Ce que les auteurs résument en ces termes : « *la souffrance de Louis à laquelle ses auxiliaires doivent faire face ici est d'une nature différente de celle mentionnée à son arrivée. Au début de son séjour, son « état général » tant physique que psychique faisait souffrir l'adulte, mais maintenant il s'agirait plus d'une souffrance psychique qui résonne plus profondément et plus directement sur les angoisses de perte et de séparation des adultes et sur leur propre souffrance psychique face à leurs angoisses. D'une certaine façon, ces auxiliaires sont plus en difficulté qu'à son arrivée. La psychologue et/ou l'équipe prennent le rôle d'un tiers qui aide à ne pas s'engouffrer dans une relation de rejet camouflé où chacun se protégerait de l'autre sans vraiment se rencontrer et où il ne resterait que l'illusion d'un contact ou, au contraire, une relation de symbiose sans issue. Cette effort de compréhension fondé sur l'écoute et l'observation va rapprocher Paule* [l'auxiliaire de puériculture référente] *de Louis, qui va à son tour se sentir mieux compris. Sa souffrance ne lui est pas renvoyée aussi crûment. Il apprend, là aussi, à pouvoir s'appuyer avec confiance sur une relation où l'adulte est prêt à recevoir les émotions douloureuses et à les penser avec lui. Louis va pouvoir intérioriser une relation d'objet qui contient… Cela ne va pas sans mal, car cette attitude de compréhension oblige aussi l'enfant à être confronté à sa propre souffrance, puisque nous n'entrons pas dans son système d'un clivage défensif de déni* » [652].
Si cet exemple illustre bien la nécessité pour l'adulte de repenser l'accompagnement de l'enfant (et donc plus tard de l'adolescent) en développant, en plus de le rassurer sur la solidité de la relation, une réelle capacité à supporter l'expression de ses angoisses de perte et de séparation, la question de la légitimité de la mise en paroles du « diagnostic » reste entière.
De quel droit, sur quel principe l'intervenant peut-il s'appuyer pour estimer nécessaire d'informer et de mettre en garde l'adolescent sur la dangerosité de sa consommation ? En première analyse, les élèves que j'ai rencontrés ne semblent pas demandeurs d'une quelconque intervention sur le thème de l'alcoolisme, puisque celle-ci leur est imposée par la direction de l'établissement. On peut estimer, sans se tromper, qu'ils le sont encore moins d'un face à face.
Il me semble cependant nécessaire d'ouvrir l'analyse au déroulement des interventions pour apprécier comment va se positionner l'adolescent. Il devient alors possible d'entrevoir l'expression d'une demande d'information, dans la

mesure où l'élève pose des questions en cours, se montre intéressé. Ainsi un jeune garçon du premier groupe m'avait-il demandé dès la fin de la première intervention si « *l'on pouvait être un alcoolique du week-end* ». Mais surtout, et c'est pour cette raison que j'ai décidé de rencontrer ces deux garçons, j'ai choisi d'interpréter comme demande d'aide implicite de leur part une somme d'attitudes et de remarques manifestées tout au long de ces rencontres. Dès le départ, le contenu de mes interventions, tel qu'il leur a été exposé, se veut très explicite : je considère qu'il y a danger à consommer de façon excessive et régulière en banalisant ces pratiques sous de prétendus mobiles festifs. Mon mot d'ordre est la prudence. Je souhaite avant tout qu'ils ne banalisent pas les dangers du produit alcool. Dans de telles conditions (intervention non choisie, en groupe, sans forcément d'intimité avec tous les élèves, etc.), comment comprendre autrement que comme un appel au secours un élève qui, en dépit de ce contexte, se livre sur ses pratiques d'alcoolisations en solitaire, par désarroi, pour assumer le divorce de ses parents, l'absence de père, etc., à une intervenante en alcoologie dont il est par avance informé du regard qu'elle porte sur ces révélations ? Comment ne pas interpréter les propos de ces élèves comme une demande expresse de mise en mots lorsque ceux-ci sont répétés à chaque intervention, et que dès la fin de la première intervention, ils sont venus me voir avec quelques autres pour continuer la discussion (et ce en dépit du fait, il convient de le préciser, qu'il était 19 :00 passées, que tout retard entraînait pour eux le risque de ne plus avoir grand chose pour repas, le dernier service de restauration se terminant). S'il ne s'agit pas d'une demande implicite, qu'est-ce alors ? Quelles questions les mobilisaient donc, si ce n'est mieux comprendre où ils en étaient avec l'alcool, et qui d'autre que moi pouvait alors les renseigner, puisque c'est à moi qu'ils venaient s'en exprimer ?

Quelques jeunes filles de seconde générale manifestaient un visible désintérêt pour les questionnements que j'évoquais lors des interventions, alors qu'elles avaient cependant reconnu beaucoup boire, durant les fêtes notamment. J'avais également eu connaissance par le CPE qu'elles consommaient régulièrement lors des heures de liberté, et certaines étaient à plusieurs reprises revenues dans un état d'ivresse manifeste. Aucune d'entre elles n'est cependant venue me questionner à la fin des interventions, pas plus qu'elles ne l'ont fait durant les interventions. Face à cette attitude, j'ai estimé qu'il n'y avait pas de demande manifeste, et j'ai dès lors choisi de ne pas les rencontrer. A tort ou à raison. Il m'a paru important de laisser le contenu des interventions agir pour chacun selon ses propres aptitudes à le recevoir. Enfin, pour illustrer la nécessité d'entendre pour l'intervenant s'il y a ou non lieu d'exprimer auprès de l'adolescent les risques qu'il encourt avec sa consommation d'alcool, je voudrais faire un parallèle avec un autre type de situation. Alors que je réalisais une étude sur la maltraitance intrafamiliale à La Réunion[653], j'ai eu l'occasion de rencontrer de nombreux pédiatres. Comme le médecin généraliste devant le sujet alcoolique, le pédiatre avait la lourde tâche de rencontrer lors de ses consultations des parents maltraitants, avec la contrainte plus difficile encore d'effectuer un signalement d'enfant maltraité lorsqu'il y avait suspicion de mauvais traitements, au risque de se tromper et de faire supporter aux intéressés des conséquences ô combien plus lourdes (procédure pénale, placement des enfants, etc.). Lorsqu'il s'agit de constater de multiples contusions, la question se pose : l'enfant a pu tomber, etc. Mais, et c'est un pédiatre de l'hôpital d'enfants de Saint-Denis qui m'a relaté l'incident, lorsque des parents accompagnent leur enfant chez le pédiatre en prétextant un rhume, alors qu'il présente de multiples brûlures de cigarettes sur le corps, et que les parents n'ont pour autre justification que la maladresse répétée de l'enfant, alors me disait-il, il y a une demande urgente d'aide. Si les parents prennent le risque de rencontrer un pédiatre, alors qu'ils savent pertinemment qu'ils encourent des poursuites judiciaires, la demande d'aide est manifeste, et ce serait pour le médecin manquer à la fonction (les soins pour l'enfant *et* les parents) qui lui incombe de ne pas entendre cet acte (la conduite de l'enfant chez le médecin) comme une demande *explicite* d'aide.

Je renouvelle enfin ce triste constat des limites des interventions que j'ai pu effectuer. A chaque rencontre, les questionnaires qui m'étaient remis étaient dépouillés, afin de répondre prioritairement aux questions qui y étaient soulevées et de travailler pour la séance suivante au plus près des représentations des élèves sur le sujet. Comme j'avais au préalable établi des règles d'anonymat, je n'ai pu interpeller certains élèves en classe par leur pseudonyme, au risque de les stigmatiser et de causer plus de dégâts encore. Pour autant, je reconnais que le faible nombre d'interventions a définitivement entravé la prise en charge de certains adolescents qui ont révélé dans leurs questionnaires, et dans leurs questionnaires seulement, de graves problèmes d'alcool. Si les interventions avaient pu s'étaler sur l'année scolaire sous la forme d'échanges beaucoup plus réguliers (sur le thème plus général des difficultés de l'adolescence), je ne doute pas que le lien de confiance avec ces élèves se soit renforcé, et que des rencontres en face à face et la mise en place de prises en charge individualisées aient pu se réaliser. Cela n'a pu se faire, et je ne peux que déplorer que l'Education Nationale ne fasse pas figurer dans ses priorités ces temps d'échanges si nécessaires à l'équilibre et au bien-être de l'adolescent.

2. De l'expérience, il faut tirer les leçons

Avant d'envisager d'intervenir auprès des élèves de l'établissement Le Likès, il me faut reconnaître que je n'avais absolument pas *pensé* la question de « l'après intervention », c'est-à-dire la nécessité de prédéfinir la conduite à tenir qui s'imposerait face à « l'éventualité » d'adolescents présentant des problèmes d'alcool. Pas plus que cela ne fut évoqué lors de toutes les réunions préliminaires précédant les interventions, quel que soit l'établissement. Il me paraissait évident de ne pouvoir en aucun cas suspecter un problème d'alcool à l'occasion des interventions uniques auprès des élèves de cinquième du collège François Rabelais, du collège de Sainte-Marie et du Centre de Formation des Apprentis de

la Chambre de Commerce du Maine-et-Loire, et cela s'est confirmé : en plus des difficultés que j'ai rencontrées d'un point de vue personnel à intervenir en binôme avec Achille[654] (divergences de fond et de forme), il est impossible d'apprécier les modes d'alcoolisations en un laps de temps aussi court. Mais il me faut également mentionner ce constat : ni l'administration du Likès à Quimper, ni moi-même n'avions évoqué cette éventualité, aussi ai-je été surprise de devoir, lors de ma dernière réunion avec le CPE et l'infirmière scolaire (la psychologue scolaire était absente), répondre à la question qui me fut posée : « y a-t-il des élèves qui vous paraissent avoir un problème d'alcool ? ». Il semblait difficile de répondre par la négative, le CPE connaissant parfaitement les pratiques d'alcoolisations excessives de certains élèves. Je ne souhaitais pas, de la même façon, conclure cette intervention sur un « laisser dire, laisser-faire », après ce que j'avais pu observer des pratiques de certains élèves, particulièrement en souffrance.
Mais la question se posait également d'une sorte de « dénonciation », d'une rupture de contrat tacite conclu préalablement avec eux, alors que je leur avais affirmé lors de notre première rencontre que tout ce qui serait dit en intervention ne serait en aucune façon révélée. N'ayant pas *pensé* le face à face, je ne pouvais guère les informer préalablement de cette éventualité.
Il m'a fallu trancher, et sur le vif : j'ai choisi d'agir en fonction de ce qui me paraît central au cœur de mes interventions : la responsabilité de l'adulte. Si le point de vue que je défendais consistait à revendiquer pour tout intervenant de se placer comme détenteur du rapport à la Loi, alors je ne pouvais fuir devant cette obligation morale : la mise en garde était pour moi synonyme de protection et non d'oppression : deux garçons me semblaient particulièrement en danger : l'un s'était imposé des responsabilités d'adulte – protéger sa petite sœur des souffrances occasionnées par le divorce de leurs parents –, l'autre souffrant à n'en pas douter de l'absence de père, et chacun s'alcoolisant massivement en groupe mais également seul (et il me faut le rappeler, l'un des deux élèves n'avait pas encore 15 ans). Ils étaient par ailleurs tous les deux poly-consommateurs.
Le face à face s'est déroulé sans la présence du CPE afin de nous laisser dans une relative intimité. Chaque élève m'a semblé relativement peu surpris de cette initiative, puisque les deux ont amorcé l'entretien d'une façon plus ou moins semblable : « ah, c'est pour l'alcool ! », se sont-ils exclamé chacun leur tour. Si le plus âgé (19 ans) a préféré banaliser, non pas tant les quantités, mais plutôt la dureté des épreuves qu'ils pouvait traverser, le plus jeune a préféré se retrancher derrière une fonction protectrice, extériorisant ainsi l'épreuve et la souffrance qu'elle générait. Chaque entretien n'a duré qu'une vingtaine de minutes, chaque élève me semblant redouter une quelconque stigmatisation de la part de ses camarades, bien que l'entrevue ait été organisée dans la plus grande discrétion (l'entretien s'est déroulé dans les bureaux administratifs visant en principe à accueillir les rendez-vous entre parents d'élèves et professeurs, si bien qu'il n'y avait rien de suspicieux à voir pénétrer dans ces locaux un élève et un adulte), et qu'aucune raison objective ne justifiait cette inquiétude, lesdits camarades se

trouvant dans d'autres bâtiments à l'heure des entretiens . Mais je mesure avec le recul la prudence avec laquelle il convient d'agir dans ce genre de situation.
J'avais passé un accord avec le CPE afin qu'aucune sanction administrative ne soit prise à l'encontre de ces deux élèves, l'objectif de ces entretiens ayant pour objectif de leur faire part de mon inquiétude vis-à-vis de leurs alcoolisations respectives, et il n'a nullement été besoin de le convaincre de la délicate mission que cela représentait. Je regrette évidemment que la psychologue scolaire, pour des questions de restriction budgétaire !, n'ait pu être présente à l'entretien – il aurait fallu lui facturer cette heure –, car sa présence aurait certainement permis un suivi ultérieur. Il n'a bien évidemment pas été fait mention par mes soins, dans chaque entretien individuel, des difficultés personnelles et familiales de chaque élève que m'avait rapporté le CPE, mais les élèves les ont naturellement évoquées pour « justifier » leurs alcoolisations qu'ils estimaient de fait temporaires. Il est fort probable que la possibilité qui leur a été offerte d'envisager un suivi thérapeutique n'ait pas été suivie d'effet, mais il me semble important d'avoir été jusqu'au bout de ce à quoi m'obligeait ces interventions. Le soutien du CPE et la confiance que je lui accordais ont été pour beaucoup dans cette prise de décision.

SECTION 2
STRATÉGIES D'APPROCHE POUR CHAQUE GROUPE

Mon postulat d'avant interventions reposait sur l'idée qu'il me fallait à tout prix établir un climat de confiance avec les élèves afin qu'ils puissent s'exprimer sur le sujet. L'objectif des interventions n'était donc pas de faire un cours magistral sur les méfaits de l'alcool, puisque je savais qu'ils disposaient sur le sujet de toutes les informations nécessaires[655] (et dont je supposais et suppose toujours qu'elles sont relativement inutiles, surtout à cet âge, si elles ne s'accompagnent pas d'un autre type d'informations plus individualisées), mais d'envisager avec eux l'ensemble des difficultés auxquelles ils étaient confrontés et les moyens les plus adaptés pour les affronter, et les surmonter au mieux. Je souhaitais essentiellement faire comprendre aux élèves que l'alcool, dans de nombreux contextes, avait avant tout pour fonction, si ce n'est de les aider à surmonter un quotidien ponctué de nombreuses interrogations pour le moment sans réponse, au moins d'en détourner leur attention, et de fait, ne répondait que de très loin aux qualités festives qu'ils lui attribuaient.
J'espérais en fait vivement qu'ils s'interrogeraient sur les mobiles de leurs consommations, et qu'ils réaliseraient finalement que l'alcool représentait à bien des égards un moyen fantastique de fuir la réalité telle qu'elle s'énonçait pour eux.

D'une certaine façon, j'avais l'illusion qu'à la suite de ces interventions, les élèves agiraient et réagiraient comme des adultes matures. Mais il s'est avéré une constante : plus les élèves étaient doués d'un point de vue scolaire, plus ils étaient immatures ou peu soucieux de se questionner sur un sujet qui ne représentait pour eux aucune source de rétribution immédiate (en bonnes notes par exemple). J'ai en 2005 pu constater ce même fonctionnement chez une jeune fille dans une classe de deuxième année de CAP (ébénisterie) à la Chambre des métiers du Maine-et-Loire, classe auprès de laquelle je suis intervenue à la demande du professeur de sciences et vie pratique. Pour illustrer le danger de la banalisation des consommations d'alcool, lesquelles affirmais-je, les rendait progressivement incapables d'agir sur leur volonté et leur prise de décision, je proposai une expérience à tenter, non pas tant pour évaluer directement leur rapport à l'alcool, mais pour apprécier de façon plus globale s'ils disposaient encore d'une vraie liberté à l'égard de leurs décisions. L'expérience était la suivante : elle consistait pour eux en une décision de s'abstenir de consommer de l'alcool tout un week-end, quels que soient les projets de fête, de sortie, etc. et de mesurer s'il leur était possible de s'y tenir, alors même par exemple qu'ils seraient invités à une soirée alcoolisée de façon inopinée. Leur aptitude à assumer cette décision devait leur permettre de mesurer s'ils étaient ou non capables d'agir contre un désir inattendu de consommer de l'alcool. Alors que cette proposition d'expérience avait séduit nombre d'élèves du premier groupe de l'établissement de Quimper, la jeune fille d'Angers s'est vivement insurgée contre le contenu même de cette expérience, en arguant du fait que celle-ci ne présentait aucun intérêt, qu'elle était « *débile* ». Je lui expliquai qu'il ne s'agissait pas ici de qualifier l'expérience mais d'évaluer s'il lui était possible de prendre une décision et de s'y tenir dans un contexte inopportun qui n'aidait guère au respect de ce qu'elle avait préalablement décidé, et cette jeune fille de s'écrier « *quel intérêt de ne pas boire à une fête si tout le monde boit. Il y a des fois où je ne veux pas boire et je ne bois pas !* ». Je lui demandai si cela lui était déjà arrivé de ne pas consommer d'alcool lors d'une fête alcoolisée, et elle répondit par la négative, tout en restant « braquée » sur l'inutilité de l'expérience. Dans sa représentation, cette jeune fille s'estimait tout à fait capable de ne pas boire lorsqu'elle estimait le décider (objectif qu'elle parvenait d'ailleurs à atteindre par exemple en semaine). Mais en réalité, c'est une décision qu'elle ne prenait jamais, car le fait de ne pas consommer, c'est-à dire en fait de ne pas se retrouver dans un contexte alcoolisé, s'imposait à elle beaucoup plus qu'il n'était décidé.

La problématique au cœur de ce décalage entre le discours adulte et celui de l'adolescent trouve au moins une explication dans la différence de contenu qu'un adulte porte à l'idée même de liberté : accepter, tolérer la frustration, et par-delà, assumer une décision, aussi déplaisante soit-elle, et l'idée que s'en fait l'adolescent, laquelle repose sur la possibilité de continuellement s'adapter à son désir : « je suis libre si je peux faire ce que je veux au moment où je le souhaite ». Je comprends alors le peu d'intérêt porté par cette jeune fille pour cette expérience : quel enrichissement pouvait-elle en effet retirer, de son point de vue, à se contraindre de ne pas boire, lorsque la conception de sa liberté s'évaluait dans la marge de manœuvre dont elle disposait pour justement « faire », c'est-à-dire consommer. La liberté adolescente se situe dans l'adaptation immédiate, quand celle de l'adulte consiste au contraire à accepter de différer un agir et ainsi ne pas se rendre prisonnier de ses (im)pulsions.

§1
L'implication personnelle de l'intervenant

Au-delà de ce que j'ai pu définir de l'implication à mon objet de recherche dans un chapitre préliminaire, il convient ici de la compléter de quelques lignes. Comme je viens de l'exprimer, la question du rapport que tout un chacun entretient avec le produit alcool peut s'évaluer en termes de liberté : liberté de boire, liberté de ne pas boire. Il me semble qu'au-delà de la question alcool, il est important d'envisager avec les adolescents la conception qu'ils se font de leur liberté de façon plus globale. Et de rappeler, en tant qu'intervenante en alcoologie, qu'il est de mon devoir d'adulte de mettre en garde le jeune consommateur non pas tant vis-à-vis du produit, mais plutôt dans un premier temps, de lui permettre d'évaluer sa propre vulnérabilité. J'ai tenté d'exprimer aux élèves qu'ils bénéficieraient d'une plus grande et évidente liberté à renoncer à certains passages à l'acte impulsifs, qu'ils soient motivés par l'envie, le désir, etc. au profit d'une maîtrise de soi plus conséquente. Il est bien évident que cette conception de la liberté est tout à fait subjective et représente le fruit d'un long travail de réflexion et de bénéfices personnels à fonctionner de la sorte : réfréner, penser, mettre de la raison et refuser un comportement compulsif visant à obtenir une satisfaction immédiate m'a progressivement permis de gagner en liberté intérieure et de ne plus me sentir prisonnière de ce qui représentait, il me faut bien le reconnaître, un besoin de réassurance affective. Se rassurer par la satisfaction (immédiate) n'offre qu'un bénéfice, immédiat lui aussi et de courte durée, avec contrainte pour son auteur de renouveler sans cesse son effet. Comme dans l'alcool.

Aussi était-il important pour moi d'enseigner cette liberté que l'on gagne à développer d'autres attitudes face à tout type d'épreuve : l'internat était en ce sens représentatif de cette démonstration : très restrictif pour la liberté individuelle des élèves, comment ne pas comprendre en effet que ceux-ci trouvent une certaine « revanche » à cette forme d'oppression en bravant à l'excès l'interdit posé par l'administration ?

La réponse que me fit un élève illustre bien ce paradoxe : « *je bois pour faire avec ce que je vis* » : cet adolescent croyait trouver une force intérieure à supporter une situation difficile en utilisant la consommation d'alcool pour provoquer un moment d'euphorie ou d'oubli sans percevoir qu'il amorçait en réalité un

processus d'affaiblissement de sa capacité à s'adapter à un contexte difficile. Il me semblait important d'insister sur cet aspect si particulier des alcoolisations à l'adolescence.
De la même façon, un autre élève m'avait répondu qu'en s'enivrant, « *il résistait au système* ». Quel acte de résistance politique peut-on opposer si l'on ne dispose plus de sa capacité à penser de façon cohérente ? En travaillant ces quelques aspects avec les élèves, j'ai souhaité leur transmettre cette réflexion : le premier ennemi de sa propre liberté individuelle, c'est l'individu lui-même.
Le deuxième point sur lequel je voudrais également insister et qui me paraît une condition indispensable pour toute intervention en alcoologie, c'est le rapport à la Loi qu'entretient l'intervenant. Pour ce faire, j'illustrerai mon propos par l'expérience que j'ai eu à connaître dans le cadre de ma participation au Groupe Alcool à Angers.
J'ai eu à plusieurs reprises l'occasion d'intervenir avec un éducateur de rue, participant aux différentes actions du groupe et se prénommant Achille. Très vite, j'ai pu constater que nos positions divergeaient sur la façon d'intervenir : alors que j'insistais sur la nécessité pour l'intervenant, et l'adulte en général, de se placer comme garant de la Loi, Achille s'inquiétait toujours vivement avant l'intervention de « l'ambiance » du groupe avec lequel nous allions intervenir. Il redoutait, et cela s'est manifesté sous différentes réactions « à chaud » :

- d'être considéré comme quelqu'un de moralisateur ;
- du silence des élèves, qu'il ressentait comme une hostilité à son égard.

« *On n'est pas là pour vous faire la morale* », commence-t-il souvent lors de toute intervention. Si Achille est quelqu'un de bonne volonté, soucieux de mettre en garde les adolescents contre les dangers de l'alcool (son père était alcoolique), il multiplie, dans le discours qu'il offre aux adolescents, les contradictions qui sont, mais ce n'est qu'une hypothèse, le reflet de sa formation : Achille veut rester « copain » avec les adolescents. Et il ne se veut surtout pas « interventionniste ». Il est toujours très inquiet de tout mouvement de réaction face à ses propos, et pour y échapper, dialogue souvent autour de la notion de quantité avec les adolescents, en proposant comme mode d'alcoolisation le respect d'un laps de temps suffisant entre chaque verre, si bien qu'en une soirée, il autorise implicitement chacun à consommer pas moins de quatre verres d'alcool, et il n'hésite pas à le formuler comme tel. Achille débat également autour de l'immédiateté de la situation, sans jamais évoquer le point central de l'alcoolisme : le processus. Son discours se résume à prôner une certaine vigilance face à l'excès afin d'éviter les désagréments que l'on connaît : la conduite en état d'ivresse, le coma éthylique, etc., alors que j'ai pu constater qu'avec tous les dispositifs mis en place depuis quelques années, les adolescents et jeunes adultes, au moins pour ce qui concerne la circulation routière, se montrent de plus en plus prudents. Enfin, Achille rappelle toujours dans ses interventions qu'il n'est pas là pour questionner les élèves sur la quantité qu'ils consomment, leurs expériences personnelles d'ivresses, etc., par peur (nous en avons discuté) de réactions brutales, traumatiques. Il redoute le témoignage de l'adolescent, la parole qui va mettre en mots une histoire, une expérience personnelle douloureuse.

Je ne partage pas sa position sur les différents points évoqués. Les réactions parfois négatives de certains élèves sont à mon sens très constructives pour l'échange et le débat. Mon objectif en intervention n'est pas d'être approuvée par les adolescents mais de provoquer une réflexion, une mise en questions de certaines de leurs pratiques, et pour en avoir échangé avec les professeurs ou CPE à l'origine des interventions, la question de l'alcoolisation dépasse très souvent le temps imparti à celles-ci. Les débats continuent entre élèves, entre élèves et professeurs, etc. bien au-delà de l'intervention elle-même. La fonction de l'intervenant, comme celle de l'adulte de façon plus générale, consiste à rappeler la Loi, même si je sais que le temps de l'adolescence est une période de confrontation et de défi. L'adulte qui souhaite s'en échapper n'offre alors à l'adolescent plus d'interface pour se construire s'il se « défile » à l'éventualité d'un conflit.

Le débat autour des quantités cautionnées par l'intervenant va dans ce même sens. Il n'est pas question d'établir avec l'élève une autorisation implicite d'au moins quatre verres, et il est indispensable de garder à l'esprit que l'adolescent transgressera toujours à la hausse l'autorisation donnée par l'adulte. Aussi ne discuté-je que rarement des quantités, préférant le débat plus questionneur du mobile des consommations d'alcool. S'agissant maintenant des risques encourus d'une réaction individuelle d'un élève à l'écoute de certains propos pouvant traduire une expérience traumatique, je n'en ai jamais rencontrée. Néanmoins, il me semble que cette éventualité n'est en aucun cas problématique, et qu'elle est même plutôt à considérer comme l'amorce d'un dénouement salvateur pour l'adolescent. La mise en mots permet l'évitement de la mise en maux. Et il convient sur le vif pour l'intervenant, de ne pas repousser cette réaction, au risque de retarder plus encore une verbalisation nécessaire pour l'adolescent qui connaît ou subit dans son histoire individuelle une souffrance liée à l'alcoolisme (le sien ou celui d'un proche).

La question du silence hostile des élèves, ou de certains, est également à questionner pour l'intervenant, je l'ai déjà évoquée à propos de la nécessité pour celui-ci d'être dans une réelle congruence vis-à-vis des élèves, et plus encore dans une – préalable et relative – connaissance de soi. Si l'intervenant est dans l'incapacité de questionner ses propres contradictions, ses propres peurs et pratique le déni pour ne pas aborder certaines de ses souffrances personnelles, il ne pourra pas les entendre de la part d'un élève. Ainsi, lorsque Achille pose une question et qu'aucune réponse ne lui est fournie dans la seconde, il réagit toujours de la même façon. Pour éviter le vide, le silence ou la confrontation qu'il pressent, il se sent contraint d'enchaîner par une somme d'informations qui provoquent un « décrochage » de l'attention des élèves, lesquels ne peuvent que se sentir frustrés de ne pas trouver de lieu d'expression auprès d'un intervenant qui ne leur laisse pas la parole pour un contre argumentaire éventuel.

Quant à la question de la « morale », c'est un argument que j'ai pu entendre à plusieurs reprises de la part de certains intervenants (notamment un autre éducateur de rue qui intervenait également dans le Groupe Alcool jusqu'à juin 2005). C'est une erreur, car il n'est pas question de morale, mais de limites. Que signifie faire la morale si ce n'est tenter d'inculquer à autrui une conception très subjective du bien et du mal ? Dans mes interventions, mes propos ne vont nullement dans ce sens : ils visent simplement à rappeler aux adolescents que je ne cautionne pas leurs pratiques d'alcoolisations parce qu'elles sont dangereuses, pour les risques immédiats comme pour ceux à venir. A aucun moment je n'ai affirmé aux élèves qu'ils ne devraient pas consommer, j'ai simplement tenté de clarifier avec eux, en fonction de leurs témoignages, les raisons profondes, et non évoquées par eux, de certaines de leurs alcoolisations.

§ 2
Pousser loin le questionnement de soi

Avec les élèves du groupe 1, je n'ai pas eu besoin de recourir à une quelconque stratégie tant ils étaient dans d'excellentes dispositions, alors même rappelons-le, que l'intervention se déroulait sur leur temps de disponibilité (temps consacré à l'étude, au sport, etc.), après une journée de labeur, à un moment où ils n'ont plus suffisamment d'attention ou d'intérêt pour un sujet de réflexion. Les élèves du groupe 1 se sont donc distingués : intéressés par le sujet, curieux en général de tout sujet de réflexion (beaucoup d'entre eux, en fin d'intervention, sont restés au bureau pour continuer des discussions beaucoup plus personnelles), ils étaient également dotés d'une capacité particulière à s'exprimer à l'oral, en dépit d'une mauvaise maîtrise du français pour certains (cette remarque sous-entend qu'ils ne vivaient aucun complexe à prendre la parole en dépit de certaines difficultés d'expression). Le sujet alcool était traité avec autant d'intelligence que d'humour, et je n'avais qu'à répondre à leurs questions, nombreuses sur le sujet.
La première rencontre avec ce groupe a de plus présenté « l'intérêt » de recevoir un élève qui, n'ayant été informé qu'en dernière instance de l'intervention, venait de se fumer un joint dont les effets étaient loin de s'être dissipés. Celui-ci, bien que légèrement assommé, présentait néanmoins un discours cohérent et reconnaissait avoir beaucoup consommé d'alcool (il avait 19 ans) tout en affirmant préférer le joint aujourd'hui, soucieux de s'éloigner de la dépendance alcoolique qu'il avait connue. J'y reviendrai plus loin, mais je n'ai pas souhaité rencontrer ce garçon à la fin des interventions, car il présentait déjà un discours si réfléchi sur chacune de ses pratiques toxiques, que j'ai jugé que notre rencontre ne lui serait pas d'une grande utilité, aucun déni ne venant occulter ce qui se cachait derrière

ces consommations. Le hasard avait voulu que ce premier soir il prenne place à mes côtés, et pendant que ses camarades remplissaient leur questionnaire, j'avais eu le loisir de discuter avec lui, notamment sur les raisons qui l'avaient conduit à assister à mon intervention sous effet du cannabis. Nous avions enfin eu l'occasion d'échanger en face à face à la fin d'une intervention, et suite à une réponse qu'il avait faite dans un questionnaire sur les raisons qui donnaient envie de consommer (sa réponse : « *envie de ne pas être dans le même système que tout le monde* »), je lui avais rappelé que boire jusqu'à l'ivresse était le meilleur moyen de se soumettre à un système puisqu'il anéantissait toute forme de volonté et de combat. Garder toute sa lucidité pour agir contre le système me paraissait être un meilleur dispositif à mettre en place. Il m'a semblé qu'il avait entendu la mesure de l'inefficacité de sa position.
La question de l'introspection dans le cadre d'une intervention sur les dangers de l'alcool auprès d'adolescents est centrale. Inciter les jeunes consommateurs d'alcool à comprendre les raisons qui les font rechercher l'ivresse, ne concevoir la fête qu'avec de l'alcool, etc. me paraît être un bon argument de réflexion pour apporter de la raison dans ces passages à l'acte souvent irréfléchis. Passées les premières expériences d'ivresse, de découverte des sensations procurées par l'alcool, du plaisir euphorique pour certains de se voir fonctionner au ralenti, il n'est pas rare que certains adolescents soient conscients de rechercher dans l'alcool une sorte de béquille sur laquelle s'appuyer pour affronter certaines difficultés (timidité, etc.), voire certaines épreuves (conflits familiaux par exemple). Pour autant, les élèves se sont montrés majoritairement réfractaires à cette éventualité. Ils préfèrent affirmer qu'ils consomment de l'alcool pour s'amuser (j'ai pu vérifier cette tendance à répondre ainsi lors des interventions au collège de Sainte-Marie et au Centre de Formation des Apprentis de la Chambre des Métiers du Maine-et-Loire). La spécificité de l'internat a cependant permis pour certains une véritable analyse, ou du moins un vrai questionnement de ces ivresses sans plaisir. C'est en reformulant le déroulement de « cuites » telles qu'ils me les avaient décrites (rapidité, alcool de mauvaise qualité, voire nausées et plus) que certains élèves ont accepté qu'il pouvait exister si ce n'est de mauvaises raisons de boire (en particulier l'ennui), au moins des façons de consommer qui n'avaient rien de festif. Mais il me faut une fois encore réitérer ce constat : cette aptitude se retrouvait particulièrement chez des élèves de sections professionnelles, de sexe masculin exclusivement[656], et pour la plupart assez âgés. En prenant en compte leur parcours scolaire chaotique et d'éventuelles difficultés familiales (révélées par le CPE), je ne peux que constater l'exigence d'une plus grande maturité pour ce type d'approche.
De la même façon, je n'ai pas le sentiment d'un échec cuisant face à une réactivité excessive de la part d'élèves jugeant certains de mes propos trop « moralisateurs ». En effet, ces réactions a priori négatives ont permis un véritable débat sur le questionnement de leurs agissements. J'ai dans le même sens bénéficié d'un retour très positif du CPE et du responsable de l'internat sur les nombreuses réactions et les différents commentaires qui ont fait suite à ces interventions. En dépit du

désaccord avec certains de mes propos, il s'est créé une véritable émulation autour de la question alcool entre les élèves, et ce bien après que les interventions ont pris fin.

Il n'est pas de mon point de vue concevable d'envisager une intervention avec des adolescents autrement que dans une recherche réciproque d'enseignement. Je ne parviens à définir ce qu'est l'alcoolisme aux adolescents et les dangers de certaines pratiques de consommations qu'au fil des rencontres et des éléments qu'ils m'apportent sur ce qu'ils recherchent et sur ce qu'ils ressentent dans l'alcool. Interrogeant une personne de 60 ans abstinente depuis 20 ans, celle-ci s'étonnait sur la recherche de défonce des adolescents, en me faisant remarquer qu'à son époque, les adolescents, et il conviendrait pour être plus juste de parler de préférence des jeunes adultes, recherchaient au contraire avant tout à « tenir » l'alcool en usant de multiples recettes de grand-mère pour justement ne pas être ivres. Cette remarque me fit prendre conscience à quel point l'échange et la réflexion étaient nécessaires à la compréhension de ces pratiques, si fluctuantes dans leurs manifestations.

Il est important pour moi de préciser en début de chaque intervention mon statut de chercheur, afin de me présenter le plus justement possible. En insistant sur cette qualité, je souhaite leur exprimer mon intérêt pour qui ils sont et ce qu'ils font, ma volonté non pas de les changer mais de leur donner le goût de la réflexion, de la (re)mise en question de toute chose et de l'influence que cette attitude peut avoir dans des moments difficiles : en tentant de percevoir le sens des épreuves, elles nous semblent toujours plus surmontables.

Lorsque j'écris que j'ai dû pour chaque intervention moduler, adapter le contenu de mon discours, c'est bien pour exprimer que mes réponses étaient le résultat de l'analyse ou de la reformulation de leurs remarques. Je souhaiterais ici encore établir un parallèle avec la psychanalyse. Il n'existe pas de solution miracle pour l'analysant comme pour l'analysé. Ce qui fera la richesse de l'analyse (aboutissant à un mieux-être de l'analysé), c'est la qualité de l'interaction entre ces deux individualités. L'analysant n'use que d'une trame qui l'aide à comprendre le fonctionnement de l'analysé, lequel « n'avancera » que s'il est capable d'entendre et d'intégrer des réponses qu'il a déjà en lui. A charge pour l'analysant de l'y aider, à charge pour l'analysé de les lui fournir.

Pourtant, lors d'une intervention avec le groupe 4, les secondes générales, il m'est arrivé de « m'énerver » devant l'inertie d'un élève, lequel alors que nous débattions sur la consommation de tabac, s'était exclamé « *bah moi je fume parce que je fume, c'est tout, c'est comme ça !* ». En lui demandant si c'était là la seule réponse qu'il avait trouvé, je perçus ma difficulté à accepter la position et la réaction de cet adolescent. Combien d'années m'avait-il fallu pour trouver plaisir et sens à me questionner (et en aparté il demeure que je suis toujours et encore tabagique pratiquante !), et comment ne pas entendre que cet adolescent de 16 n'avait pas envie de s'interroger sur sa consommation de tabac, quand moi, à 35 ans, en dépit de l'analyse que j'en ai aujourd'hui, je ne parviens toujours pas à me dégager de cette dépendance. En fait, ce garçon me renvoya à l'acceptation des limites de chacun, aux miennes en particulier, et surtout à mes propres résistances !

§ 3
Mise en avant de ce qui nous définit

J'ai rencontré de sérieuses difficultés avec le groupe 5, parmi lequel figuraient cinq ou six élèves totalement muets, et dont je redoutais une certaine hostilité à mon égard, non pas tant d'un point de vue personnel, mais plutôt sur ce que je leur renvoyais, soit de par ma fonction, soit de par le sujet que j'abordais, mais peut-être ne m'appréciaient-ils pas tout simplement. Il n'en demeurait pas moins que les interventions subissaient beaucoup leur attitude hostile, car je me retrouvais toujours devant des murs de silence, même lorsque je m'adressais personnellement à eux, ce qui ne manquait pas de me déstabiliser. Après chacune des deux premières interventions, je me sentais fragilisée de par le fait que je ne parvenais toujours pas à trouver la brèche dans leur système de défense, brèche qui me permettrait non pas tant de les déstabiliser à mon tour, mais bien au contraire de créer une possibilité d'entrer en relation avec eux.
Ayant longuement réfléchi sur ce qui pouvait faire barrage à cette relation, je fis l'hypothèse d'une hostilité sociale. Beaucoup d'élèves d'internat étaient issus de petits villages s'étendant jusqu'à 50 ou 60 kilomètres de Quimper. Or, les habitants de cette ville (Quimper) ont souvent mauvaise réputation alentour (justifiée ou non, là n'est pas le propos) et sont souvent décrits comme hautains, fiers et méprisants. Représentant (peut-être, car je n'ai jamais su si cette hypothèse était juste) probablement pour eux une personne « de la ville », j'en déduisis alors que cette hostilité pouvait être dirigée contre la représentation qu'ils avaient de ma personne. Lors de la dernière intervention, souhaitant illustrer par un exemple concret le développement de la mémoire du corps, je m'appuyai sur ma propre histoire, et surtout sur mes origines rurales, pour tenter, une dernière fois, d'entrer en contact avec eux. Je pris l'exemple de mon père, bourguignon d'origine ayant grandi jusqu'à l'âge de 20 ans dans un petit bourg situé à une cinquantaine de kilomètres de Dijon. Vers cinquante ans, séparé depuis quelques années de ma mère, il eut à vivre une terrible déception amoureuse, et n'eût d'autre recours que de s'assommer d'alcool, durant toute une année, pour parvenir à « survivre » à cette épreuve. J'expliquai qu'il était issu d'une région où le vin a bonne réputation et qu'il avait pu depuis son tout jeune âge observer les adultes s'enivrer plus ou moins régulièrement à des fins diverses. Lorsque pour lui se présenta l'épreuve, trop difficile, de la séparation, de l'abandon, il se tourna *naturellement* vers l'alcool.

Quelle ne fut pas ma surprise de voir se dérider un à un ces quelques visages, et s'ouvrir quelques bouches. Ce ne fut pas tant, de cela j'en ai la certitude, l'histoire personnelle que je leur avais racontée qui leur déliât la langue, mais bien la perte de ce sentiment de méfiance qui devait les habiter (peut-être) lorsqu'ils se retrouvaient face à l'altérité. Le fait de m'être exposée a probablement participé de cette inespérée et tardive rencontre.

C'est également avec ce même ajustement que j'ai réussi à dissiper une maladresse de ma part dont je savais par avance les conséquences, mais à laquelle je ne sus échapper par souci d'authenticité. Alors que j'abordais le problème particulièrement conséquent de l'alcoolisme en Bretagne, la question de mon origine géographique fut immédiatement posée, et c'est avec circonspection que je répondais « parisienne ». De fait, immédiatement, le groupe 1 s'est mis sur ses gardes (lors de la deuxième intervention), mais en me resituant immédiatement dans ma généalogie et mes origines rurales, la tension est immédiatement redescendue. Dès lors que le groupe, dans sa force collective, ne sentait plus jugé son « provincialisme », la relation de confiance a pu continuer.

§ 4
Questionner la généalogie (alcoolisme familial)

La question de l'hérédité de l'alcoolisme et donc de sa transmission biologique a fait l'objet de nombreux travaux[657], mais, à quelques exceptions près, la prédominance de l'influence du milieu social (affectif et/ou familial) reste le marqueur déterminant d'une répétition transgénérationnelle de l'alcoolisme. Je souhaitais donc aborder avec les élèves cet aspect de l'alcoolisme en Bretagne, particulièrement répandu, et synonyme de fait pour eux de vulnérabilité supplémentaire.

Il y avait dans le groupe 5 deux élèves, des garçons, qui semblaient avoir la fonction de « GA » dans le groupe, gentils animateurs, ou grands agités, compte tenu de l'intensité sonore de leurs interventions. J'avais rencontré bien des difficultés lors des deux premières interventions à calmer ces deux élèves qui mobilisaient beaucoup la parole, mais pas toujours de façon utile.

Lors de notre troisième rencontre, j'abordais de nouveau la question de l'alcoolique et de sa famille, et interrogeais les élèves afin de savoir s'ils connaissaient des personnes alcooliques. L'un des deux chahuteurs me dit que son oncle l'était. Je lui demandai alors si son grand-père (le père de cet oncle) l'était également (et il l'était). Il parut surpris de ma (prétendue) clairvoyance, et me répondit par l'affirmative, en ponctuant cependant pour ne pas se montrer trop décontenancé « *qu'il n'y avait plus de souci, car il était mort* ». Je lui fis alors remarquer à peu près en ces termes : « *oui, mais toi tu es vivant, et deux générations d'hommes alcooliques dans la lignée maternelle, cela fait déjà beaucoup* », en insistant sur le mimétisme familial qui faisait le terrain de la répétition. Cette réponse a eu l'air de faire son effet, et comme cela se produisit pour les autres élèves qui avaient vécu le même choc en se sentant bien malgré eux concernés par le thème de l'intervention, j'ai pu observer l'élève intégrer « dans son corps » [658] le message que je venais de lui faire passer. Aussi peu scientifique que puisse être cette remarque, c'est bien à cette scène que j'ai assisté, et à plusieurs reprises : l'élève s'est calmé, a paru surpris, le corps s'est tassé sur lui-même, et durant le reste de l'intervention, il s'est montré plus calme dans ses remarques et beaucoup plus attentif.

§ 5
Réflexions autour de la mémoire du corps

J'ai eu avec un autre élève du groupe 1, présent uniquement lors de la dernière intervention, un échange sur un thème qui constituait une partie importante de mes interventions et que je viens d'évoquer, ce que j'appelle la mémoire du corps. Ce propos visait à démontrer et faire comprendre aux élèves, une fois encore, que l'alcoolisme est un processus : pour ce faire, j'ai utilisé l'idée d'une mémoire du corps, image que j'avais souvent entendue lors des réunions d'Alcooliques Anonymes. Ce que je leur exprimais alors, c'est que lorsque l'alcool est utilisé à des fins de « solution magique », permettant alors de supporter une réalité difficile, et en l'occurrence il s'agissait de l'internat, celui qui utilise le produit alcool à cette fin encourt un risque pour l'avenir, car le corps mémorise ce lien de cause à effet qu'il établit entre une demande : « j'ai mal », « je m'ennuie », « je ne parviens pas à surmonter ma timidité », « j'ai du chagrin », etc., et la réponse qu'on lui donne « je bois de l'alcool et je me sens mieux ».
Et d'expliquer aux élèves qu'en pratiquant de la sorte à un moment de leur vie où ils ne se sentent pas dépendants (puisque très concrètement ils peuvent s'abstenir de boire), ils encourent, pour certains, un risque à fonctionner à nouveau sur ce registre de « soutien logistique » pour affronter une épreuve plus difficile, un deuil, un chagrin d'amour, le chômage, etc. sans même s'en apercevoir. Et plus l'alcool devient une technique pour l'adolescent, plus elle a de chance d'être répétée à l'avenir, et d'occasionner les dérives que nous connaissons.
Comme l'écrit H. Gomez, « *ceux qui retirent le plus de bénéfices de l'usage de substances psychotropes au départ seront ceux qui en paieront le plus lourd tribut par l'effet de l'accoutumance puis de la dépendance* » [659].
Pourquoi insister sur cette « mémoire du corps » ? J'ai évoqué en introduction le lien qui peut exister entre comportements et représentations sociales, comment les

uns et les autres se nourrissent mutuellement, et pour ce que je souhaite ici développer, comment la représentation se construit dans l'action[660]. « *La répétition d'un même comportement est gage de consistance* » [661], affirment J. Maggi et al., reprenant les travaux de S. Moscovici sur *la psychologie des minorités actives,* en ce sens qu'elle est efficace « *dans la mesure où elle est indicatrice de la cohérence du système des réponses* [ou] … *des jugements sociaux* » [662]. Le danger pour les adolescents à utiliser l'alcool, et on ne saurait nier aujourd'hui cette fonction de l'alcool, reconnue par les alcoologues autant que par les pédopsychiatres, réside bien dans la représentation qu'ils se construisent de cette pratique, sur leurs propres expériences, dans la mesure où les premières consommation répondent toujours, majoritairement, aux attentes qu'ils en ont initialement. Comment dans ces conditions ne pas évaluer le risque de tels comportements à court ou moyen terme, sachant qu'ils sont à la fois chez les adolescents l'expression d'une difficulté à franchir ce passage de l'autonomisation/ émancipation, et l'expérience signifiante à réitérer en raison de cette même difficulté ?

C'est la raison qui justifie que je ne saurais passer sous silence cette fonction de solution, même temporaire, en la qualifiant de simple « aménagement ». A cet argument, A. Morel a opposé la nécessité d'intégrer également dans la politique (et les actions) de prévention « *l'autre côté des drogues, celui de la recherche de plaisirs et de satisfactions* » [663], observant que les usagers trouvant effectivement plaisirs et satisfactions dans leurs expériences de substances psychoactives ne se sentaient dès lors pas concernés par les messages de prévention. La remarque, pour être judicieuse, n'en demeure pas moins ambivalente dans la mesure où l'auteur catégorise comme source de plaisir et de satisfaction « *le soulagement des tensions et de souffrances internes* » à côté de « *la quête… de sensations intenses et inhabituelles* » [664], tout en complétant cependant que « *ce qui fait valeur d'expérience tient pour une grande part à ce qui lui donne sens, à son interprétation* » [665].

A. Morel ne commet pas l'erreur d'interprétation entre ces deux sources de plaisirs et de satisfactions, insistant sur la dangerosité de la situation où l'alcool est bien consommé comme une solution. Cependant, c'est la catégorisation qu'il opère qui est ambivalente et qui justifie ce paragraphe : il me semble qu'il est nécessaire avec les adolescents de sérier les consommations qu'ils expérimentent comme source de plaisir réel et celles qui ont fonction de solution, lesquelles si elles ne sont pas exemptes d'un certain plaisir très immédiat, n'auront pas vocation à le rester.

Et c'est bien en ce sens que « la mémoire du corps » ou toute autre formule plus appropriée doit trouver sa place en intervention, puisque le plaisir de ce type de consommation n'est qu'un effet secondaire à la fonction anesthésiante du produit préalablement recherchée.

§ 6
Questionner la spécificité de l'alcoolisation en internat

Mon objectif de départ consistait à démontrer aux adolescents que certaines de leurs pratiques d'alcoolisation étaient utilisées comme autant de techniques de camouflage, visant à masquer des difficultés d'ordre relationnel beaucoup plus que par affection véritable pour le produit. Mais dès la deuxième intervention, je me suis rendue compte qu'en dépit de tous mes arguments, camouflage ou pas, les élèves aimaient à consommer entre eux et se représentaient l'acte de boire ensemble beaucoup plus comme un acte de partage, de vécu positif d'une même réalité, le produit ne servant que de support et pouvant être dans beaucoup d'occasions interchangeable avec un autre produit, toxique ou pas, illégal ou pas.
Il se trouve que peu avant que n'ait lieu la troisième et dernière intervention, plusieurs élèves de différentes sections se sont faits « attrapés » par l'administration en revenant ivres et pour certains très malades, après une escapade furtive en ville.
L'occasion était propice à la discussion, mais c'est dans le même temps que se déroulait l'intervention que je compris qu'il y avait là, c'est-à-dire la façon de consommer dans le cadre spécifique de l'internat, matière à faire passer un message auquel les élèves seraient probablement plus réceptifs, avec pour moi l'espoir sous-jacent qu'ils extrapolent leurs conclusions à leur façon de s'alcooliser en général, quel que soit le contexte. Cet objectif reposait en effet sur l'urgente nécessité pour les adolescents de développer un réflexe de questionnements par rapport à leurs émotions et expériences, de façon à enrayer, ne serait-ce qu'à dose homéopathique, cette recherche systématique d'immédiateté, pour se construire d'autres stratégies de défense.
En les interrogeant sur le mode opératoire qu'ils avaient utilisé, il ne me fut pas difficile de leur démontrer que leur façon de consommer dans le cadre de l'internat était loin de répondre aux qualités premières qu'ils attribuaient à leurs alcoolisations : plaisir, amusement, fête, etc. Je leur reformulais alors le déroulement de ces alcoolisations éclair : descendre en ville le plus vite possible (15 minutes), se rendre au très célèbre « Shopi », mandater un élève majeur pour acheter (5 à 10 minutes) les boissons les moins chères (mousseux ou bières aux prix les plus bas) et remonter (car l'établissement est situé en hauteur), tout en buvant (durant donc près de 25 minutes) ou s'installer sur un banc pour consommer en 5 minutes, le temps de regagner le lycée, des boissons souvent peu appréciées, tel était le parcours de l'élève qui s'alcoolise dans le cadre de l'internat.
En reformulant leur parcours, c'est-à-dire en reconstituant celui-ci tel que décrit dans le paragraphe précédent, il leur fut possible de visualiser l'objectif caché de ce mode opératoire, chacun pouvant dès lors donner d'autres mobiles plus précis à « l'alcoolisation éclair », sans pour autant nier totalement leur volonté initiale qui consistait malgré tout à s'amuser, ne serait-ce que de l'ivresse rapide que procurait

l'alcool, même de mauvaise qualité, mais également des conditions de stress, de « speed » dans lequel il était consommé.
Il me faut néanmoins faire remarquer ici que les élèves sont à cet endroit loin d'être dans la dénégation la plus absolue sur leurs façons de consommer dans le cadre de l'internat, car aux raisons qui poussent à consommer (en général, c'est-à-dire pas spécialement dans les conditions de l'internat), ils ont répondu majoritairement aux questionnaires par « *l'ennui* », l'autre réponse qui rivalise avec cette causalité étant la volonté de « *faire la fête* ». L'ennui étant un état que tous les adolescents vivent, qu'ils soient ou non en internat, il m'a malheureusement été impossible de travailler ce thème lors de cette année d'interventions.

CHAPITRE VI
LES QUESTIONNAIRES[666]

Les questionnaires répondent pour moi à une double nécessité : la plus importante sans aucun doute est la possibilité pour le chercheur de conserver une trace écrite de propos livrés de façon spontanée par les personnes qui y répondent. La retranscription sans reformulation de sa part constitue en soi une somme d'informations qui se distingue de l'analyse et réduit de fait la marge d'interprétations excessives, c'est-à-dire trop orientées vers l'obtention d'un résultat espéré. Dans le cadre de mes interventions, les questionnaires avaient également pour objectif de permettre à tous les élèves de s'exprimer, au moins par écrit, sur la question de l'alcoolisme avant que ne s'engage la discussion, car compte tenu du nombre important d'élèves présents à chaque rencontre, ce support a permis d'évaluer les représentations de l'alcoolisme et de la personne alcoolique de tout un chacun d'une part, l'appréciation individuelle de leurs consommations d'autre part, et d'analyser les contextes propices, selon eux, à un passage à l'acte, c'est-à-dire les situations où l'individu semble beaucoup plus sollicité à consommer de l'alcool. Le premier questionnaire fut à cette fin distribué en tout début de séance, après une brève présentation des raisons de ma présence, de ma qualité de chercheur et de l'objectif de ces interventions (demande de l'administration, dispositions législatives, etc.). Il a été remis avant l'engagement des débats. J'ai procédé ainsi pour chaque nouvelle intervention.
Les questions, dans leur formulation, ont été volontairement rédigées avec une certaine redondance, afin d'une part que chaque élève se sente incité à une lecture minutieuse de la question et à un choix de termes précis ; cette rédaction, qui pouvait représenter une difficulté, devait me permettre d'autre part d'évaluer dans quelle mesure les représentations de ces élèves pouvaient les conduire à certaines distinctions, contradictions, etc., notamment dans les critères de différenciation utilisés pour décrire leurs propres alcoolisations et celles qu'ils estimaient être pathologiques, puisqu'il s'agissait alors de définir des personnes alcooliques. Certains élèves n'ont répondu que partiellement aux questions, avec souvent des flèches de renvoi vers d'autres questions, voulant ainsi me signaler que les subtilités de rédaction leur avaient paru soit confuses, soit inutiles.

Le questionnaire n°1
J'ai procédé à la retranscription des réponses des élèves des 6 groupes rencontrés lors de cette première intervention en rassemblant sous une même rubrique les réponses identiques (utilisation des mêmes mots) ou celles signifiant le même contenu. Pour les questions n°3 et n°4, j'ai également utilisé des sous rubriques.
Question n°1 (Donner une définition de l'alcoolisme) :

1) Critère de l'inscription dans le temps du processus (régularité)

2) Critère de quantité
3) Critère lié à la seule action de consommer le produit alcool
4) Critère lié à la « dépendance »
5) Critère lié à la qualification de l'alcoolisme
6) Critère lié aux effets/conséquences perceptibles ou induits
7) Critères mixtes indissociables
8) Critère lié aux effets recherchés dans l'alcool
9) Absence de réponse

Question n°2 (Donner une définition de la personne alcoolique. Quelle est sa pratique de l'alcool, dans quels contextes se manifeste-t-elle (social, professionnel, amical, seul, etc.) ?

1) Critère de l'inscription dans le temps du processus (régularité)
2) Critère de quantité
3) Critère lié à la « dépendance »
4) Critère lié aux effets/conséquences perceptibles ou induits
5) Critères mixtes indissociables
6) Critère lié aux effets recherchés dans l'alcool
7) Contextes de consommation

Question n°3 (Quelles sont les raisons qui vous donnent envie de consommer ?) :

1) Les lieux
2) Les personnes
3) L'objectif
    1. Général et positif
    2. Plus défini
    3. Défini mais au contenu incertain
    4. Défini et négatif
    5. Recherche des effets de l'alcool
    6. Insertion groupale
    7. Expérimental
    8. Evénementiel, ritualisé
    9. Le risque
4) L'absence de consommation d'alcool

Question n°4 (Quels sont les facteurs contextuels qui selon vous poussent à consommer ?) :

1) Les lieux
2) Les personnes
3) L'objectif
    1. Général
    2. Plus défini
    3. Général et négatif
    4. Défini et négatif
    5. Recherche des effets de l'alcool
    6. Insertion groupale
    7. Imiter l'adulte
    8. Evénementiel, ritualisé

4) Le contexte social
5) L'accessibilité/l'opportunité du produit
6) L'absence de consommation d'alcool

J'ai tenté de conserver chaque nuance. J'ai ainsi distingué parmi les réponses à la question n°3 « *quand je suis dans une fête* » et « *pour faire la fête* ». J'ai également estimé nécessaire d'apporter certaines précisions lorsque les réponses extraites de leur contexte pouvaient prêter à confusion : un élève a par exemple répondu à la question n°4 qu'il était « *préférable de boire que de se droguer* », tout en signalant également qu'il ne consommait « *qu'épisodiquement et toujours modérément* ». La première proposition laisse entendre que l'alcool n'est pas perçu comme une drogue, et permet d'induire que l'élève ne dispose pas de connaissances précises sur le sujet et qu'il est dès lors peut-être dans une situation de vulnérabilité (absence de vigilance quant aux effets de l'alcool sur l'organisme et à l'installation de la dépendance). La deuxième proposition m'informant qu'il ne consommait que rarement de l'alcool réduit de fait l'idée qu'il encourt un risque quelconque et immédiat.

Les réponses rapportées en rubriques ont été classées en fonction d'une certaine thématique, les titres de chaque thème visant à restituer une première et courte synthèse du contenu des réponses, de façon à faire ressortir le plus clairement possible les représentations convergentes et divergentes des élèves. L'intitulé des thèmes a permis, pour les questions n°1 et n°2, de préciser quels étaient les critères prédominants choisis par les élèves dans leur définition de l'alcoolisme et de la personne alcoolique, et pour les questions n°3 et n°4, d'apprécier les différentes représentations des élèves quant aux contextes incitant aux alcoolisations, pour eux-mêmes autant que pour les personnes en général et les personnes alcooliques en particulier. Je dois préciser que certaines réponses pouvaient correspondre à plusieurs thématiques : pour les questions n°1 et n°2, j'ai parfois longuement hésité : « *ne plus s'en passer* » a été ainsi classé comme « critère lié à la dépendance », mais il aurait également pu être rattaché au « critère de quantité » ou au « critère de l'inscription dans le temps (régularité) ». J'ai tenté en fonction des autres réponses apportées dans le questionnaire de traduire au mieux la pensée de l'élève. Il en va de même pour des réponses telles que « *boire le plus souvent possible* », « *boire tout le temps* », etc. J'ai classé ces réponses dans la rubrique « critère de l'inscription dans le temps du processus (régularité) » puisqu'elles me semblaient traduire la représentation d'un individu dont on a l'impression qu'il est toujours avec un verre à la main, plutôt qu'une personne dont la consommation est appréciée en termes de quantité, boire tout le temps ne signifiant pas nécessairement boire beaucoup à chaque fois.

De la même façon, pour la question n°3, distinguer une sous rubrique « recherche des effets de l'alcool » dans la rubrique « objectif » pourrait paraître superflue, puisque les réponses figurant dans cette rubrique participent également pour la plupart, à cette recherche d'effets de l'alcool : « *avoir du plaisir* », « *pour oublier* », « *pour draguer* », etc. J'ai néanmoins maintenu le choix de celle-ci dans la mesure où les réponses de certains élèves visaient *directement* ou *plus spécifiquement* cet objectif, « *envie de se saouler* » par exemple, ou « *être dans un autre état* ».

J'ai également choisi de séparer les éléments d'une même réponse lorsqu'ils exprimaient deux ou plusieurs éléments de définition, sauf dans les situations où la séparation de ces éléments distincts aurait modifié le sens que l'élève souhaitait donner à sa réponse. Dans la première situation, j'ai ainsi distingué « *boire de façon régulière* » et « *boire de façon excessive* » et ai classé ces deux éléments de réponse dans les rubriques « critère de l'inscription dans le temps du processus (régularité) » pour le premier, « critère de quantité » pour le second. Dans la seconde situation, une rubrique « critères mixtes indissociables » a été créée à cet effet. « *Boire régulièrement, même tout seul* » a ainsi été classé dans cette dernière rubrique.

L'inconvénient d'une telle classification réside dans le fait qu'elle ne permet pas au lecteur d'apprécier à sa juste mesure les représentations des élèves concernant par exemple ce qui définit l'alcoolisme : l'élève perçoit-il l'installation du processus à la fois dans ses aspects qualitatifs et quantitatifs, aborde-t-il la question de la dépendance, définit-il l'alcoolisme comme une drogue, est-il un consommateur régulier ou épisodique, etc. Les avantages sont cependant pluriels : cette classification a permis une thématisation, laquelle me semblait autrement impossible, chaque réponse à chaque question étant unique. Elle offre également une vision globale des réponses qui ont été le plus souvent données, permettant une première interprétation des représentations des élèves. Ainsi, comme je le mentionne ci-dessous, « *la dépendance à l'alcool* » est l'élément de réponse qui a été le plus souvent fourni par les élèves pour définir la personne alcoolique autant que pour définir l'alcoolisme (54 et 51 réponses) ; cette classification fait aussi ressortir que pour les élèves, si la personne alcoolique se définit avant tout par le « critère de l'inscription dans le temps du processus (régularité) » (56 réponses), laissant loin derrière le « critère de la quantité » (13 réponses seulement), l'alcoolisme est défini de façon plus équilibrée par ces deux mêmes critères : 26 réponses pour le « critère de l'inscription dans le temps du processus (régularité) », 24 réponses pour le « critère de quantité ».

Les réponses du groupe n°6 (classes de 4ème/3ème) ont été retranscrites séparément afin de distinguer les réponses de ces élèves plus jeunes et d'apprécier si elles se différenciaient de celles apportées par les élèves des autres classes, du point de vue des connaissances autant que des pratiques.

Le questionnaire n°2

Je l'ai déjà mentionné, la rédaction de ce deuxième questionnaire a été réalisée entre les deux premières interventions, m'étant très vite rendue compte que le nombre important d'élèves allait sérieusement compliquer la capacité dont je disposais à intégrer toutes leurs réponses. Je dois reconnaître que je n'ai pas « pensé » un seul instant à enregistrer les interventions. En dépit de la réduction évidente sur le sens des propos fournis oralement par les élèves qu'entraîne la seule restitution de ceux-ci (et non leur retranscription donc), je ne le regrette pas. Tout d'abord parce que les élèves ont eu des difficultés à respecter la règle d'un

temps de parole pour chacun. J'assistais, pour certaines interventions, à une cacophonie de remarques qu'il eut été de toute façon difficile de retranscrire parfaitement sur la seule base d'un enregistrement. Je pense également que la présence d'un magnétophone aurait porté atteinte à une exigence d'intimité et d'anonymat si importante pour le thème de l'intervention. Beaucoup d'élèves ont joué le jeu de la vérité, mais d'autres ont rencontré des difficultés à s'exprimer en public, préférant alors plus volontiers échanger exclusivement entre eux. La présence d'un magnétophone en aurait certainement augmenté le nombre.
Les questions, nombreuses, avaient pour objectif d'évaluer et de mieux définir les renseignements fournis lors de la première intervention et d'apprécier un certain nombre de comportements des élèves en fonction de différents critères d'évaluation :

1) le sexe et l'âge (questions n°1 et 2) ;
2) l'expérience individuelle et l'appréciation subjective du rapport de l'adolescent entretenu avec l'alcool, l'ivresse, etc. (questions n°4 à 7, n°14 à 19, n°23 et 24) ;
3) l'alcool et la famille (questions n°8 à 10 et n°12) ;
4) l'alcoolisme : alternatives et rétablissement (questions n°25 à 29) ;
5) les représentations de l'élève du tabagisme/de l'alcoolisme. Approche comparative (questions n°11 à 13) ;
6) la vie relationnelle de l'adolescent et les personnes référentes (questions n°20 à 22)[667].

Ce questionnaire a également permis de sérier deux systèmes de consommations : celles en groupe et celles qui sont pratiquées en solitaire. Une analyse qualitative sera réservée à cette dernière pratique.
Enfin, avant la rédaction de ce questionnaire relativement long, j'avais, initialement, également prévu de questionner les élèves sur le déroulement des fêtes de Noël, puisque celles-ci avaient lieu entre la première et la deuxième intervention. A cet effet, je leur avais spécialement demandé, à l'issue de notre première rencontre, de se montrer observateurs, non seulement de leur attitude face à l'alcool, mais également de celle des personnes avec lesquelles ils partageaient cet événement : consommaient-ils plus que d'habitude, estimaient-ils que l'alcool modifiait leur personnalité, etc. Une fois encore, certains se sont prêtés au jeu, d'autres pas du tout.
La dernière remarque ne sera qu'un rappel : j'ai entre les deuxième et troisième interventions, décidé de ne pas distribuer le dernier questionnaire, consciente qu'il n'apporterait pas d'éléments supplémentaires quant à l'objet questionné : les représentations sociales, et ai préféré me concentrer lors de cette dernière rencontre sur les alcoolisations dans le cadre de l'internat.

SECTION 1
ANALYSE AUTOUR DE LA NOTION DE PROCESSUS

L'analyse des représentations de l'alcoolisme et de la personne alcoolique n'avaient d'autre objectif que d'éclairer les pratiques d'alcoolisations adolescentes dans ce qu'elles pouvaient présenter de caractère pathogène et d'influer sur les comportements et situations de consommation à risque. Cette compréhension avait elle-même pour but d'élaborer un contenu pédagogique d'intervention adapté en temps réel aux différentes représentations sociales reconnues et identifiées, lorsqu'elles participaient à une mise à distance entre les systèmes de consommation adolescents mis en place, ce que je vais détailler, et une réalité tout autre sur l'installation de la dépendance. Le contenu pédagogique avait donc pour visée de modifier certaines représentations de la personne alcoolique et d'influer ainsi sur l'état de vigilance des adolescents consommateurs à l'égard de l'alcool, en ayant conscience que ces mêmes représentations agissent sur les comportements de ce même public pour refuser le discours préventif.
J'ai choisi de ne retenir que deux types de comportements qui seront appréciés du point de vue de l'information produite devant nécessairement figurer dans le message préventif, les premiers qui seront analysés en fonction du discours de l'adolescent sur l'alcoolisme autant que sur son propre mode de consommation, les seconds qui offrent déjà un mode de relation intime au produit et détermine, si ce n'est déjà l'installation du processus, tout au moins un mal-être identifiable où l'alcool occupe une fonction de solution.

§1
Quand les représentations de l'alcoolisme ont force de stratégies conjuratoires

La prévention de l'alcoolisme auprès des adolescents, pour être efficace, doit lutter contre deux grandes difficultés :

- la première, qui consiste à « faire avec » toute l'ambivalence des lois qui sont votées pour protéger l'adolescent mais dont le contenu est progressivement rogné par le lobby des alcooliers. La loi Evin en est une triste illustration, la création du Conseil de Modération et de Prévention[668] en est la dernière expression. De nombreux exemples permettent également de réduire la portée de l'argumentaire politique, qui présente les adolescents comme la source principale de préoccupation, dialoguant finalement assez peu autour de la prévention de l'alcoolisme de l'adulte, qui demeure pourtant en France la cible privilégiée à atteindre. L'illustration à l'Assemblée Nationale est en ce sens assez caricaturale, chaque député arrivant il y a quelques années de cela, avec sa bouteille de vin en scandant un discours d'identité culturelle nationale.

- La deuxième difficulté, qui empreinte à ce qui vient d'être dit une partie de son assise et me semble être de fait la plus complexe à réduire, consiste en un travail de « démantèlement » des représentations adolescentes en ce qui concerne l'alcoolisme et la personne alcoolique. L'adolescent, pour inscrire à distance son système de consommation hors de toute pathologie, va s'appuyer sur ces différentes injonctions paradoxales pour éloigner (et ridiculiser d'une certaine façon) le discours préventif. L'anéantissement du risque sanitaire l'illustre parfaitement. Il n'a aucun impact sur le public adolescent, lequel dans sa représentation, ne perçoit ses consommations que d'un point de vue exclusivement présentiste et jouissif : jouir du moment présent, jouir du plaisir de l'ivresse, etc. La maladie représente un futur très lointain, et compte tenu de l'appréciation que les adolescents ont de leurs consommations (intermittentes, etc.), aucune identification n'est établie avec la personne alcoolique telle qu'ils se la représentent. Redéfinir ces représentations, c'est-à-dire la façon dont ils reconstruisent la réalité en fonction de chacun de leur contexte de consommation exige de modifier l'interprétation qu'ils font de certaines pratiques potentiellement toxiques (ex : consommations en solitaire mais également les consommations non festives), non pas tant pour les rendre inexistantes, mais pour permettre aux adolescents de clarifier le sens de chacune de ces expériences.

Nombreuses sont les représentations des adolescents qui déforment non seulement la réalité de ce qu'est l'alcoolisme mais également celle de leurs expériences d'alcool. Elles permettent d'atteindre un double objectif, en apparence paradoxal :

- pérenniser les représentations des adultes sur lesquelles s'appuient leurs propres représentations et maintenir de fait comme socialement acceptables les systèmes de consommations (adultes) qu'ils ne manqueront pas d'imiter, pour se les rapproprier ;
- mettre à distance de leurs propres modes opératoires toute forme de consommation qu'ils se représentent comme pathologique.

Ces différents éléments donnent lieu, lorsque l'on interroge l'adolescent sur la réalité de sa consommation et sur ses représentations de l'alcoolisme/de la personne alcoolique, à des discours contradictoires ou pour le moins ambivalents. Deux remarques peuvent déjà être annoncées :

- concernant le contenu informatif d'une intervention qui vise à dissuader le consommateur en s'appuyant sur sa connaissance des risques sanitaires, pénaux et sociaux, j'ai pu apprécier que plus l'adolescent a une pratique régulière de l'alcool, plus il est informé des risques de sa consommation, de la législation, etc. ;

- quel que soient la pratique et le système de consommation de l'adolescent, il y a rupture entre sa capacité de compréhension intellectuelle, cognitive et l'incidence que cela a sur sa pratique. Qu'il consomme peu ou régulièrement, l'adolescent est rarement capable d'établir une quelconque identification avec la personne alcoolique telle qu'il se la représente, pas plus qu'il n'est en mesure de repérer un mode de consommation pathogène qui serait le sien (l'exemple de la consommation en solitaire en est une illustration, bien que certains des élèves pratiquants se soient prononcés dans un sens contraire).

1. Sur la définition de l'alcoolisme et de la personne alcoolique

Les interventions autant que les questionnaires ont eu pour double objectif de me permettre de comprendre le système d'alcoolisation de chaque élève en lui offrant la possibilité de s'exprimer sur ce que représentent pour lui la personne alcoolique et la pathologie de l'alcoolisme. La difficulté que peut représenter pour tout un chacun de repérer, d'identifier, de diagnostiquer l'alcoolisme d'une personne n'est que la traduction de l'existence d'une succession de stades (non linéaires) de modes de consommations pathologiques : en effet, lorsque chaque comportement face à l'alcool est considéré isolément, à un instant *t*, il est difficile d'établir un tel diagnostic d'un point de vue extérieur. Seul l'individu concerné serait en mesure d'exprimer la spécificité du rapport qui le lie au produit, car c'est cet attachement particulier qui va le distinguer des autres consommateurs durant les premières années d'alcoolisations, bien plus que les quantités qu'il ingère, ou les contextes dans lesquels il s'alcoolise, lesquels à bien des égards ne se différencient pas de ceux des autres consommateurs. C'est ce qui ressort clairement des réponses des élèves, à travers leurs confusions et leurs contradictions[669].

11. Le sujet alcoolique, un homme invisible ?

D'une manière générale, les élèves ont une connaissance théorique « intelligente » de l'alcoolisme, dans le sens où ils sont assez nuancés pour qualifier le processus : la question de l'installation dans le temps, de l'augmentation des doses, etc. est relativement bien appréhendée. Les termes utilisés pour définir la personne alcoolique autant que l'alcoolisme reflètent pour certains élèves une compréhension fine de la pathologie. Certaines subtilités se dégagent des réponses aux questionnaires pour définir au plus juste ce processus : « *boire sans soif* », « *boire sans plaisir* », etc., mais aussi « *boire dès que l'on peut* », « *dans n'importe quelle circonstance* », traduisant à la fois cette appétence pour l'alcool du sujet alcoolique qui n'en apprécie pas nécessairement le goût, mais aussi les rationalisations utilisées pour justifier les consommations d'alcool. Aussi, en théorie, la confusion entre une personne alcoolique et une personne ivre est en ce sens assez rare. Pour autant, l'état d'ivresse reste prégnant dans la représentation des élèves, qui se représentent le plus généralement la personne alcoolique (et l'alcoolisme) dans une phase ultime du processus : s'ils font, intellectuellement, la distinction entre un individu ivre et un individu alcoolique, lequel peut ne pas consommer jusqu'à l'ivresse, ou se montrer ivre dès le premier verre, dans les faits, ils auront tendance à se représenter le sujet alcoolique comme un ivrogne. C'est assez paradoxal, mais cette double appréciation illustre une première mise à distance (et une réalité sociale que je développe ci-dessous) du système de consommation de la personne alcoolique.

Cette contradiction va se refléter également dans la prédominance de certains critères : ainsi, dans le questionnaire n°1, le « critère de quantité » est peu utilisé pour qualifier la personne alcoolique, contrairement au « critère lié à la dépendance » et au « critère de l'inscription dans le temps (régularité) ». Les élèves qui ont essayé d'être plus nuancés ont souvent défini l'alcoolisme comme « *une consommation régulière et excessive d'alcool* », la personne alcoolique étant alors décrite comme « *une personne dépendante de l'alcool* », critère auquel il était le plus souvent adjoint une référence à « l'inscription dans le temps (régularité) » : « *une personne qui consomme régulièrement de l'alcool* ». Ce qu'il est intéressant de remarquer, c'est que se juxtaposent dans la représentation des adolescents la confusion entre la personne alcoolique et l'ivrogne d'une part, et la minimisation du critère de quantité au profit de celui de l'inscription dans le temps (régularité). Cette reconstruction imaginaire de la personne alcoolique permet aux adolescents de clairement se démarquer dans leur système de consommation, lequel ne se traduit ni par un état d'ivresse permanent, ni par un besoin irrépressible de consommer de l'alcool (signes de sevrage, état de manque, etc.), ni par une consommation régulière, quotidienne. Ainsi, leurs cuites du week-end, parce qu'elles alternent avec des périodes de non consommation d'alcool, leur permettent, en fonction du choix des critères déterminants susmentionnés, d'échapper à tout comparatif. La traduction fréquemment utilisée de la dépendance alcoolique en termes de « *besoin* » de boire renforce cette mise à distance. Avant de boire beaucoup, le sujet alcoolique est d'abord un individu qui boit « *tout le temps* », « *à toutes occasions* », « *sous n'importe quel prétexte* ». Ce dernier critère est d'ailleurs souvent cité dans des termes qui décrivent plutôt un processus d'alcoolisations de longue date (« *24h/24* », « *boire tout le temps* », etc.), la personne alcoolique étant d'abord perçue comme quelqu'un qui ne s'interrompt plus (jamais) de boire, ce qui dans la réalité d'un sujet alcoolique, évoque évidemment de longues années d'alcoolisations. Certaines nuances expriment également cette volonté inconsciente des élèves de mettre à distance la pratique du sujet alcoolique : « *boire en semaine* », « *tous les jours* », « *boire dès le réveil* » peut également venir signifier de leur part « je ne suis donc pas en danger ». Comme je le mentionne déjà dans un précédent chapitre, un élève s'est cependant interrogé sur la possibilité d'un « *alcoolisme du week-end* », mesurant par là que la régularité ne signifiait pas pour autant la quotidienneté de la consommation, et qu'elle pouvait en cela présenter déjà un réel danger.

L'intelligence des définitions n'en masque pas moins une profonde méconnaissance de la réalité de l'installation du processus, laquelle va s'exprimer dans la confusion qu'opèrent les élèves entre le sujet alcoolique et le sujet qui s'alcoolise. Comme je l'ai mentionné, il semble ici y avoir un paradoxe, car si les élèves dominent aisément les différents critères sur lesquels s'appuyer pour définir le processus, boire de plus en plus et de plus en plus souvent au point de devenir dépendant, la majorité d'entre eux continuent de se représenter le sujet alcoolique comme un ivrogne, « *toujours bourré* », « *nez rouge, haleine* », « *être régulièrement saoul dans la dépendance* ». Ce que je souhaite exprimer, c'est que si majoritairement, les élèves n'ont pas défini à l'écrit le sujet alcoolique comme un ivrogne, ils le *pensent* comme tel, parce que c'est à ce stade que le diagnostic ne fait plus aucun doute. Et s'ils le pensent comme un ivrogne, c'est parce qu'ils le voient également comme tel : le sujet alcoolique n'est identifiable qu'à ce stade ultime. Le verbe voir n'est donc pas ici employé dans le sens de la représentation, mais bien dans la simple action d'observer et de regarder.

Cette confusion illustre bien la difficulté qui existe pour eux de repérer une personne alcoolique, de la distinguer des autres consommateurs, puisque ceux-là peuvent consommer de la même façon. S'interroger sur l'alcoolisme, c'est aussi s'interroger sur l'alcoolisation. Et comme de nombreuses personnes prétendument non alcooliques consomment autant que celles que l'on diagnostique comme telles, comment ne pas s'y perdre ? Impossible pour les élèves de contourner cette difficulté qu'ils ressentent à définir par exemple les conséquences de l'alcoolisme sur une personne alcoolique : ils n'ont alors d'autre choix que de décrire les effets de l'alcool sur toute personne, alcoolique ou non : « *personne qui a bu un coup de trop* », « *personne qui a perdu la raison après avoir subi une trop forte quantité d'alcool* », « *le fait de boire une boisson alcoolisée rendant le comportement imprévisible* », « *état dans lequel on est après avoir subi les effets de l'alcool* », etc. Un élève la décrit même comme une « *personne qui n'est pas dans son état normal* », ce qui selon moi est une bonne définition du sujet alcoolique[670]. Ayant à plusieurs reprises évoqué une possible mise à distance de certains élèves de leurs propres consommations avec celles qu'ils attribuent aux personnes alcooliques, notamment au regard du « critère de régularité », je m'interroge ici, avec cependant plus de réserves, sur cette confusion entre les effets de l'alcoolisation (excessive ou non) et les conséquences de l'alcoolisme. Il est fort possible que pour les élèves ayant fait cette confusion, un réel manque d'informations puisse l'expliquer, mais les copies étant anonymes, je n'ai pu déterminer si ces élèves étaient les mêmes que ceux que j'avais pu identifier physiquement, lorsqu'ils s'exprimaient à l'oral, comme étant peu concernés par le sujet. Une autre hypothèse est possible, et tient à l'ambivalence du rapport social à l'alcoolisation : la confusion entre les conséquences de l'alcoolisme et les effets de l'alcool peut trouver une explication dans la permissivité française qui très concrètement se manifeste dans un contexte social : l'autorisation implicite d'excès d'alcool empêche un regard lucide sur la consommation d'un individu, puisque celle-ci est banalisée dans de nombreuses occasions : repas, fêtes de fin d'année, pots de retraite, soirées entre amis, restaurants, etc. La permissivité a pour conséquence un effet de retardement considérable du diagnostic, puisqu'elle n'entraîne aucune stigmatisation sociale. Durant de longues années d'alcoolisations, le sujet alcoolique, si ce n'est son appétence pour l'alcool, ne se distingue en rien des autres personnes qui consomment. Tout au plus le qualifie-t-on de « bon vivant », ou de quelqu'un qui a « une bonne descente ». Alors que le processus, la pathologie, sont déjà irréversibles, de nombreuses années se seront écoulées. L'environnement proche aura peut-être noté quelques écarts de conduite, une modification du comportement sous l'emprise de l'alcool, etc., mais finalement aucun signe très marquant qui le distingue des autres consommateurs. Si bien qu'un sujet dont la consommation est pathologique sera longtemps le seul à être capable de déterminer s'il consomme beaucoup (et donc mal). De la même façon, la confusion entre alcoolisme et effets de l'alcoolisation traduit peut-être le regard ambivalent et inconscient que tout un chacun porte sur ces autorisations implicites d'excès, appréciant ces pratiques non pas tant comme l'expression d'un mode consommatoire pathologique, mais plutôt comme un mode consommatoire pathogène.

Ce qu'il est important de retenir, c'est que les réponses des élèves pointent une réalité sociale : s'il n'est pas stigmatisant, pour le sujet alcoolique, de trop boire sur le plan social, cette permissivité a ses limites : lorsque ce comportement occasionne des troubles qui sont subis par autrui. Alors, et seulement à ce stade ultime, la question du rapport à l'alcool pourra se poser.

12. La dépendance, perte de la liberté de boire et de ne pas boire

La question de la dépendance au produit a été définie par les élèves dans ses deux aspects : physique et psychologique, sans que les termes ne soient pour autant mentionnés clairement : « *besoin de boire* », « *ne plus s'en passer* », « *ne plus pouvoir vivre sans alcool* ». Certains élèves l'ont exprimée avec plus de nuances, traduisant tantôt « l'addiction » au produit[671] : « *boire non pas par envie mais par "obligation"* », « *l'emprise de l'alcool* », tantôt la honte du sujet alcoolique « *quelqu'un qui va à "Shopi" tous les jours pour acheter du rouge et qui dit que c'est pour faire du coq au vin* », ou encore l'ignorance de celui qui s'aliène et « *boit jusqu'à en devenir dépendant* », « *on peut consommer de faibles quantités mais régulièrement et être alcoolique* ».

La dépendance à l'alcool est donc globalement bien comprise par les élèves, sans que pour autant l'idée de processus lui soit associée, et une fois encore, ce paradoxe s'appuie sur le fait que les élèves n'ont comme autre représentation de la personne alcoolique que celle qui se trouve « en fin de parcours ». Comme pour tout un chacun, il y a pour les élèves un avant, et un après. Avant, le sujet n'est pas alcoolique, après, il l'est, et ça se voit. Et c'est parce que ça se voit qu'il l'est. Pour ces adolescents, l'idée que l'on puisse être alcoolique sans que ne soit visible une quelconque manifestation spectaculaire de la dépendance au produit est difficilement concevable.

Pour intégrer la réalité de ce qui définit le processus, les adolescents devraient pouvoir apprécier véritablement ce qui définit l'alcoolisme, et ce bien avant qu'il ne soit définitivement installé. S'il me paraît tellement nécessaire de travailler la question de l'installation de la dépendance, c'est qu'elle est l'illustration même de ce dont ils se sentent le plus éloignés. La dépendance ne s'appréciant pour les élèves qu'au stade ultime de la pathologie, il convient alors de questionner avec eux le temps qui précède « l'avant dépendance » et qui va les concerner, eux.

Les réponses fournies à la question n°15 du questionnaire n°2 (« *A la question « Quand sait-on que l'on est alcoolique ? », la réponse suivante a été donnée « Lorsque cela fait souffrir de boire ». Qu'en pensez-vous ?* ») illustrent bien comment, à travers la représentation de la pratique de la personne alcoolique, les élèves tentent d'éloigner de leur système de consommation l'idée de toute dérive pathologique potentielle.

J'ai rédigé cette question en fonction des nombreuses remarques recueillies lors de mes participations durant l'année 2000 aux réunions d'Alcooliques Anonymes. Je m'aperçois aujourd'hui que la formulation a peut-être prêté à confusion, et qu'il aurait été plus juste d'écrire : « Quand peut-on dire d'un individu qu'il est alcoolique ? » ou « Quand doit-on s'interroger sur son rapport à l'alcool ? » plutôt que « Quand sait-on que l'on est alcoolique ? ». Je pense également aujourd'hui que le choix du substantif « souffrance » était une erreur de ma part, car il ne correspond pas à la réalité des consommations adolescentes, qu'elles soient saines ou pathologiques. Les adolescents qui ont un rapport pathologique à l'alcool n'identifient que rarement leur besoin de boire comme une souffrance de boire. Tout au plus sont-ils capables d'identifier la souffrance qui les « oblige » d'une certaine façon à boire de l'alcool pour « oublier ». Il eut été préférable d'utiliser d'autres termes, moins violents, comme ceux de « contrainte irrépressible » ou « d'incapacité à s'abstenir », qui pouvaient déjà évoquer une réalité de consommation pour eux, la souffrance de boire signifiant une souffrance de ne pas pouvoir s'arrêter de boire quand on a commencé, une perte de liberté de s'abstenir. Car, ces remarques étant faites, ce que je souhaitais transmettre aux élèves, c'est une vraie capacité à questionner leur rapport à l'alcool, sachant que dans leur représentation, le simple fait de ne pas consommer quotidiennement est à lui seul un facteur rassurant et de mise à distance de la pratique du sujet alcoolique (et donc de la souffrance qui très vite l'accompagne). Pour autant, et je m'appuie ici encore sur les témoignages de personnes abstinentes, bien avant les années d'alcoolisations intensives, certains de leurs comportements étaient *déjà* autant d'indicateurs de leur mauvais rapport à l'alcool. Il me semble que ces « signaux » doivent être appréciés pour ce qu'ils sont, des signes indiquant qu'un processus d'alcoolisme est peut-être en train de s'installer. Ils indiquent les prémices d'une vie qui s'organise autour de l'alcool. J'entends par organiser sa vie autour de l'alcool à l'adolescence une somme de comportements significatifs, comme l'incapacité de participer à une fête ou une soirée sans alcool, la nécessaire recherche de défonce, l'anticipation systématique sur un éventuel manque d'alcool[672], etc. Je souhaitais que les élèves s'interrogent sur ce qui peut déjà, pour eux, caractériser une peur du manque (c'est-à-dire un besoin d'alcool), sans pour autant qu'il y ait déjà dépendance (irréversible). La souffrance de boire telle que je l'évoquais dans la question englobait également la souffrance à l'idée de ne pas boire. Or, cette liberté de ne pas boire, ce qui exprime également le choix, la volonté et la décision de ne pas consommer de l'alcool, est rarement entendue en ces termes par les adolescents. La liberté, pour eux, c'est le choix de faire, et non celui de ne pas faire. Organiser sa vie autour de l'alcool se manifeste également à cet âge comme l'incapacité à respecter ses propres décisions sur la consommation d'une certaine quantité d'alcool. L'adolescent dont la préoccupation est de chercher vainement à contrôler sa consommation sans jamais y parvenir est sans aucun doute en danger. Je dirais même que l'adolescent qui avant de consommer est toujours dans la préoccupation d'un contrôle de sa consommation s'inscrit déjà dans un fonctionnement pathologique. Je ne partage pas cette opinion qui consiste à affirmer qu'une fois sous emprise d'alcool, l'adolescent n'a plus la maîtrise de sa consommation du fait de l'action de l'alcool sur le cerveau, et que, de ce fait, il est alors dans l'incapacité de respecter ce qu'il avait décidé au préalable[673]. Il me semble qu'il y a là une banalisation des alcoolisations compulsives des adolescents, et la réduire aux seuls effets de l'alcool sur l'organisme me paraît dangereux.

Les différents aspects qui définissent la souffrance de boire (et donc de ne pas boire) sont très complexes et n'ont été que faiblement compris par les élèves, et j'envisagerai ci-après les mêmes difficultés qu'ils ont exprimées à propos de la capacité à prendre en compte leur propre dépendance à l'alcool.

De manière générale, et en première lecture, j'aurais eu tendance à affirmer que seuls les élèves ayant répondu positivement à la question en avaient compris le sens. Mais en réalité, l'analyse de leurs réponses m'a obligée à plus de nuances. Les réponses positives et négatives illustrent en fait bien souvent la même position et sont l'expression de fortes résistances à l'idée d'un alcoolisme « psychique », c'est-à-dire de la préexistence d'une économie addictive avant toute dépendance physique. Dans la représentation des élèves, la dépendance se définit comme quelque chose de très mécanique, et même si l'aspect psychique n'est pas absent en théorie dans l'esprit des élèves, il est difficilement « observable ». Il est intéressant de noter que dans la majorité des réponses qui suivent, la souffrance niée du sujet alcoolique est pourtant omniprésente dans leurs réponses.

Pour les filles comme pour les garçons, si l'alcoolisme se définit prioritairement par la consommation régulière d'alcool (inscription dans le temps) : « *non, c'est quand on boit très régulièrement sans pouvoir s'en passer* », il leur est difficile de faire abstraction de la souffrance, laquelle sera plus ou moins clairement évoquée. Bien souvent, c'est en modifiant le lien de causalité souffrance/dépendance que les élèves tenteront d'en réduire l'existence. Voici quelques réponses de garçons : « *faux, c'est quand on en a besoin. Après, ça fait souffrir* », « *on est alcoolique quand on est désespérément attiré vers une boisson alcoolisée, on ne peut s'empêcher d'en boire* » (le désespoir n'est-il pas souffrance ?). Les filles ayant répondu négativement s'appuient sur les mêmes arguments : « *c'est faux, on l'est bien avant d'arriver à ce stade* », ou « *c'est lorsque cela fait souffrir de ne pas boire* ». Cette dernière réponse illustre la difficulté des élèves à intégrer l'idée que la souffrance de boire et la souffrance de ne pas boire sont les deux versants du même processus.

Les réponses positives, c'est-à-dire celles qui validaient l'idée de souffrance de boire, expriment en fait la même difficulté pour définir ce que peut constituer la souffrance du sujet alcoolique : deux réponses (de jeunes filles) résument cette complexité spécifique à la problématique alcool : « *je suis d'accord mais sur le moment, ça soulage plutôt que de faire souffrir, c'est avant et après que l'on souffre* » et « *l'alcool peut faire souffrir mais peut également permettre à des personnes de "s'échapper" de la vie* ». Deux garçons sont parvenus avec un certain succès à définir ce qui justifie peut-être la souffrance de boire du sujet alcoolique, lorsque celui-ci perçoit que l'alcool ne remplit plus sa fonction d'oubli ou d'anesthésie, et qu'il en est réduit à boire pour boire « *je pense que oui car au bout d'un moment on se force à boire parce qu'on est malheureux* », « *c'est possible puisqu'à la fin, on peut s'en lasser d'être ivre* ».

13. Le mobile de la consommation

La question du « mobile », que j'ai classée dans la rubrique du « critère lié aux effets recherchés dans l'alcool » est un élément essentiel du repérage précoce d'une relation pathogène à l'alcool. Les rationalisations qui autorisent le passage à l'acte seront déterminantes pour apprécier l'attachement au produit. Plus l'alcool est envisagé comme une solution, plus l'adolescent se met en danger.

Les mobiles, tels qu'ils sont appréciés par les élèves, renvoient à une triple explication :

1) l'idée d'une épreuve traumatique ayant plus ou moins contraint la personne à « devenir » alcoolique : les raisons familiales et professionnelles sont le plus souvent citées, la personne boit alors « *pour résoudre ses problèmes sociaux* », « *boire pour des raisons professionnelles ou familiales – problèmes* », etc. ;
2) l'individu s'inscrit dans un contexte plus général de tourmente, sans que soit mentionnée une raison précise : il s'agit alors d'« *oublier ses problèmes* », « *noyer ses problèmes dans l'alcool* », « *se réfugier dans l'alcool* », « *faire passer les mauvais moments* », etc. ;
3) enfin est citée la recherche d'un état particulier ou la volonté de se couper d'une certaine réalité (intérieure et/ou extérieure) : dans le premier cas, l'individu est alors décrit comme s'alcoolisant « *pour être bien* », « *pour être dans un autre état* », « *pour se dé-stresser* », dans le second « *par détresse* », « *pour remplacer un manque* », ou encore « *changer de monde* ».

Dans la représentation des élèves, l'alcool a bien pour fonction de « soutenir » l'individu qui doit affronter une réalité intérieure et/ou extérieure face à laquelle il se sent incapable de réagir. Les deux réponses « *boire pour être bien* » ou « *boire pour être dans un autre état* » résument finalement cette fonction de l'alcoolisme : un individu ne « devient » alcoolique que lorsqu'il boit pour « *oublier ses soucis* », « *pour noyer ses problèmes dans l'alcool* » ou « *pour se sentir mieux* ». Ce qu'il est important de retenir, c'est que la personne qui consomme de l'alcool, dans la représentation des élèves, se montre plus vulnérable à l'addiction, la dépendance parce qu'elle inscrit sa pratique dans un contexte d'épreuves traumatiques, de problèmes insolubles, etc. Cette fonction de sauvetage de l'alcool semble implicitement validée par les élèves, et c'est une fonction qu'ils utilisent aussi volontiers en attendant de l'alcool qu'il leur fasse oublier l'ennui du quotidien. L'alcool a donc également valeur de solution (même transitoire) dans leurs systèmes de consommation.

Comment s'en défendent-ils ? En « noyant » cette utilisation dans des contextes de consommation qu'ils définissent prioritairement comme festifs. Comme le formule cette élève, « *on ne boit pas pour le fait de boire ! (en tout cas pas moi). On n'a pas non plus besoin d'être saoul pour faire la fête. Mais on boit un verre, puis un autre sans s'en rendre compte. Je ne pense pas que nous soyons « alcooliques » pour autant !* ». Cette rationalisation ne tient guère la route, et les propos des élèves ne manquent pas d'ambivalence quand ils définissent de façon similaire non seulement leurs contextes de consommations (identiques à ceux de la personne alcoolique) mais également les raisons qui donnent envie de boire : ainsi, les adolescents, comme la personne alcoolique, consomment aussi bien « *seuls* » qu' « *en groupe* », « *en société* », « *en fête* » et surtout « *entre amis* », ou « *pour faire comme les copains* ». Certains élèves ont même inversé les contextes favorables (incitateurs) à la consommation avec les raisons qui leur donnent envie de boire, pointant alors comme critère déterminant de la consommation d'alcool le contexte social. Mais dans la représentation, de paradoxe il n'y a point, et c'est à cet endroit que la stratégie conjuratoire va opérer, car, si le sujet devient alcoolique, c'est parce qu'il a bu pour oublier ses problèmes *d'adulte* : « *le divorce* », « *le chômage* », etc. Même les raisons plus générales qui sont citées ne correspondent pas pour les élèves à leur réalité, et ce alors même qu'ils décrivent les mêmes raisons qui peuvent les inciter, eux, à boire de l'alcool : « *se dé-stresser* », « *pour oublier* », etc. Dans leur représentation, l'alcoolisme est tout simplement un problème d'adulte.

Ce qui va être déterminant pour valider cette représentation, c'est l'absence totale de vulnérabilité psychique préalable. L'alcoolisme n'est pas affaire de personnalité, mais de causalités contingentes. Dans aucun questionnaire, il n'est fait mention d'une quelconque vulnérabilité psychique ou psychosociale. Pour les élèves, toute personne est susceptible de « devenir » alcoolique. Il est en ce sens surprenant que n'ait pas été mentionnée au moins une référence à ce type de vulnérabilité, car elle fut souvent évoquée à l'oral lors des interventions : je veux parler des enfants de parents alcooliques. Le fait de s'inscrire dans un tel environnement familial n'a à aucun moment été évoqué par écrit ; de la même façon, lorsque j'ai abordé cette question à l'oral, les élèves, en tout cas ceux qui se sont exprimés, ne semblaient pas plus convaincus de l'influence d'un tel environnement. Très simplement, pour les élèves, il était difficile de l'exprimer en ces termes : la proximité d'un parent alcoolique ne fragilise pas un individu dans le rapport qu'il va entretenir avec l'alcool à l'âge adulte. Deux illustrations sont ici à mentionner : 1) la spontanéité d'un élève dont je rapporte la discussion au chapitre précédent peut être éclairante : sa mère, dont le frère et le père étaient alcooliques, avait à plusieurs reprises tenté de faire passer un message à son fils, sachant ou pressentant le risque potentiel qu'encourait celui-ci. Lorsque j'évoquais avec lui sa généalogie, il me répondit, absolument pas conscient de ce risque : « *je sais, ma mère me répète toujours que je ne devrais pas boire* » ; 2) j'ai interrogé les élèves pour savoir s'ils avaient dans leur entourage (famille, voisins, amis, etc.) des personnes alcooliques qu'ils côtoyaient personnellement, et beaucoup ont répondu par l'affirmative. Pour autant, ce facteur de vulnérabilité ne leur semblait pas prédominant, voire n'avait aucune incidence.

D'un point de vue préventif, il me semble ici important de pointer la nécessité d'informer les adolescents de cette vulnérabilité psychosociale. Avant que les enfants de parents alcooliques puissent avoir l'occasion de s'exprimer sur ce dysfonctionnement familial, et être éventuellement pris en charge, peuvent s'écouler de nombreuses années, où ils encourent certains risques vis-à-vis de l'alcool (identification au parent, sauvetage, etc.). Les informer de cette vulnérabilité sans les contraindre à s'exprimer me semble une nécessité. Je l'ai déjà mentionné, lorsque je participais accompagnée d'un représentant de l'établissement Le Likès à une réunion de l'ANPAA à Quimper, une personne du Rectorat s'était montrée affolée du déroulement d'une intervention de prévention sur l'alcoolisme, une jeune fille s'étant évanouie en écoutant le témoignage d'une personne alcoolique abstinente. Pour cette personne du Rectorat, l'intervention représentait une agression pour cette jeune fille puisqu'elle s'était évanouie. Mais la violence ne se situe-t-elle pas plutôt dans le silence que l'on impose à ces adolescents qui n'ont pas la possibilité de s'exprimer sur leurs souffrances ?

J'ai vécu à Angers une expérience quelque peu similaire. Alors que je me trouvais en tant qu'observatrice lors d'une intervention réalisée par le Groupe Alcool au Lycée Sainte-Marie, une jeune fille s'est exprimée sur l'alcoolisme de son père. Ayant la qualité d'observatrice, j'ai eu tout le loisir de l'observer avant qu'elle n'évoque ce sujet, parce qu'elle le maîtrisait parfaitement, dans ses remarques et ses analyses, et cela m'avait évidemment interpellée. Dans le cadre de cette « Semaine information santé », les élèves avaient choisi les thèmes d'intervention, et comme plusieurs élèves de plusieurs classes s'étaient retrouvés ensemble sans nécessairement se connaître (il s'agissait des classes de seconde et terminale BEP secrétariat et logistique), ils n'étaient pas tous intimes. Mais lorsqu'elle s'est exprimée sur l'alcoolisme de son père, les élèves se sont tus, et un silence respectueux s'est installé. Aucun élève n'a ri. Je me suis alors fait la réflexion que cette jeune fille s'était terriblement exposée, avec beaucoup de courage, risquant peut-être quelque futur quolibet, mais dans le même temps, je me suis fait la réflexion qu'elle avait su parfaitement s'appuyer sur le support de l'intervention pour « vider son sac », c'est-à-dire pour exprimer, mettre en mots, exposer sous le regard de l'autre et finalement se libérer un peu de ce poids. Et ce qui l'a probablement aidée, c'est le témoignage apporté lors de cette même intervention d'un homme alcoolique, père de famille, lequel s'était exprimé sur la souffrance de ses enfants quand il n'était pas encore abstinent.

2. A l'égard de leurs propres systèmes de consommations

L'illusion des élèves se porte également sur leur propre capacité à s'abstenir d'alcool. Alcooliques ou pas, inscrits dans un processus pathologique ou pas, la majorité des adolescents que j'ai rencontrés sont dans la difficulté, voire dans l'incapacité de refuser au moins un verre d'alcool, parce qu'ils ne peuvent envisager de fête sans alcool, et surtout parce qu'ils ne savent pas résister à la consommation d'alcool quand celui-ci est présent. Ce qui donne force à cette illusion, c'est la représentation, pour eux sans équivoque, qu'ils ont de leurs modes de consommation : parce qu'ils ne consomment pas tous les jours, ils pensent qu'ils n'encourent aucun danger. Or, c'est faux. Les stratégies conjuratoires des adolescents vont se développer à un autre niveau, en modifiant la réalité de leurs alcoolisations. Je développerai trois stratégies conjuratoires identifiées chez les adolescents rencontrés, lesquelles sont déterminantes d'une certaine insouciance à l'égard de tout mode de consommation, insouciance largement influencée par les représentations sociales de cette pathologie et de la personne alcoolique qui l'illustre, mais sont également révélatrices de systèmes de consommation, lesquels opèrent sur un plan individuel autant que collectif, et traduisent une véritable relecture de leur réalité. Modes et systèmes de consommation seront ici analysés à travers de multiples exemples illustrant comment les représentations sociales sont à la fois la source d'un certain type de comportements en même temps qu'elles sont renforcées par ces mêmes comportements.

21. Contextes de consommation et interprétation de l'expérience

La puissance de ces reconstructions imaginaires est telle qu'elle est déterminante pour comprendre le rapport à l'alcool de tout un chacun. Le premier exemple concerne le deuxième questionnaire et les questions se rapportant à l'expérience d'alcool et d'ivresse : je constate en première lecture que plusieurs adolescents ont répondu de façon apparemment contradictoire, affirmant d'un côté n'avoir jamais bu d'alcool, puis listant à une autre question une série de conséquences négatives qu'ils ont pu vivre après une mauvaise expérience d'alcool. Concernant tout d'abord l'expérience d'alcool, une jeune fille répond à la question n°4 : « *non* », après avoir raturé par deux fois un « *oui* ». Puis à la question n°8, elle écrit « *oui, avec autorisation. Pour mon anniversaire* » et rajoute avec un crayon de couleur différent (après réflexion donc) « *une seule fois* ». Il m'est difficile de ne pas pointer cet « oubli » comme un acte manqué ayant plus de sens qu'il n'y paraît. Certes, cette jeune fille peut n'avoir consommé qu'un fond de flûte à Champagne pour fêter l'événement, mais c'était là notre deuxième rencontre, et « oublier » cette expérience, laquelle ne doit pas être très ancienne (elle est âgée de 16 ans), au cours d'une intervention sur la prévention de l'alcoolisme, mérite attention. Ce que semble traduire sa réponse, c'est que consommer une coupe de Champagne n'équivaut pas dans sa représentation à boire de l'alcool. Une double remarque peut être faite de cette reconstruction de la réalité, soit que cela signifie que ce contexte constitue pour elle une barrière de protection contre toute dérive, soit au contraire que l'absence de vigilance nécessite d'être pointée, surtout si les contextes qui nient l'expérience d'alcool sont nombreux.

La même interrogation concerne les réponses fournies par plusieurs garçons, toujours dans le deuxième questionnaire. Un premier affirme n'avoir jamais bu d'alcool (question n°4) mais répond à la question n°19 (« en buvant, vous vous êtes senti ? ») : « *mal à l'aise* ». J'aurais pu interpréter cette contradiction comme une étourderie, un mensonge, voire une plaisanterie. Pour autant, ses autres réponses ont été très laconiques, beaucoup de « *non* », très peu de « *oui* », les questions à choix multiples ont été négligées, etc., mais il a « oublié » certaines expériences, peut-être même une expérience unique. Je pense que le manque d'intérêt réel de ce garçon pour l'alcool lui a fait « négliger » le souvenir de son expérience. Dans sa représentation, le contexte où il a fait l'expérience de l'alcool ne correspondait pas pour lui à un contexte alcoolisé. Un autre garçon s'est également contredit : il répond par la négative à la question n°4, tout en affirmant à la question n°8 « *oui, sur proposition au Nouvel an et à Noël* » et coche deux des options de la question n° 14 : « *en famille* » et « *lors d'une fête particulière* ».

Deux de ces trois exemples illustrent une expérience de l'alcool dans un contexte familial. Il n'y a cependant pas matière à généraliser, mais peut-être qu'il ne s'agit pas, pour ces adolescents, d'une « véritable » expérience de l'alcool telle qu'ils se la représentent, soit entre amis, en soirée, voire avec une expérience d'ivresse, etc. Il n'en demeure pas moins que ces quelques réponses, qui traduisent l'influence du sens donné par les adolescents à leurs systèmes et usages de consommation et plus encore à leurs attentes de l'expérience, soulignent la nécessité pour l'intervenant de les décrypter afin d'élaborer un discours de prévention qui réponde à la réalité telle qu'elle est perçue (pour mieux la modifier si nécessaire).

Il me semble que cette reconstruction de la réalité qui opère selon certains contextes de consommation traduit une tentative de négation de l'expérience, un peu comme s'il s'agissait d'un refoulement « différé ». A. Morel écrit, je l'ai déjà cité, « *ce qui fait valeur d'expérience tient pour une grande part à ce qui lui donne sens, à son interprétation* » [674]. Le fait de nier le sens, en n'attribuant aucune existence à l'expérience, me semble d'autant plus dangereux que c'est la fonction symbolique qui est ici questionnée. Le rituel familial de la coupe de Champagne, à Noël ou pour un anniversaire, est justement une limite culturelle posée à l'expérience de l'alcool. Il est le fondement d'un rapport sain au produit, et lui retirer cette essence me paraît traduire, chez ces adolescents, une attente autre à l'égard de l'alcool, beaucoup plus toxique à mon sens. L'expérience d'alcool qui aura du sens pour ces adolescents donnera la mesure de la distance qui les sépare d'une consommation symbolique. Plus l'expérience sera paroxystique (ivresse, défonce, etc.), et plus je serais tentée d'écrire que l'adolescent s'inscrira dans un mode d'alcoolisations potentiellement pathologiques.

La même remarque peut être faite à propos de l'expérience d'ivresse. Plusieurs élèves (3) ont répondu de façon apparemment contradictoire. Ils affirment à la question n°6 n'avoir jamais été ivres, mais répondent à la question n°24 avoir été gênés avec l'ivresse d'alcool, « *trop parler* », « *vomir* », « *pleurer* » (2), « *casser des objets* » (2), « *agresser quelqu'un* » et « *insulter des gens* » (2). Les élèves ont établi ici une distinction entre l'ivresse telle qu'ils se la représentent et qu'ils semblent dans leurs propos n'avoir jamais expérimentée, et l'ivresse telle qu'ils l'ont véritablement vécue, c'est-à-dire en termes de conséquences négatives : « vomir », « pleurer », etc. Ces effets de trop d'alcool semblent ne pas correspondre aux attentes qu'ils ont de l'ivresse, laquelle, on peut en faire l'hypothèse, doit s'entendre par exemple de crises d'hilarité et autres désinhibitions. Pour autant, le fait de nier les effets d'une alcoolisation excessive, ou même une simple intolérance à un excès (raisonnable) d'alcool me semble révélateur : en refusant de donner sens à cette expérience désagréable, ces élèves nient l'aspect négatif de l'alcoolisation. Ils sont donc enclins à réitérer l'expérience sans vigilance.
Une autre reconstruction de la réalité, spécifique (au moins) à la région de Bretagne, et dont je souhaiterais faire mention ici bien que ne figurant pas dans les réponses aux questionnaires, concerne la question du cidre. Lors de la première intervention, plusieurs élèves m'avaient interrogée sur ma propre consommation d'alcool. Comme je répondais que je n'en consommais pas, beaucoup me posèrent cette question : « *même pas du cidre ?* ». La réaction des élèves a été unanime pour affirmer que le cidre n'était pas de alcool. Cette attitude s'est également retrouvée à l'égard des bières dites « sans alcool », qu'il serait de fait plus juste de qualifier de « faiblement alcoolisées », bien qu'il me semble qu'il s'agisse là plutôt d'une méconnaissance que d'une représentation très ancrée[675].
Je ne manquais pas, à l'occasion des interventions qui suivirent, d'évaluer cette représentation des élèves. A chaque fois que l'un d'entre eux m'affirmait ne pas boire d'alcool, je posais la question : « *même pas du cidre ?* ». Un garçon du groupe 4 me répondit alors par l'affirmative en m'opposant « *mais ce n'est pas boire que de boire du cidre !* ».
Un deuxième exemple illustrant l'altération de l'interprétation de l'expérience s'exprime au travers de l'enjeu culturel de certains événements encore très claniques en Bretagne (mais qui existent également ailleurs en France et sous d'autres formes), et qui influent nécessairement sur les représentations des adolescents. Ainsi une jeune fille[676] a-t-elle répondu à la question n°4 du questionnaire 1 :

> « *contexte : bagad, fête, cercle. On ne boit pas pour le fait de boire ! (en tout cas pas moi). On n'a pas non plus besoin d'être saoul pour faire la fête. Mais on boit un verre, puis un autre sans s'en rendre compte. Je ne pense pas que nous soyons « alcooliques » pour autant !* », et elle a signé comme pseudonyme « *Beamish* ».

Ce fut la seule référence au « bagad » et au « cercle » qui fut mentionnée à l'écrit, alors qu'une fois encore, les élèves en ont largement fait mention à l'oral comme autant d'occasions de fortes alcoolisations. Comme je l'exprimais précédemment, le critère des quantités est plutôt banalisé par les élèves, en ce sens que s'ils l'intègrent comme critère de définition pour l'alcoolisme, il est largement « oublié » pour définir la personne alcoolique elle-même. Cette distinction s'opère à mon sens pour les raisons que j'ai développées dans le chapitre sur la Bretagne et le « matriarcat psychologique », l'historique permissivité du peuple celte (et français) à l'égard des manifestations d'ivresse[677] d'une part, leurs consommations respectives d'autre part, lesquelles selon les élèves qui ont accepté de s'exprimer sur le sujet, sont fortement alcoolisées. La difficulté pour ces élèves à qualifier leurs alcoolisations, ne serait-ce que d'exceptionnellement excessives, les contraint d'éloigner de leur esprit toute possible identification à la personne alcoolique. Je ne souhaite pas affirmer ici que les élèves consommant beaucoup d'alcool et ce très régulièrement puissent se situer déjà dans une vulnérabilité quelconque, en considération de ce seul facteur, mais il est certain qu'ils opèrent une véritable dénégation du critère de quantité comme critère d'appréciation de la personne alcoolique. Il est donc intéressant d'observer que dans leurs représentations, non seulement la forte quantité d'alcool absorbée par un individu ne constitue pas à elle seule un critère de consommation pathologique, mais qu'en plus, lorsqu'elle est contextualisée, fortement ritualisée, elle fait partie d'un système où la consommation d'alcool devient « accessoire ». L'enjeu social et culturel qui inscrit l'événement dans le registre du symbolique dédramatise alors les excès en tout genre. Je dirais que dans ces contextes, c'est une réalité, même si pour certains consommateurs, l'attachement au produit demeurera plus fort que l'expérience collective.

22. La dépendance et l'illusion de la maîtrise de la consommation

La croyance de l'adolescent qu'il sera capable de se rendre compte de sa problématique alcoolique suffirait à justifier que toute consommation représente pour lui un risque. Les réponses des élèves à la question n°23, questionnaire 2, en sont une illustration. Elle était ainsi formulée : « *on est alcoolique bien avant l'apparition de manifestations physiques. On est d'abord alcoolique « dans sa tête ». Si vous devenez dépendant de votre consommation, pensez-vous être capable de vous en rendre compte tout seul ? Pourquoi, comment ?* ». Comme je l'exprimais précédemment, nombreux ont été les élèves à s'illusionner sur cette possibilité de prise de conscience, mais qu'elles soient positives ou négatives, les réponses ne sont jamais totalement « à côté » de la réalité du sujet alcoolique. Ce qui faisait la difficulté de cette question, c'est l'ambivalence du sujet alcoolique face à l'appréciation qu'il a de sa dépendance.

J'envisagerai dans un premier temps les réponses négatives. Les filles ont été minoritaires à affirmer qu'elles ne seraient pas capables de se rendre compte de leur alcoolisme (9 d'entre elles contre 13). Quant aux garçons, ils n'ont été que 9 contre 32 à tenir la même position. Ainsi un garçon écrit-il « *non, pas tout seul car on n'est pas conscient de notre dépendance mais mes amis* ». La première partie de cette réponse est juste dans le sens où il est difficile de poser un tel constat pour un sujet alcoolique, mais elle est également fausse, car pour envisager une abstinence, la personne qui est alcoolique doit d'abord se rendre compte de sa dépendance et l'accepter. Ce que je tente de formuler, c'est que la personne alcoolique a très vite conscience de ne pas boire comme les autres pour les raisons que j'ai évoquées ci-dessus à propos de la souffrance de boire, et ce bien avant qu'il n'y ait dépendance physique : peur du manque d'alcool, obsession à contrôler sa consommation, etc. Mais cela peut durer longtemps avant d'accepter que tout ceci constitue « un problème ». Enfin, cet élève suggère que les amis seront là pour aider à cette prise de conscience, ce qui peut être idéalement possible, certains témoignages vont dans ce sens[678], mais la plupart des amis sont souvent des compagnons de « beuverie », et dès lors bien incapables d'aider l'autre quand ils n'ont pas la force de s'aider eux-mêmes.

Une autre élève écrit « *non, ou alors on ne veut pas le voir* ». C'est une réponse simple et qui définit comme pour la réponse qui précède toute l'ambivalence du sujet alcoolique face à sa propre dépendance. Le fait de se rendre compte de son problème d'alcool ne conduit que rarement le sujet alcoolique à une décision immédiate d'arrêt du produit, ce qu'exprime la réponse d'une autre jeune fille « *non, parce que c'est devenu une habitude et on croit être comme tous les autres* » ; il faudra à la personne alcoolique le plus souvent attendre de « toucher son fond » comme disent de nombreux membres d'Alcooliques Anonymes. Un autre élève affirme « *je pense que l'on n'en est pas capable puisqu'on se croit capable d'arrêter, on croit pouvoir se contrôler alors que c'est faux* ». Autrement dit « *non, car l'alcool altère nos jugements* ». Ces deux réponses illustrent l'illusion du sujet alcoolique sur sa capacité à agir sur sa propre volonté. Il est opportun de rappeler ici à quel point les adolescents rencontrent des difficultés à comprendre en quoi consiste cette aptitude, cette prise de décision à agir contre sa propre volonté (*cf* l'exemple de la jeune fille de la Chambre des Métiers d'Angers).

Les réponses positives à la question n°23 ont été beaucoup plus nombreuses : 13 filles et 32 garçons estiment qu'ils seraient capables de se rendre compte de leur dépendance. Je l'ai écrit, ce n'est pas totalement faux, puisque le sujet alcoolique *se rend compte* très vite qu'il ne consomme pas comme les autres. Les arguments des garçons expriment cependant à quel point la dépendance se traduit prioritairement pour eux par un besoin physique d'alcool, et reflètent en ce sens leurs difficultés à se représenter le sujet alcoolique autrement que sous les traits d'un gros buveur, voire d'un ivrogne. Leurs arguments ne sont pas erronés, il est vrai que le besoin croissant d'alcool est un indicateur pour le sujet alcoolique, et nombreux sont les témoignages qui expriment cette prise de conscience, mais les arguments des élèves, et des garçons en particulier, expriment encore une méconnaissance du processus : pour eux l'alcoolisme se traduit le plus souvent en termes d'augmentation des quantités et de besoin d'alcool. Or ces deux facteurs définissent un alcoolisme déjà bien avancé, pour autant le sujet alcoolique ne « bascule » pas dans une consommation excessive et de plus en plus importante, il commence par certaines pratiques, largement partagées, collectives et festives. Surtout, les élèves s'expriment en termes de volonté, d'acceptation et de prise de

conscience, ce qui dans la réalité, s'inscrit plutôt chez le sujet alcoolique en termes de déni, de dénégation et de rationalisation, etc. En fait les élèves ne sont pas conscients que lorsque l'on se rend compte de sa dépendance, c'est qu'il est trop tard. Voici quelques réponses d'élèves qui illustrent ces remarques : « *oui car je saurai que j'ai besoin d'alcool* », « *car je ne pourrai pas passer un jour sans alcool* », « *oui si je consomme très souvent et que je sens un manque* », « *je pense que ce n'est pas si dur de se rendre compte, si on a une consommation régulière, ça se remarque* », « *avec l'augmentation de consommation d'alcool* », « *oui, avec du recul* », « *oui, je ne penserai plus qu'à boire* ».
Les filles ayant estimé qu'elles pourraient se rendre compte de leur dépendance se sont montrées plus nuancées en distinguant la prise de conscience de l'acceptation qui entraîne pour certains une décision d'arrêt de l'alcool. En ce sens, elles n'expriment aucune illusion sur la capacité du sujet alcoolique à agir contre sa volonté. Leurs réponses montrent une plus grande lucidité, une meilleure compréhension de ce que peut, dans la réalité, signifier un processus : « *oui, mais en ne l'acceptant pas* », « *oui mais peut-être trop tard* », « *je m'en rendrai compte mais trop tard. Comment ? Le regard des autres, mes attitudes* », « *oui on s'en rend compte mais on ne veut pas y croire* ». Deux élèves se sont exprimées sur leurs expériences d'alcoolisations (problématiques à mon sens) et sur la conscience qu'elles avaient déjà de s'alcooliser pour de mauvaises raisons, ou plus exactement sur le fait qu'elles se sentaient peut-être en danger en s'alcoolisant de la sorte : « *oui car en général je bois en déprimant ou avec des potes* » et « *oui car je me rends déjà compte que je bois à n'importe quelle occasion comme le nouvel an chinois ou l'anniversaire de quelqu'un que je ne connais presque pas* ». Cette dernière réponse illustre également à quel point l'absence de symbolisation, de ritualisation de la consommation d'alcool ouvre la porte à de nombreuses « mauvaises habitudes » de boire, lesquelles si elles se multiplient exposent l'adolescent à de plus en plus de comportements risqués.

SECTION 2
LA CONSOMMATION SOLITAIRE, ÉLÉMENTS D'ANALYSE

Sur 94 élèves ayant répondu au questionnaire n°2, 24 reconnaissent avoir déjà consommé seuls, 23 garçons, 1 fille, soit à peu près un adolescent sur quatre. Pour certains ce fut une expérience unique, pour d'autres c'est déjà devenu une pratique. Les contextes et interprétations de ces consommations particulières varient selon les élèves, de la simple expérience de l'après-midi à la version « *récompense du travail accompli* ». Pour d'autres, ils s'agit de rituels, les soirs où les parents sont absents « *devant un bon film* », ou « *en écoutant de la musique* ». Ces consommations ont également fait office de soutien logistique « *oui, je déprimais et j'me suis enfilée un Whisky cul sec, résultat mal de bide et dégoûtée de tout pendant trois jours* ».

La question des expériences d'alcool en solitaire inscrit ces consommateurs dans un rapport au produit beaucoup plus intime, et elles représentent de fait à mon sens un indicateur de risque. C'est la raison pour laquelle il m'a paru nécessaire d'analyser cette pratique au regard de tous les éléments de réponse fournis par les élèves, afin d'apprécier dans quelle mesure ils facilitent, ils autorisent un tel passage à l'acte. Afin d'éviter toute répétition, j'affirmerai en préambule que de mon point de vue, ces élèves s'inscrivent déjà dans un processus pathogène de rapport à l'alcool, lequel pourra s'avérer (ou pas) préjudiciable avec le temps. Car l'expérience de consommation en solitaire est un indicateur d'autres facteurs de vulnérabilité, qui précèdent ou accompagnent l'adolescent dans cette pratique. L'alcoolisation solitaire, et plus précisément le simple fait que l'adolescent se l'autorise, même une fois pour certains d'entre eux, peut augurer un système de consommations dangereux pour l'avenir : consommations compulsives et/ou excessives au long cours (banalisation de l'expérience/gros buveur) ou usage toxicomaniaque de l'alcool (alcool solution). Parmi les différentes thématiques dégagées de l'analyse du second questionnaire, deux thèmes ont été questionnés pour apprécier ce qui dans cette expérience favorise sa mise en acte : la place qu'occupe l'alcool dans l'environnement familial et ce qu'elle va induire dans la représentation de l'adolescent, et l'interprétation que celui-ci a de cette expérience initiatique, le premier élément ayant incontestablement une incidence directe sur le second.

§ 1
La relation à l'alcool dans l'environnement familial

Il est un fait, c'est que les élèves ayant fait l'expérience d'alcool en solitaire évoluent tous dans un environnement familial où la consommation d'alcool est régulièrement pratiquée. S'il est admis que l'environnement affectif de l'enfant soit prédominant pour l'équilibre de celui-ci, la question se pose de savoir dans quelle mesure il va faciliter l'expérience de consommation en solitaire. Au regard des deux critères que je vais développer ci-dessous, il est possible d'apprécier une constante : si la relation à l'alcool des adultes qui entourent l'adolescent est déterminante de ce passage à l'acte, elle doit s'apprécier non pas tant au regard des quantités et des excès qu'elle autorise plus ou moins implicitement, mais plutôt dans ce que cette autorisation exprime et symbolise. Dans les deux développements qui vont suivre, l'analyse du rapport de l'adulte à l'alcool traduit une volonté de transgression de la Loi du père, celle qui vient poser la nécessité de séparation et d'individualisation, car ce qui s'exprime ici, c'est un temps d'indifférenciation entre l'adulte et l'adolescent. La frontière intergénérationnelle n'existe plus.

1. L'expérience d'alcool en famille au regard de la relation de l'adulte au produit

Sur les 24 élèves, 23 répondent avoir déjà consommé de l'alcool en famille (question n°8). L'expérience est en apparence ritualisée, à l'occasion de « *fêtes de Noël* », « *d'anniversaires* », de « *mariages* », etc., sur proposition ou autorisation des parents. Les rituels sont parfois nombreux, au point d'en perdre toute symbolique, l'adolescent ayant alors le loisir de consommer « *tous les week-ends* », « *quand il y a des invités* », etc.

Si la ritualisation de la consommation d'alcool en famille n'est pas absente, il convient cependant de la croiser avec le système de consommation de l'adolescent. Ainsi, comme je le développais précédemment, il est certains contextes de consommation qui ne sont pas considérés comme tels par les adolescents. La consommation en famille en est un, parce que l'adolescent ne perçoit pas l'expérience comme une réelle expérience d'alcool, soit qu'elle ne se déroule pas selon ses attentes (quantités, effets, etc.), soit qu'il a une représentation de non mise en danger, ou plutôt de non prise de risque qui de fait ne donne plus sens à la consommation en question. L'appréciation de l'absence de risque se justifie non seulement parce que la consommation s'effectue sous le contrôle ou sur proposition des parents, mais également en termes d'effets sur l'organisme, puisque les quantités ingérées sont en général beaucoup moins importantes.

De toute évidence, l'expérience de consommation d'alcool en famille est loin d'être un critère qui justifie à lui seul l'autorisation que se donne l'adolescent de consommer seul, puisque cette première expérience est également souvent citée par les adolescents consommateurs très occasionnels. Cette expérience ne prend sens qu'en fonction d'un autre élément d'appréciation, qui est le rapport à l'alcool entretenu dans l'environnement familial, et même plutôt la représentation que va en avoir l'adolescent. Je souhaiterais, pour illustrer cette remarque, relater les différentes réponses fournies par la seule jeune fille ayant bien voulu faire part de son expérience en solitaire. L'exemple illustre parfaitement l'ambivalence qui peut exister entre le discours normatif des parents et leur propre comportement face à l'alcool. Comme je l'exprimais précédemment, c'est cette injonction paradoxale qui va être retenue en priorité par l'adolescent pour ôter tout contenu prophylactique cohérent au discours de prévention.

Ce questionnaire remis est à mon sens un véritable appel au secours. Cette jeune fille a d'ailleurs rajouté en haut de ses feuillets « *on devrait avoir plus d'infos sur la drogue aussi. Mais c'est bien de venir en parler* ». Pour bien comprendre ses réponses, il me semble nécessaire ici d'en fournir la totalité, qui déborde du seul thème de

cette partie. Ces différents éléments permettent en effet de mieux appréhender le contexte qui va favoriser l'émergence de cette expérience de l'alcool en solitaire.
Celle-ci est relatée comme une expérience unique (question n°7) : « *Oui, je déprimais et j'me suis enfilée un Whisky cul sec, résultat, mal de bide et dégoûtée de tout pendant trois jours* ». Pour cette jeune fille, l'ivresse est d'abord « *le bien-être puissance 1000* », même si elle s'apprécie également au regard d'autres critères (question n°6) : « quand je rigole pour un rien » (le moins dangereux à mon sens), « quand je me sens devenir un autre » et « quand je ne me contrôle plus ». L'expérience de la souffrance de boire/de ne pas boire est évoquée sans ambiguïté (questions n° 16 et 17), en la motivant de la façon suivante (question n°18) : « *mal, car quand j'ai envie de quelque chose et que je ne l'ai pas ça me stresse* ». Elle est aussi fumeuse (tabac et cannabis : « *les deux mais j'essaie d'arrêter la clope* »). Ses parents ne sont pas informés de ces dernières pratiques (questions n°12 et 13) : « *non, ils ne savent pas que je fume car mon père me tuerait... (je leur dirai jamais) car l'alcool, ils m'y autorisent (même si c'est très peu) durant une fête exceptionnellement* ». L'interdit parental semble bien intégré, et les limites sont clairement posées par les parents : la consommation d'alcool est ritualisée et doit être de fait exceptionnelle. L'interdit n'est pas fondé sur une réduction des risques mais sur une totale absence de caution de ces pratiques et de leurs excès. L'influence familiale est ailleurs. A la question n°9, cette jeune fille répond en effet qu'elle a dans sa famille « des personnes qui boivent régulièrement de l'alcool », « des personnes qui ont des problèmes avec l'alcool » et des personnes dont [elle pense] qu'elles sont alcooliques », et pour cette dernière option, elle a précisé « *mais elle ne l'est plus* ». C'est un sujet qui a été « *un peu* » évoqué avec ses parents (question n°10), mais de manière générale, les référents familiaux ne sont pas des interlocuteurs privilégiés en cas de problèmes personnels, ses confidences sont alors exprimées plus volontiers à « l'infirmière ou psychologue scolaire », à une « *intervenante contre la drogue* » et une « *conseillère au planning familial* ».
Je terminerai par ce qui me semble révélateur d'une problématique familiale : aux questions n°15 et 23, elle a tracé deux gros points d'interrogation. Cette jeune fille, dont la capacité d'observation et d'analyse n'est pas à démontrer (on le verra dans le témoignage qui concerne les fêtes de Noël), et qui a pu observer dans son entourage les souffrances d'un proche alcoolique, a été incapable d'écrire, ne serait-ce qu'un « oui » ou un « non », pour se prononcer sur ces deux questions. Elle n'a même pas, on s'en doute si l'on devine un peu de quelle jeune fille il peut s'agir, eu l'idée de copier la réponse d'une voisine (alors que j'ai pu observer dans tous les groupes les bavardages entre élèves pour savoir ce que l'un avait écrit, ce que l'autre avait compris, etc.). Et à mon sens, elle ne l'a pas fait parce qu'elle était dans l'incapacité de répondre et de penser la question (sa réalité de la question). Comment ? Une personne alcoolique de son entourage « *qui ne l'est plus* », et elle ne peut pas répondre à la question de l'abstinence comme seule voie de rétablissement (questions n°28 et 29) ? Non. Elle ne peut pas répondre parce que je pense qu'elle n'a pas le recul nécessaire pour le faire, pour une raison très simple, c'est que, comme l'expriment les anciens buveurs, « elle est dedans ».

L'absence de réponse aux questions n°15 et 23 se retrouvera également dans les questionnaires d'élèves évoluant dans ce même environnement familial à forte problématique alcoolique. Ce qui doit faire sens dans cette incapacité à formuler ne serait-ce qu'un vague « oui » ou « non », c'est le choc qu'il créé pour le lecteur. A la richesse des autres réponses, ce vide devient parlant car il attire nécessairement l'attention, il interpelle. La non réponse devient alors réponse même si elle est indicible.

Cette jeune fille me semble avoir un environnement familial (au sens large) dont l'influence est sur elle considérable, mais qui n'est pas visible au premier plan, et pour lequel la question alcool est centrale. Si l'expérience d'alcool semble en apparence ritualisée, en réalité, le rapport à l'alcool est beaucoup plus ambivalent. A la question n°8, elle affirmera « *oui, lors d'un réveillon, d'une fête, mes parents se fâchent à chaque fois, c'est ma tata qui me sert (kir, punch, etc.). Elle est plus libérale* ». Je ne saurais me prononcer sur le choix du qualificatif utilisé pour définir l'attitude de la tante « *libérale* », est-ce la jeune fille qui l'apprécie comme telle, ou est-ce ainsi que ses parents la considèrent ? Ce qui semble plus évident, c'est le sens que cette jeune fille prête au qualificatif « libéral », largement influencé par le comportement de la tante : l'abus d'alcool est pour elle synonyme de liberté, d'ouverture d'esprit, d'intimité et de partage, la séparation entre générations n'est non seulement pas posée, mais elle est de plus vécue positivement par l'intéressée (les intéressées). A ce sujet, et c'est à ce point que je reviens à mon propos initial, le récit de cette jeune fille relatant le déroulement des fêtes de Noël est particulièrement éclairant pour illustrer l'ambivalence des adultes qui l'entourent et la particularité de certaines pratiques familiales. Sans ce témoignage, il m'aurait été difficile de comprendre que c'est l'expression de cette injonction paradoxale des parents qui est déterminante : « *le nouvel an (cette année 2003) a été bien arrosé, j'ai été la barmaid, alcool, Whisky, Kir, Champagne à volonté mais y'a un truc (une tradition) qui m'a frappée, c'est que vers minuit, les femmes (seulement) devaient vider la bouteille de Champagne. Ma mère, ma belle-sœur, ma tata, des amies de mes parents… et moi ! Ma mère m'a laissée boire dans cette bouteille plusieurs fois* <u>*en souriant*</u> [c'est elle qui a souligné] *! A cette soirée, j'ai tellement bu de trucs différents, pourtant mes parents n'ont pas trop remarqué (peut-être eux aussi étaient trop saouls). Pour moi, l'alcool est source de joie dans ces événements, mais pas dans d'autres car j'ai déjà vu les effets d'une personne alcoolique depuis… longtemps* ». Cette jeune fille évolue dans un environnement familial très fusionnel, qui ne lui laisse que peu de place pour s'individualiser. On n'existe que dans le groupe, le clan. Ce qui explique le choix des personnes de confiance pour se soulager, qui sont en fait très extérieures à la famille, très neutres et bienveillantes. Sa réponse à la question n°27 peut venir conforter cette appréciation : en plus des choix qu'elle a fait (tous, à l'exception de « la foi » et « tout seul en prenant la décision d'arrêter de boire »), elle a écrit en gros caractères « *l'amour, la confiance* », ce qui à mon sens traduit deux éléments de sa propre quête et qu'elle va sans doute chercher dans l'alcool, le tabac et le cannabis. Je ne dis pas qu'elle ne reçoit pas d'amour, mais plutôt que celui qu'elle reçoit ne la sécurise pas. La confusion des liens (et des sentiments) l'empêche d'accéder à cette confiance en soi, indispensable pour se construire.

H. Gomez n'écrit-il pas « *pour celui qui va devenir alcoolique, la réponse préventive n'est pas dans l'éducation du goût et de la mesure, mais dans l'identification précoce de la différence et dans l'acceptation de cette dernière* » [679]. Pour cette jeune fille, le plaisir qu'elle a à vivre ses expériences familiales fusionnelles ne lui procure pas la sécurité qu'elle en attendrait. Elle va donc tenter de la provoquer en réactivant ce qui fait lien chez elle, l'expérience d'alcool. Comme celle-ci ne lui procure pas comme elle le souhaiterait la sécurité espérée, c'est l'alcool qui lui révèle la nécessité de s'émanciper véritablement, c'est-à-dire sans son soutien illusoire.

2. Le discours parental sur l'expérience et la pratique de leur adolescent

J'ai tenté de démontrer dans le précédent développement l'incidence que peut avoir l'ambivalence du rapport à l'alcool entretenu par l'adulte référent sur le système de consommation de l'adolescent. Je souhaiterais ici analyser sous un autre angle cette injonction paradoxale qui s'exprime encore au travers de la question du rapport à la Loi et qui concerne plus spécifiquement le discours parental sur le possible champ expérientiel de l'alcool, du tabac et du cannabis et l'incidence que cela peut avoir sur le rapport à l'alcool de l'adolescent.

Les réponses fournies aux questions n°12 et 13 du deuxième questionnaire par les élèves font ressortir deux types de discours :

1) la limite posée par les parents est ambivalente,
   - dans le contenu même du discours,
   - parce qu'il y a contradiction entre le discours posé (l'interdit, la Loi) et le système de consommation parental,

2) la limite n'est pas exprimée, en partie parce que le sujet n'est pas évoqué entre parents et adolescents.

J'envisagerai la première option, la plus importante en termes de réponses à travers quelques exemples, et qui concerne l'ambivalence au sein même du discours parental :

- l'attitude compréhensive : « *oui, ils sont d'accord car ils ont connu ça quand ils étaient jeunes* »,
- la confiance (réciproque) : « *oui, car je ne leur mens pas* », « *oui pour l'alcool si je ne bouge pas après* », « *ils savent que je bois et que je fume de temps en temps, ils sont d'accord tant que cela ne devient pas systématique et ça ne l'est pas* » ou encore « *pour l'alcool, ils disent de me contrôler et d'arrêter quand il le faut (avant l'ivresse) sinon ils sont ok pour que je fume (cigarette) que sur occasion* », « *d'accord, mais modérément* », « *oui, mais si c'est régulier c'est non* »,
- la défiance de l'adolescent de ce lien de confiance : « *oui. Ils sont d'accord pour les deux, mais pour l'alcool, ils ne sont pas tout le temps dans mon dos* », « *oui ils sont d'accord parce qu'ils me font confiance et qu'ils savent que je n'en abuserai pas* ».

La première remarque qu'il est possible de formuler, c'est que le discours ambivalent ne fonctionne pas. L'attitude compréhensive, qui consiste pour le parent à autoriser l'expérience en fondant sa décision sur sa propre expérience d'adolescent est l'expression d'une évidente immaturité, et est à la source de confusion intergénérationnelle pour l'adolescent. L'exemple de ces deux autres garçons qui répondent qu'il leur est plus facile d'aborder la question de leur pratique de l'alcool au motif que leurs parents ne fument pas (ou plus) est en ce sens évocatrice d'une parodie du sketch de Coluche illustrant (mais pas seulement !!!) les conflits générationnels : *« il est plus facile de leur dire que je bois plusieurs fois par semaine (sans atteindre l'ivresse). Eux ne fument pas. Ils ne comprendraient pas ! »* et *« l'alcool, car mon père a arrêté de fumer »*. Ce qui est dit ici, c'est un désir de Même, quand le rapport à la Loi qu'entretiennent les parents n'est posé qu'en fonction des difficiles limites qu'ils essaient déjà de s'imposer. Le fameux « Gérard ! » scandé par le père alcoolique, alors que ce premier s'entête à consommer du cannabis ne dit pas autre chose. Cela étant, quelle que soit l'ambivalence du discours parental (attitude compréhensive, confiance, etc.), elle oblige en tout état de cause l'adolescent à produire sa propre marge d'appréciation (motivée par un lien de confiance !), ce qui va être pour lui source d'insécurité puisque par définition, il va pour se construire défier, transgresser la Loi parentale. Si la limite laisse un champ expérientiel vaste, il ne faut pas s'étonner qu'il soit exploré.
Cette insécurité sera d'autant plus prégnante que le contenu ambivalent du discours s'exprimera dans un contexte d'absence de ritualisation de la consommation d'alcool en famille, où l'adolescent sera sans cesse « *invité* » à transgresser la règle « *lors des repas* », « *le week-end* », « *en présence d'invités* », etc.
Le deuxième type de réponse décrit une toute autre situation : alors que la limite semble en apparence clairement posée dans le discours parental, c'est-à-dire que les parents désapprouvent clairement ce type d'expériences, c'est leur système de consommation qui rend paradoxal le contenu de leur discours. Dans la première hypothèse, c'est le discours verbalisé qui est en lui-même contradictoire parce qu'il pose une limite qui est laissée finalement à la seule appréciation de l'adolescent, il n'est pas difficile pour un observateur de le juger critiquable, notamment parce qu'il n'est pas structurant pour l'adolescent. Pour autant, du point de vue de ce dernier, il ne semble pas ambivalent puisqu'il est exprimé, verbalisé. De la même façon, du point de vue des parents, je ne pense pas que ceux-ci se vivent comme ayant un discours ambivalent dans la mesure où ils posent comme limite une loi qui n'est pas contraire à leur pratique. Ils consomment souvent, voire parfois de manière excessive, et transmettent un discours dont le contenu se résume à une réduction des risques. Pour la situation qui nous interroge maintenant, ce qu'il y a de paradoxal, et certainement de plus pervers, c'est ce qui sépare le discours du système de consommation parental. Il me semble en effet que c'est parce que cette relation à l'alcool fait sens pour les parents que leur discours n'a pas l'effet attendu d'un tel interdit.

Car il n'est plus ici question d'expériences adolescentes, d'alcool et/ou d'ivresse, mais de consommations en solitaire. Ces expériences spécifiques requièrent à mon sens un contexte de vulnérabilité particulière pour être autorisées, et posent de manière paroxystique la question du rapport à la Loi. Je ne développerai cependant pas plus avant la question de cette ambivalence, puisque je l'ai traitée dans la précédente sous partie avec l'exemple de la seule jeune fille qui a bien voulu témoigner de son expérience singulière d'alcoolisation en solitaire, et qu'il est le seul véritablement exploitable.
La dernière situation qui doit être envisagée et concerne le discours parental sur l'expérience et la pratique de leur adolescent est assez particulière, puisque le discours parental est précisément absent : la limite n'est en effet pas exprimée, pas plus que la question simplement évoquée. Cette situation, qui traduit une absence de dialogue autour de l'expérience d'alcool, est plus difficile à apprécier dans la mesure où les réponses fournies ont été peu argumentées. Un garçon motive brièvement cependant que ses parents ne savent rien de ses expériences « *parce que. Parents stricts* ». Je pourrais faire l'hypothèse d'une absence totale de dialogue, quel que soit le sujet, et ses conséquences tout aussi négatives sur le développement affectif de l'adolescent, pour autant, ce garçon, comme plusieurs autres ayant répondu de façon similaire, semblent évoluer dans un contexte familial spécifique. Ils ont en effet des personnes alcooliques dans leur famille, en précisant que ce sujet a été abordé au moins une fois avec leurs parents. Je manque d'éléments pour être totalement affirmative, mais ce silence autour de l'expérience d'alcool notamment ressemble fortement à un sujet familial tabou (au sens freudien). Compte tenu de l'histoire familiale, il me semble qu'un fonctionnement particulier s'est articulé autour de la question alcool. On peut faire l'hypothèse qu'à évoquer la question des expériences d'alcool de leurs adolescents, ces parents redoutent que le simple fait de parler (à voix haute) de cette éventualité expose à une sanction immédiate : évoquer l'expérience, le risque, c'est déjà le provoquer. Au contraire, ne rien dire semble signifier pour eux le fait de permettre que la protection (certes tout à fait illusoire) de leurs enfants continue de fonctionner.

§ 2
Le sens de cette expérience apprécié par l'adolescent

La question doit se poser de ce qu'il adviendra de ces adolescents qui ont, dès leur plus jeune âge, fait l'expérience de la consommation d'alcool en solitaire. Il m'a semblé primordial de rapporter les propos des adolescents qui se sont essayés à cette singulière expérience et sur le sens qu'ils lui donnent.

Deux tendances peuvent être observées, la plus commune qui consiste à banaliser cette pratique, car c'est bien alors de pratique qu'il s'agit, de par sa réitération, voire sa ritualisation. La seconde, beaucoup plus rare, a amené un questionnement, parfois une prise de conscience sans que cela entraîne pour autant une modification du comportement, au moins pour les consommations d'alcool qui se pratiquent en collectif. Mais avec l'alcool, on sait que le temps travaille pour eux, et le plus souvent contre eux.
Pour autant, il peut être réducteur de scinder ces deux tendances, dans la mesure où les réactions de certains élèves ont montré une double attitude, à la fois interrogatrice de leur rapport à l'alcool, et plus ils étaient consommateurs excessifs, plus ils étaient sensibles à ce questionnement, mais dans le même temps indifférente à la spécificité du mode de consommation en solitaire. Et c'est bien cette relation intime au produit qui n'est source d'aucune information spécifique, puisque le discours de prévention axe majoritairement ses informations sur le critère de quantité. Il sera en ce sens assez étonnant que le seul exemple d'adolescent s'étant véritablement interrogé sur ce mode de consommation spécifique se soit appuyé sur une expérience vécue dans un contexte qui ne correspondait justement pas à celui qui est ici questionné.

1. Questionnement

Le questionnement n'est pas si fréquent qu'il nécessite d'être souligné. Il n'est cependant que rarement et très clairement exprimé, et apparaît le plus souvent en filigrane, à l'exception du témoignage de cette jeune fille restitué au précédent chapitre. La richesse de ses réponses aurait mérité qu'elles figurent dans chaque thématique, mais il m'a paru que le rapport ambivalent de l'adulte à l'alcool, si bien analysé, nécessitait que cet exemple soit placé prioritairement dans le paragraphe précédent.
De la même façon, le questionnement de cet adolescent s'interrogeant sur l'alcoolisme du week-end, lequel sera cité ultérieurement, pourrait figurer également ici. La difficulté à sérier, au sujet des alcoolisations adolescentes solitaires, l'intrication qui existe entre les causalités familiales, leurs formes d'expression plus ou moins ambivalentes, et le discours variable qui est distribué sur l'autorisation des adultes quant aux expériences de substances psychoactives est telle qu'il m'a été difficile de faire l'économie de certaines redites, certains exemples illustrant mieux tel aspect de ce qui souhaitait être pointé, tout en s'appuyant sur d'autres éléments, lesquels devaient figurer dans une autre thématique. Aussi ne m'appuierai-je que sur un exemple.
Je mentionne cet élève parmi les adolescents ayant déjà consommé de l'alcool seul car sa réponse appelle non seulement une certaine réflexion, puisque nous allons voir que justement, il n'était pas seul, mais permet surtout de pointer ce qui ne fait pas question chez les adolescents qui présentent une consommation

problématique, et de comprendre ainsi dans quelle mesure la représentation sociale de la consommation d'alcool en solitaire doit être un indicateur de vulnérabilité au produit pour celui qui ne s'en inquiète pas.

A la question n°7, cet élève a répondu « *oui, une bière après avoir travailler (pas seul)* ». L'objectif de cette question était d'apprécier, je le rappelle, la pratique de consommation d'alcool en solitaire, c'est-à-dire vraiment seul, sans amis, sans... personne. Or ce garçon précise qu'il n'était justement pas seul, sans pour autant rayer sa réponse. Ce qui est intéressant ici, et qui justifie le développement qui va suivre, c'est qu'il semble que, pour lui, cette expérience, même s'il était accompagné d'un ami ou d'un collègue, s'analyse comme une consommation en solitaire, probablement parce qu'elle n'a pas eu pour lui le sens qu'il donne habituellement à ses consommations entre amis. Il me semble que pour ce garçon, cette expérience a eu une résonance particulière, comme s'il avait de son point de vue franchi un cap (même si l'expérience semble avoir été unique), signifiant dès lors qu'il s'inscrivait dans un autre registre de consommation. Ce qui peut paraître d'autant plus surprenant, c'est que ce garçon évolue dans un contexte familial où semble régner une absence totale de limite posée par les parents, qui semblent ne pas même s'embarrasser de faux rituels pour justifier leurs consommations d'alcool (réponse à la question n°8, « *oui, pas d'autorisation, le week-end* »).

L'intérêt qu'il a manifesté pour le questionnaire, et le sujet d'intervention, ne semble pas signifiant, l'ensemble de ses réponses étant souvent minimaliste, parfois contradictoire : aux questions n° 12 et 13, il répond « *oui* » et « *consommer de l'alcool* », ce qui semble assez contradictoire. Pour ce garçon, dont les parents savent qu'il consomme de l'alcool et cautionnent ou tolèrent cette pratique à la maison tous les week-end, il est malgré tout difficile de parler d'alcool avec eux, et « *boire une bière après avoir travailler* » représente pour lui une consommation solitaire. Cette réponse souligne à mon sens le rapport déjà très ambivalent à l'alcool qu'entretient cet adolescent, et qu'il le pressent sans pouvoir le formuler : en répondant « à côté » de la question n°7, on peut faire l'hypothèse qu'il a malgré lui exprimé une intuition, voire une inquiétude parce qu'il a sûrement estimé qu'il se mettait en danger.

Pour quelles raisons affirmer que cet exemple permet de pointer ce qui ne fait pas question chez les adolescents qui présentent une consommation problématique, et de comprendre également dans quelle mesure la représentation sociale de la consommation d'alcool en solitaire doit être un indicateur de vulnérabilité au produit pour celui qui ne s'en inquiète pas ?

Tout d'abord, la rationalisation opérée par les adolescents qui consomment de l'alcool, seuls ou même entre amis, s'appuie majoritairement sur l'argument festif et convivial. Or, les différentes situations de consommation solitaire qui sont fournies par les adolescents échappe à cette causalité. L'alcool consommé seul est utilisé soit sans raison apparente, « *je n'aime pas l'eau* », « *il n'y avait que ça dans le frigo* », soit pour faire taire une angoisse comme dans l'expérience de la jeune fille, soit enfin dans un contexte intime de ritualisation, « *en écoutant de la musique* », « *en regardant la télévision* », etc. Dans ces différentes situations, la consommation

d'alcool participe d'un acte spécifique, qui ne trouve sens, et un sens bien particulier, que parce qu'il n'est pas partagé. Je peux même faire l'hypothèse que le côté transgressif est bien présent chez ceux qui relatent cette expérience en la rationalisant par le fait qu'elle n'avait justement pas plus de sens que ça. Pour autant, ce qui me semble dangereux, c'est le déni qu'ils opèrent autour de cette signification. En ce sens, aucune analyse n'est proposée, ne serait-ce que pour souligner la magie de l'instant, « je me suis autorisé à le faire, et c'était bizarre ».
L'expérience de la jeune fille est tout autre, elle l'a au contraire bien analysée, percevant et pointant très clairement la fonction de solution sur l'instant. Malheureusement, c'est l'absence de réponse aux questions n° 15 et 23 qui éclaire sur les difficultés qu'elle pourra rencontrer à ne pas réitérer l'expérience, puisque celle-ci est clairement définie comme un agir compulsif visant à calmer une intolérance à la frustration.
Ce que pointe en définitive l'exemple du garçon ayant apprécié sa consommation à deux comme une expérience de l'alcool en solitaire, c'est bien l'interdit d'une telle pratique, non pas tant d'un point de vue moral, mais plutôt sur le plan prophylactique. Il a perçu l'ambivalence d'une telle expérience si elle venait à devenir pratique, la dangerosité résidant dans le fait de s'être autorisé *au moins* une fois. Ce qu'à mon sens ne perçoivent absolument pas les autres adolescents.

2. La banalisation de l'expérience d'alcool en solitaire

La banalisation de l'expérience d'alcool en solitaire a été la plus fréquente, notamment par le choix des mots fournis dans les réponses à la question n° 7. Elle doit être, à mon sens, mise en relief avec la banalisation des consommations d'alcool en famille autant qu'avec les modes de consommation adultes observés par l'adolescent dans son environnement proche. Le plus souvent, la consommation d'alcool est omniprésente dans tous les contextes de socialisation possibles, auxquels on peut parfois adjoindre un aspect alimentaire de la pratique. La consommation d'alcool fait partie du quotidien, sans pour autant se manifester sous forme de comportements excessifs, voire spectaculaires. Parce qu'elle n'interroge nullement dans ses dérives pathogènes dans l'environnement familial, et ce alors même que certains exemples témoigneront de l'existence d'un alcoolisme familial, la consommation d'alcool en solitaire ne représente chez ces adolescents qu'un mode de consommation comme un autre. Le plus souvent, leurs expériences de ce type ne se soldent d'ailleurs pas par une ivresse rapide, l'alcool n'ayant seulement pour fonction que de détendre, de récompenser. Et pour ces adolescents, je ne crois pas que cette banalisation doive s'interpréter comme un déni, un mode de défense, contre une pratique dont ils sauraient qu'elle représente en fait un véritable danger. Le plus souvent, c'est d'abord la question des quantités qui interroge plutôt que les contextes de consommation, ce qui finalement correspond certainement au risque encouru par ce type de consommateurs, dont le profil « gros buveurs » se dessine beaucoup plus que celui d'alcoolique toxicomaniaque. Pour autant, il s'agit dans la réalité de deux types d'alcoolisme. J'illustrerai cette banalisation en restituant certaines autres réponses du questionnaire, puisqu'elles renseignent sur la place de l'alcool dans l'environnement familial.

Dans ces premiers exemples, les adolescents évoluent dans un environnement où la consommation d'alcool a d'abord une fonction sociale, où elle est véhiculée comme telle, de façon verbalisée ou silencieuse.

C'est le cas d'un garçon ayant répondu à la question n°7, « *oui, le soir du whisky, c'était ma boisson alcoolisée préférée* ». Cette réponse n'indique cependant pas s'il s'agit d'une expérience unique ou répétée. Ce garçon est également fumeur (tabac et cannabis, question n°11). Il faut souligner ici l'expression du rapport à la Loi tel qu'il est véhiculé par l'environnement familial, ou tout au moins tel qu'il est restitué par ce garçon. Les consommations d'alcool en famille sont autorisées, quand il y a un « *repas de famille* » (question n°8), ce qui sous-entend le respect d'un certain rituel familial. Néanmoins, aux questions n° 12 et 13, l'élève déclare « *oui, ils sont d'accord car ils ont connu ça quand ils étaient jeunes* » et « *aucun des deux* ». L'élève avait pour la question n°13 initialement commencé par « *que je bois car* », puis il a rayé sa réponse au profit de celle ci-dessus mentionnée. Cet élève viendra discuter à la fin de la première intervention (et aux suivantes d'ailleurs). Il est d'origine thaïlandaise et reconnaît que l'on consomme beaucoup de whisky dans sa famille (un oncle alcoolique). C'est un garçon « fêtard », qui consomme beaucoup le week-end, mais également la semaine, lorsque l'emploi du temps libre (très restrictif) le permet. Il s'est montré très curieux de définir où il se situait avec l'alcool. Son mode de consommation ne me paraît dangereux pour l'avenir que parce qu'il s'apparente à un profil de potentiel futur gros buveur ou buveur d'habitude, la vulnérabilité me paraissant beaucoup plus sociale et culturelle que psychologique.

Le deuxième exemple est celui d'un autre garçon, frère aîné du premier susmentionné. A la question n°7, il a répondu « *oui, dans l'après-midi, quand j'écoute de la musique. Le whisky, parce que j'ai toujours bu que ça* ». Ce garçon est fumeur (tabac uniquement). Il est intéressant de noter qu'à la question n°9, cet élève a répondu positivement aux trois options de la question qui concernait l'environnement familial et la présence de personnes alcooliques, alors que son frère a préféré ne pas le préciser (il a répondu non aux trois choix), par défiance peut-être, bien qu'il l'ait évoqué ensuite en fin d'intervention avec quelques autres élèves venus discuter. Cet élève a répondu à la question n° 10 « *oui, mais c'est dans la culture de mon pays d'origine* », ce qui renforce une certaine inquiétude pour l'avenir, ces deux garçons consomment beaucoup et régulièrement de l'alcool sans que cela représente à leurs yeux, en tout cas jusqu'aux interventions, une quelconque mise en danger. C'est ce même garçon qui me posera à la fin de cette première intervention la question suivante « *existe-t-il des alcooliques du week end ?* ». Comme son frère, la consommation d'alcool en famille est ritualisée « *oui, avec proposition et aussi autorisation* » (question n°8). Enfin, il a répondu à la question n°12 « *oui. Ils*

sont d'accord pour les deux, mais pour l'alcool, ils ne sont pas tout le temps dans mon dos » et à la n°13 « *plus difficile pour l'alcool je pense, parce que c'est plus difficile de l'expliquer de nos jours, parce que la cigarette, la plupart des jeunes fument* ». Ce que sous-entendent ces propos, c'est que les parents n'ont pas connaissance des quantités consommées et des contextes où ce garçon s'alcoolise (notamment l'après-midi). La réponse à la question n°13 est intéressante, concernant la comparaison alcool/tabac, l'aveu de l'alcool étant plus difficile que celui du tabac, en évoquant que dans la représentation des parents, le tabagisme des « jeunes » est entré dans les mœurs. Ou cherche-t-il à exprimer que cet aveu est plus difficile parce qu'il est personnellement plus fortement attaché à la consommation d'alcool (et ce paradoxalement ?) alors qu'il est issu d'un milieu où l'on s'alcoolise beaucoup ?
Un dernier exemple pour illustrer la banalisation des consommations d'alcool en solitaire. Un garçon a fourni à la question n°7 la réponse suivante « *bière le soir, j'aime pas l'eau* », sa boisson préférée est le « *mescal* », le seul élève à l'avoir mentionnée. Ce garçon est également fumeur (tabac et cannabis, question n°11) et comme pour le précédent élève, les parents sont au courant « *oui, car je ne leur mens pas* », « *ils savent pour les deux* » (questions n°12 et 13). Les occasions de boire en famille sont citées : « *1er de l'An, Noël, anniversaires, week-end, etc.* ». Cette dernière réponse indique une certaine ritualisation, encore que la régularité des week-end déborde largement de la symbolique du rituel. Ce qui me gêne dans ces réponses, c'est la banalisation des consommations d'alcool. A la question n°9, l'élève cochera l'option « des personnes qui boivent régulièrement », et à la question n°15, pour définir l'alcoolisme, l'élève répondra par la négative en affirmant « *non, c'est quand on boit régulièrement* ». Si je m'attache au choix des mots de ce garçon, celui-ci se contredit de façon indirecte : il répond ne pas avoir de personnes alcooliques dans son entourage, seulement « des personnes qui boivent régulièrement de l'alcool », tout en définissant le sujet alcoolique comme celui « qui boit régulièrement ». Comme pour l'élève précédent, la tolérance des parents, qui s'appuient sur leurs propres expériences ou souhaitent créer un climat de confiance, « on se dit tout », sont des attitudes qui conduisent rarement à un comportement prudent à l'encontre des substances psychoactives en général, en dépit je n'en doute pas pour certains, des bonnes intentions initiales. Le partage d'expériences entre parents et enfants ne me semble en ce sens pas plus opportun, car il contraint l'adolescent à défier les limites à hauteur de là où elles sont fixées, en l'occurrence très bas. Une fois encore, il n'est pas question ici de pointer les défaillances de l'adulte parent, mais de lister tout ce qui, dans l'environnement de l'adolescent, peut être facteur de compréhension de ses comportements par rapport à l'alcool, afin de tendre à une modification de ceux-ci quand ils semblent mettre celui-ci en danger.
Quelques exemples illustrent cependant une attitude différente, et concerne les adolescents qui se défendent de s'inscrire dans une relation pathogène à l'alcool, alors qu'ils en sont ou conscients, ou qu'ils présentent un tel environnement familial que la question du rapport à l'alcool nécessite d'être interrogée parce qu'elle constitue nécessairement pour eux une problématique, vécue ou subie. De

ces adolescents, il n'est pas inapproprié d'affirmer qu'ils présentent, si ce n'est *déjà* un problème d'alcool, en tout cas qu'ils s'inscrivent dans un processus d'alcoolisations nécessairement pathogènes puisque la relation au produit constitue une problématique familiale. La banalisation derrière laquelle ils se cachent se manifeste alors sous des formes partagées par les alcooliques eux-mêmes, lorsqu'ils sont en fin de parcours : rationalisation, minimisation, etc.
A la question n°7, un garçon a répondu : « *oui après-midi, j'avais soif, meilleur rapport qualité/prix* ». Sa boisson préférée : « *réserve de maître Kanter (mélangé à la vodka)* ». C'est un garçon qui a déjà consommé de l'alcool en famille mais de manière ritualisée « *oui, les parents m'en avaient proposé. Noël et 1er de l'an* » (question n°8). Aux questions n° 12 et 13, « *non* » et « *oui. Parce que (parents stricts)* ». Ce garçon ne fume pas. Enfin, à la question n°9, il a coché l'option « des personnes dont vous pensez qu'elles sont alcooliques » après avoir dans un premier temps répondu par la négative, et réponse rare à la question n°10, il s'en est exprimé à ses parents. Je précise enfin qu'à la question n°22, cet élève précise que son père est décédé « *pas possible.* † ». Bien que la consommation d'alcool soit ritualisée en famille et que l'interdit soit fermement posé (« *parents stricts* »), l'expérience d'alcool en solitaire, qui constitue déjà une pratique de mise en danger, associée à la disparition de son père et à la présence dans sa famille de personnes dont ce garçon pense qu'elles sont alcooliques constituent trois éléments pour apprécier la situation de vulnérabilité psychique dans laquelle il peut se trouver face à l'alcool.
Un deuxième exemple illustre cette tentative de banalisation alors que la consommation d'alcool semble s'inscrire dans un registre de « solution magique ». A la question n°7, ce garçon a répondu « *oui, le soir, de la bière, parce que j'aime bien une petite bière de temps en temps* ». Ce garçon est également fumeur de tabac (« *pas beaucoup* ») et de cannabis (question n°11). L'expérience d'alcool en famille semble régulière, et largement banalisée « *oui, comme ça, lors de repas de famille et autres* » (question n°8), et l'interdit parental est faiblement posé : à la question n°12, cet élève a en effet répondu « *oui et non. Ils sont d'accord mais pas trop* ». Il n'a pas répondu aux questions n°15 et n°23. Sa définition de l'ivresse est la suivante : « *lorsque l'on ne capte plus rien* » (question n°6). La réponse qu'il a fournie à la question concernant les fêtes de Noël corrobore la banalisation et l'absence de remise en question de sa propre pratique, avec l'illusion de liberté telle qu'elle est fréquemment pensée à cet âge : « *on est plus libre de boire ou faire autre chose lors des fêtes entre potes que avec la famille car la famille il y a plus d'interdits* ». Pour ce garçon, il n'y a rien de grave. La consommation d'alcool, même seul, l'ivresse, etc. sont banalisées, et la représentation de la limite parentale est celle d'une parole hésitante « *ils sont d'accord mais pas trop* ». Ce garçon se cache derrière un léger cynisme, qui le protège de tout questionnement, comme le suggère sa réponse à la question n°7. La réponse à la question sur les fêtes de Noël ne traduit pas autre chose, pour lui, la liberté est synonyme d'action, pas de réflexion. En ce sens il ne prend même pas la peine de répondre aux deux questions concernant la représentation de la personne alcoolique : l'alcoolisme et lui, ça fait deux, alors quel intérêt de comprendre ? Paradoxalement, mais en apparence seulement,

l'ivresse est synonyme de défonce « *lorsque l'on ne capte plus rien* ». Pousser l'analyse de la personne alcoolique l'obligerait certainement à analyser sa propre pratique, alors il se préserve.

Troisième exemple, celui d'un garçon ayant répondu à la question n°7 : « *oui, "kron", j'avais bossé avant et j'avais soif et il n'y avait rien d'autre dans le frigo* ». Il indique également à la question n°5 que sa boisson préférée est la bière « *1664* ». Il est fumeur de cannabis (question n°11) et définit l'ivresse à la question n°6 « je suis ivre quand je ne peux plus marcher ». La consommation d'alcool en famille semble ritualisée « *oui, sur proposition des parents quand il y a des invités* » même si l'événement a une faible résonance symbolique à mon sens. Il ne s'agit pas d'un anniversaire, de Noël, etc. mais d'un rituel social, et ce d'autant plus qu'à la question n°9, il a coché les trois options (« personnes qui boivent régulièrement de l'alcool », « qui ont des problèmes avec l'alcool » et « dont vous pensez qu'elles sont alcooliques »). C'est un sujet qui a d'ailleurs été abordé avec ses parents (question n°10). Aux questions n°12 et 13, il a écrit « *oui pour les deux. Ils gueulent mais je m'en fous* » et « *que je bois de l'alcool car ça bousille moins vite l'organisme* ». La question n°15 a été saluée par un « *je m'en fous* », et la n°23 a été purement ignorée. Aucune réponse aux questions n°20, 21 et 22 (adulte de confiance). Les propos de ce garçon sont violents, moins dans la forme que dans le contenu. L'interdit parental n'est pas pris en compte, et effectivement comment peut-il être respecté si par ailleurs ça consomme à tout va dans la famille (questions n°8 et 9) ? La parole circule cependant (questions n°10, 12 et 13) mais elle ne semble pas avoir beaucoup d'impact. L'adulte n'est d'ailleurs pas source de réconfort, ni de sécurité, ni de confiance (questions n°20 à 22). C'est un garçon impuissant, en révolte, rebelle à l'autorité, souffrant de l'absence de Loi. A la question n°27, il a écrit en gros caractères « *cure de désintox. forcée* », cochant les quatre premières options, et réfutant la cinquième « en en parlant à sa famille », alors qu'il en avait fait le choix initial.

Un autre garçon a répondu à la question n° 7 « *ça désaltère mieux* ». Toutes ses réponses vont être formulées sur un ton humoristique, avec une volonté très claire de l'élève de mettre à distance son rapport à l'alcool. Ainsi, dès la question n°6, il rajoute deux options, ayant négligé les choix offerts, « *je gerbe* » et « *je fais une petite pause* », qu'il choisit évidemment. La question des consommations d'alcool en famille est également évitée d'une pirouette « *oui repas avec mes frères* », il mentionne « des personnes qui boivent régulièrement de l'alcool » (question n°9), et répond aux questions n°12 et 13 par quelques éclaircissements tout de même « *d'accord mais modérément* » et « *l'alcool, mon père a arrêté de fumer* ». Aux questions n°15 et 23 sur la représentation de l'alcoolisme, il répond « *quand on n'a plus d'argent et qu'on en a besoin* » et « *oui je suis intelligent* ». Aucun adulte ne semble être digne de confiance pour ce garçon, qui répond « *non* » aux questions n°20 et 22. C'est un garçon qui ne souhaite pas prendre au sérieux le sujet de l'alcoolisme et qui se protège de toute évaluation de sa pratique de l'alcool en fuyant dans la dérision. Mais ses réponses évoquent l'illusion d'une toute puissance, celle qu'il croit avoir sur l'alcool. Il crie « ce n'est pas mon problème » mais l'excès de ses propos traduit le contraire. Sinon, pourquoi une telle esquive de la question. Je pense que s'il avait pris le risque qu'un relatif sérieux, il se serait exposé à une réflexion, qui l'aurait certainement fragilisé. L'interdit parental est faible, d'autant que ce garçon est également fumeur de tabac et de cannabis. Quant à la réponse qu'il fournit à la question n°13, elle illustre ce que j'ai déjà évoqué à propos d'autres réflexions d'élèves, un interdit qui ne s'appuie pas sur une réflexion argumentée et de fait protectrice mais sur une identification de l'adulte à l'enfant, en tout cas dans la représentation de ce garçon : comme mon père ne fume plus, il ne va pas accepter que je fume. La dangerosité du produit n'a rien à voir avec la tolérance ou l'interdit, du point de vue de ce garçon en tout cas.

Enfin, un dernier exemple sera rapporté, bien que l'élève n'ait pas répondu positivement à la question n°7, mais qu'il me semble nécessaire de l'évoquer. Ce garçon, comme l'antépénultième, vit dans un milieu fortement alcoolisé. C'est avec lui que la question de la généalogie a été particulièrement abordée en intervention, ses oncle et grand-père maternels étant alcooliques. Ce garçon déclare n'avoir jamais été ivre (question n°6) tout en cochant diverses réponses à la question n°24. Compte tenu de ses réponses à l'oral et de l'environnement familial (question n° 9, les trois options ont été cochées), il me semble que cet « oubli » soit significatif. Je ne saurais cependant en préciser le contenu autrement que dans les diverses hypothèses évoquées précédemment. La consommation d'alcool en famille n'est absolument pas ritualisée « *oui, proposition des parents, n'importe quand* » et influencée par l'adulte. Il ne s'agit pas ici d'autorisation parentale mais de « *proposition* ». Le choix de l'occasion « *n'importe quand* » me semble traduire l'absence de symbole familial autour de cette pratique, et avec ses mots, ce garçon s'en offusque. Aux questions n°12 et 13, il a répondu « *non* » et « *non, je ne leur dirai pas* ». L'adulte garde cependant un rôle référentiel pour ce garçon, qui mentionne avoir déjà parlé avec ses parents du problème d'alcool familial (question n°10), et répond à la question n°22 par le choix de différents adultes dignes de confiance : « son père », « son oncle/tante », « un médecin de votre choix » ainsi que « le médecin de famille ». Mais ce qu'il faut absolument prendre en compte dans les réponses de ce garçon, c'est la récurrence des vides laissés aux questions n° 15 et 23 par les élèves évoluant dans un alcoolisme familial (attitude déjà mentionnée pour la seule jeune fille ayant témoigné de son expérience d'alcool en solitaire). Si la question n°23 est ignorée, la n°13 est saluée d'un « *le mec qui a répondu était ivre* ». Pour ces adolescents qui sont témoins de l'alcoolisme d'un proche, ou d'alcoolisations pathologiques non encore « diagnostiquées », c'est à dire non acceptées par les personnes concernées, j'ai pu constaté qu'il leur était impossible de répondre à ces deux questions. Culpabilité à « juger », ou risque à définir sa propre pratique ?

Conclusion

C'est toujours lorsque l'on croit avoir parfaitement saisi un objet de recherche qu'il nous échappe déjà un peu. Prétendre avoir compris et défini l'alcoolisme, et l'alcoolisme de l'adolescent en particulier, ne constituait pas l'objectif poursuivi au sein de ce travail, lequel doit s'entendre comme une modeste contribution à la compréhension d'un phénomène complexe s'il en est.
Il pointe en revanche plusieurs nécessités :

- la première, déjà évoquée en son temps par J. Malaurie à propos de la compréhension des sociétés traditionnelles, qui invite à interroger toutes les disciplines afin d'appréhender, ne serait-ce qu'un semblant de globalité de tout phénomène social : *« dans les sociétés de marchands, les sciences sociales seront les sciences du XXIème siècle »* [680]. Dans ces conditions, la tendance qui s'observe de plus en plus souvent à vouloir réduire (et de fait soigner) l'alcoolisme au regard de sa stricte dimension médicale augure une dynamique réductrice de tout ce qui définit l'individu et sa singularité, et on ne saurait alors restreindre la définition de l'alcoolisme à des phénomènes physiques, chimiques, neurologiques ou autres, ce que sous-entend pourtant un récent colloque organisé par la Société Française d'Alcoologie, revue prestigieuse s'il en est, qui donne la parole aux neurobiologistes dans une optique de soins[681], alors que les travaux anthropologiques sur la question ne figurent que très très occasionnellement dans la revue.
- La deuxième, qui propose de penser véritablement la prévention comme une analyse pluridisciplinaire, laquelle doit faire émerger la spécificité réservée à l'alcoolisation en France, et les raisons qui pourront être analysées comme autant d'éclairages permettant de comprendre ce qui permet d'affirmer aujourd'hui que de nombreux adolescents se sont rappropriés cette pratique sociale en en faisant émerger la part mortifère.

  La prévention de l'alcoolisme, et cet axe devra être clairement défini, ne serait-ce que d'un point de vue terminologique, ne saurait en ce sens s'entendre d'une simple politique de réduction des risques, laquelle ne s'articule précisément qu'autour de la prévention des risques liés à la consommation d'alcool. Ainsi en témoignent pourtant de nombreuses recherches, dont une des plus récentes, proposée par l'INSERM : dans l'expertise collective parue en 2005, cet institut prétend définir différents axes de prévention, mais dont on peut constater qu'il ne s'agit en réalité que de propositions visant à mettre en place de simples dispositions ne questionnant pas la consommation d'alcool. Au chapitre 11 intitulé «Prévention du risque alcool », il est en effet possible de lire, après deux pages sur la nécessité de réactiver la loi Evin à propos de la stricte limitation en matière publicitaire, dans un dernier petit paragraphe, que la seule réflexion qui va donc mobiliser un budget colossal, concerne non pas tant une véritable politique de prévention, laquelle est balayée d'une phrase « *en dehors d'une éducation pour la santé qui agit sur les causes psychosociales de l'alcoolisation chez les jeunes (mal-être, déficit d'estime de soi, identification culturelle)* » [682], mais à mener une réflexion et « *développer une prévention situationnelle, c'est-à-dire dans les moments où les jeunes s'alcoolisent le plus. Il s'agit alors de développer la prévention des risques liés à la prise d'alcool chez les jeunes lors des fêtes par exemple... il s'agit avant tout de prévenir les risques liés à l'alcoolisation (accidents, violences agies ou subies, sexualité à risque). Cette prévention situationnelle consiste par exemple à favoriser l'organisation des accompagnements à domicile après les manifestations festives (soirées, matchs, concerts)* » [683], etc.

Si l'on ne saurait faire abstraction de l'ambivalence que suscite la relation à l'alcool dans notre pays, j'ai pu constater qu'adjointe à la question de l'adolescence, cette attitude atteignait son paroxysme. « *La jeunesse, écrivait Antonin Artaud, a un rêve de vie et c'est après la vie qu'elle court, mais cette vie elle la poursuit si on peut dire dans son essence : elle veut savoir pourquoi la vie est malade et ce qui a pourri l'idée de vie* » [684]. On ne saurait mieux définir ce qui ne questionne pas aujourd'hui à travers les alcoolisations pathogènes de l'adolescence, et peut-être même à quel point il sera difficile de le faire. L'abondance de réflexions, de publications et de médiatisations ne saurait plus clairement exprimer le vide pour ne pas dire le refoulement qui est en train de s'opérer actuellement.

Ce qui fait tellement question n'est pas tant le rapport à l'alcool en France, mais ce que son utilisation médicamenteuse révèle de pauvreté culturelle autant que d'absence de projet de société à long terme. Alors que la jeunesse de mai 68 réclamait liberté et droits, celle d'aujourd'hui revendique un droit à la sécurité, sécurité affective, sécurité professionnelle, sécurité pour l'avenir, etc., en attestent les dernières réflexions de celles et ceux qui se mobilisés contre le CPE.

Il faut reconnaître à l'adolescence sa fonction de baromètre de la santé d'une société. Ne pas questionner sa souffrance en posant comme présupposé qu'il est normal qu'elle aille mal parce qu'elle connaît une période de transformations me semble être une grave démission de la part des adultes. Ne pas reconnaître, dans cette impuissance qu'elle manifeste violemment, et d'abord à son encontre, la difficulté d'une génération à être elle-même porteuse d'innovations et à s'adapter dans une société malade, qui ne présente d'autre projet qu'une mondialisation des échanges marchands où seul l'appât du gain a sa place, devient un véritable abandon.

Laisser nos adolescents s'enfoncer dans des pratiques de consommations pathogènes participe de ce même mouvement d'individualisme et d'appauvrissement de la solidarité, si présente encore dans ces sociétés que l'on dit primitives, et je ne saurais trop conclure qu'il est nécessaire aujourd'hui d'affronter cette période historique avec le plus de clairvoyance possible pour proposer à ceux qui feront la société de demain une autre mémoire que celle qui pourrait leur faire dire dans 20 ans qu'ils ont été une génération sacrifiée.

Pour P. Jeammet et M. Corcos, l'évolution sociale « *vers un accroissement des exigences de performance et de réussite individuelles favorisent tout naturellement l'expression des inquiétudes narcissiques et des besoins de dépendance, tout en diminuant les occasions de conflits d'opposition… L'adolescent y perd la protection narcissique offerte par l'interdit… au profit de l'exigence narcissique* » [685]. C'est donc bien dans sa dimension anthropologique qu'il convient aujourd'hui d'aborder l'alcoolisme de l'adolescent, puisque l'on ne saurait faire abstraction du lien qui existe entre les changements de ces dernières décennies, sur le plan social, juridique, économique et culturel, et l'incidence de ces mutations sur l'éducation des enfants.

Enfin, comme je l'exprimais à l'instant, et s'agissant plus spécifiquement de ce qu'il convient d'offrir aux adolescents en termes de prévention, il s'agit en réalité d'un vaste projet de société auquel les établissements scolaires et le Ministère de l'Education Nationale doivent être invités à collaborer.

Je rappellerai que la prévention primaire doit s'entendre d'un accompagnement de l'enfant, du pubère et de leurs parents sur un plus vaste questionnement travaillant finalement un certain rapport au monde. L'instruction civique, les débats « philo » qui existent déjà de la maternelle au collège sont autant d'enseignements du respect de la Loi et des multiples expressions qui appellent au respect de soi et de l'autre. Ces différents débats participent à mon sens à un objectif de responsabilisation de tout un chacun. Prévenir de l'alcoolisme, c'est d'abord permettre aux enfants et préadolescents d'accéder à une certaine autonomie et les encourager dans cet apprentissage. A mon sens, la prévention de l'alcoolisme n'a pas sa place d'enseignement spécifique auprès des jeunes élèves.

La prévention secondaire doit commencer à l'âge où les premières consommations sont observées. Je préconise des interventions dès les classes de quatrième, parce que mon expérience autant que les différentes études tendent à démontrer que c'est l'âge où se met en place un nouveau discours. Les élèves qui jusqu'à la fin de la classe de cinquième se montraient de fervents détracteurs de l'usage de substances psychoactives s'inscrivent alors dans un mouvement de contestation de l'autorité. C'est également (globalement) l'âge des premières expériences, tabac, alcool, etc. mais c'est surtout la période qui date la fin de la puberté et le début de l'adolescence. L'expérience sexuelle, pour n'être pas immédiatement consommée, devient possible, les menstruations pour les filles, la mue pour les garçons et autres changements physiques de ce passage signent maintenant une identification sexuelle.

La prévention secondaire de l'alcoolisme (et non du risque alcool) doit être directement reliée à l'enjeu de l'expérience sexuelle, le risque réel de l'adolescent résidant dans ce choix. C'est l'expérience sexuelle, consommée ou fantasmée, et le sens qu'elle prendra pour l'adolescent qui, à bien des égards, pourront transformer l'expérience d'alcool en risque de substitution, laissant présager une issue plus ou moins heureuse.

Je souhaiterais enfin terminer sur l'implication qui me définit par rapport à cet objet de recherche. Le lecteur pourra reprocher à ce travail un parti pris inconscient eu égard à l'histoire individuelle de son chercheur. Il m'a semblé nécessaire de maintenir mon chapitre préliminaire en l'état, sans retouches, parce que là réside l'essentiel de ma posture. La spécificité de ce travail consiste à inviter l'intervenant en alcoologie à reconnaître, à identifier son propre rapport à l'alcool. Ces nombreuses pages ont eu pour objectif de mettre en lumière l'influence des représentations sociales sur les modes consommatoires adolescents et ce qu'elles pouvaient augurer en termes de fonctions de normalisation. Je ne saurais ici que rappeler la difficulté que tout un chacun rencontre tout au long de sa vie à trouver un équilibre dans l'aménagement de sa dépendance. L'ignorer, et sérier une population entière entre individus normaux et individus anormaux me semble dangereux, à tout point de vue, c'est ce qui justifie mon adhésion à la définition de la normalité telle que l'a proposée J. Bergeret [686]. Au contraire, transformer ses fragilités en force d'accompagnement me semble être le meilleur moyen d'aider celui qui se trouve dans la détresse. Les Alcooliques Anonymes ou tout autre mouvement d'anciens buveurs l'ont bien compris, puisqu'il n'y a pas de meilleur thérapeute (et je n'écris pas psychanalyste puisque la fonction n'est pas la même) que le sujet alcoolique lui-même quand il est abstinent pour aider celui qui consomme encore.

> *« On n'enseigne pas ce que l'on veut ; je dirais même que l'on n'enseigne pas ce que l'on sait ou ce que l'on croit savoir : on n'enseigne et on ne peut enseigner que ce que l'on est »,*
>
> Jean Jaurès,
> *L'Esprit du socialisme. Idéalisme et matérialisme dans la conception de l'Histoire* [687]

Notes

1. WINNICOTT Donald W. (1971), *Jeu et réalité.* Trad. Claude MONOD et Jean-Bernard PONTALIS, Paris, Gallimard, Folio essais, 2003, p. 14.
2. KRISTEVA Julia, *Le génie féminin, T. 2, Melanie Klein*, Paris, Fayard, Essais, 2000, p. 38.
3. Op. cit., p. 76.
4. Un processus défensif, ou défense, est « *un ensemble d'opérations dont la finalité est de réduire, de supprimer toute modification susceptible de mettre en danger l'intégrité et la constance de l'individu biopsychologique* », in LAPLANCHE Jean, PONTALIS Jean-Bernard (1967), *Vocabulaire de la psychanalyse*, Paris, PUF, 2002, p. 108.
5. DFS Relation d'aide et dépendances, Université privée de sciences humaines de Paris (rattachement Paris Nord), Mémoire : *La relation amoureuse, vecteur agissant dans le processus de guérison de la personne alcoolique abstinente*, 1999/2000. Dans le cadre de cette formation, j'ai été amenée à participer durant une année à des réunions d'anciens buveurs.
6. Il était d'usage de se rendre au café du coin après les réunions AA, lieu de parole et d'échanges informels où la problématique alcool n'était plus au cœur des conversations. Il m'est également arrivé d'aller dîner en « comité » plus restreint, les rendez-vous au café ne réunissant la plupart du temps, que certains « habitués ».
7. Il me faut dès à présent signaler que je ne détiens que quelques prises de notes concernant ces nombreux entretiens et participations aux réunions AA, la relation de confiance que j'ai pu établir avec nombre des personnes rencontrées reposant notamment sur l'absence manifeste et significative de toute expression d'observation ou de recherche scientifique dans ces moments privilégiés.
8. Le CREFOI (Centre de Recherche sur l'Enfant et la Famille dans l'Océan Indien) regroupait notamment comme membres de l'association des représentants de la CAF, financeur de l'étude, du Parquet de Saint-Denis et de Saint-Pierre, du Conseil Général, de la DDASS, de la CPAM, du SMPR, de la DPJJ, de l'Education Nationale, ainsi que de nombreux pédopsychiatres et médecins de PMI. L'étude, diffusée (Ile de La Réunion) mais non publiée, avait pour titre *La maltraitance intrafamiliale à La Réunion. Evaluation de la prise en charge institutionnelle.*
9. J'ai par la suite découvert que du point de vue de la psychopathologie, il n'existait pas de personnalité type du sujet alcoolique, l'expérience clinique ayant révélé que l'on en rencontrait autant à structure névrotique ou psychotique, état limite, etc. *Cf* première partie, chapitre I.
10. L'hypothèse est ici entendue comme « *une conjecture douteuse mais vraisemblable par laquelle l'imagination anticipe sur la connaissance* », in CARBONNEL C. O., cité in PAILLE Pierre, MUCCHIELLI Alex, *L'analyse qualitative en sciences humaines et sociales*, Paris, Armand Colin, 2003, p.17.
11. *Cf* chapitre IV.
12. *Cf* statistiques dans la partie Introduction.
13. « *On ne peut donc espérer rencontrer un terrain où avancer qu'après un saut dans le vide, celui qui toujours sépare les faits de leur théorisation … Dit d'une autre manière : une validation éventuelle de l'hypothèse avancée ne pourra se fonder que sur la possibilité qu'elle offre de relier et d'organiser en un ensemble cohérent des phénomènes par ailleurs séparés. On ne « trouve » pas une explication, on la construit* », in MENDEL Gérard, op. cit., p. 48.

14. Le titre initial de ma thèse était *Prévention de l'alcoolisme précoce chez le jeune. Redéfinitiond'une représentation de la pratique alcoolique en France.*
15. NIEWIADOMSKI Christophe, *Histoires de vie et alcoolisme*, Paris, Editions Seli Arslan SA, 2000, p. 54.
16. La libido est « *l'énergie postulée par Freud comme substrat des transformations de la pulsion sexuelle quant à l'objet (déplacements des investissements), quant au but (sublimation par exemple), quant à la source de l'excitation sexuelle (diversité des zones érogènes). Chez Jung, la notion de libido s'est élargie jusqu'à désigner " l'énergie psychique " en général, présente dans tout ce qui est " tendance vers ", appetitus* », in LAPLANCHE Jean, PONTALIS Jean-Bernard, op. cit., p. 224.
17. DESCOMBEY Jean-Paul, *L'économie addictive. L'alcoolisme et autres dépendances*, Paris, Dunod, 2005.
18. MOSCOVICI Serge (1961), *La psychanalyse, son image et son public*, Paris, PUF, 2004.
19. DURKHEIM Emile (1967), *Sociologie et philosophie*, Paris, PUF, 2004.
20. Le quotidien Le Figaro, le 6 mars 2003, publiait un article sur l'encombrement des tribunaux français par les cas de conduite en état d'ivresse, affirmant que *« le tribunal de Rennes [était] en tête contre l'alcool au volant »*... « *Le Grand Ouest [serait] littéralement saturé par le contentieux des conduites en état d'ivresse avec un taux de 45,5 % des condamnations dans les tribunaux correctionnels du ressort de la cour d'appel de Rennes* ». 17 % des peines prononcées par cette cour sont des peines d'emprisonnement qui concernent cette infraction. Le quotidien fait encore remarquer qu' « *en matière d'alcoolémie, la Bretagne n'en finit pas de mériter sa réputation » et que « mauvaise élève de la classe elle est montrée du doigt par tous les experts statistiques ; c'est ici que l'on boit encore le plus en France (...)»*. Ainsi le tribunal de Vannes a t-il connu jusqu'à 75% d'affaires consacrées à la répression de l'alcoolémie au volant, ce qui a conduit le président à ne poursuivre qu'à partir de 0,60 g d'alcool dans le sang et à proposer aux autres deux jours de stage de prévention routière (avec pour résultat seulement 35% d'affaires traitées pour alcoolémie). Une formule adoptée également à Saint Malo où pourtant 50% des affaires concernent encore cette question. Pour beaucoup de magistrats *« la répression semble la meilleure formule » et elle « porte ses fruits ».*
21. Comme nous le verrons dans la partie méthodologie, je me suis principalement appuyée sur mon expérience de prévention quimpéroise.
22. J'ai découvert bien plus tard que cette méthode de travail avait un nom : l'analyse séquentielle (Becker, Geer) ou analyse continuelle comparative (Glaser, Strauss) et qu'elle évitait une « *surcharge analytique créée par la linéarité de certaines opérations* ». Bien que n'en ayant pas fait le choix initial, je dois reconnaître aujourd'hui que cette alternance terrain/analyse a permis à ces deux approches de se nourrir mutuellement. Références bibliographiques citées in PAILLE Pierre, MUCCHIELLI Alex, op. cit. , p. 26.
23. Pour des raisons administratives, j'avais constitué une association afin de pouvoir intervenir dans des établissements privés, *cf* annexe 1.
24. DE MIJOLLA Alberto, SHENTOUB Sophie A. (1973), *Pour une psychanalyse de l'alcoolisme*, Paris, Petite Bibliothèque Payot, 1981.
25. Souligné en italique par l'auteur.
26. MAUSS Marcel (1950), *Sociologie et anthropologie*, Paris, PUF, 1989, p. XXVIII.
27. Définition qui s'inspire des critères fournis par Kroeber pour définir la culture, cité in LAPLANTINE François (1955), *L'anthropologie*, Paris, Petite Bibliothèque Payot, 1987, p. 116.
28. Op. cit., p. 119.
29. LOURAU René, *La clé des champs*, Paris, Anthropos, 1997.
30. LOURAU René, *Implication Transduction*, Paris, Anthropos, 1997, p. 34-35.

31. Ce terme est employé ici dans le sens que lui a donné C. Rogers, soit une capacité intellectuelle, émotionnelle et non-directive pour un individu (cette aptitude est décrite comme une qualité essentielle pour le psychothérapeute pour établir une relation d'aide satisfaisante) à comprendre et ressentir ce qu'un autre lui confie (dans le cadre d'une psychothérapie) sans pour autant l'avoir vécu personnellement. L'auteur insiste sur la notion de congruence indispensable pour une réelle empathie, qui exige de la part de celui qui écoute une nécessaire transparence de ce qu'il ressent face au témoignage (et à son auteur) et l'adéquation entre ses sentiments et son discours, in ROGERS Carl, *Le développement de la personne*, Paris, Dunod, 1998, p. 35.
32. Le Groupe Alcool organise et participe tous les ans à différentes manifestations ayant toutes pour thème l'alcoolisme. Nous avons ainsi en avril 2005 organisé une rencontre des différents mouvements d'anciens buveurs présents sur Angers afin de les faire connaître du grand public. Le groupe Alcool est également membre du RATA (réseau d'alcoologie sur le territoire angevin) et se tient informé de toutes les actions et modes de prise en charge sur le département du Maine-et-Loire.
33. Cité in PAILLE Pierre, MUCCHIELLI Alex, op. cit., p.13.
34. *Cf* troisième partie.
35. L'appel à projets de recherche MILDT-INSERM 2004 avait pour thème *Recherches sur les consommations de substances psychoactives.* Le thème de ma recherche s'intitulait *Prévention primaire chez les adolescents et les jeunes adultes : modification des représentations et stratégies d'adaptations individuelles* (projet n°44). Cette recherche s'inscrivait encore, comme on pourra le constater, dans le cadre de la prévention primaire, et il est certain, je peux l'apprécier avec le recul, que la problématique développée dans ce projet ne correspondait pas aux objectifs de prévention qui s'inscrivaient dans le cadre d'une prévention secondaire. Pour autant, les critiques de la MILDT que j'ai souhaité rapporter ici n'en demeurent pas moins l'expression de certaines réticences de fond.
36. KESTEMBERG Evelyne, *L'adolescence à vif*, Paris, PUF, 1999, p. 67.
37. PAILLE Pierre, MUCCHIELLI Alex, op. cit., p. 32.
38. Op. cit., p. 33.
39. J'inclus dans la définition de la posture les différents courants théoriques autant que les présupposés épistémologiques afférents auxquels je me suis référée.
40. PAILLE Pierre, MUCCHIELLI Alex, op. cit., p. 49.
41. *Cf* annexe 2.
42. Il m'est cependant arrivé à une occasion d'autoriser un élève à retourner en salle d'étude, sous le prétexte avancé d'une interrogation (non préparée) pour le lendemain. Au-delà de ses manifestations d'ennui signifiantes (principalement sous forme de bruyants soupirs), il m'a paru inutile de contraindre plus encore cet élève sachant qu'il ne me prêtait plus aucune oreille. Même si ce ne fut peut-être qu'un prétexte de sa part, j'ai sur l'instant émis l'hypothèse d'une incapacité pour cet élève d'entendre *plus encore* parler d'alcool, même (et peut-être justement, pour cette raison) s'il était très concerné par les échanges de la classe, puisqu'il avait lors de la précédente intervention relaté sa propre expérience d'ivresses répétées, dans le cadre des heures de sortie d'internat, lesquelles avaient été sévèrement sanctionnées par l'administration.
43. *Cf* annexe 3.
44. Ibid.
45. Ibid.

46. CHAUVEAU Jean-Michel, « Une autre histoire d'O », in *Dans l'intimité des drogues*, Paris, Autrement, Mutations, n° 218, 2003, p. 166-176 ; ARCHAMBAULT Jean-Claude, *Comprendre et traiter les alcooliques*, Paris, Ed° Frison-Roche, 1992.
47. Durant le mois de septembre 2003, le Premier Ministre, M. Raffarin, a préféré laisser lettre morte un projet d'augmentation de taxe du vin de quelques centimes d'Euros devant la levée de boucliers que ce projet a suscité, tant chez les professionnels de la vitiviniculture que dans son propre parti politique. Nombreux ont été les Députés à s'exprimer sur la « mauvaise idée » (A. Juppé) qu'avait eu Bercy, notamment ceux figurant parmi les élus des « *circonscriptions aux appellations prestigieuses* » (J.P. Garraud), affirmant pour les uns que « *le vin (n'était) pas un alcool comme les autres* » (J.P. Garraud), pour les autres, justifiant ainsi le retrait du projet, « *(qu') à partir du moment où il n'était pas évident que cette surtaxe atteigne un résultat sanitaire en faisant reculer la consommation d'alcool (...), il (fallait) aussi se demander si elle n'aurait pas aussi une incidence sur l'activité* » (P. Morange, Rapporteur du Budget de la Sécurité Sociale 2004), in MILDT, Revue de presse en ligne des 9 et 12 sept. 2003, www.drogues.gouv.fr.
48. ANPA, *Synthèse documentaire : chiffres et statistiques*, www.anpa.asso.fr, 2000-2001, p.7.
49. Op. cit.
50. L'ambiguïté est à son paroxysme lorsque l'on voit qu'il a même été question, à l'occasion de la discussion parlementaire sur la Loi de finances 2003, de rétablir le privilège des bouilleurs de cru.
51. Sully Ledermann, statisticien français, avait démontré en 1956 le lien de causalité, dans une population donnée, entre la consommation moyenne d'alcool et la proportion de buveurs excessifs : plus une population boit, plus elle présente un nombre élevé de buveurs excessifs. Quelques années plus tard, en 1962, E. M. Jellinek arrive à un résultat identique en élaborant une classification où la France est définie, dans son rapport à l'alcool, comme présentant une « *culture permissive inconditionnelle* ». Il fait également ressortir le risque permanent qu'encourent de telles sociétés : « d*ans les sociétés très largement tolérantes à une importante consommation alcoolique quotidienne, la présence d'une vulnérabilité psychique, même mineure, peut suffire à exposer au risque d'alcoolisme* ». JELLINEK E. M., « Phases of alcohol addiction » et « Cultural differences in the meaning of alcoholism » in PITTMANN David J., SNYDER Charles R., *Society, culture, and drinking patterns*, USA, John Wiley & sons Inc., 1962, p. 386 et 358.
52. Sont considérées comme présentant un problème d'alcool « *les personnes ayant des difficultés médicales, psychologiques et/ou sociales du fait de leur consommation d'alcool* », ANPA, op. cit., p.7.
53. Ibid.
54. MILDT, *Les consommations de substances psychoactives à la fin de l'adolescence passées à la loupe d'ESCAPAD*, Communiqué de presse du 6 février 2001, www.drogues.gouv.fr.
55. MILDT, Revue de presse en ligne du 24 nov. 2005, www.drogues.gouv.fr.
56. Sont en effet inopérants dans le tabagisme des problèmes tels que l'alcoolémie au volant, les frais d'assurance, la répression de passages à l'acte tels que violences familiales, viols, etc.
57. KOPP Pierre, FENOGLIO Philippe, *Le coût social des drogues licites (alcool et tabac) et illicites en France*, OFDT, Etude n°22, Sept. 2000, www.drogues.gouv.fr, p. 105 et suiv.
58. Entretien avec Pierre KOPP, « L'alcool est la drogue qui pèse le plus lourd sur la société française», *Le Monde* du 26 oct. 1999.
59. ANPA, op. cit., p. 14.
60. MILDT, Revue de presse en ligne du 24 nov. 2005, www.drogues.gouv.fr.
61. MILDT, Revue de presse en ligne du 25 nov. 2005, www.drogues.gouv.fr.
62. DE MIJOLLA Alberto, SHENTOUB Sophie A., op. cit., p. 112.

63. DESCOMBEY Jean-Paul, *Alcoolique, mon frère, toi. L'alcoolisme entre médecine, psychiatrie et psychanalyse*, Toulouse, Privat,1985, p. 183.
64. Et ce en dépit d'un budget consacré à la prévention absolument colossal : 3,6 millions d'Euros (ME) pour la recherche, 18,3 ME pour la prévention, 2,3 ME pour la formation, in MILDT, *Plan triennal 1998*, www.drogues.gouv.fr.
65. S'il est vrai que de nombreux ouvrages scientifiques ou de vulgarisation sortent en librairie chaque année, il n'en reste pas moins que cette somme de connaissances reste relativement inefficace en matière de prévention, et qu'elle ne s'adresse uniquement qu'aux professionnels qui prennent en charge la personne alcoolique présentant des troubles : troubles physiques (maladies : cirrhoses, pancréatites, etc.) , troubles psychiques (quand l'alcool aide à un passage à l'acte (viol, maltraitance à enfants, femme battue, etc.), ou troubles à l'ordre public (accidents de la route, troubles sur la voie publique, etc.). Entre le moment où un individu, souvent adolescent, et de plus en plus fréquemment bien avant, commence à consommer de l'alcool, et celui où il se « retrouve » alcoolique s'écoule une période plus ou moins longue qui fournit à l'alcool le temps de rendre son consommateur dépendant. Cette période n'est pourtant jamais étudiée en tant que telle.
66. JEAMMET Philippe, CORCOS Maurice, *Evolution des problématiques à l'adolescence. L'émergence de la dépendance et ses aménagements*, Rueil-Malmaison, Doin, 2001.
67. MILDT, *Plan gouvernemental de lutte contre les drogues illicites, le tabac et l'alcool 2004-2008*, www.drogues.gouv.fr.
68. J'étudierai de façon plus approfondie dans la troisième partie les conséquences de ces injonctions paradoxales, aussi ne fais-je que les évoquer ici.
69. MILDT, *Plan gouvernemental de lutte contre les drogues illicites, le tabac et l'alcool 2004-2008*, op. cit., p. 7.
70. L'information sur les risques a prouvé aujourd'hui son inefficacité, puisque les nombreuses études, confirmées par mon expérience d'interventions, montre que plus l'adolescent est en difficulté avec l'alcool, mieux il est informé des risques qu'il encourt, qu'ils soient sanitaires, sociaux ou pénaux, des propriétés du produit, etc. Pour autant, c'est également sur ce discours d'information des risques sanitaires que se situe l'action de l'Institut National de Prévention et d'Education pour la Santé (INPES) : depuis 2001, cet organisme « *informe le grand public sur les risques liés à l'ivresse, sur les repères de consommation faible et les risques sanitaires liés à une consommation régulière mais excessive d'alcool* » in MILDT, *Plan gouvernemental de lutte contre les drogues illicites, le tabac et l'alcool 2004-2008,* op. cit., p. 13. On notera également le « mais » qui prête à confusion et laisse sous-entendre que la dangerosité de ce type de consommation est liée à la seule alliance de ce mode de consommation. Autrement dit, le fait de consommer de l'alcool régulièrement n'est dangereux que si cette pratique est également excessive.
71. Op. cit., p. 41.
72. Op. cit., p. 5.
73. Op. cit., p. 7.
74. Op. cit., p. 16.
75. Op. cit., p. 18.
76. Op. cit., p. 19.
77. Op. cit., p. 31.
78. Op. cit., p. 53.
79. Op. cit., p. 26.
80. JODELET Denise, *Folies et représentations sociales*, Paris, PUF, 1989, p. 32.
81. Op. cit., p. 40.

82. Ibid.
83. Op. cit., p. 41.
84. Ibid.
85. JODELET Denise, « Représentation sociale : phénomènes, concept et théorie », in MOSCOVICI Serge (sous la dir. de)(1984), *Psychologie sociale*, Paris, PUF, 1988, p. 362.
86. Op. cit., p. 365-366.
87. Op. cit., p. 366.
88. BECKER Howard S. (1963), *Outsiders, Etudes de sociologie de la déviance*, Paris, A.M. Métailié Ed., 1985.
89. La majorité de ces entretiens s'est déroulée en 2000 de façon informelle, sans prise de notes, sans enregistrement. Les quelques rares entretiens formalisés par des questionnaires m'ont paru insuffisants pour en faire l'analyse. Aussi ai-je fait le choix de ne pas les restituer. Une exception toutefois, qui concerne la question du rapport au travail, et apparaîtra au chapitre II de la première partie.
90. J'emploie ici le terme de magie à dessein, dans le sens que lui donne D.W. WINNICOTT. Ainsi écrit-il à propos de la nécessité d'adaptation progressive de la « bonne mère » aux besoins de son enfant, adaptation qui doit être de moins en moins parfaite et synchrone afin de permettre à l'enfant d'éprouver réellement la réalité qui l'entoure : « *si tout se passe bien* [c'est-à-dire trop bien], *l'enfant peut être perturbé par une adaptation étroite à ses besoins qui persiste trop longtemps, n'autorisant pas une décroissance naturelle, puisqu'une adaptation parfaite ressort de la magie et qu'un objet dont le comportement est parfait ne vaut pas plus qu'une hallucination* », in WINNICOTT Donald W., op. cit., p. 43. Dans les premiers temps de sa rencontre avec l'alcool, le sujet qui va « devenir » alcoolique trouve *justement, précisément* dans l'alcool un moyen de satisfaire pleinement, de façon parfaite, ses besoins du moment, comme par magie…
91. Entendons pour le moment le fonctionnement habituel de défense en dehors de toute terminologie proprement psychanalytique. Ce qu'il faut ici comprendre, c'est que l'individu n'est pas spécialement préparé à ce type d'épreuve et qu'il se sent perturbé par l'afflux d'affects jusque-là non ressentis (ou refoulés !).
92. Je reviendrai ultérieurement sur cette distinction.
93. Dans son sens psychologique, l'autonomisation s'entend de l'acquisition par un enfant de son autonomie dans le comportement, l'autonomie étant synonyme d'indépendance, de possibilité de décider sans nécessité de se référer à une autorité. L'émancipation, du latin *emancipare* : rendre libre, affranchir d'une domination, d'un état de dépendance, au sens courant du terme, est l'action de s'affranchir d'une autorité, de servitudes ou de préjugés. Dans son sens juridique, l'émancipation est l'acte par lequel un mineur est affranchi de l'autorité parentale et acquiert, avec le gouvernement de sa personne, une capacité juridique égale à celle d'un majeur. Non seulement le sujet alcoolique n'a pu bénéficier de conditions favorables à son autonomisation, mais il reste, de ce fait, à l'âge adulte, un individu non émancipé, c'est-à-dire toujours sous l'autorité parentale, dans le sens où il n'est toujours pas différencié, individualisé, et ne possède pas d'identité propre.
94. C. Olievenstein parle d' « *équation de la rencontre entre un produit, une personnalité et un moment socioculturel* », in OLIEVENSTEIN Claude, PARADA Carlos, *Comme un ange cannibale. Drogue, adolescents, société*, Paris, Odile Jacob, 2002, p. 15.
95. Cette réaction particulière à l'alcool se retrouve au contraire chez les populations orientales, et est « *due au niveau élevé atteint par l'acetaldélyde dans le sang - une espèce de réaction alcool –disulfirame - qui a son tour est déterminée par la présence dans 80 % de la population raciale mongoloïde d'une iso-enzyme de l'alcool - déshydrogénase qui est particulièrement active, à laquelle s'ajoute*

un processus plus rapide d'absorption d'alcool chez ces sujets », entraînant divers symptômes : « *vasodilatation générale, tachycardie, hypertension artérielle (surtout diastolique), respiration profonde, céphalée, nausées et vomissements* ». Contrairement aux Français, et c'est pour cette raison que je ne peux parler de facteurs génétiques récurrents, il existe dans le foie un *« "enzyme atypique", une "alcool-désydrogénase atypique" - "atypique" pour le modèle européen – capable de produire, par oxydation de l'éthanol, une concentration initiale très élevée d'acétaldéhyde qui déborde la capacité enzymatique de l'organisme pour le transformer par un processus d'oxydation* », in ALONSO-FERNANDEZ Francisco, *La dépendance alcoolique*, Paris, PUF, 1987, p. 149.

96. *Cf* supra, première et deuxième parties.
97. L'âge des débuts de consommation à l'adolescence est cependant loin d'être systématique chez les personnes abstinentes interrogées, beaucoup reconnaissent avoir commencé à boire tardivement, à la naissance des enfants par exemple, et parfois beaucoup plus tardivement encore, notamment pour les femmes.
98. Il faut entendre la consommation régulière d'alcool chez l'adolescent comme une consommation intermittente, qui ne suit pas la loi du temps, et oblige dès lors le sujet à une augmentation régulière de la quantité et une réduction du temps qui sépare un verre (ou une cuite) d'un(e) autre. Une consommation régulière chez un adolescent est une succession de modes consommatoires, une ivresse pouvant succéder à quelques verres entres amis, puis une semaine d'abstinence, etc. L'évaluation de la consommation doit être observée sur un temps plus diffus, les six derniers mois précédant la question.
99. AUBRY Jenny, *Psychanalyse des enfants séparés. Etudes cliniques 1952-1986*, Paris, Denoël, 2003 ; BOWLBY John, *Attachement et perte. L'attachement* (1969), T.1, Paris, PUF, 2002 ; SPITZ René A. (1968), *De la naissance à la parole. La première année de la vie*, Paris, PUF, 2002.
100. LOBROT Michel, « Comment l'enfant accède à l'autonomie », in *Le Journal des Psychologues*, N° 78, Juin 1990, p. 43-45. Je n'ai découvert cet article qu'en juin 2005, aussi la partie « préambule » a-t-elle été rajoutée à cette même période, alors que le développement qui suit fut rédigé au début de mon travail de recherche.
101. LOBROT Michel, *Les forces profondes du moi*, Paris, Economica, 1983 ; *L'anti-Freud*, Paris, PUF, 1996.
102. A propos des comportements d'attachement ayant existé entre ces enfants, et dont l'étude revient à A. FREUD et S. DANN, il est cependant fait mention d'un « détail » qui confirme la position qui est mienne. Il se trouve que ces enfants étaient des « suceurs invétérés ». Les deux auteurs en avaient conclu que pour ces enfants, « *le monde objectal s'était avéré décevant… On eut confirmation que le fait qu'ils suçaient leur pouce à l'excès était en proportion directe avec l'instabilité de leurs relations objectales* [les figures d'attachement de J. Bowlby]… », in BOWLBY John, op. cit., p. 299.
103. C'est moi qui souligne.
104. LOBROT Michel, « Comment l'enfant accède à l'autonomie », op. cit., p. 44.
105. Op. cit., p. 45.
106. Ibid.
107. Op. cit., p. 44.
108. La définition de la normalité de J. Bergeret permet d'éclairer sur certains comportements en situation de stress intense. *Cf* supra, deuxième partie, chapitre 3.
109. BOWLBY John, op. cit., p. 28.
110. Développement actualisé extrait de mon mémoire *La relation amoureuse, vecteur agissant dans le processus de guérison de la personne alcoolique abstinente*, rédigé en vue de l'obtention du DES Relation d'aide et dépendances, sous la direction du Professeur Irampour, Université privée de Sciences humaines de Paris (rattachement Paris Nord), 1999/2000.

111. FROMM Erich, *L'art d'aimer* (1956), Paris, Desclée de Brouwer, 1995.
112. Op. cit., p. 57.
113. Chez S. Freud, « *le narcissisme primaire désigne d'une façon générale le premier narcissisme, celui de l'enfant qui se prend lui-même comme objet d'amour avant de choisir des objets extérieurs. Un tel état correspondrait à la croyance de l'enfant à la toute puissance de ses pensées* », in LAPLANCHE Jean, PONTALIS Jean-Bernard, op. cit., p. 264.
114. WINNICOTT Donald W., op. cit., p. 203.
115. FROMM Erich, op. cit., p. 58.
116. BADINTER Elisabeth, *YX. De l'identité masculine*, Paris, Odile Jacob, Le Livre de poche, 1992, p. 102-106 ; pour un plus long développement, du même auteur, *L'amour en plus. Histoire de l'amour maternel du XVII*[e] *au XVIII*[e] *siècle*, Paris, Flammarion, 1980.
117. GEISSMANN Claudine, « La capacité à être mère », in GEISSMANN Claudine, HOUZEL Didier (sous la dir. de), *L'enfant, ses parents et le psychanalyste*, Paris, Bayard Compact, 2003, p. 220.
118. BOWLBY John, op. cit., p. 67.
119. HOUZEL Didier, « L'enfant et sa famille », in *L'enfant, ses parents et le psychanalyste*, op. cit., p. 304-305.
120. BOWLBY John, op. cit., p. 439-462.
121. HOUZEL Didier, op. cit., p. 304-305.
122. Ibid.
123. Ibid.
124. WINNICOTT Donald W., op. cit., p. 47.
125. Op. cit., p. 28-29.
126. Op. cit., p. 42.
127. Op. cit., p. 43.
128. Op. cit., p. 44.
129. Ibid.
130. Op. cit., p. 45.
131. Op. cit., p. 132.
132. Op. cit., p. 138.
133. Tel qu'il est défini par Melanie Klein et les psychanalystes post-kleiniens, l'objet partiel s'entend de « *parties de corps, réelles ou fantasmées… et de leurs équivalents symboliques…* », ce qui signifie que « *l'objet (sein ou autre partie du corps) est doté fantasmatiquement de caractères semblables à ceux d'une personne (par exemple persécuteur, rassurant, bienveillant, etc.)* », in LAPLANCHE Jean, PONTALIS Jean-Bernard, op. cit., p. 294-295.
134. WINNICOTT Donald W., op. cit., p. 27.
135. Le sujet état limite est un « *aménagement instable, fragile (bien que durable parfois), d'une personnalité dont l'inachèvement de la crise d'adolescence n'a pas permis une solidification structurelle définitive, que ce soit dans le sens névrotique ou dans le sens psychotique* », BERGERET Jean, « Faiblesse et violence dans le drame du dépressif contemporain », in BERGERET Jean, REID Wilfrid (sous la direction de) (1986), *Narcissisme et états limites*, Paris, Dunod, 2003, p. 163.
136. Op. cit., p. 170.
137. Ibid.
138. GEISSMANN Claudine, op . cit., p. 221.
139. Op . cit., p. 222-223.
140. Op . cit., p. 222.
141. Ibid.

142. WINNICOTT Donald W., op. cit., p. 37.
143. DOLTO Françoise, *L'image inconsciente du corps*, Paris, Seuil, 1984, p. 251.
144. Je reviendrai sur cet aspect au chapitre III.
145. FROMM Erich, op. cit., p. 62.
146. LE CAMUS Jean, *Le vrai rôle du père*, Paris, Odile Jacob, 2000.
147. Les « nouveaux pères », nés à partir de 1970, sont à opposer aux pères dits « carents », considérés comme tels pour avoir absolument manqué à leur paternité, à leur rôle paternel, ou encore qui n'ont rien laissé à leurs enfants sur le plan spirituel ou matériel, in HURSTEL Françoise, « Des pères "carents" aux "nouveaux pères". Contribution à l'histoire d'une transmission généalogique collective », in CLERGET Joël et Marie-Pierre, *Places du père, violence et paternité*, Lyon, Presses Universitaires de Lyon, 1992, p. 29.
148. WINNICOTT Donald W. (1971), *L'enfant et sa famille*, Paris, Petite Bibliothèque Payot, 2002.
149. MENDEL Gérard, *Une histoire de l'autorité. Permanences et variations*, Paris, La découverte poche, 2003 (1ère éd. 2002 Syros).
150. DOLTO Françoise, *Les étapes majeures de l'enfance*, Paris, Gallimard, Folio essais, 1994, p. 63.
151. HOFFMANN Christian, « Imp*act* adolescent », in HOFFMANN Christian (sous la direction de), *L'agir adolescent* (2000), Ramonville-Sainte-Agne, Erès, 2004, p.11.
152. Op. cit., p. 12.
153. JULIEN P., *Tu quitteras ton père et ta mère*, Paris, Aubier, 2000, cité in op. cit., p. 18.
154. RASSIAL Jean-Jacques (1990), *L'adolescent et le psychanalyste*, Paris, Petite Bibliothèque Payot, 1996, p. 67.
155. DUMAS Didier, *Et l'enfant créa le père*, Paris, Hachette, 2000, p. 31.
156. Op. cit., p. 192.
157. Op. cit., p. 69.
158. Op. cit., p. 71.
159. MELMAN Charles, *L'homme sans gravité*, Paris, Denoël, 2002, p. 25-26.
160. Op. cit., p. 41.
161. RASSIAL Jean-Jacques, op. cit., p. 13.
162. DUMAS Didier, op. cit., p. 192.
163. *Cf* Chapitre III.
164. BRUSSET Bernard, « Le père dans les états limites », in GEISSMANN Claudine, HOUZEL Didier, *L'enfant, ses parents et le psychanalyste*, op. cit., p. 274.
165. Ibid.
166. Op. cit., p. 273. Dans cet article, en page 277, l'auteur fait également référence à A. GREEN et J.L. DONNET, lesquels dans *L'enfant de ça (psychanalyse d'un entretien : la psychose blanche)*, Paris, Minuit, 1973, définissent ce mode d'organisation antérieur à l'Œdipe dans la notion de tri-biangulation : « *On peut bien repérer trois termes dans l'organisation oedipienne : un sujet uni à ses géniteurs, eux-mêmes unis par la différence des sexes. Cependant, au lieu que cette différence des sexes structure la relation autour de la problématique de la castration qui s'articule avec celle de l'identification, comme il en va chez le nevrosé, cette triangulation subit une mutation profonde. Les deux termes tout en gardant leur différence vont se trouvés identifiés selon un critère qui ne sera pas celui de leur identité sexuée mais selon leur qualité bonne ou mauvaise […] comme toute dichotomie a pour conséquence que chaque terme renvoie nécessairement à l'autre comme son double inversé, la tripartition sujet-objet, bon et mauvais objet aboutit en fait à une relation duelle, car l'objet tiers n'est jamais que le double de l'objet* ».
167. HOUZEL Didier, « L'enfant et sa famille », op. cit., p. 302-303.
168. Ibid.

169. *Cf* supra deuxième partie, chapitre III.
170. Position développée par Erich FROMM, op. cit., p. 57-64.
171. STERN D.(1985), *Le monde interpersonnel du nourrisson*, trad. A. LAZARTIGUES et D. PERARD, Paris, PUF, 1989, in HOUZEL Didier, op. cit., p. 303.
172. BALINT Michael (1968), *Le défaut fondamental*, Paris, Petite Bibliothèque Payot, 2003, p. 41.
173. Op. cit., p. 43.
174. Op. cit., p. 42.
175. Op. cit., p. 114.
176. Ibid.
177. Op. cit., p. 114-115.
178. Op. cit., p. 15.
179. MAISONDIEU Jean, *Les alcooléens*, Paris, Bayard, 1998, p. 123.
180. Op. cit. p. 148.
181. HOFFMANN Christian, « Impact adolescent », op. cit., p. 16.
182. DUMAS Didier, op. cit., p. 125-126.
183. LESOURD Serge, « La frustration de l'acte et l'adolescent », in HOFFMANN Christian (ss la direction de), op. cit., p.30.
184. GOMEZ Henri, *Soigner l'alcoolique*, Paris, Dunod, 1997, p. 130.
185. FROMM Erich, op. cit., p. 63.
186. AULAGNIER Piera, « Se construire un passé », in GEISSMANN Claudine, HOUZEL Didier, op. cit., p. 539.
187. Op. cit., p. 541.
188. Op. cit., p. 544.
189. Op. cit., p. 545.
190. Op. cit., p. 551.
191. DUMAS Didier, op. cit., p. 129.
192. Op. cit., p. 25.
193. GEISSMANN Claudine, « La capacité à être mère », op. cit., p. 219.
194. FROMM. Erich, op. cit., p. 62.
195. COSLIN Pierre G., *Psychologie de l'adolescent*, Paris, Armand Colin, 2002, p. 104.
196. Pour un exemple de société traditionnelle, lire PERON Xavier, *L'occidentalisation des Maasaï du Kenya*, Paris, L'Harmattan, 1995.
197. FREUD Sigmund (1905), *Trois essais sur la théorie de la sexualité*, Paris, Folio essais, 1987 (1ère éd. 1962), p. 111. Pour cette raison, il me semble donc important de concevoir l'adolescent, au-delà de cette découverte de l'objet sexuel, qui amorce la puberté, en termes de réalisation pour lui d'un possible. Dans cette acception, l'adolescent serait celui qui peut physiquement et psychiquement expérimenter une sexualité qui soit exclusive d'une fonction nécessairement reproductive.
198. ANGEL Sylvie, ANGEL Pierre, *Les toxicomanes et leurs familles*, Paris, Armand Colin, 2002, p. 72.
199. DELAROCHE Patrick, « Suicide d'un innocent », in HOFFMANN Christian, *L'agir adolescent*, op. cit., p. 49.
200. DELAROCHE Patrick, *Adolescents à problèmes*, Paris, Albin Michel, 1992, p. 117.
201. GOSLIN Pierre G., op. cit., p.108.
202. ERIKSON Erik H. (1968), *Adolescence et crise. La quête de l'identité*, Paris, Flammarion, 1972, p. 170.
203. COSLIN Pierre G., op. cit., p. 109.

204. MARCELLI Daniel et BRACONNIER Alain, *Adolescence et psychopathologie*, Paris, Masson, 2000, p. 40.

205. A propos d'un cas clinique, D.W. Winnicott rapporte à quel point devenue adulte, une de ses patientes ne pouvait se représenter, c'est-à-dire son individualité – réalité intérieure – dans l'appréhension de la réalité extérieure, que par « *la lacune, c'est-à-dire la mort, l'absence ou l'amnésie* », affirmant plus loin « *tout ce que j'ai, c'est ce que je n'ai pas*», signifiant par là son incapacité à se construire une identité autrement que sur le manque de ce qu'elle n'avait pas reçu, in WINNICOTT Donald W., op. cit., p. 60- 63.

206. Le terme est employé ici dans le sens de séparation psychique nécessaire au développement du tout petit enfant.

207. Une partie de ce propos figure dans une communication s'intitulant « L'adolescent, entre norme et normalité. L'exemple des alcoolisations », rédigée à l'occasion du Colloque Spirado organisé par la revue Spirale, l'Université Lille 3 et l'IUFM Nord-Pas de Calais les 5, 6 et 7 avril 2006 à Roubaix. Publication prévue pour la rentrée 2006.

208. MARCELLI Daniel, « L'adolescence, parcours à risques », in Jean-Luc VENISSE, Daniel BAILLY, Michel REYNAUD, *Conduites addictives, conduites à risques : quel lien, quelle prévention ?*, Paris, Masson, 2002, p. 51.

209. CYRULNIK Boris, « De l'attachement à la prise de risque », in Jean-Luc VENISSE, Daniel BAILLY, Michel REYNAUD, op. cit., p. 75, en référence à DURKHEIM Emile (1937), *Les règles de la méthode sociologique*, Paris, PUF, 1982, p. 56-58.

210. BERGERET Jean, *La personnalité normale et pathologique*, Paris, Dunod, 1996 (1ère éd. 1974), p. 11-12.

211. MARCELLI Daniel, op. cit., p. 57.

212. CYRULNIK Boris, op. cit., p. 77.

213. Ibid.

214. Op. cit., p. 79.

215. BAILLY Daniel, « Particularités cliniques de l'alcoolisme de l'enfant et de l'adolescent », in Jean ADES, Michel LEJOYEUX, *Alcoolisme et psychiatrie. Données actuelles et perspectives*, Paris, Masson, 1997, p. 196.

216. HOFFMANN Christian, « Imp*act* adolescent », op. cit., p. 14.

217. « *L'ordalie désigne "toute épreuve juridique usitée, dans le Moyen-Âge, sous le nom de Jugement de Dieu"* » in VALLEUR Marc, MATYSIAK Jean-Claude, *Les addictions. Dépendances, toxicomanies : repenser la souffrance psychique*, Paris, Armand Colin, 2002, p. 199.

218. Ibid.

219. CARRER Philippe, *L'envers du décor. Ethnopsychiatrie en Bretagne et autres terres celtes*, Spézet, Coop Breizh, 1999, p. 120.

220. Ce qui ressort de l'étude entreprise sur l'année 2000 dans un groupe d'anciens buveurs, c'est que les amitiés des personnes alcooliques, lorsqu'elles étaient adolescentes, et même auparavant durant l'enfance, sont rarement source d'épanouissement. L'enfant, puis l'adolescent, attend de ses camarades qu'ils soient pour lui une sorte de mère de remplacement, tant dans l'affection quasi exclusive qui est espérée de la part de l'enfant dépendant, mais également quant à la tolérance de ses qualités et surtout défauts : le camarade devrait TOUT supporter de l'autre, comme une mère aime son enfant, d'un amour inconditionnel. A cela il faut ajouter que ces personnalités dépendantes se choisissent toujours pour amis des personnes co-dépendantes, qui de leur côté requièrent dans ce type de relation, l'assurance de se voir attacher un camarade ne pouvant se passer de ce type d'attachement. On peut imaginer que ce genre de relations devient vite conflictuel, chacun ayant toujours besoin de plus, plus, plus. Si bien que très vite, c'est vers

un produit que l'adolescent va se tourner, produit qui présentera beaucoup plus de disponibilité, et offrira surtout la certitude qu'il sera là, à volonté, pour combler le manque, « jusqu'à plus soif ».

221. C'est ce qui peut également expliquer l'apparition de dépendances tardives rencontrées par certains sujets, qui commencent à consommer un produit toxique, lorsqu'ils quittent le domicile parental pour s'installer seuls ou en couple. Soudainement privés du lien (invisible) qui les raccrochait à leurs parents, et les plaçait encore de ce fait en tant qu'enfants, ils se voient lancés dans la vie et découvrent alors tardivement mais nécessairement qu'ils vont devoir « tenir debout » tout seuls sans les bras de papa ou maman, puisque leur décision (certes tardive) de les quitter les contraint enfin à s'émanciper. On retrouve alors la contradiction que l'on rencontre dans les revendications des adolescents : liberté et peur d'émancipation.

222. Il est étonnant de constater à quel point le langage imagé de l'autonomie ou de l'alcoolisme rejoint celui du temps de la petite enfance, de ses bonheurs et de ses apprentissages.

223. JEAMMET Philippe, CORCOS Maurice, op. cit., p.6.

224. Op. cit. p. 7.

225. Op. cit., p. 8.

226. DOLTO Françoise, *La cause des adolescents*, Paris, Robert Laffont, Pocket, 1988.

227. VALLEE Denis, cité in ANGEL Sylvie, ANGEL Pierre, op. cit., p. 41.

228. Op. cit., p. 33.

229. Position de l'ANPAA 49. Les formateurs affirment ne pas souhaiter rencontrer l'adolescent repéré pour avoir des problèmes d'alcool, pas plus qu'ils n'en réfèrent auprès des autorités administratives de l'école, qui pourraient alors se montrer vigilantes.

230. MAISONDIEU Jean, op. cit., p. 176.

231. Cité in ANGEL Sylvie, ANGEL Pierre, *op. cit.*, p. 39 et MAISONDIEU Jean, op. cit., p. 175.

232. ANGEL Sylvie, ANGEL Pierre, op. cit., p. 92.

233. Op. cit., p. 100.

234. Op. cit., p. 101.

235. OLIEVENSTEIN Claude, PARADA Carlos, op. cit., p. 42.

236. Op. cit., p. 51. Je reviendrai ultérieurement sur la théorie du « miroir brisé » de C. Olievenstein.

237. Cf bibliographie.

238. « La prévention – un enjeu politique ? » in VENISSE Jean-Luc, BAILLY Daniel, REYNAUD Michel, *Conduites addictives, conduites à risques : quels liens, quelle prévention ?*, op. cit., p. 254-258.

239. BAILLY Daniel, « Particularités cliniques de l'alcoolisme de l'enfant et de l'adolescent », op. cit., p. 179.

240. BAILLY Daniel, op. cit., p. 262.

241. Toutes les études montrent en effet que les adolescents qui consomment de l'alcool ont non seulement une connaissance certaine des risques liés à cette consommation, mais qu'ils ont, plus souvent que les non consommateurs, bénéficié d'une information suffisante sur ce produit, in BAILLY Daniel, op. cit. p. 264.

242. C'est moi qui souligne.

243. Le Petit Larousse illustré, 1999, p.825.

244. OLLAT Hélène, « Les facteurs neurobiologiques de l'alcoolo-dépendance », in ADES Jean, LEJOYEUX Michel, op. cit., p. 7.

245. Les ouvrages sont nombreux, mais le lecteur pourra se référer aux auteurs cités dans ce travail, lesquels sont référencés en bibliographie. Pour ma part, ceux qui ont retenu toute mon attention sont Francisco ALONSO-FERNÁNDEZ, op. cit. ; Lydia FERNANDEZ et Michelle CATTEEUW, *Clinique des addictions. Théories, évaluation, prévention et soins*, Liège, Nathan Université, 2002 ; Maurice CORCOS, Martine FLAMENT et Philippe JEAMMET, *Les conduites de dépendance. Dimensions psychopathologiques communes*, Paris, Masson, 2003, ainsi que l'incontournable Alberto DE MIJOLLA et Sophie A. SHENTOUB, op. cit.
246. MAISONDIEU Jean, op. cit., p. 99.
247. CORCOS Maurice, FLAMENT Martine, JEAMMET Philippe, op. cit., p. 57.
248. MAC DOUGALL Joyce, *Plaidoyer pour une certaine anormalité*, Paris, Gallimard, 1978, p. 162.
249. La consommation d'alcool ritualisée hors du groupe d'amis a pu être observée chez plusieurs élèves interrogés lors de mes interventions sur Quimper, et ce dès l'âge de 14 ans. Leur histoire familiale, ainsi que leur discours sur l'expérience d'alcool (sentiment de valorisation dans un premier temps à s'affirmer comme quelqu'un qui *tient* l'alcool, minimisation de la quantité ou banalisation immédiates à la question d'une possible détresse à consommer ainsi) sont déjà à eux seuls des indicateurs d'une possible et rapide dérive de leur mode d'alcoolisation vers une pratique plus problématique.
250. *Moi, Christiane F., 13 ans, droguée, prostituée*, Paris, Gallimard, Folio, N° 1443, 1983.
251. OLIEVENSTEIN Claude, PARADA Carlos, op. cit., p. 38.
252. Comme je l'ai mentionné dans mon chapitre préliminaire, je n'ai pas échappé à cette représentation sociale de la personne alcoolique en imaginant que les quelques rares personnes présentes à la première réunion d'Alcooliques Anonymes à laquelle j'assistai et qui étaient âgées de moins de 30 ans devaient *sans aucun doute* être des animateurs et non des personnes alcooliques.
253. RASSIAL Jean-Jacques, op. cit., p. 197.
254. DESCOMBEY Jean-Pierre, *L'économie addictive. L'alcoolisme et autres dépendances*, op. cit., p. 12-25.
255. Ce propos m'a été rapporté par un médecin alcoologue d'Angers.
256. DE MIJOLLA Alberto, SHENTOUB Sophie A., op. cit., p. 112.
257. MAISONDIEU Jean, op. cit., p. 29.
258. MORENON Jean, RAINAUT Jean, *L'alcool. Alibis et solitudes*, Paris, Seli Arslan, 1997, p. 96.
259. DESCOMBEY Jean-Paul, *Précis d'alcoologie clinique*, Paris, Dunod, 1994, p. 56-57.
260. Op. cit., p. 250-251.
261. BAILLY Daniel, « La prévention : un sujet sérieux, un choix politique », in VENISSE Jean-Luc, BAILLY Daniel, REYNAUD Michel, op. cit., p. 262.
262. MOREL Alain, *Prévenir les toxicomanies*, Paris, Dunod, 2004, p. 125-126.
263. GOMEZ Henri, *L'alcoolique, les proches, le soignant. Pour une autre pratique de l'alcoologie*, Paris, Dunod, 2003, p. 13.
264. LE BRETON David, « La vie en jeu, pour exister », in *L'adolescence à risque*, (dirigé par l'auteur), Paris, Autrement, Mutations, n°211, janvier 2002, p. 30.
265. MELMAN Charles, op. cit.,p. 18-19.
266. BAUDRY Patrick, « Le corps insupportable », in *L'adolescence à risque*, op. cit. p. 120.
267. ADES Jean, « Les conduites alcooliques et toxicomaniaques : du risque à la prévention », in VENISSE Jean-Luc, BAILLY Daniel, REYNAUD Michel, in op. cit., p. 102.

268. MUSZLAK Mathias, PICHEROT Georges, « Intoxication alcoolique aiguë de l'adolescent aux urgences. Une enquête prospective multicentrique française », *Alcoologie et addictologie*, Tome 27, n°1, Mars 2005, p.11.
269. Ibid.
270. *Cf également* chapitre IV.
271. CRAPLET Michel, *Il n'est jamais trop tard pour parler d'alcool*, Dijon-Quetigny, La Martinière, 2003, p. 77.
272. Op. cit., p. 78.
273. Ibid.
274. Op. cit., p. 73.
275. Op. cit., p. 54.
276. VALLEUR Marc, MATYSIAK Jean-Claude, op. cit., p. 16.
277. Op. cit., p. 198.
278. *Cf* chapitre III.
279. A ce sujet, lire le limpide exposé de Christophe NIEWADOMSKI, op. cit., p. 31-32.
280. DESCOMBEY Jean-Pierre, *L'économie addictive. L'alcoolisme et autres dépendances*, op. cit., p. 9.
281. FERNANDEZ Lydia, CATTEEUW Michelle, op. cit., p. 25-26.
282. *Grand Dictionnaire de la Psychologie*, Paris, Larousse, 2002.
283. RICHARD Denis, SENON Jean-Louis, VALLEUR Marc, *Dictionnaire des Drogues et des dépendances*, Larousse Sejer, Paris, 2004, p. 10-11.
284. FERNANDEZ Lydia, CATTEEUW Michelle, op. cit. , p.25.
285. Ibid.
286. Ibid.
287. Certains auteurs envisagent d'ailleurs ces deux notions de manière indifférenciée, synonyme de « *comportement d'aliénation psychologique et/ ou physique vis-à-vis d'une substance* », in ADES Jean, « Les conduites alcooliques et toxicomaniaques : du risque à la prévention », op. cit., p. 100.
288. RICHARD Denis, SENON Jean-Louis, VALLEUR Marc op. cit., p. 10.
289. Pour illustration, comme nous allons le voir, J.-P. Descombey, fervent défenseur de « l'addiction », n'en affirme pas moins que l'adolescent ne peut être alcoolique dans un de ses derniers ouvrages.
290. ANGEL Sylvie, ANGEL Pierre, op. cit., p. 24.
291. NIEWIADOMSKI Christophe, op. cit., p. 28-29.
292. Cité in DESCOMBEY Jean-Pierre, *L'économie addictive. L'alcoolisme et autres dépendances*, op. cit., p. 3.
293. Op. cit., p. 4.
294. Ibid.
295. Op. cit., p. 5-6.
296. ALONSO-FERNANDEZ Francisco, op. cit. p. 117.
297. Op. cit., p.13.
298. Op. cit., p.41-44.
299. Op. cit., p. 14.
300. Ibid.
301. Ibid.
302. ARCHAMBAULT Jean-Claude, op. cit., p. 39.
303. ROUSSAUX Jean-Paul, FAORO-KREIT Blandine, HERS Denis, *L'alcoolique en famille*, Bruxelles, De Boeck Université, 2000.
304. Op. cit., p. 84.

305. Op. cit., p. 86
306. Op. cit., p. 77.
307. Op. cit., p. 90.
308. MAISONDIEU Jean, op. cit., p. 172.
309. Op. cit., p. 173.
310. WINNICOTT Donald W., op. cit., p. 132.
311. Op. cit., p. 43.
312. DESCOMBEY Jean-Paul, *L'économie addictive. L'alcoolisme et autres dépendances*, op. cit., p. 7.
313. BERGERET Jean, *La personnalité normale et pathologique*, op. cit., p. 46.
314. Op. cit., p. 53.
315. Ibid.
316. L'auteur place dans le développement du psychisme l'élaboration du Soi avant celui du Moi. L'objectif de ce travail ne visant pas à discuter ce point, je le mentionne pour information.
317. L'auteur fait ici référence à la théorie freudienne et à la métaphore du bloc minéral cristallisé : « *Freud pense qu'il en serait de même pour la structure mentale, que l'organisation d'un individu se trouverait constituée de façon durable, spécifique et invisible dans la situation normale. Il suffirait d'un accident ou d'un examen minutieux pour qu'on en retrouve les lignes de clivage (et aussi de soudure) fondamentales entre les éléments primaires* », in BERGERET Jean, op. cit., p. 49.
318. Op. cit., p. 54.
319. C. Olievenstein va critiquer cette idée de structure cristallisée, au moins pour le toxicomane. Pour l'auteur, la structure de personnalité de celui-ci n'existe pas en ce sens qu'elle est par définition instable c'est une « fausse structure », c'est-à-dire une « *pseudo-structure* » ou encore un « *équilibre instable* ». Le fait pour le monde médical (au sens large) d'analyser le toxicomane en termes de structure de personnalité est pour l'auteur « *un moyen défensif, un instrument servant à éviter que les soignants basculent dans la folie* ». Dans le même sens, C. Olievenstein affirmera que le toxicomane est à la fois malade et non malade. Par extension, et pour restituer au mieux sa pensée, le cloisonnement théorique qu'opère le concept d'addiction est l'illustration « *d'un monde qui fait semblant d'accepter la différence pour mieux l'assassiner* », in OLIEVENSTEIN Claude, PARADA Carlos, op. cit., p. 52-59.
320. BERGERET Jean, op. cit., p. 139-140.
321. J. Bergeret utilise comme critères de classification pour différencier les structures de base et astructurations 1) la nature de l'angoisse latente, 2) le mode de relation d'objet, 3) les mécanismes de défense principaux et 4) le mode d'expression habituelle du symptôme, op. cit., p. 68.
322. Op. cit., p. 184.
323. Ibid.
324. DESCOMBEY Jean-Paul, op. cit.
325. MONJAUZE Michèle, *La part alcoolique du Soi*, Paris, Dunod, 1999.
326. ALONSO-FERNANDEZ Francisco, op. cit., p. 74 et s.
327. MARCELLI Daniel, BRACONNIER Alain, op. cit., p. 361.
328. Op. cit., p. 343.
329. CORCOS Maurice, FLAMENT Martine, JEAMMET Philippe, op. cit., p. 57.
330. BECKER Howard S., op. cit., p. 48-63. Dans son ouvrage, l'auteur n'hésite pas à parler en termes de « carrière » déviante pour les fumeurs de marijuana.
331. C'est d'ailleurs sur ce même raisonnement que j'appuie mon hypothèse selon laquelle l'alcoolisme étant un processus, il semble logique d'affirmer qu'il commence à un moment où il est encore impossible d'affirmer qu'il y a déjà alcoolisme si l'on ne possède pas toutes

les données de l'histoire personnelle du sujet en question (c'est-à-dire à un moment où, objectivement, l'alcool semble ne pas être encore un problème pour l'individu, soit que les quantités sont peu importantes, soit que la régularité de la consommation n'est pas encore significative).

332. ALONSO-FERNANDEZ Francisco, op. cit., p. 75.
333. BRISSET Charles, « Existe t-il une structure psychologique particulière chez les alcooliques graves ? », in *Revue de l'alcoolisme*, 24, n°3, 1978, p. 159-164 cité in NIEWIADOMSKI Christophe, op. cit., p. 47.
334. ALONSO-FERNANDEZ Francisco, op. cit., p.75.
335. Op. cit, p.111-112.
336. Dans son ouvrage *Trieb Pathologie* (la pathologie des pulsions), L. SZONDI y décrit l'alcoolisme, et les dépendances en général, comme des maladies du contact. Pour l'auteur, la dépendance (l'assuétude), n'est rien d'autre qu'une volonté de retour à la relation fusionnelle mère/enfant. La recherche du contact avec l'alcool correspond à un désir, et même un besoin, de raviver les qualités de cette relation : fusion, permanence, disponibilité, quantité, etc., symbolisant l'omnipotence (D.W. Winnicott) des premiers mois. Ce qui distinguerait le normal du pathologique (le non alcoolique du sujet alcoolique) est le caractère incessant et irrépressible de la quête de cette relation perdue, in ROUSSAUX Jean-Paul, FAORO-KREIT Blandine, HERS Denis (Eds), op. cit., p. 39-40.
337. *Cf* deuxième partie, chapitre III.
338. W. et J. MAC CORD sont allés puiser dans d'anciens documents de source sociale, médicale, psychologique et psychiatrique des informations traitant de la personnalité d'enfants devenus alcooliques, in ALONSO-FERNANDEZ Francisco, op. cit., p.76.
339. Je pense que parce que l'adolescence n'est en fait qu'une répétition de cette période de séparation, mais dont l'écho s'est amplifié, obligeant le jeune sujet à trouver un exutoire pour en supporter la douleur : l'alcool, la pression sociale d'autonomisation se faisant plus forte, il me semble important de ne pas banaliser à cet âge la consommation d'alcool, même irrégulière, parce que ce passage à l'acte me semble beaucoup moins transitoire qu'il n'y paraît, et me fait pour chaque sujet qui s'y adonne m'interroger sur les conditions dans lesquelles s'est déroulée la première étape du processus de séparation/individuation (aire des objets et phénomènes transitionnels) : si l'enfant à l'adolescence a besoin de recourir à des artifices pour supporter sa réalité, il me semble nécessaire de rester vigilant, même si le risque encouru n'est pas nécessairement l'alcoolisme, et ce d'autant plus que les premières expériences se situent à un âge précoce.
340. Lors d'une réunion AA, j'ai rencontré un jeune homme d'une trentaine d'années récemment abstinent, et qui m'a expliqué qu'il avait pu rationaliser cette façon de fonctionner en s'inspirant de la philosophie bouddhiste : apprendre à renoncer, ce qu'il faisait très bien, plutôt que de se donner les moyens d'obtenir ce qu'il convoitait, c'est-à-dire laisser émerger son désir.
341. VASSE Denis, « Le rêve, l'oubli et le désir dans la psychanalyse », in *Le Journal des psychologues*, N° 54, Février 1988, p. 24.
342. Ibid.
343. Op. cit., p. 25.
344. Il est très surprenant de voir à quel point la motivation à boire de tous les jeunes qui vivent toute la semaine en internat et auprès desquels je suis intervenue sur le thème de la prévention de l'alcoolisme ont tous, à quelque exception près, citer l'ennui comme mobile premier de leurs consommations excessives la semaine. *Cf* troisième partie.
345. ALONSO-FERNANDEZ Francisco, op. cit., p. 80.

346. ANZIEU Didier, in BERGERET Jean, *La personnalité normale et pathologique*, op. cit., p. 28.
347. BERGERET Jean, op. cit., p. 32.
348. Ibid.
349. ALONSO-FERNANDEZ Francisco, op. cit., p. 82.
350. *Cf* chapitre préliminaire.
351. Car le sujet alcoolique (véritablement installé dans le processus) est un individu qui dans le domaine du travail, est reconnu comme pouvant déployer une énergie importante (tant qu'il n'en est pas arrivé au stade des signes apparents de sevrage).
352. ABRAHAM Karl, *Œuvres complètes, Tome 1 (1907-1914)*, Paris, Payot, 1965, p. 51.
353. Op. cit. p. 50.
354. FERENCZI Sandor, cité in DE MIJOLLA Alberto, SHENTOUB Sophie A., op. cit., p. 56-60.
355. ABRAHAM Karl, op. cit., p. 53. K. Abraham voit dans l'alcoolisme une pathologie plus spécifiquement masculine, et lorsqu'elle s'observe chez les femmes, c'est selon l'auteur parce qu'elles présenteraient alors une forte composante homosexuelle.
356. Op. cit. , p. 54.
357. DESCOMBEY Jean-Paul, *Précis d'alcoologie clinique*, op. cit., p. 31.
358. Le stade oral est le « *premier stade de l'évolution libidinale : le plaisir sexuel est alors lié de façon prédominante à l'excitation de la cavité buccale et des lèvres qui accompagne l'alimentation. L'activité de nutrition fournit les significations électives par lesquelles s'exprime et s'organise la relation d'objet : par exemple, la relation d'amour à la mère sera marquée par les significations : manger, être mangé* ».. Si dans *Trois essais sur la théorie sexuelle*, S. Freud ne parle pas encore de stade ou d'organisation orale à proprement parler, « *toutefois l'activité de suçotement prend dès cette époque une valeur exemplaire permettant à Freud de montrer comment la pulsion sexuelle qui se satisfait d'abord en étayage sur une fonction vitale, acquiert une autonomie et se satisfait de façon auto-érotique. D'autre part, l'expérience de satisfaction qui fournit le prototype de la fixation du désir à un certain objet est une expérience orale ; on peut donc faire l'hypothèse que le désir et la satisfaction sont à jamais marqués par cette première expérience* » in LAPLANCHE Jean, PONTALIS Jean-Bernard, op. cit., p. 457-458.
359. Op. cit., p. 63.
360. GOMEZ Henri, *La personne alcoolique*, Paris, Dunod, 1999, p. 129-130.
361. BERGERET Jean, *La personnalité normale et pathologique*, op. cit., p. 166.
362. HOFFMANN Christian, « L'imp*act* adolescent », op. cit., p. 14.
363. BERGERET Jean, op. cit., p. 161.
364. Ibid.
365. Idid.
366. Op. cit., p. 161-162.
367. Op. cit., p. 162.
368. Op. cit., p. 163.
369. Cité in op. cit., p. 165.
370. Op. cit., p. 162.
371. VALLEUR Marc, « L'ordalie : au risque du hasard », in VENISSE Jean-Luc, BAILLY Daniel, REYNAUD Michel, *Conduites addictives, conduites à risques : quel lien, quelle prévention ?*, op. cit., p. 71.
372. Ibid.
373. DESCOMBEY Jean-Paul, *Alcoolique, mon frère, toi*, op. cit.
374. MAISONDIEU Jean, op. cit., p. 18-19.

375. Op. cit., p. 42-43.
376. Une partie de ce paragraphe figure également dans l'article que j'ai rédigé « L'adolescent, entre norme et normalité. L'exemple des alcoolisations » pour le Colloque Spirado, revue Spirale, op. cit.
377. JEAMMET Philippe, CORCOS Maurice, op. cit., p. 1.
378. BERGERET Jean, *La personnalité normale et pathologique*, op. cit., p. IX.
379. Op. cit., p. 52.
380. Op. cit., p. 62-63.
381. C'est moi qui souligne.
382. JEAMMET Philippe, CORCOS Maurice, op. cit., p. 37.
383. Op. cit., p. 38.
384. C'est moi qui souligne.
385. JEAMMET Philippe, CORCOS Maurice, op. cit., p. 40.
386. Op. cit., p. 43.
387. BERGERET Jean, *Toxicomanie et personnalité*, Paris, PUF, Que sais-je ?, N° 1941, 5ème éd. corrigée, 1996, p. 43.
388. Ibid.
389. Op. cit., p. 44.
390. JEAMMET Philippe, CORCOS Maurice, op. cit., p. 43.
391. Op. cit., p. 45.
392. Op. cit., p. 46.
393. BAILLY Daniel, « Particularités cliniques de l'alcoolisme de l'enfant et de l'adolescent », op. cit., p. 179-201.
394. BERGERET Jean, *Toxicomanie et personnalité*, op. cit., p. 16.
395. JEAMMET Philippe, CORCOS Maurice, op. cit., p. 72.
396. Op. cit., p. 72-73.
397. Op. cit. p. 71.
398. *Cf* chapitre I.
399. JEAMMET P., CORCOS M., op. cit., p. 74.
400. Cité in ALONSO-FERNANDEZ Francisco, op. cit. , p.78.
401. ROUSSAUX Jean-Paul et al., op. cit., p. 80.
402. OLIEVENSTEIN Claude, PARADA Carlos, op. cit., p. 40-41.
403. Op. cit., p. 50-51.
404. LACAN Jacques, cité in HOFFMANN Christian, *L'agir adolescent*, op. cit., p.7.
405. HOFFMANN Christian, « Imp*act* adolescent », op. cit., p. 17.
406. Ibid.
407. Op. cit., p. 19.
408. LESOURD Serge, op. cit., p. 23-24.
409. Op. cit., p. 24.
410. Ibid.
411. Op. cit., p. 25.
412. Op. cit., p. 26.
413. Op. cit., p. 28.
414. GOMEZ Henri, *L'alcoolique, les proches, le soignant*, op. cit., p. 35.
415. JEAMMET Philippe, CORCOS Maurice, op. cit., p. 56.
416. Ibid.
417. ALONSO-FERNANDEZ Francisco, op. cit., p. 78.
418. GOMEZ Henri, op. cit., p. 2.

419. Op. cit., p. 5.
420. C'est moi qui souligne.
421. Op. cit., p. 10.
422. Ibid.
423. Op. cit., p. 12.
424. Op. cit., p. 13.
425. MAISONDIEU Jean, op. cit. p. 19.
426. Op. cit., p. 250.
427. Op. cit., p. 24.
428. Op. cit., p. 25.
429. En 1848, « *Magnus Huss, médecin suédois, propose… de substituer au mot « ivrognerie » celui d' « alcoolisme », en le définissant comme « l'ensemble des troubles engendrés par l'abus d'éthanol »*, cité in NIEWIADOMSKI Christophe, op. cit. p. 24.
430. Ibid.
431. Le sens employé ici de la « déviance » est celui qui a été développé par H. S. Becker, sens sur lequel je reviendrai dans le chapitre suivant, mais dont une première définition peut être rapportée pour plus de clarté : « *ce que je veux dire, c'est que les groupes sociaux créent la déviance en instituant des normes dont la transgression constitue la déviance, en appliquant ces normes à certains individus et en les étiquetant comme des déviants* », in BECKER Howard S., op. cit., p. 32-33.
432. GAIGNARD Jean-Yves, KIRITZE-TOPOR Paul, *L'alcoologie en pratique quotidienne*, Paris, Laboratoires Meram, 1991, p. 125.
433. MAC DOUGALL Joyce, *Théâtre du corps*, Paris, Gallimard, 1989, p. 124.
434. VALLEUR Marc, « L'ordalie, au risque du hasard », cité in VENISSE Jean-Luc, BAILLY Daniel, REYNAUD Michel, op. cit., p. 66.
435. FREUD Anna (1965), *Le normal et le pathologique chez l'enfant*, Paris, Gallimard, 1968, p. VII.
436. p. cit., p. 44.
437. p. cit., p. 45.
438. CYRULNIK Boris, *Les vilains petits canards*, Paris, Odile Jacob, 2001.
439. FREUD Anna, op. cit., p. 162.
440. FOUCAULT Michel, *Histoire de la folie à l'âge classique*, Paris, Gallimard, 1972, p. 48.
441. 441.Op. cit., p. 269.
442. 442.Op. cit., p. 557.
443. La sublimation est un « *processus postulé par Freud pour rendre compte d'activités humaines apparemment sans rapport avec la sexualité, mais qui trouveraient leur ressort dans la force de la pulsion sexuelle. Freud a décrit comme activités de sublimation principalement l'activité artistique et l'investigation intellectuelle. La pulsion est dite sublimée dans la mesure où elle est dérivée vers un nouveau but non sexuel et où elle vise des objets socialement valorisés* », in LAPLANCHE Jean, PONTALIS Jean-Bernard, op. cit. p. 465.
444. DEVEREUX Georges, (1970), *Essais d'ethnopsychiatrie générale*, Paris, Gallimard, 1977 (3ème éd.), p. 28.
445. Les processus primaire et secondaire sont les deux modes de fonctionnement de l'appareil psychique tels qu'ils ont été dégagés par S. Freud. Ils se distinguent « *a) du point de vue topique : le processus primaire caractérise le système inconscient, le processus secondaire caractérise le système préconscient-conscient ; b) du point de vue économico-dynamique : dans le cas du processus primaire, l'énergie psychique s'écoule librement, passant sans entraves d'une représentation à une autre selon les mécanismes de déplacement et de condensation ; elle tend à réinvestir pleinement les représentations*

attachées aux expériences de satisfaction constitutive du désir (hallucination primitive). Dans le cas du processus secondaire, l'énergie est d'abord "liée" avant de s'écouler de façon plus stable, la satisfaction est ajournée, permettant ainsi des expériences mentales qui mettent à l'épreuve les différentes voies de satisfaction possibles. L'opposition entre processus primaire et processus secondaire est corrélative de celle entre principe de plaisir et principe de réalité », in op. cit., p. 341.

446. BERGERET Jean, *La personnalité normale et pathologique*, op. cit., p. 11-12.
447. Op. cit., p.16-17.
448. ANZIEU Didier, *L'auto-analyse de Freud*, Paris, PUF, Nouvelle édition, 1975, cité in BERGERET Jean, op. cit. p. 16.
449. DIATKINE René, « Du normal et du pathologique dans l'évolution pathologie mentale de l'enfant », *Psychiatrie de l'enfant*, 10, n°1, 1967, p.2-42, cité in op. cit., p. 16.
450. Le besoin « *correspond à un état de tension qui va conduire à la recherche d'une satisfaction dans l'action ; il existe en même temps une relation à un objet spécifique considéré comme indispensable à la satisfaction du besoin. La "demande" consiste en une aide réclamée à un autre de manière à essayer de recréer le climat affectif heureux éprouvé lors de satisfactions antérieures ; c'est le but visé qui compte ici beaucoup plus que l'objet. La notion de "désir", à laquelle il est si souvent fait référence, demeure du domaine de l'imaginaire et se présente sous forme de mises en scènes fantasmatiques passant obligatoirement par les exigences d'une élaboration mentale. S'il tire ses origines du besoin et conditionne la demande, le désir ne saurait cependant, comme on le propose souvent, se trouver réduit au besoin ou à la demande, étant donné la qualité et l'importance des phénomènes mentaux qu'il nécessite. L'approche psychologique de celui qui est enfermé dans un comportement de dépendance nous permet d'observer que chez de tels sujets le désir se voit ramené bien souvent au simple besoin pour deux raisons essentielles : il a existé en effet d'une part des relations primitives assez particulières reliant autrefois le sujet à la mère et entrant dans le cadre de ce que D. Braunschweig et M. Fain ont décrit sous le terme de "néo-besoins" ; d'autre part, chez le toxicomane comme chez beaucoup de sujets de statut dépressif, les capacités d'élaboration fantasmatique apparaissent comme singulièrement bloquées. La conséquence immédiate de ce double état de choses conduit à la nécessité de l'action afin de réduire les exigences du besoin et sans pouvoir réaliser des opérations imaginaires permettant de parvenir à l'élaboration fantasmatique de véritables désirs* », in BERGERET Jean, *Toxicomanie et personnalité*, op. cit., p. 29-30.
451. DEVEREUX Georges, op. cit., p. 13.
452. Op. cit., p. 3.
453. Op. cit., p. 5.
454. Ibid.
455. Ibid.
456. Op. cit., p. 6.
457. Op. cit., p. 17.
458. Op. cit., p. 41.
459. Op. cit., p. 20.
460. Op. cit., p. 34.
461. Op. cit., p. 49.
462. Op. cit., p. 19.
463. Op. cit., p. 41-42.
464. Op. cit., p. 49.
465. CORCOS Maurice, JEAMMET Philippe, « Les troubles des conduites alimentaires : facteurs de risque, dépistage et modalités de prévention », cité in VENISSE Jean-Luc, BAILLY Daniel, REYNAUD Michel, op. cit., p. 131.
466. Ibid.
467. Ibid.

468. Ibid.
469. BAILLY Daniel, « Particularités cliniques de l'alcoolisme de l'enfant et de l'adolescent », op. cit., p. 179.
470. Op. cit., p. 183.
471. OLIEVENSTEIN Claude, PARADA Carlos, op. cit., p. 59.
472. ANDRE Jacques, *L'inceste matrifocal dans la famille noire antillaise*, Paris, PUF, 1987.
473. CARRER Philippe, *Le matriarcat psychologique des Bretons*, Paris, Payot, 1983.
474. Le développement qui suit est extrait d'un de mes articles, « L'alcoolisme et le matriarcat psychologique breton » rédigé pour la Revue *ABERS*, N°1, Déc. 2005, jamais parue.
475. CARRER Philippe, op. cit., p. 40.
476. Il me semble que je ne trahis pas la pensée de P. Carrer en m'appuyant une fois encore sur le contenu de la définition de la normalité tel qu'il a été élaboré par J. Bergeret, le premier s'appuyant pour sa démonstration sur la théorie du second, que je rappelle pour mémoire : *« le véritable « bien-portant » n'est pas simplement quelqu'un qui se déclare comme tel, ni surtout un malade qui s'ignore, mais un sujet conservant en lui autant de fixations conflictuelles que bien des gens, et qui n'aurait pas rencontré sur sa route des difficultés internes ou externes supérieures à son équipement affectif héréditaire ou acquis, à ses facultés personnelles défensives ou adaptatives, et qui se permettrait un jeu assez souple de ses besoins pulsionnels, de ses processus primaire et secondaire sur des plans tout aussi personnels que sociaux en tenant un juste compte de la réalité, et en se réservant le droit de se comporter de façon apparemment aberrante dans des circonstances exceptionnellement " anormales " », in* BERGERET Jean (1996), *La personnalité normale et pathologique*, op. cit., p. 11-12.
477. Cette spécificité bretonne n'est nullement exclusive des autres facteurs de vulnérabilité habituellement admis.
478. CARRER Philippe, op. cit., p. 149.
479. Op. cit., p. 83.
480. Op. cit., p. 47.
481. CARRER Philippe, *Œdipe en Bretagne. Essai d'ethnopsychiatrie*, Toulouse, Privat, 1986, p. 14.
482. CARRER Philippe, *Le matriarcat psychologique des Bretons*, op. cit., p. 43.
483. Ibid.
484. Le terme de déculturation semble plus explicite pour exprimer la contrainte française exercée sur le peuple breton, lequel s'est vu non seulement imposé une nouvelle culture, mais a également été le témoin de la destruction de sa propre culture d'origine.
485. Op. cit., p. 39.
486. Il sera en ce sens intéressant d'observer quel choix de transmission du patronyme va être globalement préféré en Bretagne à la suite des récentes dispositions législatives qui offrent désormais aux parents une multitude de possibilités quant à la transmission du patronyme à leur enfant.
487. Ce terme est emprunté à J. André, lequel a notamment développé son contenu à travers une réflexion sur l'organisation familiale aux Antilles dans son ouvrage *L'inceste focal dans la famille noire antillaise*, op. cit.
488. C'est moi qui souligne.
489. CARRER Philippe, *L'envers du décor. Ethnopsychiatrie en Bretagne et autres terres celtes*, op. cit., p. 86.
490. Telle qu'est décrite l'organisation familiale aux Antilles par J. André, et que j'ai à titre personnel pu observer à La Réunion, celle-ci est poussée à son paroxysme quant au « matriarcat psychologique », puisque la paternité (procréation biologique, reconnaissance de l'enfant et établissement de la filiation) peut tout simplement être refusée au père, lequel peut alors n'avoir que l'unique fonction de géniteur.

491. ROULAND Norbert, *Anthropologie juridique*, Paris, PUF, 1988, p. 226-227.
492. CARRER Philippe, *Le matriarcat psychologique des Bretons*, op. cit., p. 97.
493. Op. cit., p. 17.
494. Ibid.
495. CARRER Philippe, *L'envers du décors*, op. cit., p. 55.
496. Op. cit., p. 56.
497. Op. cit., p. 54.
498. A propos des rôles respectifs des père et mère nécessaires au bon développement de l'enfant, E. Fromm écrit : « *dans le cas idéal, l'amour maternel s'abstient de freiner la croissance de l'enfant… Quant à l'amour du père, il doit se régler sur des principes et des attentes… Il importe qu'il communique à l'enfant qui grandit un sentiment croissant de compétence et lui permette par la suite de devenir son propre maître en se passant de l'autorité paternelle… Le passage de l'attachement centré sur la mère à l'attachement centré sur le père, ainsi que leur synthèse ultérieure, constituent le fondement de la santé mentale et de la maturité* », in FROMM Erich, op. cit., p. 62-63. Dans les sociétés à « matriarcat psychologique », non seulement l'emprise maternelle freine la nécessité d'aller conquérir la sphère sociale, mais elle n'est même pas freinée par un contre-pouvoir paternel, dont c'est pourtant la fonction. L'enfant de ces structures familiales dispose donc de peu de ressources pour aller s'exprimer dans une réalité extérieure qui ne soit pas qu'un pâle reflet du giron maternel.
499. GRACCHUS Fritz, *Les lieux de la mère dans les sociétés afro-américaines*, cité in CARRER Philippe, *Œdipe en Bretagne*, op. cit., p. 12.
500. CARRER Philippe, op. cit., p. 50.
501. CARRER Philippe et alii, « Conduites de dépendances pathologiques en Bretagne. Alcool – drogues – nourriture », *Institut culturel de Bretagne*, Anthropologie médicale, Rennes, 1989, p. 11.
502. CARRER Philippe, *Le matriarcat psychologique des Bretons*, op. cit., p. 86.
503. Ibid.
504. Le sens attaché à la société traditionnelle est celui que L. Dumont a défini : « *dans les sociétés traditionnelles, les relations entre hommes sont plus importantes, plus hautement valorisées que les relations entre hommes et choses. Cette primauté est renversée dans le type moderne de société, où les relations entre hommes sont au contraire subordonnées aux relations entre les hommes et les choses* », cité in DUMONT Louis, *Homo aequalis. Genèse et épanouissement de l'idéologie économique*, Paris, Gallimard, 1977, p. 13.
505. En France, un mariage sur trois aboutit à un divorce. 80 % des enfants de parents séparés ou divorcés vivent avec leur mère (8 % avec leur père, 6 % avec d'autres personnes). 20 % seulement d'entre eux, quand ils vivent avec leur mère, voient leur père une fois par semaine. Par ailleurs, sur les 40 % d'enfants qui naissent hors mariage, 18 % d'entre eux ne sont pas reconnus par leur père au moment de leur naissance ou dans l'année qui suit, in GODELIER Maurice, *Métamorphoses de la parenté*, Montrouge, Fayard, 2004, p. 16 et 564.
506. Le lignage est le lien qui unit des descendants à un ancêtre réel décédé (contrairement au clan, qui unit les descendants d'un auteur réel, mort ou vivant, à un ancêtre mythique). Il peut remonter sur un nombre de générations plus ou moins important selon les sociétés. C'est en fonction de la détermination de ce même lignage que sont différenciés les groupes de parenté : soit il n'est pas fait de différence pour les descendants du sexe de l'ancêtre et de la nature du lien de rattachement, et hommes et femmes sont d'une même communauté obéissent à une filiation dite « indifférenciée », soit la filiation est établie selon ces critères et il faut alors distinguer entre système patrilinéaire, matrilinéaire et bilinéaire. ROULAND Norbert, op. cit., p. 223-226.

507. LEVI-STRAUSS Claude, *Les structures élémentaires de la parenté*, Paris, Mouton, 1967, p. 136, cité in ROULAND Norbert, op. cit., p. 227.
508. Op. cit., p. 250.
509. La parentèle est « *un réseau de parents, mais un réseau centré sur l'individu. Il regroupe, d'une part, l'ensemble des parents dont cet individu "hérite" à sa naissance, côté paternel et maternel* [puisque dans les sociétés modernes, le système de parenté est "cognatique", c'est-à-dire qu'il n'y a pas de prépondérance d'une lignée plutôt qu'une autre], *ainsi que les alliés de leurs consanguins et les consanguins de leurs alliés* », in GODELIER Maurice, op. cit., p., 12.
510. L'analyse qu'en fait G. Mendel dans un de ses ouvrages sur l'autorité est de ce point de vue très éclairante, l'auteur s'appuyant sur plusieurs disciplines pour en saisir le sens, in MENDEL Gérard, op. cit.
511. CARRER Philippe, *Le matriarcat psychologique*, op. cit., p. 112-113.
512. MENDEL Gérard, op. cit., p. 169.
513. A propos de l'augmentation des personnalités états limites, il est intéressant ici de rapporter l'analyse de M. Gressot. Cet auteur pense que ces personnalités, jusque-là « rassurées » sur « *leur besoin d'intégration sociale plus poussé que les autres pour pallier leur difficulté ou leur impossibilité d'intégration personnelle* » se montreraient aujourd'hui particulièrement vulnérables face à la disparition des « *structures collectives d'agrégation* », lesquelles leur permettaient jusqu'alors de faire l'économie de décompensations, cité in CARRER Philippe, *L'envers du décor*, op. cit., p. 129-130.
514. Cité in CARRER Philippe, *Le matriarcat psychologique des Bretons*, op. cit., p. 78.
515. CARRER Philippe, *L'envers du décors*, op. cit., p. 311.
516. Au sens où l'emploie D.W. WINNICOTT, op. cit., p. 132 : « *la créativité que nous avons en vue est celle qui permet à l'individu l'approche de la réalité extérieure. Si l'on admet une capacité cérébrale raisonnable et une intelligence suffisante qui permette à l'individu de devenir une personne participant à la vie de la communauté, tout événement sera créatif, sauf si l'individu est malade ou s'il est gêné par l'intervention de facteurs de l'environnement capables de bloquer ses processus créatifs* ».
517. JEAMMET Philippe, CORCOS Maurice, *Evolution des problématiques à l'adolescence. L'émergence de la dépendance et ses aménagements*, op. cit., p. 9.
518. Op. cit., p. 8-9.
519. HEFEZ Serge, « De plus en plus d'enfants souffrent de trop d'amour », *Psychologies Magazine*, N° 235, Nov. 2004, p. 134-136.
520. DECLERCK Patrick, *Les naufragés. Avec les clochards de Paris*, Paris, Plon, Terre Humaine, 2001.
521. JEAMMET Philippe, CORCOS Maurice, op. cit., p. 8.
522. Dictionnaire Le Petit Robert, p. 1160.
523. Ibid.
524. Op. cit, p. 1001.
525. *Cf* première partie.
526. Le french paradoxe est poussé à son paroxysme pour certains chercheurs danois, dont les découvertes sont ainsi restituées dans un article du journal Libération qui rend compte d'un « *surprenant résultat de deux enquêtes danoises publiées dans la revue Epidemiology* », qui affirme que « *le risque de décéder d'une crise cardiaque augmenterait chez les gens qui ont une consommation modérée et qui cessent de boire. Et ceux qui n'ont jamais bu amélioreraient leur protection contre les maladies coronaires s'ils commencent à boire un peu* », « L'arrêt d'alcool nuirait à la santé », *Libération*, mercredi 3 mars 2004, p. 25.
527. Alors qu'en 1989, 3,9 millions de contrôles routiers étaient effectués auprès des conducteurs automobiles, en 1998, ils s'élèvent à 8,6 millions. Les contrôles dits préventifs ont eux triplé et passent pour la même période de 2,3 millions à 6,8 millions. Le succès de

cette politique gouvernementale répressive sur les conduites en état 'alcoolémie/conduites en état d'ivresse (CEA/CEI) obtient des résultats significatifs : alors qu'en 1989, les dépistages positifs s'élevaient à 167 000, ils ne sont plus que 105 000 en 1998. Chiffres cités in DANET J., « La répression a t-elle valeur de prévention de la prise de risques ? », in VENISSE Jean-Luc, BAILLY Daniel, REYNAUD Michel, Conduites *addictives, conduites à risques : quels liens, quelle prévention ?*, op. cit., p. 40-41.

528. E. M. Jellinek, in ALONSO-FERNANDEZ Francisco, op. cit., p. 142.
529. DEVEREUX Georges, « Un vie consacrée à l'ethnopsychanalyse. Entretien avec Georges Devereux » et « Ethnopsychiatrie, ethnopsychanalyse et G. Devereux », *Le Journal des psychologues,* N° 29, Juillet-août 1985, p. 20-25.
530. H. SOLMS cité in ALONSO-FERNANDEZ Francisco, op. cit., p. 143.
531. Ibid.
532. Op. cit., p. 142-143.
533. Op. cit., p. 47.
534. Op. cit., p. 48.
535. Op. cit., p. 54.
536. Op. cit., p. 59.
537. Op. cit., p. 60.
538. Op. cit., p. 63.
539. Ibid.
540. Cité in ALONSO-FERNANDEZ Francisco, op. cit., p. 148.
541. Les auteurs opposent aux cultures permissives inconditionnelles les cultures abstinentes, les cultures ambivalentes chez lesquelles on peut rencontrer un comportement contraire à la culture en période de crise, et enfin les cultures permissives modérées, pour lesquelles l'alcoolisation modérée reste l'objet d'un rituel faisant office de contrôle social, ibid.
542. Op. cit., p. 161.
543. BERGERET Jean, *La personnalité normale et pathologique*, op. cit., p. 10-11.
544. MAISONDIEU Jean, op. cit., p. 75.
545. Op. cit., p. 74.
546. Op. cit., p. 75.
547. BERGERET Jean, *Toxicomanie et personnalité*, op. cit., p. 45.
548. BECKER H.S., op. cit.
549. Ce qui va suivre a été plus largement analysé dans un article, « L'exemple des musiciens de danse de H. S. Becker », *Les Irraiductibles*, N°10, juin 2006.
550. Op. cit., p. 38.
551. Op. cit., p. 33.
552. J'appellerai « théorie » la position de H. S. Becker relative au processus de l'étiquetage, bien que dans la vue rétrospective de 1973, il réfute l'idée d'une quelconque théorie. Mon propos n'étant pas ici de questionner s'il y a ou non théorie, je conserverai cette terminologie, par souci de concision.
553. Op. cit., p. 145.
554. Op. cit., p. 31.
555. Op. cit., p. 32.
556. Op. cit., p. 32-33.
557. Op. cit., p. 33.
558. Et ce même si dans l'analyse que j'en fais dans l'article que j'ai cité, l'auteur se contredit en faisant la démonstration contraire de ce qu'il affirme. Il n'en demeure pas moins que sa lecture de la déviance est correcte.

559. DURKHEIM Emile (1937), *Les règles de la méthode sociologique*, op. cit., p. 74.
560. Qu'on me pardonne ce néologisme.
561. FOUCAULT Michel, op. cit., p. 151.
562. Op. cit., p. 74.
563. Op. cit., p. 36.
564. BALANDIER Georges (1974), *Anthropo-logiques*, Paris, PUF, Le Livre de poche, 1985, p. 85.
565. MAISONDIEU Jean, op. cit., p. 99.
566. DEVEREUX Georges, *Essais d'ethnopsychiatrie générale*, op. cit.
567. CHAUMEIL Jean-Pierre, *Voir, savoir, pouvoir. Le chamanisme chez les Yagua de l'Amazonie péruvienne*, Genève, Georg éditeur, Ethnos, 2000 ; VALLA Jean-Pierre, « L'Expérience hallucinogène », Paris, Masson, Médecine et psychothérapie, 1983, cités in GERVAIS Clarisse, « L'ayahuasca, le chamane et l'au-delà », in SANCHEZ Mario, *Qu'avons-nous fait des drogues ?*, Paris, Autrement, Mutations, 2004, p. 25.
568. Ibid.
569. Op.cit, p. 26.
570. MAUSS Marcel, op. cit., p. 54.
571. Op. cit., p. 120.
572. Op. cit., p. 120-133.
573. FREUD Sigmund (1912-1913), *Totem et tabou*, Paris, Petite Bibliothèque Payot, 1965, p. 57.
574. DEVEREUX Georges, *Essais d'ethnopsychiatrie générale*, op. cit., p. 22.
575. FREUD Sigmund, op. cit., p. 100.
576. FREUD Sigmund (1923), *Psychopathologie de la vie quotidienne*, Paris, Petite Bibliothèque Payot, 1967.
577. KESTEMBERG Evelyne, *L'adolescence à vif*, Paris, PUF, 1999, p. 67.
578. COSLIN Pierre G., op. cit. ; FIZE Michel, *L'adolescent est une personne*, Paris, Seuil, 2006.
579. DOLTO Françoise, *La cause des adolescents*, op. cit., p. 102.
580. MEAD Margaret (1928), *Moeurs et sexualité en Océanie*, Paris, Plon, Terre Humaine, 1963, p. 413.
581. BALANDIER Georges (1974), op. cit., p. 230.
582. DOLTO Françoise, op. cit., p. 102.
583. DOLTO Françoise (1967), *Le cas Dominique*, Paris, Seuil, 1985, p. 230.
584. DOLTO Françoise, *La cause des adolescents*, op. cit., p. 101.
585. BETTELHEIM Bruno (1954), *Les blessures symboliques*, Paris, Gallimard, 1971, p. 21.
586. Op. cit., p. 22.
587. Op. cit., p. 23.
588. MALINOWSKI Bronislaw (1932), *La sexualité et sa répression dans les sociétés primitives*, Paris, PUF, Petite bibliothèque Payot, 1976, p. 17.
589. Op. cit., p. 202.
590. Cité in op. cit., p. 100.
591. MEAD Margaret, op. cit., p. 86-87.
592. Op. cit., p. 58.
593. Op. cit., p. 69.
594. BALANDIER Georges, op. cit., p.100.
595. Op. cit., p. 230-231.
596. Op. cit., p. 242.
597. ELIADE Mircea (1959), *Initiation, rites, sociétés secrètes*, Folio essais, 2001, p. 12.
598. THOMAS Louis Vincent, *La mort africaine*, Paris, Payot, 1982, p. 250-251.

599. BECKER Howard S., op. cit.
600. COSLIN Pierre G., *Les conduites à risque à l'adolescence*, Paris, Armand Colin, 2003, p. 12.
601. Op. cit., p. 13.
602. Op. cit., p. 7.
603. MOSCOVICI Serge (1979), *Psychologie des minorités actives*, Paris, PUF, 1996, p. 11 : « *la plupart des résistances au contrôle social, des écarts à la norme, sont traités uniquement en tant que formes de déviance, sans plus. Le temps est venu de changer d'orientation, de se diriger vers une psychologie de l'influence sociale qui soit aussi une psychologie des minorités, considérées en tant que sources d'innovation et de changement social* ».
604. COSLIN Pierre G., op. cit., p. 13.
605. BAUDRY Patrick, op. cit., p. 120.
606. L'appréciation de société carencée est de mon fait et non de P. Baudry.
607. LAPLANTINE François, op. cit., p. 116.
608. MOSCOVICI Serge, op. cit., p. 88.
609. BAUDRY Patrick, op. cit., p. 120.
610. LE BRETON David, « La vie en jeu, pour exister », op. cit., p. 34.
611. Op. cit., p. 35.
612. Ibid.
613. ELIADE Mircea (1959), *Initiation, rites, sociétés secrètes*, Paris, Folio essais, 1992, p. 27.
614. GERVAIS Clarisse, op. cit., p. 30-31.
615. *Douze & douze* (1952), Les Alcooliques Anonymes, Ed. de poche, Bruxelles, 1996, p. 31-37.
616. ABBE PIERRE, *Mémoire d'un croyant*, Fayard, 1997, p. 97.
617. GERVAIS Clarisse, op. cit., p. 30-31.
618. SARTRE Jean-Paul, *L'existentialisme est un humanisme*, Paris, Nagel, 1970, p. 22
619. Op. cit., p. 37.
620. ABBE PIERRE, op. cit., p. 67 et suiv.
621. *Cf* p. 168.
622. DEVEREUX Georges, *Essais d'ethnopsychiatrie générale*, op. cit.
623. « Les croyances sont plus anciennes que l'homme », in *Science et Vie*, N° 1019, Août 2002, p. 43.
624. Op. cit., p. 44.
625. Ibid.
626. « Le cerveau est parasité par des croyances », in op. cit., p. 38.
627. GERVAIS Clarisse, op.cit, p. 28-29.
628. GAIGNARD Jean- Yves, KIRITZE-TOPOR Paul, op. cit., p. 125.
629. MAILLARD Philippe, *L'Evangile aux voyous*, Desclée de Brouwer, 1985, p. 114.
630. FROMM Erich, op. cit., p. 83.
631. Op. cit., p. 82-83.
632. Op. cit., p. 63.
633. FREUD Sigmund, *Un souvenir d'enfance de Léonard de Vinci*, Standard Edition, X, 1957, p. 122, cité in MENDEL Gérard, op. cit., p. 51.
634. FREUD Sigmund (1939), *Moïse et le monothéisme*, Paris, Gallimard Idées, 1972, p. 158.
635. Op. cit., p. 76.
636. BERGERET Jean, *Toxicomanie et personnalité*, op. cit., p. 23-24.
637. ROGERS Carl, op. cit., p. 35. Ce terme est employé ici dans le sens que lui a donné l'auteur, soit une capacité intellectuelle, émotionnelle et non-directive pour un individu (cette aptitude est décrite comme une qualité essentielle pour le psychothérapeute pour

établir une relation d'aide satisfaisante) à comprendre et ressentir ce qu'un autre lui confie (dans le cadre d'une psychothérapie) sans pour autant l'avoir vécu personnellement. L'auteur insiste sur la notion de congruence indispensable pour une réelle empathie, qui exige de la part de celui qui écoute une nécessaire transparence de ce qu'il ressent face au témoignage (et à son auteur) et l'adéquation entre ses sentiments et son discours.

638. KESTEMBERG Evelyne, op. cit., p. 67.
639. Op. cit., p. 68.
640. Op. cit., p.69.
641. Ibid.
642. Il ne s'agit pas ici d'un quelconque jugement, mais d'un constat dressé par le Conseiller Principal d'Education à propos du parcours sinueux mais courageux de ces élèves.
643. Cette remarque doit être mise en relief avec les réflexions que j'ai pu avancer dans la partie théorique à propos de la sexualité des adolescents, laquelle pouvait ne pas encore se poser du point de vue de l'expérience avec ces jeunes élèves.
644. Remarque sur laquelle je reviens par la suite.
645. BERGERET Jean, *Toxicomanie et personnalité*, op. cit., p. 17.
646. Op. cit., p.15-16.
647. GOMEZ Henri, *L'alcoolique, les proches, le soignant. Pour une autre pratique de l'alcoologie*, op. cit., p. 13.
648. Nous verrons que cela ne signifie pas que ces adolescents ne consomment pas en famille, mais que ces expériences ne représentent pas dans leur système de consommations une expérience d'alcool significative.
649. Association Loi 1901 *Les retrouvailles*, créée à l'initiative du Dr Michel Guérin au CHU d'Angers.
650. Je n'ai été qu'observatrice durant l'intervention, et celle-ci n'a duré qu'une heure et demi, laps de temps jugé beaucoup trop court pour faire une quelconque évaluation sur les pratiques des élèves.
651. GAIGNARD Jean-Yves, KIRITZE-TOPOR Paul, op. cit., p. 99-100.
652. KUKUCKA Natacha, APPELL Geneviève, « L'observation de l'enfant en pouponnière », in EISSMANN Claudine et HOUZEL Didier (sous la dir. de), op. cit., p. 394.
653. « La maltraitance intrafamiliale à La Réunion : évaluation de la pris en charge institutionnelle », Recherche sous la dir. de Bernard LEGRAS, Procureur de la République et du Docteur Guy LEMELE, pédopsychiatre, Association CREFOI.
654. J'ai choisi d'utiliser un pseudonyme pour désigner l'éducateur avec lequel j'ai rencontré de nombreuses difficultés, et ai également modifié le nom du groupe dans lequel je suis intervenue avec lui.
655. Et au risque de me répéter, il convient de rappeler que plus l'adolescent est consommateur, mieux il est informé des risques qu'il encourt.
656. L'intelligence des élèves de tout sexe et de toute formation s'est exprimée à l'écrit.
657. Pour un résumé, ALONSO-FERNANDEZ Francisco, op. cit., p.104-111.
658. J'utiliserai à plusieurs reprises cette image d'assimilation d'une réflexion « par le corps ». Il m'est difficile d'être plus explicite, n'étant pas médecin, mais c'est bien ainsi que j'ai observé certaines réactions d'élèves comprenant mes propos, non plus seulement d'un point de vue intellectuel, mental, mais physique. C'est un peu comme si ce que je tentais de leur expliquer auparavant n'était que pure abstraction. Ce que j'essaie maladroitement de décrire, c'est que mes propos sont pour l'élève devenus réalité, il a pu faire un lien entre son individualité, sa subjectivité, et la prétendue généralité de cet éclairage. Il me semble également que c'est parce que l'élève a subitement mesuré que je m'appuyais sur

des exemples très concrets que certaines informations ont pu être entendues et ne pas rester pour lui de la simple théorie, c'est-à-dire du « blabla ».

659. GOMEZ Henri et al., « Problématique alcoolique et préventions », 2005, non publié.

660. ROUSTAN Mélanie, « De la dualité du cannabis. Représentations croisées de l'herbe et du shit », *Alcoologie et addictologie*, Tome 28, N° 2, Juin 2006, p. 146.

661. MAGGI Jenny, MUGNY Gabriel, PAPASTAMOU Stamos, « Les styles de comportement et leur représentation sociale », in MOSCOVICI Serge, *Psychologie sociale*, op. cit., p. 398.

662. Ibid.

663. MOREL Alain, « Les addictions, un objet spécifique de la prévention », *Alcoologie et addictologie*, Tome 27, N° 4, Déc. 2005, p. 327.

664. Op. cit., p. 329.

665. Op. cit., p. 331.

666. *Cf* annexe 3.

667. Je l'ai cependant précisé, l'analyse de ces différentes thématiques a été source d'un nombre de pages trop important, et je n'en ai finalement retenu que quelques unes.

668. *Cf* annexe 4.

669. Le lecteur pourra également se référer aux notes jetées « à chaud » et aux comptes rendus rédigés à l'administration à la suite de chaque intervention, *cf* annexes 5 et 6.

670. *Cf* Infra, deuxième partie.

671. L'addiction est ici employée dans le sens que lui prêtait l'ancien français, « *qui désignait la situation d'asservissement dans laquelle tombait un vassal incapable de régler ses dettes à son suzerain (situation à laquelle renvoie de même l'expression prise de corps)* », in RICHARD Denis, SENON Jean-Louis, VALLEUR Marc, op. cit., p.10.

672. Beaucoup de personnes abstinentes relatent qu'elles étaient souvent considérées comme généreuses parce qu'elles arrivaient, lors de ces manifestations, avec toujours beaucoup plus de bouteilles que les autres invités, ou qu'elles n'étaient jamais les dernières à proposer d'aller racheter de l'alcool lorsque le nombre de bouteilles commençait à baisser. Plus que de la générosité, ces comportements traduisaient une crainte manifeste de manquer.

673. C'est un des arguments de l'éducateur Achille qui participe au groupe Alcool sur Angers. Pour mettre en garde les adolescents contre leurs débordements, et après leur avoir suggéré que 4 verres d'alcool en soirée devraient être une limite « raisonnable », il invoque l'argument que ce nombre de verres fixés peut ne pas être respecté quand l'adolescent est sous l'effet de l'alcool et qu'il n'a dès lors plus la raison suffisante pour s'arrêter. Je pense que cet argument est erroné, et que cette incapacité à s'arrêter participe déjà d'un problème d'alcool chez l'adolescent.

674. MOREL Alain, « Les addictions, un objet spécifique de la prévention », op. cit. p. 331.

675. Dans l'émission régionale *Red An Amzer* diffusée sur la chaîne de télévision France 3, deux sujets étaient au programme, le premier qui concernait l'alcoolisme, notamment en Bretagne, avec comme invité spécial un médecin alcoologue, le Docteur Yves Gourvès, et le second qui était un reportage sur les bouilleurs de cru bretons et le cidre. Outre la question qui consistait à se demander par quel « hasard » la rédaction avait maintenu une telle programmation, il est intéressant de retranscrire l'enchaînement de l'animatrice : « *Merci Yves, je vous invite à lire ce formidable livre « Le rivage du cidre » de Louis Bertholom, qui rend hommage à ses parents à Fouesnant où ils produisaient du cidre. Yves, malgré tout, il n'est pas interdit de boire du « lambig » de temps en temps ?* », in *Red An Amzer*, 9 mars 2003, 11h25. On peut s'interroger sur les raisons qui consistent, après 15 minutes d'entretien avec un médecin

alcoologue que l'on interviewe sur ce qu'est une personne alcoolique, sa prise en charge, son rétablissement, etc., à soutirer à ce même médecin une approbation de la consommation de cidre, en concluant de surcroît par une invitation à lire un ouvrage sur les bouilleurs de cru, ce qui me paraît non seulement maladroit, mais vise surtout à anéantir tout le contenu de l'interview. Comment dans ces conditions les adolescents bretons peuvent-ils savoir et croire que le cidre est un alcool, quand il existe un tel déni autour de cette pathologie ?

676. Lorsque cette jeune élève m'a remis son questionnaire dûment rempli, j'étais plus disponible et ai eu le temps de l'identifier et de lire le pseudonyme qu'elle avait choisi. Je l'ai déjà précisé, j'avais laissé le choix de l'anonymat pour offrir une plus grande liberté de réponse aux élèves, ce que j'ai obtenu. L'inconvénient de cette tolérance ou pratique a été évidemment de pas toujours pouvoir associer les réponses à leurs auteurs, ce qui lorsque cela était possible, m'a permis de mieux comprendre leurs réactions, lesquelles sans ces informations m'auraient semblé surprenantes. En ce sens, cette élève fut une des rares jeunes filles que j'ai pu identifier à signer d'un pseudonyme aussi « alcoolisé ».
677. FILLAUT Thierry, *Les bretons et l'alcool (XIXe – XXe siècle)*, Rennes, ENSP, 1991, p. 27.
678. Bazille Pierre, *J'ai bu parce que j'avais soif*, Paris, Anne Carrière, 1999.
679. GOMEZ Henri et al., *Problématique alcoolique et préventions*, op. cit.
680. « Jean Malaurie, l'Esquimau blanc », entretien Le Monde, 27 fév. 1993, p. 26.
681. Le dernier Colloque de la SFA est en effet consacré à la compréhension moléculaire, génétique, etc., « Alcoolodépendance et autres addictions : mieux comprendre pour mieux traiter », *Société Française d'Alcoologie*, 13 et 14 avril 2006, Paris.
682. INSERM, « Trouble des conduites chez l'enfant et l'adolescent », Expertise collective, Paris, www.inserm.fr, 2005, p. 154.
683. Op. cit., p. 154-155.
684. Cité in JACCARD Roland, *L'exil intérieur. Schizoïdie et civilisation*, Paris, PUF, 1979 (1ère éd. 1975), p. 27.
685. JEAMMET Philippe, CORCOS Maurice, op. cit., p. 74.
686. BERGERET Jean, *La personnalité normale et pathologique*, op. cit., p. 11-12.
687. Cité in GINTZBURGER Anne, *Ecoliers, vos papiers !*, Paris, Flammarion, 2006, p. 9.

Annexes

Annexe 1 - Brochure d'interventions et plaquette de l'association Vivre Plus ayant permis les interventions au Likès - extraits

L'association Vivre Plus est une association qui a été créée en janvier 2002 conformément à la Loi du 1er juillet 1901. Elle a pour but d'agir, de manière préventive et curative, soit par des travaux scientifiques, soit par des interventions, contre les dépendances (alcoolisme, toxicomanie, boulimie, etc.) et autres formes de souffrance morale entraînant l'exclusion (illettrisme, vieillesse, etc.).
Ses moyens d'action sont les suivants :
- recherches scientifiques et travaux d'étude ;
- interventions et conférences ;
- bulletins trimestriels ;
- publications.

Thème d'interventions au sein des collèges et lycées : « Jeunesse et alcoolisme, jusqu'où le rite de passage ? »
Entre le simple rituel de consommation d'alcool et la pratique d'alcoolisation répétée, la délimitation est parfois difficile à opérer en cette période sensible de rapport à la Loi qu'est l'adolescence. Pourtant, certains sont amenés dès leur plus jeune âge à pratiquer l'alcool différemment et à établir un rapport intime avec le produit. Une approche spécifique peut cependant enrayer le processus quand il n'est encore qu'en cours de maturation.
I. But des interventions
1° La prévention primaire
Elle consiste à prévenir celui qui n'a pas encore de problèmes d'alcool contre les risques de banalisation de consommations excessives et répétées.
2° La prévention secondaire
Elle doit permettre à l'intervenant de repérer le plus tôt possible le jeune qui est déjà en processus d'alcoolisme et de l'aider à accepter de l'aide. Identifier un jeune ayant déjà un problème d'alcool relève d'une écoute attentive des représentations qu'il va donner de l'alcool et de la pratique dans son discours, ou de l'absence de discours, qui se manifestera par une banalisation, du déni ou toute autre forme de dénégation.
Le plus difficile dans ces conditions n'est pas de l'orienter vers une structure de prise en charge, mais de l'amener, en amont, à prendre conscience de sa dépendance au produit, processus insidieux qui le conduira vers une pratique de plus en plus fréquente et de plus en plus importante, et ce bien avant l'apparition d'alcoolopathies, qui ne se manifestent qu'au stade final du processus.
II. Déroulement des interventions
Les interventions doivent être envisagées en termes de cycles, au nombre de deux, même si trois représentent un idéal de suivi de qualité. Pour quelles raisons ?
1° La première intervention doit permettre une prise de contact sur le plan individuel et amorcer une réflexion personnelle de chaque jeune sur la définition de l'alcoolisme et de ses pratiques (remise d'un premier questionnaire).
2° La deuxième intervention permettra d'établir un dialogue autour de la pratique individuelle de chaque jeune avec cette nouvelle approche et de leur distribuer un

deuxième questionnaire avec des questions plus précises afin de les interroger sur les changements intervenus dans leurs représentations et dans leurs pratiques.

3° La dernière intervention doit servir de bilan et faciliter une parole plus libre pour le jeune, mis en confiance. C'est seulement lors de cette dernière intervention qu'un fascicule listant les différentes structures de prise en charge existant sur le département sera remis, de façon à ce qu'un laps de temps se soit écoulé entre la première intervention et une prise de conscience chez le jeune déjà concerné par une pratique d'alcoolisation déviante.

Pour être de qualité, les interventions doivent être interactives, l'optimisation étant réalisée quand l'intervenant ne devient plus qu'un animateur et qu'un débat s'installe entre les jeunes sur leurs pratiques d'alcoolisation respectives.

III. Distribution de questionnaires

Un questionnaire sera remis au début de chaque intervention, afin de permettre au jeune de s'exprimer sur les représentations qu'il a de l'alcoolisme et de sa propre pratique.

L'intervenant pourra commenter certaines réflexions des uns et des autres (dans le plus strict respect de l'anonymat de leurs auteurs) afin de faire réagir les jeunes et d'établir une réflexion et un questionnement le plus tôt possible autour du sujet.

L'évolution de chaque questionnaire doit amener le jeune vers un questionnement de plus en plus intime sur sa propre pratique.

Le questionnaire n°3, plus intrusif que les deux précédents, sera amené progressivement et dans un climat de confiance (que justifient les trois interventions).

L'objectif n'est pas de faire avouer ce qui relève de l'intime, mais d'aider le jeune à prendre conscience que plus il aura de difficultés à répondre, plus tôt il devra se montrer prudent, et dans les cas les plus avancés, apprendre très vite à demander de l'aide.

IV. Définition de l'alcoolisme

Il convient de redéfinir la pathologie « alcoolisme », afin que le jeune se fasse une représentation plus juste de ce qu'est une personne alcoolique.

1° Les idées fausses sur la personne alcoolique

La personne alcoolique n'est pas l'ivrogne titubant, rougi, spectaculaire, le clochard avec son litre de mauvais rouge, etc. On la retrouve dans toutes les classes sociales, et elle offre des manifestations très différentes selon les codes socioculturels dans lesquels elle s'inscrit. Elle n'est pas non plus forcément âgée, et peut n'apparaître ivre que très ponctuellement et ce pendant très longtemps (notamment chez les femmes).

La personne alcoolique n'est pas non plus nécessairement celle qui « tient » le mieux l'alcool, bien au contraire : il suffit souvent d'un seul verre pour provoquer l'ivresse.

2° La dépendance alcoolique

L'alcoolisme est un processus insidieux qui s'installe bien avant que l'individu ne s'en aperçoive. Lorsque le corps médical le découvre (cirrhose, pancréatite, etc.), il est déjà trop tard. La dépendance au produit fait comprendre à retardement à l'individu que le soulagement que lui procurait l'alcool n'est que de courte durée, et qu'il lui faudra de plus en plus de produit, et ce de plus en plus souvent, simplement pour faire taire l'angoisse que le produit était venu étouffer. Et en dépit d'une consommation effrénée, c'est très vite l'alcool lui-même qui viendra exacerber cette même angoisse.

3° L'alcool et ses fausses vertus

Il est faussement attribué à l'alcool des vertus désinhibitrices et festives, alors que très vite l'alcoolisation va isoler l'individu et l'empêcher dans toute communication. Qui peut se vanter de tenir des propos cohérents lorsqu'il a bu ? L'alcool ne facilite pas plus le passage à l'acte sexuel puisqu'il agit sur les hormones mâle et femelle, entraînant divers troubles du plaisir.

4° La dure réalité

L'alcoolisation, et plus tard l'alcoolisme, vont agir dans le sens contraire du désir premier du consommateur. Loin de le rapprocher de l'autre, de faciliter la communication, le contact, la rencontre, l'alcool va très vite isoler celui qui n'en consomme pas modérément et le laisser seul avec sa problématique de départ, l'empêchant de surcroît de la régler, puisqu'en buvant, l'individu va rentrer dans une réalité purement fantasmatique. La personne alcoolique retournera donc très vite à son point de départ, ce sentiment d'être différent, en quête d'identité, d'unité.

5° Que cache l'alcoolisme ?

L'alcoolisme cache avant tout un mal être, un état dépressif. C'est une maladie existentielle.

V. Conclusion

L'alcool est une drogue à tous les niveaux : individuel, familial, culturel, social et politique.

Annexe 2 - Les élèves rencontrés durant l'année scolaire 2002-2003

	Filles	Garçons	Filière
Groupe 1	3	15	Secondes professionnelles : vente - comptabilité
Groupe 2	0	20	Secondes industrielles
Groupe 3	7	14	Secondes générales
Groupe 4	8	10	Secondes européennes
Groupe 5	1	23	Secondes technologie
Groupe 6	1	12	4ème-3ème

	13 ans	14 ans	15 ans	16 ans	17 ans	18 ans	19 ans
Groupe 1	0	0	4	5	3	2	1
Groupe 2	0	1	2	10	3	3	1
Groupe 3	0	0	14	5	2	0	0
Groupe 4	0	0	8	10	0	0	0
Groupe 5	0	0	12	11	1	0	0
Groupe 6	1	2	8	2	0	0	0

Annexe 3 - Questionnaires et documents distribués au cours des trois interventions

- Test des 20 questions

Voici un test diagnostic mis au point par l'Hôpital Universitaire Américain John Hopkins à Baltimore sur la dépendance à l'alcool.

Etes-vous un alcoolique ?

Pour y répondre, posez-vous les questions suivantes et répondez aussi honnêtement que possible.

1. La boisson est-elle une cause d'absence de votre travail (ou établissement scolaire) ?
2. Le fait de boire rend-il votre famille malheureuse ?
3. Buvez-vous parce que vous êtes mal à l'aise avec les gens ?

4. Buvez-vous au point d'affecter votre réputation ?
5. Avez-vous jamais éprouvé du remords après avoir bu ?
6. Avez-vous éprouvé des difficultés financières du fait d'avoir bu ?
7. Lorsque vous buvez, fréquentez-vous des mauvais compagnons et un milieu de condition inférieure ?
8. Négligez-vous le bien-être de votre famille lorsque vous buvez ?
9. Depuis que vous buvez, manquez-vous d'ambition ?
10. Etes-vous obsédé par le désir de boire à certains moments de la journée ?
11. Désirez-vous prendre un verre le lendemain matin ?
12. Avez-vous des difficultés à dormir lorsque vous buvez ?
13. Vos capacité ont-elles diminué depuis que vous buvez ?
14. La boisson compromet-elle votre position ou votre commerce (ou votre situation scolaire) ?
15. Buvez-vous pour fuir des ennuis ou des embarras ?
16. Buvez-vous seul ?
17. Avez-vous déjà eu une perte de mémoire lorsque vous buvez ?
18. Votre médecin vous a-t-il déjà traité pour alcoolisme ?
19. Buvez-vous pour raffermir votre confiance en vous-même ?
20. Avez-vous déjà fait un séjour dans un hôpital ou dans une institution à cause d'alcoolisme ?

Si vous avez répondu « oui » à l'une de ces questions, il y a présomption que vous soyez un alcoolique. Si vous avez répondu « oui » à deux de ces questions, les chances sont que vous êtes un alcoolique. Si vous avez répondu « oui » à trois de ces questions ou plus, vous êtes définitivement un alcoolique.

- Test des 12 questions des Alcooliques Anonymes

1. Avez-vous parfois essayé de cesser de boire durant une semaine (ou plus) pour constater que vous n'y parveniez pas ?
2. Acceptez-vous difficilement les conditions d'autres personnes qui essaient de vous faire cesser de boire ?
3. Avez-vous déjà essayé de contrôler votre consommation en abandonnant une boisson pour en adopter une autre ?
4. Depuis un an, vous est-il arrivé de boire tôt dans la matinée ?
5. Enviez-vous les personnes qui peuvent boire sans s'attirer des désagréments ?
6. Les problèmes résultant de votre consommation sont-ils devenus plus graves depuis un an ?
7. Votre consommation d'alcool a-t-elle crée des difficultés dans votre foyer ?
8. Dans les occasions où la boisson est limitée, essayez-vous d'obtenir des verres supplémentaires ?
9. En dépit de l'évidence du contraire, avez-vous continué à affirmer que vous pouviez cesser de boire « par vous-même », quand vous le vouliez ?
10. Depuis un an, avez-vous eu des absences à votre travail (ou établissement scolaire) à la suite d'excès de boisson ?
11. Avez-vous eu des pertes de mémoire pendant que vous buviez ?
12. Avez-vous jamais senti que vous pouviez faire plus de votre vie si vous ne buviez pas ?

Si vous avez répondu « oui » quatre fois ou plus, il y a des chances que vous ayez de sérieuses difficultés avec l'alcool.

- Questionnaire n°1- Première intervention

1. Donner une définition de l'alcoolisme
2. Donner une définition de la personne alcoolique. Quelle est sa pratique de l'alcool, dans quels contextes se manifeste-t-elle (social, professionnel, amical, seul, etc.) ?
3. Quelles sont les raisons qui vous donnent envie de consommer ?
4. Quels sont les facteurs contextuels qui selon vous poussent à consommer ?

- Questionnaire n°2 initialement prévu pour la deuxième intervention, remplacé par le questionnaire figurant page suivante

1. L'éclairage nouveau sur la définition de l'alcoolisme et de la personne alcoolique a t-il modifier de quelque façon que ce soit votre façon de consommer ?
2. Dans quel contexte éprouvez-vous le plus de plaisir à consommer ? Pour quelles raisons ?
3. Dans quel contexte la prise d'alcool vous aide t-elle ?
4. Parvenez-vous dans votre propre pratique à différencier les prises d'alcool festives de celles où l'alcool vous sert à un passage à l'acte quelconque ?

- Questionnaire n°2- Deuxième intervention

1. Sexe : féminin/masculin
2. Age :
3. Classe :
4. Avez-vous déjà bu de l'alcool ?
5. Avez-vous une préférence pour une boisson alcoolisée (notamment lorsque vous sortez) ?
6. Avez-vous déjà été ivre ? Pourriez-vous donner une définition de l'ivresse :

	Oui	Non
- Je suis ivre quand je ne peux plus marcher	☐	☐
- Je suis ivre quand je ne peux plus parler	☐	☐
- Je suis ivre lorsque je rigole pour un rien	☐	☐
- Je suis ivre quand je me sens devenir un autre	☐	☐
- Je suis ivre quand je sens que ne me contrôle plus	☐	☐

7. Avez-vous déjà consommé de l'alcool seul ? Si oui, à quel moment de la journée ? Quelle était la boisson alcoolisée (bière, etc.) ? Vous souvenez-vous la raison qui vous a fait choisir une boisson alcoolisée plutôt qu'une autre (il faisait chaud, vous aviez fait un effort, c'était votre boisson alcoolisée préférée, il n'y avait que ça à disposition, vous n'aimez pas l'eau, etc.) ?
8. Avez-vous déjà bu en famille ? Si oui, est-ce seulement sur autorisation ou sur proposition des parents ? Et à quelle occasion ?
9. Recherche généalogique : Avez-vous dans votre famille :

	Oui	Non
- des personnes qui boivent régulièrement de l'alcool ?	☐	☐
- des personnes qui ont des problèmes avec l'alcool ?	☐	☐
- des personnes dont vous pensez qu'elles sont alcooliques ?	☐	☐

10. Si oui, en avez-vous déjà parlé avec vos parents ?
11. Fumez-vous ? Cigarettes ? Joints ? Les deux ?
12. Vos parents sont-ils informés que vous buvez de l'alcool ? que vous fumez ? Sont-ils d'accord, et si oui pourquoi ?
13. Pour vous, est-il plus difficile de leur avouer que vous fumez ou que vous consommez de l'alcool ? Et pourquoi ?
14. Dans quelles circonstances aimez-vous consommer de l'alcool ? Classer par ordre de préférence.

	Choix
- En boîte de nuit	☐
- Entre amis	☐
- En famille	☐
- Lors des repas	☐
- Lors d'une fête particulière (mariage, baptême, etc.)	☐
- Au café entre amis	☐
- Seul	☐
- Lorsque vous allez mal	☐
- Lorsque vous allez bien	☐
- Lorsque vous êtes en colère	☐
- Lorsque vous n'avez pas d'autre solution	☐
- Par provocation, par défi	☐
- Par imitation (= pour copier) ou par mimétisme (= pour se fondre dans la masse)	☐

15. A la question « Quand sait-on que l'on est alcoolique ? », la réponse suivante a été donnée « Lorsque cela fait souffrir de boire ». Qu'en pensez-vous ?
16. Et vous, avez-vous déjà souffert de boire ?
17. De ne pas boire ?
18. Qu'avez-vous pensé le lendemain ? Comment vous sentiez-vous ?
19. L'alcool modifie notre état de conscience, c'est-à-dire notre vision de la réalité. En buvant, vous vous êtes senti :

	Oui	Non
- « Mal à l'aise »	☐	☐
- Pas à votre place	☐	☐
- Différent(e) des autres	☐	☐
- Différent de celui(celle) que vous êtes d'habitude	☐	☐

20. Avez-vous déjà parlé à un adulte autre qu'un membre de votre famille de problèmes personnels ?
21. Si oui, et si vous l'acceptez, pouvez-vous indiquer s'il était :

Professeur	☐
Psychologue, psychiatre	☐
Surveillant d'internat	☐
Infirmière ou psychologue scolaire	☐
Parent d'un ami	☐
Autre, précisez :	☐

22. Si non, iriez-vous vous confier plus volontiers à quel genre d'adulte ?

	Oui	Non
- Votre père	☐	☐
- Votre mère	☐	☐
- Votre oncle/tante	☐	☐
- Votre grand-mère/grand-père	☐	☐
- Un ami de la famille	☐	☐
- Un voisin	☐	☐
- Un professeur	☐	☐
- L'infirmière scolaire	☐	☐
- Une assistante sociale	☐	☐
- Le Proviseur/ CPE	☐	☐
- Un médecin de votre choix	☐	☐
- Votre médecin de famille	☐	☐
- Un psychothérapeute	☐	☐
- Autre : précisez	☐	☐

23. On est alcoolique bien avant l'apparition de manifestations physiques. On est d'abord alcoolique « dans sa tête ». Si vous devenez dépendant de votre consommation, pensez-vous être capable de vous en rendre compte tout seul ? Pourquoi, comment ?
24. Ivre, vous est-il arrivé d'aller « plus loin » que vous ne le désiriez et de le regretter ensuite ? Exemples :

	Oui	Non
- vomir	☐	☐
- pleurer	☐	☐
- casser des objets	☐	☐
- agresser quelqu'un	☐	☐
- conduire	☐	☐
- « trop parler »	☐	☐
- insulter des gens	☐	☐

25. Selon vous, peut-on contraindre quelqu'un à se soigner si on estime qu'il est alcoolique ? Justifiez en quelques mots.
26. A votre avis, peut-on guérir de l'alcoolisme ?
27. Si oui, par quel moyen ?

	Oui	Non
- En se découvrant une passion	☐	☐
- Par la foi	☐	☐
- En allant à l'hôpital pour une cure de désintoxication	☐	☐
- En consultant un alcoologue	☐	☐
- En en parlant à sa famille	☐	☐
- En en parlant avec ses amis	☐	☐
- Tout seul, en prenant la décision d'arrêter de boire	☐	☐
- Autre, précisez :		

28. Comment définiriez-vous la guérison pour la personne alcoolique ?

	Oui	Non
- Ne plus jamais boire d'alcool	☐	☐

- Ne plus jamais avoir envie de boire d'alcool ☐ ☐
- Réussir à boire modérément, c'est-à-dire : ☐ ☐
- boire un petit peu tous les jours ☐ ☐
- ne s'autoriser qu'un excès par semaine ☐ ☐
- ne s'autoriser qu'un excès par mois ☐ ☐
- Entreprendre une thérapie ☐ ☐
- pour pouvoir re-consommer ☐ ☐
- pour chercher les raisons qui ont poussé à consommer ☐ ☐

29. Pensez-vous que cela pourra permettre à la personne alcoolique de re-consommer si elle parvient à comprendre pourquoi elle a bu ? Justifiez.

- Deuxième intervention

Relater brièvement vos impressions sur la façon qu'ont eu de s'alcooliser les différentes personnes ayant partagé les fêtes de noël et du Jour de l'An : en famille, avec les amis, etc. Avez-vous eu un regard nouveau, plus observateur que d'habitude ?
Quelle a été votre façon de consommer, plus raisonnable, comme d'habitude, etc. ?

- Questionnaire n°3- Dernière intervention

1. Quelles sont selon vous les raisons qui poussent à consommer de l'alcool plutôt qu'un autre produit ?
2. Sauriez-vous évaluer votre gestion personnelle de prise d'alcool ? Est-elle raisonnable, excessive, parfois dangereuse ? Et pour quelles raisons ?
3. Estimez-vous avoir un problème d'alcool ? Pourquoi ?
(Dans la mesure où cette question est très indiscrète, la personne pourra préférer ne pas répondre. L'honnêteté doit toujours s'évaluer vis à vis de soi-même et non vis à vis d'un tiers. Se mentir à soi-même conduit toujours vers de plus grandes souffrances qu'une sincérité même difficile à accepter)

Annexe 4 - Communiqué de presse de la Société Française de Santé Publique

Société française de santé publique
2, rue du Doyen Jacques-Parisot - BP 7 - 54501 Vandœuvre-lès-Nancy cedex FRANCE

Communiqué de presse - Paris le 18 octobre 2005

Création du Conseil de modération et de prévention
concernant les risques liés à la consommation d'alcool

La Société Française de Santé Publique (SFSP) s'inquiète de la création du conseil de modération et de prévention dont la mission est d'assister les pouvoirs publics dans l'élaboration et la mise en place des politiques de prévention relatives aux usages et aux risques liés aux boissons alcoolisées (décret no 2005-1249 du 4 octobre 2005). Ce conseil est créé par le ministère de l'agriculture et de la pêche. Ce n'est pas neutre, car ce ministère défend les intérêts des producteurs de boissons alcoolisées (citées dans le décret comme « boissons alcooliques ! ». Le projet de loi d'orientation agricole du 17 octobre 2005 va plus loin puisqu'il intègre dans la loi un amendement prévoyant la création dans un délai de deux mois d'une telle structure. Ce conseil devra être « consulté sur les projets de campagne de communication publique relative à la consommation des boissons alcoolisées et sur les projets de textes législatifs et réglementaires dans son domaine de compétence ». Cet amendement est porté par un député de la Côte d'Or. Ces dernières années, le volet alcool de la Loi Evin a été largement amoindri par de nombreux amendements. Les plus connus sont, en 1998, l'amendement buvette permettant aux groupements sportifs de vendre de l'alcool et, en 2005, l'autorisation d'intégrer dans les publicités sur l'alcool des références relatives aux terroirs de production, aux distinctions obtenues, aux appellations d'origine et des références objectives relatives à la couleur et aux caractéristiques olfactives et gustatives du produit. Depuis quelques mois, les médias relaient de nombreuses campagnes publicitaires qui auront probablement comme impact d'augmenter la consommation totale d'alcool en France. Instaurer un conseil de modération et de prévention vise à imposer de manière durable la notion très ambiguë de modération qui reste avant tout un moyen de favoriser la consommation par voie de publicité. Or, les acteurs de prévention pensent aujourd'hui qu'il faut cesser de promouvoir la modération compte tenu des appréciations subjectives différentes d'un individu à l'autre. Il convient, au contraire, de donner des repères de consommation en nombre de verres, de souligner les distinctions entre usage, abus et dépendance et de rappeler les dommages sanitaires et/ou sociaux, immédiats ou à long terme de la consommation d'alcool. La Société Française de Santé Publique (SFSP) rappelle que la France dispose d'un institut national de prévention et d'éducation pour la santé (INPES) sous la tutelle du ministère de la santé et deux missions interministérielles (la MILDT et la sécurité routière) très impliquées dans la prévention des problèmes liés à la consommation d'alcool. La multiplication des instances consultatives - *a fortiori* lorsqu'elles associent les entreprises et organisations professionnelles du domaine de la production et de la distribution de boissons alcoolisées - la dilution des responsabilités ne peuvent être que des freins à la mise en oeuvre d'une politique de prévention qui doit être protégée des lobbies industriels. La création du conseil de modération est, de fait, un nouveau détournement de la Loi Evin. La SFSP demande que soit réaffirmé le principe de la loi Evin, la prééminence et l'indépendance du ministère de la santé dans la conduite de la politique de prévention

Contact : Société française de santé publique

Annexe 5 - Exemples de comptes-rendus internes rédigés après chaque intervention[1]

Groupe 1 – lundi 31 mars 2003 – Intervention 3 (intervention écourtée en raison d'une mauvaise organisation)

« Je n'ai pas compté combien ils étaient, peut-être 13 ou 14. Pas de questionnaire distribué car intervention commencée en retard, et comme c'est un groupe qui parle bien, je ne voulais pas « perdre de temps », le support papier servant aussi de trace pour ceux qui ne parviennent pas à parler d'alcool.

[1] La formulation des comptes-rendus est restée volontairement inchangée, car rédigée sur le vif et reflétant beaucoup plus un ressenti, sans véritable interprétation, et dont l'objectif était de mettre sur papier pour mémoire les réflexions et questionnements des élèves. Une certaine familiarité de style peut donc être présente. Seuls les noms des élèves ont été modifiés par respect de leur anonymat.

Intervention axée sur l'effet miroir recherché dans les copains d'alcoolisation, quête d'identité toute sa vie, et ce passage qu'ils traversent actuellement est une quête de qui ils sont. Période où ils ne sont pas encore individualisés, reflet de ce que leur entourage pense d'eux.
Difficile de résumer car discussion à bâtons rompus.
C'est un groupe que j'aimerai suivre l'an prochain. Elève 1 absent, beaucoup d'absents en fait.
Quelques élèves, toujours les mêmes, sont venus prendre mon numéro de téléphone quand je leur disais qu'il serait à l'infirmerie : élève 2, élèves 3 et 4, et deux autres ? L'élève 5 n'est pas venu discuter à la fin cette fois, s'était fait prendre ivre mort au pastis récemment, l'a dit en classe et cela faisait rire tous ses camarades qui l'avaient couché, etc. Banalisation.
Je n'ai pas eu assez de temps ».
Commentaires
L'élève 1 est celui qui s'était présenté lors de la première intervention après avoir fumé un joint, parce qu'il n'avait pas été prévenu de l'intervention (c'est ce qu'il nous a dit lors de la deuxième intervention, puisque nous en avions reparlé). L'élève 2, d'origine rurale, pratiquait volontiers pour faire passer son stress le MotoCross ou utilisait la voiture de ses parents pour faire de la grande vitesse sur la plage. Les élèves 3 et 4, frères originaires de Thaïlande, ont beaucoup partagé sur les rituels d'alcoolisation familiaux en Thaïlande. C'est l'un de ces élèves qui nous a posé la question de « l'alcoolisme du week-end ». L'élève 5 enfin fut l'un des deux que nous avons souhaité rencontrer en face à face avant la fin de l'année. Agé de 19 ans, élevé par sa mère, consomme très souvent seul joints et alcool très régulièrement. Il a eu pour ami (ils ne se voient plus) un garçon dont le père occupait un très haut poste dans la finance et qui faisait profiter à certains de ses amis aussi esseulés que lui l'appartement familial déserté pour fumer et s'enivrer des journées entières, une version adolescente de François Truffaut et de son ami Robert Lachaume parfaitement illustrée dans « Les 400 coups ».

Groupe 2 – Jeudi 3 avril 2003 – Intervention 3
« 18 garçons dont deux nouveaux. Garçon agitateur (blond costaud) absent et salle pastorale de nouveau ont été deux atouts pour qu'enfin le groupe fonctionne. Groupe avec lequel j'ai jusqu'à présent rencontré beaucoup de difficultés de discipline, mais également à intéresser les élèves.
Début peu prometteur une fois encore. Je veux leur parler d'actualité, ça ne les intéresse pas : pourtant la Bretagne est classée n°1 en matière d'accidents de la route dus à l'alcool. Un élève (gros fumeur de joints) me dit que je ne sais pas m'y prendre (sic), je leur répète alors qu'ils sont l'exemple même de ce sur quoi je travaille : le fait d'éluder le sujet alcool en tant que pathologie de compulsion. A chaque fois que je leur ai demandé de me parler d'alcool ou de leur consommation, j'ai eu comme réponses des rires, des blagues, de l'ironie ou du silence. Tout le monde est capable de balancer des âneries et c'est tout. Je leur dis alors que je comprends que certains puissent ne pas être concernés par l'alcool, quelqu'un m'interrompt en me disant qu'il y en a qui ne boivent pas, je leur réponds que ça ne les empêche pas de parler « sur » l'alcool. Première étape, ils ont compris le côté totem/ tabou.
Je leur parle alors de l'actualité du lycée : beaucoup d'élèves ont été pincés ivres en rentrant de leur heure de sortie. Ça démarre lentement, un élève (nouveau) reconnaît que ça lui est arrivé plusieurs fois. Je pose la question du plaisir à se faire pincer ??? D'abord ils n'ont qu'une heure de sortie, etc. Ensuite, ils parlent un peu de l'interdit, mais surtout du fait qu'ils s'ennuient, que c'est dur l'internat, etc.
Là-dessus, comme seulement quelques élèves interviennent, je leur parle de mon compte-rendu précédent en leur disant à quel point je les trouvais très matures, qu'ils avaient souvent des réflexions très intelligentes, et que cela était sûrement en partie le fait de leur parcours scolaire, pas toujours très facile. Celui-ci laisse en effet penser que l'ego, l'orgueil a été quelque peu « rogné » et que le sentiment de toute puissance infantile qui peut encore exister à cet âge peut déjà les avoir quittés. J'obtiens alors un début d'attention que je n'ai

jamais eu. Je leur dit que contrairement à ce qu'ils pensent peut-être, c'est une chance qu'ils ont là (non pas tant l'échec en tant que tel mais les questionnements et remises en question que toute épreuve apporte) et qu'il ne faut pas la gâcher, qu'ils doivent continuer à se poser des questions, à chercher le sens qui se cache derrière leurs actes, pourquoi ils boivent, ils fument, etc. Ce que j'exprime par questionnement, ils le comprennent assez mal ou ne sont pas intéressés, en tout cas lorsque je l'exprime comme ça.
Je finis par leur faire reconnaître, en tout cas pour ceux qui s'expriment, qu'ils ne boivent pas de la même façon à l'internat et le week-end, que quelle que soit la quantité, c'est surtout le mobile qui les pousse à boire qui importe. C'est une façon de faire taire une souffrance. L'élève nouveau me dit que boire, c'est une façon de faire avec ce qu'il vit, ce à quoi je réponds que faire avec, ce serait s'accommoder de la réalité, toute difficile qu'elle soit, sans faire taire la souffrance avec un produit. Je leur parle alors de la mémoire du corps : dans dix ans, si arrive une grosse épreuve, le corps se souviendra et se tournera vers l'alcool naturellement parce que celui-ci aura fait effet dix ans auparavant. D'où prudence !!!
Je leur parle également d'une autre conduite dangereuse, celle qui consiste à supporter son quotidien parce que l'on sait que quand arrivera le week-end, on pourra boire, voire s'autoriser à boire, et là aussi, l'alcoolisme (ultérieur) peut se cacher sous cette forme. Tout n'est pas une question de consommation compulsive en cachette la semaine à l'internat.
Groupe avec lequel j'ai pu enfin, au bout de trois séances, capter l'attention et faire passer le message ».
Commentaires
Deux de nos idées reçues ont été mises en échec avec ce groupe.
- De manière générale, l'actualité sur l'alcool ne les intéresse pas vraiment, même s'il s'agit d'une actualité très proche de leur réalité (internat, « particularisme breton », etc.). Au contraire, tout ce qui les concerne personnellement les intéresse, mais il leur est alors plus difficile de s'exprimer dessus sans porter atteinte à une pudeur que la présence de l'intervenant, mais aussi d'autres élèves non intimes, exacerbe. Il est donc parfois difficile de trouver le sujet qui les touchera de près sans pour autant les obliger à trop se dévoiler. Nous avons avec ce groupe trouver l'équilibre avec comme sujet à traiter « l'alcoolisation dans le cadre de l'internat ». Nous l'appliquerons par la suite pour cette dernière intervention à tous les autres groupes lorsque nous rencontrerons des difficultés de contact.
- Bien que disposant pour certains de difficultés à bien exprimer l'exactitude de leur pensée, rares sont néanmoins les élèves qui ont refusé de théoriser sur le thème de l'alcoolisme, ou de leur consommation d'alcool en général. Et plus les élèves étaient issus de sections appréciées par eux comme par leurs pairs comme non prestigieuses, plus ils exprimaient un goût prononcé pour les explications que nous appellerons « compliquées » - sociologiques, psychologiques, psychanalytiques, etc. Dans ce contexte, nous avons une fois encore pu constater de nos yeux que le message descendait directement dans le corps, sans passer par un décryptage intellectuel, qui freine souvent la compréhension d'un message.
Notre conclusion avec ce groupe est également de constater, contre notre gré, que l'absence de certains élèves très perturbateurs, a largement contribué à une véritable prise de contact avec le reste de groupe, beaucoup plus sous l'influence de ces élèves lorsqu'ils étaient présents. Nous n'avons pas, à ce jour, trouvé la solution à ce type de contexte, sauf à toucher intimement ces élèves, comme ce fut le cas avec l'élève du groupe 5 lors de la dernière intervention (élève avec alcoolisme familial sur au moins deux générations).

Groupe 3 – Lundi 12 mai 2003 – Intervention 3
Groupe des secondes générales, très difficile à aborder depuis le début, car tous les élèves refusent de s'interroger sur TOUT !!!

Sur le pourquoi d'une alcoolisation « assommoir » (une fille prise sur le fait car a vomi. Elle avait bu avec 3 amies quatre bouteilles de mousseux).
Alors que je l'interrogeais sur l'objectif recherché, je n'obtiens d'autre explication que « changer d'ambiance », « pourquoi se poser des questions quand on n'a pas de réponses ! ».
Je note des contradictions dans leurs propos toutes les deux phrases sur les raisons qui les poussent à boire ainsi dans le carde de l'internat : alors qu'une élève me répond « c'est parce qu'on s'entend bien, on se connaît », elle intervient par la suite pour répondre « c'est parce qu'on a rien à se dire ». Une autre me répond « c'est pour discuter », puis consciente de ce que sa réponse ne peut être exacte (ivresse au point de vomir), rectifie et dit « enfin, non ! ». Une troisième propose « pour se changer les idées, mais pas tout à fait parce que l'internat c'est quand même bien », pour conclure trois minutes plus tard que finalement « l'internat, c'est la prison ! ».
En leur faisant remarquer leurs contradictions, je n'obtiens en réponse que silence.
Remarque sur discussions à bâtons rompus : jugement de nombreux élèves des sections techniques sur le mode de boire : « Ils boivent plus que nous ».
J'aborde à la fin de l'intervention l'alcoolisation pathologique et cite l'exemple de l'ivresse immédiate dès le premier verre qui n'empêche nullement de consommer sans limites par la suite. Une élève (fille) me fait remarquer : « Tant mieux pour la personne, comme ça, ça lui coûte moins cher, et puis elle a son trip plus vite ». Et elle est sérieuse !!!
Semblant d'interprétation : élèves très immatures, dans une tranche d'âge où l'insécurité identitaire prédomine, no man's land identitaire. La boisson est alors vécue comme un rite d'appartenance, effet miroir rassurant. Les élèves, filles autant que garçons, ne veulent ABSOLUMENT pas se questionner, sur RIEN, puisqu'ils ne savent pas, plus du tout, qui ils sont. Contrairement aux élèves de 4ème et 3ème, qui se situent avant cette période, même si ne pouvons pas nier que le début de l'adolescence commence plus tôt (sorte de préadolescence non concomitante du début de la puberté). Peut-être décalage corps/psychisme laisse t-il encore une possibilité de se situer sur le plan identitaire ? De même pour les classes techno et industrielles : la vie s'est chargée de les faire réfléchir.
Commentaires
Durant les trois interventions, nous avons été en difficulté avec ce groupe, peut-être même plus avec les élèves filles que les garçons. Celles-ci, lorsqu'elles consomment, le font de la même façon que les garçons, avec pour objectif d'atteindre l'ivresse le plus rapidement possible comme cela est rapporté dans le compte-rendu.
Les élèves sont convaincus d'être dans leur bon droit (la jeunesse autorise toutes les expériences, tous les abus), et de ce fait ne distinguent pas le passage à l'acte de la réflexion. Puisqu'ils revendiquent comme légitime la possibilité de s'alcooliser, voire même plus de s'enivrer, dès lors il leur semble absolument inutile de s'interroger sur les raisons qui les poussent à ces actes. Même le désarroi propre à la vie en internat ne semble pas vouloir être évoqué, en tout cas pas en lien avec l'acte de boire. Comme si la prise de conscience du lien de cause à effet leur rendrait cette réalité encore plus difficile à supporter. Aussi préfèrent-ils ne pas se questionner sur les raisons qui les poussent à boire de l'alcool de façon compulsive, dans l'espoir de se laisser consciemment duper sur le côté festif qu'ils se font du produit alcool. Groupe qui nous a mis en échec.

Groupe 5 – Lundi 14 avril 2003[1] – Intervention 3
22 garçons dont les deux grands agités revenus dans leur groupe[1] pour cette dernière intervention.

[1] Il y a eu interversion des dates d'interventions pour les groupes 3 et 5, mais par souci de cohérence, nous avons conservé le numéro de chaque groupe attribué en début d'intervention.

Groupe qui a bien fonctionné, du fait je crois d'une certaine familiarité installée lors de cette troisième intervention. L'efficacité des trois interventions s'est encore justifiée aujourd'hui.

Je n'ai même pas parlé de l'actualité : un garçon renvoyé plusieurs jours car pris sur le fait – ivre mort, a vomi. D'autres de ses camarades avec lui le jour J présents mais se sont peu exprimé sur le sujet.

J'ai entamé le débat sur le thème suivant : « Pourquoi prendre le risque de se faire prendre ? », agrémenté de questions connexes : raisons qui poussent à mal consommer en internat. Les élèves reconnaissent qu'ils s'ennuient, que c'est la prison, etc., mais lorsque je leur fais remarquer qu'il y a de la souffrance dans leurs propos, ils nient. En fait, ils ont beaucoup de difficultés à s'avouer qu'ils souffrent, et surtout que ce qu'ils vivent est bien plus difficile qu'ils veulent bien le reconnaître.

Cela dit, ils ont plus ou moins compris et ont entendu, moins bien que le groupe 2 malheureusement m'a t-il semblé, l'histoire de la mémoire du corps et la répétition dans les années à venir si un gros problème survenait, une épreuve qu'ils ne pourraient pas surmonter autrement qu'avec l'aide fictive (et inutile) de l'alcool ou de tout autre produit créant une dépendance.

Je leur ai pris l'exemple de mon père : moins d'effet que sur le groupe 2 également.

J'ai demandé pour ceux qui souhaitaient répondre, qui avait une personne alcoolique dans sa famille : un des deux garçons agités m'a dit que son oncle (frère de sa mère) l'était. Je lui ai demandé si leur père (son grand-père maternel donc) l'était également. Il a eu l'air surpris et m'a répondu que oui, il buvait comme un trou mais qu'il était mort, donc plus de souci (sic). Je lui ai alors dit : « Oui, mais toi tu es vivant ». Il m'a regardé interloqué. Je lui ai dit de bien faire attention, déjà deux générations d'alcooliques, que chez lui, le passage à l'acte est facilité par un mimétisme familial et donc dénué de culpabilité. Il a paru bien entendre. Etonnant.

Commentaires

Le groupe 5 fut une belle démonstration de la nécessité d'effectuer un travail de suivi auprès des élèves afin d'améliorer le contact et que chacun, l'élève et l'intervenant, fassent plus ample connaissance dans un souci de rapport de confiance pouvant conduire l'un comme l'autre à mieux comprendre ce processus qu'est l'alcoolisme.

Le deuxième constat, c'est qu'il est toujours possible de faire passer un message en dépit d'un possible « mauvais départ » lors de la première intervention.

Mais surtout, cette intervention nous a montré une fois de plus qu'il convient véritablement d'ajuster chaque contenu d'intervention à chaque groupe, et même plus de réajuster le contenu au fur et à mesure que se déroule la rencontre. C'est la voie que nous avons suivie, si bien que chaque intervention se révèle bien souvent être unique en son genre, guidée par la parole des élèves, par leurs questions et réactions à un sujet.

Enfin, il convient de rappeler que certains élèves se montrent particulièrement turbulents lors de nos interventions (ou particulièrement muets), et force est de reconnaître que c'est souvent parce qu'ils se sentent *très* concernés par le sujet, et que leur réaction peut aussi bien être interprétée comme un double message très cohérent : « une partie de moi ne veut pas entendre parler de ce sujet, mais une autre partie de moi réclame que l'on remarque ma gêne à entendre traiter ce même sujet », ce que nous traduisons par la nécessité pour nous d'être extrêmement vigilants et questionneurs avec ces élèves.

[1] La composition des groupes n'est jamais restée totalement la même, certains élèves absents lors de l'intervention dans leur groupe d'origine ayant eu la possibilité d'assister pour la même intervention à un « rattrapage » dans un autre groupe. Ces modifications sont néanmoins demeurées exception.

Annexe 6 – Comptes-rendus de l'année 2002-2003 des interventions effectuées auprès des élèves d'internat de l'établissement Le Likès

Compte-rendu de la première intervention

Pour chaque groupe, exception faite du premier groupe qui a préféré procéder de façon inverse, la première intervention s'est déroulée de la façon suivante :

1) les élèves ont rempli le questionnaire

2) une discussion a suivi autour des différentes représentations concernant l'alcoolisme en France

⇒ définition de la personne alcoolique

⇒ pratique d'alcoolisation de chaque élève

⇒ différences de représentation du fumeur de cigarettes/joints et du buveur

⇒ consommation d'alcool et internat

⇒ image de soi et consommation d'alcool

⇒ etc.

Au cours des échanges, nous avons pu relever certaines constantes, confirmées par les réponses apportées par les élèves au premier questionnaire.

1) Les élèves confondent la personne alcoolique avec la personne ivre, bien qu'ils aient pour la plupart, par écrit, une représentation beaucoup plus proche de la réalité, qu'il s'agisse de l'âge, de la pratique – quantité, régularité, etc.

⇒ perception d'un symptôme visible, d'une manifestation de l'alcoolisme à un stade avancé du processus d'installation de la maladie, soit bien des années après les débuts de consommation : la personne en état d'ivresse permanent.

2) A la question : « qui n'a jamais bu d'alcool ? », plusieurs élèves ont répondu de manière positive alors qu'ils avaient déjà tous bu du cidre.

⇒ autre représentation : le cidre ne serait pas de l'alcool car faiblement alcoolisé, donc pas dangereux.

3) Difficulté à définir le mot ivresse. Pour beaucoup, il s'agit d'une grosse « cuite », où il faut avoir beaucoup consommé. Ainsi, à la question « Qui a déjà connu l'ivresse ? », il a fallu redéfinir cet état pour que les élèves puissent y répondre avec précision.

⇒ Comme précédemment, représentation de la personne alcoolique comme quelqu'un qui est en permanence dans la démonstration spectaculaire, manifeste de sa maladie.

4) Une remarque sur l'alcoolisme, problématique que l'on rencontrerait plus fréquemment dans les classes sociales défavorisées.

⇒ Autre représentation qui consiste à croire que l'alcoolisme ne concerne que les pauvres, les ouvriers.

5) Dans leur expérience de l'alcool, beaucoup consomment (et commencent à consommer) par mimétisme, simplement pour ne pas se retrouver seul à ne pas consommer au milieu de buveurs.

6) D'autres connaissent déjà, au contraire, une expérience douloureuse de l'alcoolisation : réponses à la question n°3 du questionnaire n°1 : « Quelles sont les raisons qui vous donnent envie de consommer ?") « pour oublier », « pour fuir la réalité », « problèmes familiaux, personnels », etc.

7) D'une manière générale, les filles répondent avec beaucoup plus de sensibilité à la question n°4 et perçoivent mieux la mixité de l'alcoolisme et de la dépression.

Compte-rendu de la deuxième intervention

L'objectif de la deuxième intervention était d'une part de faire plus ample connaissance avec les élèves rencontrés une première fois avant les vacances de Noël, avec pour priorité d'établir un dialogue plus confidentiel, et d'autre part d'aborder le sujet de l'alcoolisme de façon plus profonde mais surtout plus personnelle, notamment par rapport à leur propre consommation.

Les deux objectifs nous ont paru atteints avec les élèves qui non seulement ne rencontrent pas de difficultés majeures à s'exprimer sur leurs propres émotions et sentiments, mais affichent également une curiosité très saine à progresser dans la connaissance de qui ils sont. En cela, le thème de l'alcoolisme ne leur a pas posé de problèmes. Par contre, certains élèves rencontrent d'énormes difficultés à s'exprimer à l'oral, quel que soit le sujet, et ce même si l'alcool ne semble pas les concerner. Face à ce type de personnalités, deux, et même trois interventions, semblent bien insuffisantes. Nous ne pensons pas cependant que le message diffusé n'ait pas été enregistré.

Au contraire, deux catégories d'élèves semblent, au moins pour le moment, assez hermétiques au sujet : ceux qui n'ont pu affiché que mutisme, voire hostilité, pour lesquels, nous semble t-il, il s'agit presque d'un code d'honneur que de ne pas s'adresser à « l'Autre », « l'Etranger », l'intervenant donc, surtout lorsqu'il s'agit de questions intimes ; la seconde catégorie regroupe les éternels petits agités, amuseurs publics, affichant une grande assurance de façade parce qu'ils sont encore à un âge où ils sont incapables d'exposer leurs fragilités. Ils sont donc également difficiles à aborder, et ne manquent pas de couvrir de leurs interventions hors sujet les questions qui les obligeraient à se dévoiler et faire tomber le masque. Pour ceux-là, il nous a semblé que les revoir à un âge plus avancé serait peut-être plus judicieux.

L'organisation de la deuxième intervention s'est déroulée de la façon suivante :

1. bref compte-rendu du premier questionnaire en incitant les élèves à réagir sur certaines de leurs réponses (exemples : « *l'alcoolisme existe surtout dans les classes sociales défavorisées* », ou encore sur une réponse humoristique à la question de la définition de la personne alcoolique : *« Quelqu'un qui va à Shopi tous les jours pour acheter du rouge et qui dit que c'est pour faire du coq au vin »*, ou encore les différences existant entre un ivrogne et un alcoolique) ;

2. distribution des questionnaires, notamment d'un quatre pages établi en fonction des réactions des élèves lors de la première intervention sur le thème de l'alcoolisme, mais également sur celui du tabagisme. Cette autre dépendance a été aussi abordée avec les élèves dans un but comparatif, car tout en pratiquant régulièrement les deux (alcoolisation, tabac, et/ou joint), les représentations des dangers qu'ils encourent sont radicalement différents ;

3. enfin, une nouvelle discussion s'est ouverte, principalement axée autour des raisons qui les font consommer, de leur dépendance à certaines pratiques et du sens qu'ils donnent à leurs expériences.

Remarques concernant le bon fonctionnement des groupes

1. Moins il y a d'élèves, et plus la qualité de l'échange durant l'intervention est de qualité. Un groupe – 21 élèves – n'a d'ailleurs pas bien fonctionné en partie à cause de cela.

2. L'heure tardive ajoutée à certaines périodes d'examens ou de rencontres parents/professeurs ont également perturbé la concentration de certains élèves, de toute façon moins motivés que leurs camarades.

3. De manière générale, les groupes dont les élèves proviennent de sections techniques/professionnelles participent beaucoup plus activement aux échanges que ne le font les sections générales/européennes, et cela pour différentes raisons :

⇒ il s'agit d'élèves qui ont pour la plupart connu l'échec scolaire, les remises en question de leur avenir scolaire et professionnel, et qui ont pu déjà pratiqué l'autocritique ou, plus simplement, ont été obligés de revoir leurs projets à la baisse, et ont donc été contraints à une plus grande humilité, à l'acceptation de leurs limites, etc. Les sections classiques nous ont semblé encore, pour certains, dans l'illusion de leur toute puissance, la vie les ayant, au moins sur le plan scolaire, peut-être plus épargnés ;

⇒ les élèves des sections professionnelles/techniques nous ont également paru être des personnes qui sont déjà beaucoup plus individualisées que ne le sont leurs camarades des sections générales/européennes. Ils savent prendre la parole et s'exprimer en leur nom, sont déjà plus « détachés » d'un discours encore imprégné de leur milieu d'origine (familial, socioculturel, etc.). Ils sont également déjà plus proches de la vie active et donc plus matures ;

⇒ surtout, le fait que l'intervention ne soit pas une matière scolaire tout en étant obligatoire a amené différentes réactions : soit l'élève est intéressé, et curieux de toute nouvelle information, même si celle-ci ne lui « rapporte » rien sur le plan de la réussite purement scolaire, soit au contraire la matière n'est pas notée, et elle est donc inutile, source de perte de temps. Encore une fois, d'une manière générale, les sections techniques/professionnelles étaient beaucoup plus à l'écoute que les autres, ce qui ne signifie pas cependant qu'ils aient une expérience de l'alcoolisation plus précoce ou plus dangereuse que leurs camarades des sections générales/européennes ;

⇒ une attention particulière doit enfin être donnée aux jeunes élèves de 4ème/3ème, qui ont non seulement des raisonnements très affinés, une grande curiosité et ce en dépit du fait que cela ne soit pas noté, mais ont également jusqu'à présent participé activement aux deux interventions.

Remarques concernant les questionnaires …

1. Concernant les questions 11, 12 et 13 sur les consommations de cigarettes/joints et alcool, il semble plus facile pour les garçons d'avouer qu'ils consomment de l'alcool car dans leur représentation, ils échappent encore à la dépendance (qu'ils associent à de fortes doses quotidiennes et/ou à des manifestations « ivrognesses ») et n'ont donc pas une image top dépréciée d'eux-mêmes, d'où une plus grande facilité à l'avouer. Donc, dans leur représentation, ils sont à un âge où l'on court moins de risques d'être dépendant de l'alcool plutôt que de la cigarette. A contrario, l'image d'une fille qui boit est beaucoup plus dévalorisante, dans la représentation des filles comme dans celle des garçons, car la consommation est systématiquement associée à un état d'ivresse, mais également dans ce que les élèves prêtent aux représentations de leurs propres parents sur la question (« *Il est plus dur de dire que l'on boit, ce n'est pas facile, ce n'est pas dans les mœurs de nos jours* », réponse d'une jeune fille à la question 12 ; « *Il est plus difficile de dire que je consomme de l'alcool, fumer est plus courant et plus permis, et pour mes parents, c'est plus normal qu'un garçon boive qu'une fille, pour une fille ça fait pas sérieux !* », réponse d'un garçon à la question 13) .

Il est donc plus facile pour les filles d'avouer qu'elles fument même si la dangerosité du produit n'est plus à démontrer. Les filles pensent également que l'on risque d'être dépendant à leur âge de la cigarette bien plus que de l'alcool. Cette représentation du processus de la dépendance est notamment due au fait qu'elles ne s'imaginent pas consommer de l'alcool avec la même régularité et le même besoin qu'elles connaissent

lorsqu'elles fument : un petit peu tous les jours pour la cigarette, alors qu'elles peuvent ne boire que lorsqu'elles vont en boîte de nuit ou le samedi soir avec des amis, etc., il ne s'agit alors plus d'un geste quotidien. De plus, la dépendance à l'alcool, ne l'oublions pas, est dans leur esprit associée à des marques physiques visibles dont elles sont encore loin, alors qu'elles sont tout à fait conscientes de déjà ne plus pouvoir se passer de leurs cigarettes.
Fréquemment, les parents sont informés de la consommation de cigarettes (en général, soit les parents ont interrogé leurs enfants, soit le plus souvent ces derniers se sont faits surprendre une cigarette à la bouche), mais ne sont pas d'accord, quoique relativement impuissants quant au suivi de l'interdit s'il est posé (rarement selon les témoignages des élèves). Plusieurs remarques également dans le sens de l'identification, qu'il s'agisse de filles ou de garçons : quand les parents ne fument pas, il est plus difficile de leur avouer la cigarette mais comme la majorité d'entre eux consomment de l'alcool, ils peuvent difficilement interdire ce qu'ils pratiquent. La réponse faite à la question 8 le confirme indirectement : beaucoup sont autorisés à consommer en famille à l'occasion d'événements particuliers, en l'honneur de quelque chose, pour fêter un anniversaire, etc., mais ce qui est traditionnellement accepté pour la consommation d'alcool, on l'imagine difficilement pour la cigarette !

2. De manière générale – qu'il s'agisse d'alcool ou non -, les élèves interrogés préfèrent se confier à un proche (famille ou ami) quand ils rencontrent un problème personnel (questions 20, 21 et 22). Cette réponse est apportée, que les élèves aient réellement fait la démarche d'aller se confier à quelqu'un ou qu'ils pensent que c'est la position qu'ils tiendraient en cas de problèmes. Dans la réalité, un élève sur 4 fait l'expérience de la confiance en autrui, car beaucoup ont répondu qu'ils ne se confiaient pas. C'est ce que confirment également leurs réponses à la question 27 sur les moyens dont dispose la personne alcoolique pour « guérir » : les élèves préfèrent également penser que les amis, les proches sont d'un plus grand secours qu'un professionnel, alors que bien souvent 1) le milieu familial est pathogène et 2) les amis ont souvent été choisis parce qu'ils correspondaient au profil « compagnon de beuverie ».
De la même façon, rares sont ceux qui pensent que l'on peut guérir de l'alcoolisme par la foi (la confiance donc), alors que dans la réalité c'est ce seul appui sur lequel les personnes alcooliques peuvent compter pour véritablement « guérir » (c'est-à-dire vivre heureux sans alcool)[1].

3. Dans la même logique, les réponses apportées aux questions 25 à 29 indiquent que les élèves estiment plus nécessaire à la guérison de la personne alcoolique la cure de désintoxication plutôt qu'un suivi par un alcoologue, l'alcoolisme étant essentiellement pour eux une maladie physique (représentation de la personne alcoolique « en fin de parcours », présentant des alcoolopathies : cirrhose, pancréatite, etc.), le psychisme ne nécessitant pas de ce fait d'être soigné. Pour eux, l'alcoolisme est avant tout une dépendance physique, d'où l'absence de conscience qu'il faut passer par une thérapie, la désintoxication suffit.
Cette position est majoritairement confirmée dans les réponses à la question 29 : les élèves pensent que la personne alcoolique, une fois « guérie », peut re-consommer, mais pas de n'importe quelle façon : leur représentation est celle d'une consommation compulsive :

[1] Il s'agit-là d'un autre débat – la « guérison » de la personne alcoolique, mais il était intéressant de noter que pour la majorité des élèves (… sur …), la foi n'est pas vecteur de guérison, d'allègement de la peine ou de la souffrance.

boire modérément, boire « normalement » donc[1] pour eux signifie plus volontiers s'autoriser régulièrement des cuites plutôt que de consommer un petit peu tous les jours.
Leurs réponses sont d'ailleurs fréquemment contradictoires entre la nécessité 1) de ne plus jamais consommer pour guérir de l'alcoolisme, abstinence totale et définitive donc, tout en 2) prônant la consommation modérée, voire avec quelques cuites possibles (question 28), la représentation de l'abstinence totale et définitive étant pour eux synonyme d'exclusion sociale dans notre société (et là ils ont raison, d'où cette contradiction par écrit, parce que lorsqu'on les interroge à l'oral sur la guérison de la personne alcoolique, ils ne peuvent que constater la nécessaire abstinence totale et définitive. Imaginer une sociabilité sans alcool leur est beaucoup plus difficile).
Cette contradiction est confirmée par les réponses apportées à la question 29, où l'on veut croire que, même pour les réponses les plus cohérentes, entreprendre une thérapie doit servir à comprendre pourquoi l'on a bu, mais également à re-consommer.
Conclusion
Il ressort de cette deuxième session un constat surprenant : boire normalement semble constituer un objectif en soi, un projet qui mobilise les énergies individuelles. Ce « boire normalement » est constitutif d'une acceptation sociale, familiale ou amicale.
Cette mobilisation « positive » d'énergie, c'est-à-dire réclamant des efforts physiques et psychologiques, signale un déficit identitaire inquiétant que les jeunes refusent d'explorer. La dimension du sacrifice d'une partie de soi passe par l'alcoolisation collective. Dans notre société française, l'alcoolisation comme ciment social constitue un vecteur identitaire jusqu'à aujourd'hui irréductible. Les jeunes sont conscients d'un véritable danger à ne plus emprunter ce chemin de l'alcoolisation « intégrante », au point tel que la cure de désintoxication apparaît comme une étape nécessaire et acceptée qui offre à l'individu qui a en quelque sorte « raté » son alcoolisation une nouvelle chance de s'alcooliser normalement.
La lucidité avec laquelle les élèves livrent cette vérité plus que décourageante est symptomatique de l'alcoolisation vécue comme un ciment social par excellence.

Compte-rendu de la dernière intervention
L'objectif de la troisième et dernière intervention était d'aborder avec les élèves la spécificité de leur consommation d'alcool dans le cadre de l'internat dans une période qui justement faisait suite à de nombreux incidents (élèves retrouvés ivres, malades, etc.).
Nous ne pouvions espérer meilleure illustration de nos propos que des ivresses rapides provoquées par un alcool de mauvaise qualité et ingéré en une demi-heure de temps.
Remarques
⇒ Tout d'abord, la nécessité de trois interventions s'est révélée nécessaire et efficace. A plusieurs reprises, nous avons pu créer une brèche dans la réflexion de nombreux élèves en réadaptant le contenu de nos interventions à la tendance générale ressentie pour chaque groupe. Il est même certains groupes (deux en fait) dont nous avons enfin pu capter l'attention lors des deux dernières interventions uniquement.
⇒ Un seul groupe est resté très hermétique en raison notamment, comme nous l'avions exposé lors du compte-rendu de la deuxième intervention, de l'immaturité des élèves et de leur incapacité à se questionner sur leurs agissements.

[1] Boire normalement ou boire modérément signifie dans leur représentation boire en donnant un sens collectif, familial, social ou amical à cette pratique.

⇒ Nous avons cependant douté de la nécessité du nombre de trois interventions pour les élèves de collège, pour lesquels deux rencontres auraient probablement suffit dans la mesure où contrairement à leurs camarades plus âgés, ils ne rencontrent pas encore de difficultés majeures à s'exprimer sur le sujet (c'est-à-dire qu'ils ne sont pas encore dans le déni), et que d'autre part la consommation d'alcool représente surtout pour eux un rite de passage. Néanmoins, c'est seulement lors de la troisième intervention que nous avons pu repérer un élève présentant de sérieuses difficultés. Enfin, et par extension, ce sont ces mêmes élèves qui, à la question « ces interventions vous ont-elles été utiles ? », nous ont répondu qu'elles l'auraient été d'autant plus si elles avaient eu lieu plus tôt, leur consommation d'alcool ayant commencé bien avant. A méditer …

Déroulement de la dernière intervention

⇒ Nous avons questionné les élèves afin de connaître lesquels parmi eux avaient été pris en « flagrant délit d'ivresse ». Tous se sont manifesté, et il est à noter qu'ils éprouvent un besoin certain de parler d'alcool et de leur alcoolisations excessives. Nous avons pu discuté sur les raisons d'une telle pratique (« tuer le temps » est revenu souvent, la souffrance d'être enfermé également) et sur le risque inconsidéré de se faire repérer par l'institution (il n'est peut-être pas inutile de rappeler ici que certains de ces élèves s'adressent directement par ce moyen aux représentants de l'institution et encore plus à ceux qu'ils représentent, leurs représentants légaux. L'alcool est alors utilisé comme un substitut à la parole et ne présente pas forcément de danger pour l'élève).

⇒ Nous leur avons demandé si le fait d'avoir plus de temps libre dans le cadre de l'internat les amènerait à « mieux » consommer, voire à ne pas avoir à consommer du fait d'une plus grande liberté de mouvement (ce dont ils disent souffrir). Tous s'accordent à penser qu'ils consommeraient de la même façon, si ce n'est plus. En première lecture, cette consommation « assommoir » ne serait donc pas spécifiquement liée à un manque de liberté. Elle traduirait plutôt une difficulté à accepter une réalité déplaisante pour eux sans l'accompagnement toxique de l'alcool et/ou des joints - cigarettes. Ce serait donc plus une question d'individu que de contexte, bien qu'évidemment ce dernier joue sur la façon qu'a l'élève de s'adapter. Dans ce cas, plus l'épreuve apparaît difficile à surmonter, plus l'élève est fragile, et plus il aura recours à l'alcool ou à tout autre produit toxique pour affronter sa réalité.

⇒ Lors de cette troisième intervention, nous avons volontairement évité toute comparaison avec les consommations du week-end afin de faire réfléchir les élèves sur ce qui paraissait le plus urgent. Le message passé, nous ne doutons pas que cette information trouve également écho dans l'abus de consommation d'alcool hors internat. Mais il faut laisser au message le temps de s'imprégner, que l'élève se réapproprie ce qu'il a entendu (c'est ainsi qu'un élève, lors de la troisième intervention, s'est réapproprié les propos que nous lui tenions sur les dangers de ce que nous appellerons « l'alcoolisation sans plaisir dans le cadre de l'internat » dans les termes suivants : « *Cela n'est donc pas bien de boire la semaine* »).

⇒ Afin de convaincre chaque élève de chaque groupe des risques qu'il y a à banaliser leur consommation non festive, leurs ivresses censées passer le temps, nous avons tenté de leur faire entendre ce qui a été défini dans le paragraphe précédent, à savoir que ces élèves consomment parce qu'ils sont incapables d'affronter seuls leur réalité, sans « béquille » sur laquelle s'appuyer, si difficile soit-elle, et qu'il y a danger à se donner comme information que l'alcool, ou tout autre produit toxique, permettrait de supporter une réalité vécue

douloureusement. Le danger plus grand est en effet de réitérer l'expérience à chaque difficulté, et de développer à terme une structure de personnalité dépendante.
Le message est relativement bien passé, notamment auprès de ceux dont nous soupçonnions une (poly)consommation excessive. La même remarque doit cependant s'appliquer ici, nous ne pourrons qu'observer sur les quelques années à venir si la teneur du message diffusé a enfin fait son chemin et trouvé écho dans l'esprit de l'élève.
Certains élèves sont pourtant restés très résistants à la réflexion, beaucoup de jeunes filles en fait, ressenties comme très immatures, présentant un discours totalement contradictoire sur la liberté et l'internat, l'alcool et l'amusement, l'alcoolisation et la communication avec les amies, etc. Des élèves qui sont à suivre …

Conclusion

L'objectif de ces premières interventions qui se sont déroulées durant l'année scolaire 2002-2003 était de redéfinir avec les élèves leurs représentations de la personne alcoolique afin d'amener chacun d'entre eux vers un questionnement plus intime de sa pratique de l'alcool, et ce notamment dans le cadre de l'internat. Il est en effet primordial, comme nous le disions précédemment, qu'au-delà de la problématique même de l'alcool, les élèves puissent le plus tôt possible être capables de donner du sens à leurs agissements, en étant notamment conscients du lien de causalité qui unit une action à son mobile. Par rapport à l'alcool, ils mettent également toutes les chances de leur côté en évitant toute consommation « béquille » pour ne garder que l'aspect festif du rituel. L'objectif est en effet de développer chez eux une capacité « à faire avec » une situation difficile à vivre en s'appuyant sur leurs ressources propres (psychiques, amicales, etc.) et non sur un produit modificateur de leur état de conscience. Nous pouvons penser que certains élèves « repérés » pour leur poly-consommation excessive (alcool/joint et/ou cigarettes), rencontrent quelques difficultés à trouver cette force en eux dans la mesure où il est probable qu'ils cumulent à l'internat (déjà en lui-même synonyme d'isolement) une solitude affective et probablement un contexte familial fragilisé, à la source de leur consommation abusive. Comme nous le disions plus haut, nous pensons que les élèves qui encourent l'exclusion de l'établissement en rentrant ivres et malades de leur heure de sortie n'agissent pas de manière inconsidérée, mais se manifestent dans un agir, à défaut de pouvoir élaborer une parole libératrice. C'est la raison pour laquelle nous voudrions attirer l'attention de l'institution sur la possibilité d'y répondre autrement que par une réponse répressive, et d'offrir à l'élève ce qu'il réclame, un lieu d'écoute et de parole. Pourquoi ne pas « sanctionner » l'élève de son non respect des règles par une obligation d'aller mettre en paroles auprès d'un tiers mandaté par l'institution l'acte qui a parlé à leur place, dans des conditions qui seront au préalable définies entre l'élève et l'établissement. Nous souhaitons en effet rappeler qu'à l'âge des élèves, l'alcool n'est encore qu'un symptôme d'une détresse, elle beaucoup plus grave, qui renvoie notamment à l'incapacité qu'a rencontré l'élève, le jeune, à se rassurer auprès d'un tiers (ami, famille ou autre). Jusqu'où l'institution doit-elle ou peut-elle intervenir, il est difficile de trancher, elle reste néanmoins dans le cadre de l'internat le témoin premier d'une souffrance réelle. La répression a souvent fait la preuve de son inefficacité, il est peut-être temps de penser la réparation de la faute différemment.

Bibliographie

I. Ouvrages

- ABBE PIERRE, *Mémoire d'un croyant*, Paris, Fayard, 1997.
- ABRAHAM Karl, *Œuvres complètes, Tome 1 (1907-1914)*, Paris, Payot, 1965.
- ADES Jean, *Les conduites alcooliques et leur traitement*, Rueil-Malmaison, Doin, Conduites, 1998.
- ADES Jean, LEJOYEUX Michel, *Alcoolisme et psychiatrie, Données actuelles et perspectives*, Paris, Masson, 2003.
- ALLEON Anne-Marie , MORVAN Odile, LEBOVICI Serge, *Devenir adulte ?*, Paris, PUF, 1990.
- ALONSO-FERNANDEZ Francisco, *La dépendance alcoolique*, Paris, PUF, 1987.
- ANCEL Pascale, GAUSSOT Ludovic, *Alcool et alcoolisme – Pratiques et représentations*, Paris, L'Harmattan, 1998.
- ANDRE Jacques, *L'inceste matrifocal dans la famille noire antillaise*, Paris, PUF, 1987.
- ANDRE Jacques, *Les états-limites*, Paris, PUF, 2002 (3ème éd.).
- ANDRE Jacques, CHABERT Catherine, *L'oubli du père*, Paris, PUF, 2004.
- ANGEL Sylvie, ANGEL Pierre, *Les toxicomanes et leurs familles*, Paris, Armand Colin, 2002.
- ANNE V., *Jusqu'à plus soif.* Renaître de l'alcool, Paris, Nil Ed., 1999.
- ARCHAMBAULT Jean-Claude, *Comprendre et traiter les alcooliques*, Paris, Ed. Frison-Roche, 1992.
- ASSAILLY Jean-Pascal, *La mortalité chez les jeunes*, Paris, PUF, Que sais-je ?, N° 3614, 2001.
- AUBRY Jenny, *Psychanalyse des enfants séparés. Etudes cliniques 1952-1986*, Paris, Denoël, 2003.
- AULAGNIER Piera, *La violence de l'interprétation*, Paris, PUF,1999 (6ème éd.).
- BACHELARD Gaston, *La psychanalyse du feu*, Paris, Gallimard, 1949.
- BADINTER Elisabeth, *YX. De l'identité masculine*, Paris, Odile Jacob, Le Livre de poche, 1992.
- BADINTER Elisabeth, *L'amour en plus. Histoire de l'amour maternel du XVIIe au XVIIIe siècle*, Paris, Flammarion, 1980.
- BAILLY Daniel, *L'angoisse de séparation*, Paris, Masson, 2004 (1ère éd.1995).
- BAILLY Daniel, VENISSE Jean-Luc, *Addictions et psychiatrie*, Paris, Masson, 2001.

BALANDIER Georges (1974), *Anthropo-logiques*, Paris, PUF, Le Livre de poche, 1985.
- BALINT Michael (1968), *Le défaut fondamental*, Paris, Petite Bibliothèque Payot, 2003 (1ère éd. 1971).
- BAUDRY Patrick (1991), Le corps extrême, Paris, L'Harmattan, 1999.
- BAZILLE Patrice, *J'ai bu parce que j'avais soif*, Paris, Anne Carrière, 1999.

BECKER Howard S (1963), *Outsiders, Etudes de sociologie de la déviance*, Paris, A.M. Métailié Ed., 1985.
- BERGER Michel, *Le travail thérapeutique avec la famille*, Paris, Dunod, 1995.

- BERGERET Jean, *La personnalité normale et pathologique*, Paris, Dunod, 1996 (1ère éd. 1974).
- BERGERET Jean, *Toxicomanie et personnalité*, Paris, PUF, Que sais-je ?, 1996 (1ère éd. 1982).
- BERGERET Jean, *La violence fondamentale*, Paris, Dunod, 2000 (1ère éd. 1984).
- BERGERET Jean, REID Wilfrid (ss la dir. de), *Narcissisme et états limites*, Paris, Dunod, 2003 (1ère éd. Bordas 1986).
- BERTAGNE Pascale, PEDINIELLI Jean-Louis, ROUAN Georges, *Psychopathologie des addictions*, Paris, PUF, Nodules, 2000 (2ème éd.).
- BETTELHEIM Bruno (1950), *L'amour ne suffit pas*, Paris, Fleurus, Le Livre de poche, 1970.
- BETTELHEIM Bruno (1954), *Les blessures symboliques*, Paris, Gallimard, 1971.
- BETTELHEIM Bruno (1955), *Les évadés de la vie*, Paris, Fleurus, Le Livre de poche, 1972.
- BLANCHET Alain, GOTMAN Anne, *L'enquête et ses méthodes : l'entretien*, Paris, Nathan Université, Sociologie 128, N°19, 1992.
- BOUMARD Patrick, BIZET Jacques-André, *Misère de la pédagogie*, 1980.
- BOUMARD Patrick, MARCHAT Jean-François, *Chahuts : ordre et désordre dans l'institution éducative*, Paris, Armand Colin, 1993.
- BOUMARD Patrick (ss la dir. de), *L'école, les jeunes, la déviance*, Paris, PUF, 1999.
- BOWLBY John, *Attachement et perte. L'attachement*, volume 1, Paris, PUF, 2002 (1ère éd.1978).
- BRACONNIER Alain, CHILAND Colette, *Adolescentes, adolescents. Du souci au soin*, Paris, Bayard, 1997.
- BRACONNIER Alain, CHILAND Colette, CHOQUET Marie et alii, *Adolescentes, adolescents. Psychopathologie différentielle*, Paris, Bayard, 1995.
- BRACONNIER Alain, CHILAND Colette, CHOQUET Marie et alii, *Traiter à l'adolescence. L'adolescent : un patient pas comme les autres*, Paris, Masson, 2002.
- BRACONNIER Alain, CHILAND Colette, CHOQUET Marie, *Les parents aujourd'hui*, Paris, Masson, 2003.
- BRUSSET Bernard, *La psychanalyse du lien. La relation d'objet*, Paris, Le Centurion, 1988.
- CADORET Michelle, *Le paradigme adolescent*, Paris, Dunod, 2003.
- CAHN Raymond, *Adolescence et folie*, Paris, PUF, Le fil rouge, 1999 (2ème éd.).
- CAMILLERI Carmel, LIPIANSKI Edmond-Marc et al., *Stratégies identitaires*, Paris, PUF, 2002 (4ème éd.).
- CANGUILHEM Georges, *Le normal et le pathologique*, Paris, PUF, 2003 (1ère éd. 1966).
- CARRER Philippe, *Le matriarcat psychologique des Bretons*, Paris, Payot, 1983.
- CARRER Philippe, *Œdipe en Bretagne*, Toulouse, Privat, 1986.
- CARRER Philippe, CHIGOT C et alii, *Conduites de dépendances pathologiques en Bretagne Alcool – Drogues - Nourriture*, Institut Culturel de Bretagne, Anthropologie médicale, Rennes, 1989.
- CARRER Philippe, *L'envers du décor, Ethnopsychiatrie en Bretagne et autres terres celtes*, Kerangwenn Spézet, Coop Breizh, 1999.
- CHABALIER Hervé, *Le dernier pour la route*, Paris, Robert Laffont, 2004.
- CHARLOT Bernard, *Du rapport au savoir. Eléments pour une théorie*, Paris, Anthropos, 2005, (1ère éd. 1997).

- CLASTRES Pierre, *La société contre l'état*, Paris, Ed. de minuit, 1974.
- CLERGET Joël et Marie-Pierre (ss la dir. de), *Places du père, violence et paternité*, Lyon, Presses universitaires de Lyon, 1992.
- CODER Eric, *Dealer légal*, Paris, Max Milo, 2005.
- COPANS Jean, *L'enquête ethnologique de terrain*, Paris, Nathan Université, Sciences sociales 128, N°124, 1996.
- CORCOS Maurice, FLAMENT Martine, JEAMMET Philippe, *Les conduites de dépendances. Dimensions psychopathologiques communes*, Paris, Masson, 2003.
- COSLIN Pierre G., *Les adolescents devant les déviances*, Paris, PUF, 1999 (2ème éd.).
- COSLIN Pierre G., *Psychologie de l'adolescent*, Paris, Armand Colin, 2002.
- COSLIN Pierre G., *Les conduites à risque à l'adolescence*, Paris, Armand Colin, 2003.
- CRAPLET Michel, *Passion alcool*, Paris, Odile Jacob, 2000.
- CRAPLET Michel, *Il n'est jamais trop tard pour parler d'alcool*, Dijon-Quetigny, Editions de La Martinière, 2003.
- CYRULNIK Boris, *Les vilains petits canards*, Paris, Odile Jacob, 2001.
- DE AJURIAGUERRA Julian, MARCELLI Daniel, *Psychopathologie de l'enfant*, Paris, Masson, 1989 (1ère éd. 1982).
- DEBESSE Maurice, *L'adolescence*, Paris, PUF, Que sais-je ?, N°102, 1997 (20ème éd.).
- DECLERCK Patrick, *Les naufragés. Avec les clochards de Paris*, Paris, Plon, Terre Humaine, 2001.
- DE MIJOLLA-MELLOR Sophie, *Le besoin de croire, Métapsychologie du fait religieux*, Paris, Dunod, 2004.
- DELAROCHE Patrick, *Adolescence à problèmes*, Paris, Albin Michel, 1992.
- DELAROCHE Patrick, *L'adolescence, Enjeux cliniques et thérapeutiques*, Paris, Nathan Université, Psychologie 128, N°213, 2000.
- DE MIJOLLA Alberto, SHENTOUB Sophie. A, *Pour une psychanalyse de l'alcoolisme*, Paris, Petite Bibliothèque Payot, 1981 (1ère éd. coll. Sciences de l'homme 1973).
- DESCOMBEY Jean-Paul, *Alcoolique, mon frère, toi. L'alcoolisme entre médecine, psychiatrie et psychanalyse*, Toulouse, Privat,1985.
- DESCOMBEY Jean-Paul, *Précis d'alcoologie clinique*, Paris, Dunod, 1994.
- DESCOMBEY Jean-Paul, *L'économie addictive. L'alcoolisme et autres dépendances*, Paris, Dunod, 2005.
- DE SINGLY François, *L'enquête et ses méthodes : le questionnaire*, Paris, Nathan Université, Sociologie 128, N°18, 1992.
- DE SINGLY François, *Sociologie de la famille contemporaine*, Paris, Nathan Université, Sociologie 128, N°37, 1993.
- DEUTSCH Hélène, *La psychologie des femmes. Enfance et adolescence*, 1, Paris, PUF, 1997 (2ème éd.).
- DEUTSCH Hélène, *La psychologie des femmes. Maternité*, 2, Paris, PUF, 2002 (2ème éd.).
- DEUTSCH Hélène, *Problèmes de l'adolescence*, Paris, Petite Bibliothèque Payot, Ed. de poche, 2003 (1ère éd. Payot 1968).
- DEVEREUX Georges, (1970), *Essais d'ethnopsychiatrie générale*, Paris, Gallimard, 1983 (3ème éd.).
- DOLTO Françoise, *Le cas Dominique*, Paris, Seuil, 1985 (1ère éd. 1967).
- DOLTO Françoise, *Psychanalyse et pédiatrie*, Paris, Seuil, 1971.

- DOLTO Françoise, SEVERIN G, *L'Evangile au risque de la psychanalyse*, Tome I, Paris, Seuil, Points essais, 1980.
- DOLTO F, SEVERIN G, *L'Evangile au risque de la psychanalyse*, Tome II, Paris, Seuil, Points essais, 1982.
- DOLTO Françoise, *L'image inconsciente du corps*, Paris, Seuil, 1984.
- DOLTO Françoise, *La cause des adolescents*, Paris, Robert Laffont, Pocket, 1988.
- DOLTO Françoise, *Les étapes majeures de l'enfance*, Paris, Gallimard, Folio essais, 1994.
- LES ALCOOLIQUES ANONYMES, *Douze & douze* (1952), Ed. de poche, Bruxelles, 1996.
- DUMAS Didier, *Et l'enfant créa le père*, Paris, Hachette Littératures, 2000.
- DUMONT Louis, *Homo aequalis. Génèse et épanouissement de l'idéologie économique*, Paris, Gallimard, 1977.
- DURKHEIM Emile, *Education et sociologie*, Paris, PUF, 1989 (1ère éd. 1922).
- DURKHEIM Emile, *Les règles de la méthode sociologique*, Paris, PUF, 1982 (1ère éd. 1937).
- DURKHEIM Emile, *Sociologie et philosophie*, Paris, PUF, 2004 (1ère éd. 1967).
- ELIACHEFF Caroline, *A corps et à cris*, Paris, Odile Jacob, Poches, 2000.
- ELIADE Mircea, *Initiation, rites, sociétés secrètes*, Paris, Folio essais, 1992 (1ère éd. 1959).
- ELIAS Norbert, *La dynamique de l'Occident*, Paris, Agora Pocket, N°49, 1973.
- ELIAS Norbert, *La société des individus*, Paris, Agora Pocket, N°163, 1991.
- EHRENBERG Alain, *Le culte de la performance*, Paris, Calmann-Lévy, 1994.
- EHRENBERG Alain, *L'homme incertain*, Paris, Calmann-Lévy,1995.
- ERIKSON Erik H., *Adolescence et crise. La quête de l'identité*, Paris, Flammarion, 1972 (1ère éd. 1968).
- FERENCZI Sandor (1932), *Journal clinique*, Paris, Payot, (1ère éd.1985).
- FERNANDEZ Lydia, CATTEEUW Michelle, *Clinique des addictions*, Belgique, Nathan Université, VUEF, 2002.
- FILLAUT Thierry, *Les Bretons et l'alcool (XIXe- XXe siècle)*, Rennes, Ed. ENSP, 1991.
- FIZE Michel, *L'adolescent est une personne*, Paris, Seuil, 2006.
- FOUCAULT Michel, *L'ordre du discours*, Paris, Gallimard, 1971.
- FOUCAULT Michel, *Histoire de la folie à l'âge classique*, Paris, Gallimard, 1972.
- FREUD Anna, *Le normal et le pathologique chez l'enfant*, Paris, Gallimard, 2001 (1ère éd. 1968).
- FREUD Sigmund (1905), *Trois essais sur la théorie de la sexualité*, Paris, Folio essais, 1987 (1ère éd. 1962).
- FREUD Sigmund (1912-1913), *Totem et tabou*, Petite Bibliothèque Payot, Paris, 1965 (1ère éd. 1923 Payot Bibliothèque scientifique).
- FREUD Sigmund (1923), *Psychopathologie de la vie quotidienne*, Paris, Petite Bibliothèque Payot, 1967.
- FREUD Sigmund (1939), *Moïse et le monothéisme*, Paris, Gallimard Idées, 1972.
- FROMM Erich (1956), *L'art d'aimer*, Paris, Desclée de Brouwer, 1995 (1ère éd. 1968).
- GAIGNARD Jean-Yves, KIRITZE-TOPOR Paul, *L'alcoologie en pratique quotidienne*, Paris, Laboratoires Meram, 1991.
- GAUDET Etienne, *Drogues et adolescence*, Montréal, Ed. de l'Hôpital Sainte-Justine, 2002.
- GEISSMANN Claudine, HOUZEL Didier (ss la dir. de), *L'enfant, ses parents et le psychanalyste*, Paris, Bayard, Compact, 2003.

- GINTZBURGER Anne, *Ecoliers, vos papiers !*, Paris, Flammarion, 2006.
- GIRARD René, *Quand les choses commenceront…*, Paris, Arléa, 1994.
- GLOWCZEWSKI Barbara, *Adolescence et sexualité : l'entre-deux*, Paris, PUF, 1995.
- GODELIER Maurice, *Métamorphoses de la parenté*, Montrouge, Fayard, 2004.
- GOMEZ Henri, *La personne alcoolique*, Paris, Dunod, 1993.
- GOMEZ Henri, *Soigner l'alcoolique*, Paris, Dunod, 1997.
- GOMEZ Henri, *L'alcoolique, les proches, le soignant*, Paris, Dunod, 2003.
- GUTTON Pierre, *Le pubertaire*, Paris, PUF, 1991.
- HACHET Pascal, *Psychologue dans un service d'aide aux toxicomanes*, Ramonville-Sainte-Agne, Editions Erès, 2002.
- HALL Edward. T, *La dimension cachée*, Paris, Seuil, Points essais, 1971.
- HOFFMANN Christian (ss la dir. de), *L'agir adolescent*, Ramonville-Sainte-Agne, 2004 (1ère éd. 2000).
- JACCARD Roland, *L'exil intérieur. Schizoïdie et civilisation*, Paris, PUF, 1979 (1ère éd. 1975).
- JEAMMET Philippe, CORCOS Maurice, *Evolution des problématiques à l'adolescence. L'émergence de la dépendance et ses aménagements*, Paris, Doin, 2001.
- JELLINEK E.M, *The disease concept of alcoholism*, New Heaven, Hillhouse Press, 1960.
- JODELET Denise, *Folies et représentations sociales*, Paris, PUF, 1989.
- KERNBERG Otto, *Les troubles limites de la personnalité*, Paris, Dunod, 1997.
- KERNBERG Otto, *La personnalité narcissique*, Paris, Dunod, 1997.
- KESSEL Joseph, *Avec les Alcooliques Anonymes*, Paris, Gallimard, 1960.
- KESTEMBERG Evelyne, *L'adolescence à vif*, Paris, PUF, 1999.
- KLEIN Melanie (1957), Envie et gratitude et autres essais, Paris, Gallimard, 1968.
- KRISTEVA Julia, *Le génie féminin, T. 2, Mélanie Klein*, Paris, Fayard, 2000.
- LACAN Jacques, *Des noms-du-père*, Paris, Seuil, 2005.
- LACAN Jacques, *Mon enseignement*, Paris, Seuil, 2005.
- LAPLANTINE François (1955), *L'anthropologie*, Paris, Petite Bibliothèque Payot, 1987.
- LATOUCHE Serge, *L'occidentalisation du monde*, Paris, La Découverte, 1992 (1ère éd. 1989).
- LEBOVICI Serge, DIATKINE René, SOULE Michel, *Nouveau traité de psychiatrie de l'enfant et de l'adolescent*, Paris, PUF,1999.
- LE BRETON David, *La sociologie du risque*, Paris, PUF, 1995.
- LE BRETON David, *Conduites à risque. Des jeux de mort au jeu de vivre*, Paris, PUF, 2002.
- LE BRETON David, *L'adolescence à risque*, Paris, Ed. Autrement, Mutations, N° 211, 2002.
- LE CAMUS Jean, *Le vrai rôle du père*, Paris, Odile Jacob, 2000.
- LEGRAND Michel, *Le sujet alcoolique. Essai de psychologie dramatique*, Paris, Desclée de Brouwer, 1997.
- LEMAIRE Jean-G., *Famille, amour, folie – Lecture et traitement psychanalytique des liens familiaux*, Paris, Païdos/Centurion, 1989.
- LE POULICHET Sylvie (ss la dir. de), *Les addictions*, Paris, PUF, 2000.
- LE POULICHET Sylvie, *Toxicomanies et psychanalyse. Les narcoses du désir*, Paris, PUF, 1987.
- LES ALCOOLIQUES ANONYMES (1952), *Douze & douze*, 1996.

- LES ALCOOLIQUES ANONYMES (1975), *Vivre sobre*, 1998.
- LE VOT-IFRAH Claude, MATHELIN Marie, NAHOUME-GRAPPE Véronique, *De l'ivresse à l'alcoolisme*, Paris, Dunod, 1989.
- LOAS Gwenolé, CORCOS Maurice, *Psychopathologie de la personnalité dépendante*, Paris, Dunod, 2006.
- LOBROT Michel, *Les forces profondes du moi*, Paris, Economica, 1983.
- LOBROT Michel, *L'anti-Freud*, Paris, PUF, 1996.
- LOONIS Eric, *La gestion hédonique*, Publibook, 2001.
- LOONIS Eric, Notre *cerveau est une drogue, Vers une théorie générale des addictions*, Toulouse, Presses universitaires du Mirail, 1997.
- LOURAU René, *Le journal de recherche*, Paris, Méridiens Klincksieck, 1988.
- LOURAU René, *La clé des champs*, Paris, Anthropos, 1997.
- LOURAU René, *Implication Transduction*. Paris, Anthropos, 1997.
- MAC DOUGALL Joyce, *Plaidoyer pour une certaine anormalité*, Paris, Gallimard, 1978.
- MAC DOUGALL Joyce, *Théâtre du je*, Paris, Gallimard, 1982.
- MAC DOUGALL Joyce, *Théâtre du corps*, Paris, Gallimard, 1989.
- MAILLARD Philippe, *L'Evangile aux voyous*, Desclée de Brouwer, 1985.
- MAISONDIEU Jean, *Les Alcooléens*, Paris, Bayard, 1992.
- MALE Pierre, *Psychothérapie de l'adolescent*, Paris, PUF, 1999.
- MALEWSKA-PEYRE Hanna, TAP Pierre, *La socialisation de l'enfance à l'adolescence*, Paris, PUF, 1991.
- MALEWSKA-PEYRE Hanna, TAP Pierre, *Marginalités et troubles de la socialisation*, Paris, PUF, 1993.
- MALIGNAC Georges, COLIN Robert, *L'alcoolisme*, Paris, PUF, Que sais-je ?, N°634, 2000 (première éd.1954).
- MALINOWSKI Bronislaw (1932), *La sexualité et sa répression dans les sociétés primitives*, Paris, Petite bibliothèque Payot, 1976.
- MARKALE Jean, *Identité de Bretagne*, Paris, Ed. Entente, 1985.
- MARCELLI Daniel, *Enfance et psychopathologie*, Paris, Masson, 1999 (6ème éd.).
- MARCELLI Daniel, BRACONNIER Alain, *Adolescence et psychopathologie*, Paris, Masson, 2000 (5ème éd.).
- MAUSS Marcel (1950), *Sociologie et anthropologie*, Paris, PUF, 1989.
- MEAD Margaret (1928), *Moeurs et sexualité en Océanie*, Paris, Plon, Terre Humaine, 1963.
- MELMAN Charles, *L'homme sans gravité. Jouir à tout prix*, Paris, Denoël, 2002.
- MENDEL Gérard, PRADES Jean-Luc, *Les méthodes de l'intervention psychosociologique*, Paris, La Découverte, N° 347, 2002.
- MENDEL Gérard, *Une histoire de l'autorité. Permanences et variations*, Paris, La Découverte, Poche, 2003 (1ère éd. 2003 Syros).
- *Moi, Christiane F., 13 ans, droguée, prostituée*, Paris, Gallimard, Folio, N° 1443, 1983.
- MONJAUZE Michèle, *La part alcoolique du Soi*, Paris, Dunod, 1999.
- MONJAUZE Michèle, *La problématique alcoolique*, Paris, In Press, 2000 (2ème éd.).
- MOREL Alain (ss la dir. de), *Prévenir les toxicomanies*, Paris, Dunod, 2004.
- MORENON Jean, RAINAUT Jean, *L'alcool, Alibis et Solitudes*, Paris, Seli Arslan, 1997.
- MOSCOVICI Serge, *La psychanalyse, son image et son public*, Paris, PUF, 2004 (1ère éd. 1961).

- MOSCOVICI Serge, *Psychologie des minorités actives*, Paris, PUF, 1996 (1ère éd. 1979).
- MOSCOVICI Serge, *Psychologie sociale*, Paris, PUF, 2003 (1ème éd. 1984).
- NIEWIADOMSKI Christophe, *Histoires de vie et alcoolisme*, Paris, Seli Arslan, 1999.
- NOUGUE Yves, *Clinique psychanalytique de l'alcoolisme*, Paris, Economica, 2004.
- OLIVIER Christiane, *L'Ogre intérieur, De la violence personnelle et familiale*, Paris, Fayard, Le livre de poche, 1998.
- OLIEVENSTEIN Claude, *La vie du toxicomane*, Paris, PUF, 1991 (3ème éd.).
- OLIEVENSTEIN Claude, PARADA Carlos, *Comme un ange cannibale. Drogue, adolescents, société*, Paris, Odile Jacob, 2002.
- PAILLE Pierre, MUCHIELLI Alex, *L'analyse qualitative*, Paris, Armand Colin, 2003.
- PEDINIELLI Jean-Louis, *Psychosomatique et alexithymie*, Paris, PUF, 1992.
- PEDINIELLI Jean-Louis, ROUAN Georges, BERTAGNE Pascale, *Psychopathologie des addictions*, Paris, PUF, Nodules, 2000, 2ème éd., 128 p.
- PERON Xavier, *L'occidentalisation des Maasaï du Kenya*, Paris, L'Harmattan, 1995.
- PERETTI-WATEL Patrick, *Sociologie du risque*, Paris, Armand Colin, 2003.
- PITTMAN D.J, SNYDER C.R, *Society, Culture and Drinking Patterns*, USA, John Wiley & sons, 1962.
- POMMEREAU Xavier, *Quand l'adolescent va mal, l'écouter, le comprendre, l'aimer*, Paris, J.C. Lattès, 1997.
- POUQUET Michel, *Conduites pathologiques et société*, Paris, L'Harmattan, 1996.
- POUSSIN Gérard, *La fonction parentale*, Paris, Dunod, 2004 (1ème éd. 1999).
- RASSIAL Jean-Jacques (1990), *L'adolescent et le psychanalyste*, Paris, Petite Bibliothèque Payot, Ed. de poche, 1996.
- REYNAUD Michel, *Cannabis et santé*, Paris, Flammarion, 2004.
- REYNAUD Michel, *Addictions et psychiatrie*, Paris, Masson, 2005.
- REYNAUD Michel, *Médecine et addictions. Peut-on intervenir de façon précoce et efficace ?*, Paris, Masson, 2005.
- RICHARD François, *Les troubles psychiques à l'adolescence*, Paris, Dunod, 1998.
- RICHARD François, *Le processus de subjectivation à l'adolescence*, Paris, Dunod, 2001.
- RIVEST Claudette, *L'empreinte de l'abandon*, Québec, Ed. du CRAM, 1999.
- ROGERS Carl R., *Le développement de la personne*, Paris, Dunod, 1968 (2ème éd.).
- ROHEIM Géza (1950), *Psychanalyse et anthropologie*, Paris, Gallimard, 1967.
- ROULAND Norbert, *Anthropologie juridique*, Paris, PUF, 1988.
- ROUSSAUX Jean-Paul, FAORO-KREIT Blandine, HERS Denis, *L'alcoolique en famille. Dimensions familiales des alcoolismes et implications thérapeutiques*, Bruxelles, De Boeck Université, 2000.
- RUANO-BORBALAN Jean (ss la dir. de), *Eduquer et Former. Les connaissances et les débats en éducation et en formation*, Auxerre, Editions Sciences Humaines, 1998.
- RUANO-BORBALAN Jean (coordonné par), *L'identité. L'individu. Le groupe. La société*, Auxerre, Editions Sciences Humaines, 1998.
- SANCHEZ Mario (dirigé par) , *Dans l'intimité des drogues*, Paris, Editions Autrement, Mutations n° 218, 2003.
- SANCHEZ Mario (dirigé par), *Qu'avons-nous fait des drogues ?*, Paris, Editions Autrement, Mutations n° 218, Sept. 2004 .
- SARTRE Jean-Paul, *L'existentialisme est un humanisme*, Paris, Nagel, 1970.

- SEGALEN Martine, *Rites et rituels contemporains*, Paris, Armand Colin, Psychologie 128, N°209, 1998.
- SIBONY Daniel, *Perversions. Dialogues sur des folies « actuelles »*, Paris, Seuil essais, 2000 (1ère éd. 1987 Grasset).
- SOLIS-PONTON Leticia (ss la dir. de), *La parentalité. Défi pour le troisième millénaire*, Paris, PUF, Le fil rouge, 2002.
- SPITZ René A. (1968), *De la naissance à la parole. La première année de la vie*, Paris, PUF, 2002 (10ème éd.).
- SUISSA Amnon J., *Pourquoi l'alcoolisme n'est pas une maladie*, Québec, Ed. Fides, 1998.
- THOMAS Louis Vincent, *La mort africaine*, Paris, Payot, 1982.
- VALLEUR Marc, MATYSIAK Jean-Claude, *Les addictions. Dépendances, toxicomanies : repenser la souffrance psychique*, Paris, Armand Colin, 2002.
- VAN DER STRATEN WAILLET Georges, *Eduquer face aux drogues et aux dépendances*, Bruxelles, Editions Labor, 2002 .
- VENISSE Jean-Luc, BAILLY Daniel, REYNAUD Michel, *Conduites addictives, conduites à risques : quels liens, quelle prévention ?*, Paris, Masson, 2002.
- VERGNES Jean, *Comprendre le malade alcoolique. « La cabine d'ivrogne »*, Toulouse, Privat, 2003.
- VINSONNEAU Geneviève, *Culture et comportement*, Paris, Armand Colin, 2003 (2ème éd.).
- VINSONNEAU Geneviève, *L'identité culturelle*, Paris, Armand Colin, 2002.
- WINNICOTT Donald W. (1965), *Processus de maturation chez l'enfant. Développement affectif et environnement*, Paris, Payot, 1970.
- WINNICOTT Donald. W. (1971), *Jeu et réalité*, Paris, Gallimard, Folio Essais, 1995.
- WINNICOTT Donald W. (1971), *L'enfant et sa famille*, Paris, Petite Bibliothèque Payot, 2002.
- ZOLOTAREFF Jean-Pierre, CERCLE Alain (ss la dir. de), *Pour une alcoologie plurielle*, Paris, L'Harmattan, Logiques sociales, 1994.

II. Articles et revues

- ADDICTIONS, ANPAA, N° 3, Sept. 2003.
- ADDICTIONS, ANPAA, N° 4, Déc. 2003.
- ADDICTIONS, ANPAA, N° 6, Juin 2004.
- ADDICTIONS, ANPAA, N° 7, Sept. 2004.
- ALCOOLOGIE ET ADDICTOLOGIE, Tome 26, N° 4, Déc. 2004.
- ALCOOLOGIE ET ADDICTOLOGIE, Tome 27, N° 1, Mars 2005.
- ALCOOLOGIE ET ADDICTOLOGIE, Tome 27, N° 2, Juin 2005.
- ALCOOLOGIE ET ADDICTOLOGIE, Tome 27, N° 3, Sept. 2005.
- ALCOOLOGIE ET ADDICTOLOGIE, Tome 27, N° 4, Déc. 2005.
- ALCOOLOGIE ET ADDICTOLOGIE, Tome 28, N° 1, Mars 2006.
- ALCOOLOGIE ET ADDICTOLOGIE, Tome 28, N° 2, Juin 2006.
- ANPAA, « Addictions », N°6, Juin 2004.
- BENSOUSSAN Patrick (ss la dir.), *Psychopathologie africaine*, « Santé mentale à la Réunion », Vol XXV, N° 2, 1993.

- BOURGUIGNON Odile, « La question de "l'hérédité psychologique morbide" : de la dégénérescence au transgénérationnel », Psychologie Française, Tome 45, N° 1, Mars 2000, p. 59-82.
- BOUVET Rose-Marie, « Je crache sur l'observation participante », in ARDOINO Jacques, BOUMARD Patrick et alii., *Actualité de la théorie de l'institution*, Paris, L'Harmattan, 2003, p. 187-196
- BRISSET Charles, « Existe t-il une structure psychologique particulière chez les alcooliques graves ? », in *Revue de l'alcoolisme*, 24, n°3, 1978, p. 159-164.
- BOHRN Karl, FENK Regina, « L'influence du groupe des pairs sur l'usage de drogues », *Psychotropes*, Fêtes sous influences, vol.9, 2004, p. 195-202.
- CHARLES-NICOLAS Aimé, « Addiction, passion et ordalie », in BERGERET Jean, *Le psychanalyste à l'écoute du toxicomane*, Paris, Dunod, 1981, p. 63-74.
- CHASSEGUET-SMIRGEL Janine, « L'auto-harcèlement : réflexions sur certaines manifestations du malaise moderne, en particulier chez les adolescents », in *Pratiques psychologiques*, N° 3, 1996, p. 11-19.
- CHOQUET Marie, COM-RUELLE Laure, « Les adolescents français face à l'alcool, comportement et évolution », Focus, Alcoologie, N°5, Premier trimestre 2003.
- CORCOS Maurice, JEAMMET Philippe, « Dépression et conduites d'addiction à l'adolescence. Approche psychanalytique », Neuro-psy, 1998, Spécial, p. 35-40.
- COUSIN Pierre « Jeunes, religion et modernité », in *Le Journal des psychologues*, N° 104, Fév. 1993, p. 55-58.
- CRAPLET Michel, « Ethique de la prévention du risque alcool », Alcoologie, 1995, Tome 17, N° 1, p. 14-22.
- DE LA ROCHEBROCHARD Elise, *Les âges de la puberté des filles et des garçons en France*, Paris, INED, Population, N°6, Nov-déc. 1999, p. 933-962.
- DEPENDANCES, « La prévention : d'une définition à un choix de société », SFA-ISPA, Lausanne, N° 6, Déc. 1998.
- DEPENDANCES, « Réduction des risques : concepts, pratiques, et éthique », Lausanne, SFA-ISPA, N° 8, Sept. 1999.
- DEPENDANCES, « Médicaliser les dépendances : des effets secondaires ? », Lausanne, SFA-ISPA, N° 10, Avril 2000.
- DEPENDANCES, « Prévention ? Un coup de projecteur sur une scène diversifiée, Lausanne, SFA-ISPA, N° 14, Août 2001.
- DEPENDANCES, « Adolescents et consommations de psychotropes : images de société », N° 19, Avril 2003
- DEVEREUX Georges, « Un vie consacrée à l'ethnopsychanalyse. Entretien avec Georges Devereux » et « Ethnopsychiatrie, ethnopsychanalyse et G. Devereux », *Le Journal des psychologues*, N° 29, Juillet-août 1985, p. 20-25.
- FACY Françoise, « Ivresses : aspects prédictifs d'usage de drogues », *Les ivresses, sens et non-sens*, Paris, l'Esprit du temps, 1994, p. 120-134.
- GARDIEN Frédérique, « L'alcoolisme et le matriarcat psychologique breton », Revue *ABERS*, N°1, Déc. 2005.
- GARDIEN Frédérique, « L'exemple des musiciens de danse de H. S. Becker », *Les Irraiductibles*, N°10, juin 2005.
- GARDIEN Frédérique, « L'adolescent, entre norme et normalité. L'exemple des alcoolisations », Colloque Spirado, revue Spirale, Université Lille 3 et IUFM Nord-Pas de Calais, 5, 6 et 7 avril 2006, Roubaix. Publication prévue pour la rentrée 2006.

- GREEN André, « Approche psychique de l'addiction », in TASSIN Jean-Pol et al., *Variabilités individuelles des sensibilités à la dépendance*, Paris, INSERM, 2001, p. 35-43.
- HEFEZ Serge, « De plus en plus d'enfants souffrent de trop d'amour », *Psychologies Magazine*, N° 235, Nov. 2004, p. 134-136.
- INFORMATIONS SOCIALES, « La demande de droit », N° 22, 1992.
- INFORMATIONS SOCIALES, « Finalités sociales de la justice », N° 31, 1993.
- IREB, Recherche et Alcoologie, N° 24, Déc. 2002.
- JODELET Denise, « Représentation sociale : phénomènes, concept et théorie », in MOSCOVICI Serge (sous la dir. de)(1984), *Psychologie sociale*, Paris, PUF, 1988, p. 362.
- LANI Martine, « Qu'est-ce père ? », in *Le Journal des psychologues*, N° 92, Nov. 1991, p. 58-61.
- LE BULLETIN DES ACTEURS DE LA PREVENTION, « Nouvelles problématiques de prévention dans le domaine de l'alcoolisme », N°8, Nov. 1999.
- LE MONDE DES RELIGIONS, « Les Français sont-ils fâchés avec les religions ? », N° 4, Mars - Avril 2004, p. 34-51.
- LESELBAUM Nelly, « L'éducation à la santé en milieu scolaire. Quelles approches des conduites addictives », CESC, www.eduscol.education.fr, 1995.
- LESELBAUM Nelly, BERGER Guy, « Evaluation des interventions de prévention des toxicomanies en milieu scolaire », CESC, www.eduscol.education.fr, 2001.
- LESELBAUM Nelly, « Education à la santé et prévention des dépendances en milieu scolaire », Revue Toxibase, N° 9, www.toxibase.org, Mars 2003.
- LOBROT Michel, « Comment l'enfant accède à l'autonomie », in *Le Journal des Psychologues,* N° 78, Juin 1990, p. 43-45.
- MANAGEMENT, « Etes-vous dopés sans le savoir ? », N° 96, Mars 2003, p 58-80.
- MENDES-PEDRO Antonio, « Toxicomanie : une approche pathologique de l'adaptation, in *Le Journal des psychologues*, N° 92, Nov. 1991, p. 41-44.
- MUSZLAK Mathias, PICHEROT Georges, « Intoxication alcoolique aiguë de l'adolescent aux urgences. Une enquête prospective multicentrique française », *Alcoologie et addictologie*, Tome 27, n°1, Mars 2005, p.11.
- NOUVELLE REVUE DE PSYCHANALYSE, « Figures du vide », Paris, Gallimard, N° 11, Printemps 1975.
- NOUVELLE REVUE DE PSYCHANALYSE, « La croyance », Paris, Gallimard, N° 18, Automne 1978.
- NOUVELLE REVUE DE PSYCHANALYSE, « L'enfant », Paris, Gallimard, N° 19, Printemps 1979.
- PERETTI-WATEL Patrick, « Comment devient-on fumeur de cannabis ? Une perspective quantitative », in *Revue française de sociologie*, vol. 42, N°1, 2001, p. 3-30.
- PROJET, « Société cherche famille », N° 239, Automne 1994.
- PSYCHOTROPES, Rituels, initiation et thérapies, VOL ; 10, 2004
- RECHERCHE ET DEBATS, « La prostitution, l'alcoolisme, le logement », Fayard, N° 9, Nov. 1954, p. 69-99.
- REVUE FRANCAISE DE PSYCHANALYSE, « Addiction et dépendance », 2, Tome LXVIII, Mai 2004.
- SCIENCE ET VIE, « Pourquoi on croit en Dieu. Les étonnantes réponses des neurosciences », N° 1019, Août 2002, p. 34-51.

- SOCIETE FRANCAISE D'ALCOOLOGIE, *Recommandations pour la pratique clinique. Les mésusages d'alcool en dehors de la dépendance, 13-14 mars 2003,* Paris, Alcoologie et Addictologie, Tome 25, N°2, 2003, p.158-174.
- VASSE Denis, « Le rêve, l'oubli et le désir dans la psychanalyse », in *Le Journal des psychologues,* N° 54, Février 1988, p. 23-25.

III. Etudes, rapports et conférences

- ANIT, « Toxicomanies : nouvelles figures, nouvelles pratiques », 17èmes journées nationales de l'ANIT, Toulouse, 31 mai - 1er juin 1996, St-Genis -Laval, 1997.
- ANIT, JEAMMET Philippe, « La toxicomanie : une addiction parmi d'autres », XXèmes Journées Nationales de l'ANIT, Montpellier, juin 1999, St-Genis -Laval, NIT, 1999.
- ANPA, « Chiffres et statistiques », Synthèse documentaire, www.anpa.asso.fr, 2000-2001.
- ANPA, « Législation, Synthèse documentaire », www.anpa.asso.fr, septembre 2001.
- ANPA, « La rencontre de l'alcool et du patient », Synthèse documentaire, www.anpa.asso.fr.
- ASSAILLY Jean-Pascal, « L'évaluation d'une action de prévention précoce des consommations excessives d'alcool, de drogues illicites, de médicaments et des comportements routiers dangereux à partir d'une représentation théâtrale dans le Morbihan », Rapport final de Convention Dscr-Inrets 9770013 (étude n°5), Paris, *INRETS*, 1999.
- BALLION Robert, « Les conduites déviantes des lycéens », CADIS, OFDT, 1998.
- BRETON Isabelle, « Prévalence de l'alcoolisation parmi la clientèle des médecins généralistes de Poitou-Charentes » en 2000, DREES, http://www.ors-poitou-charentes.org/gestion/pdf/RAPPORT84.pdf, Poitiers, ORSPEC, 2002.
- CESAR Gérard, « Rapport d'information fait au nom de la Commission des affaires économiques et du plan par le groupe de travail sur l'avenir de la viticulture française », Paris, La Documentation Française, N° 349, 2002.
- CHABALIER Hervé, *Alcoolisme : le parler vrai, le parler simple*, Paris, Robert Laffont, 2005.
- CHOQUET Marie, LAGADIC Christophe, « Evaluation en milieu scolaire d'un programme de prévention primaire en matière de toxicomanie », Convention d'étude OFDT N° 97-01, INSERM, Villejuif, Fév.1999.
- COMMISSARIAT GENERAL DU PLAN, CONSEIL NATIONAL DE L'EVALUATION, « La loi relative à la lutte contre le tabagisme et l'alcoolisme », Rapport d'évaluation, Instance présidée par G. Berger, Paris, La Documentation Française, 1999.
- DIRECTION GENERALE DE LA SANTE, « Stratégie d'action alcool. Intensifier la prévention et le traitement des problèmes de santé liés à la consommation d'alcool », www.sante.gouv.fr, Nov. 2001.
- DUBERNARD Jean-Michel, « Politique de santé publique », Paris, Assemblée Nationale, Commission des affaires culturelles, N°1092, Octobre 2003.
- INPES, « Hommes et alcool, Etude qualitative exploratoire », Rapport 02/084/R, www.drogues.gouv.fr, 4 septembre 2002.

- INSERM, « Education pour la santé des jeunes, Démarches et méthodes », Expertise collective, Paris, 2001.
- INSERM, « Santé des enfants et des adolescents. Propositions pour la préserver », Expertise collective, Paris, 2003.
- INSERM, « Trouble des conduites chez l'enfant et l'adolescent », Expertise collective, Paris, www.inserm.fr, 2005.
- KOPP Pierre, FENOGLIO Philippe, *Le coût social des drogues licites (alcool et tabac) et illicites en France,* Observatoire Français des Drogues et des Toxicomanies, Etude N°22, www.drogues.gouv.fr, Sept. 2000.
- MAMECIER Annie, BOUTET-WAISS Françoise, NAVES Pierre et alii, « Evaluation du dispositif d'éducation à la santé à l'école et au collège », Paris, La Documentation Française, 2004.
- MAUFFRET Marie, ROUSSEAU-GIRAL Anne-Chantal, BERGER Guy, « La Loi relative à la lutte contre le tabagisme et l'alcoolisme : rapport d'évaluation », Paris, La Documentation française, 2000.
- MILDT, « Plan triennal 1998 », www.drogues.gouv.fr, 1998.
- MILDT, « Histoire de la prévention de l'alcoolisme », www.drogues.gouv.fr, 1999.
- MILDT, « Stratégie d'action alcool. Intensifier la prévention et le traitement des problèmes de santé liés à la consommation d'alcool », www.drogues.gouv.fr, Nov. 2001.
- MILDT, « Plan gouvernemental de lutte contre les drogues illicites, le tabac et l'alcool 2004-2008 », www.drogues.gouv.fr.
- POMMEREAU Xavier, « Santé des jeunes. Orientations et actions à promouvoir en 2002 », www.sante.gouv.fr, Avril 2002.
- RECHERCHE & ALCOOLOGIE, La lettre d'information de l'IREB, N°24, Déc. 2002.
- REYNAUD Michel, LAGRUE Gilbert, PARQUET Philippe-Jean, « Les Pratiques addictives : usage, usage nocif et dépendance aux substances psychoactives : rapport remis au secrétaire d'Etat à la santé », Paris, La Documentation Française,1999.
- REYNAUD Michel, PARQUET Philippe-Jean, « Les personnes en difficulté avec l'alcool », France, CFES, Dossiers techniques, 1999.
- SCHIRAY Michel, EHRENBERG Alain, LE PEN Claude, « L'expérience française des drogues illicites : rapport final de recherche », Paris, La Documentation Française, 1998.
- WIEVIORKA Sylvie, « La réduction des risques », www.toxibase.org, 1996.

IV. Presse

- CFES, CNAMTS, « La nouvelle campagne de communication : L'alcool, pas besoin d'être ivre pour en mourir », Dossier de presse, www.cfes.sante.fr, 27 septembre 2001.
- CEFS, MILDT, OFDT, « Alcool, cannabis, tabac et autres drogues, pour savoir où vous en êtes et faire le point sur les risques liés à votre consommation », Dossier de presse, www.drogues.gouv.fr, 30 janv. 2002.
- LE FIGARO, « Le tribunal de Rennes encombré par les affaires de conduites en état d'ivresse », 6 mars 2003.

- LE MONDE, « Jean Malaurie, l'Esquimau blanc », 27 fév. 2003.
- LE MONDE, « L'alcool est la drogue qui pèse le plus lourd sur la société française», 26 oct. 1999.
- LE MONDE, « Hervé Chabalier : Il faut enseigner la maladie alcoolique », 21 nov. 2005.
- LE MONDE, « Un Français sur 10 malade de l'alcool », 24 nov. 2005.
- L'EXPRESS, « Et si on taxait plus lourdement l'alcool ? », 1er nov. 2004.
- L'EXPRESS, « Taxer le vin, c'est saborder la viticulture », 1er nov. 2004.
- L'EXPRESS, « Il faut mettre en œuvre une prévention ciblée sur les populations à risque », 1er nov. 2004.
- L'HUMANITE, « La politique de réduction des risques prouve son efficacité », 1er juin 2002.
- LIBERATION, « L'arrêt d'alcool nuirait à la santé », 3 mars 2004.
- LIBERATION, « Ne noyez pas la loi dans l'alcool », 3 mars 2004.
- MILDT, « Les consommations de substances psychoactives à la fin de l'adolescence passées à la loupe d'ESCAPAD », communiqué de presse du 6 février 2001, www.drogues.gouv.fr.
- MILDT, Revue de presse en ligne des 9 et 12 sept. 2003, www.drogues.gouv.fr.
- MILDT, Revue de presse en ligne du 24 nov. 2005, www.drogues.gouv.fr.
- MILDT, Revue de presse en ligne du 25 nov. 2005, www.drogues.gouv.fr.
- OFDT, INSERM, « Consommation d'alcool, de tabac et de drogues illicites : premières données à l'échelle européenne », Information presse, 20 février 2001, www.drogues.gouv.fr.

V. Dictionnaires

- AMERICAN PSYCHIATRIC ASSOCIATION (1994), Mini DSM-IV – Critères diagnostiques, Traduction J.D Guelfi et al., Paris, Masson, 1996.
- GRAND DICTIONNAIRE DE LA PSYCHOLOGIE, Paris, Larousse, 2002.
- HOUZEL Didier, EMMANUELLI Michèle, MOGGIO Françoise, *Dictionnaire de psychopathologie de l'enfant et de l'adolescent*, Paris, PUF, 2000.
- LAPLANCHE Jean, PONTALIS Jean-Bernard, *Vocabulaire de la psychanalyse*, Paris, PUF, Quadrige, 2002 (première éd. 1967), 523 p.
- RICHARD Denis, SENON Jean-Louis, VALLEUR Marc, *Dictionnaire des Drogues et des dépendances*, Larousse Sejer, Paris, 2004.

VI. Filmographie

Rod an Angor, France 3, 09/03/03

Table des matières

L'HARMATTAN, ITALIA
Via Degli Artisti 15 ; 10124 Torino
L'HARMATTAN HONGRIE
Könyvesbolt ; Kossuth L. u. 14-16
1053 Budapest
L'HARMATTAN BURKINA FASO
Rue 15.167 Route du Pô Patte d'oie
12 BP 226
Ouagadougou 12
(00226) 50 37 54 36
ESPACE L'HARMATTAN KINSHASA
Faculté des Sciences Sociales,
Politiques et Administratives
BP243, KIN XI ; Université de Kinshasa
L'HARMATTAN GUINÉE
Almamya Rue KA 028
En face du restaurant le cèdre
OKB agency BP 3470 Conakry
(00224) 60 20 85 08
harmattanguinee@yahoo.fr
L'HARMATTAN CÔTE D'IVOIRE
M. Etien N'dah Ahmon
Résidence Karl / cité des arts
Abidjan-Cocody 03 BP 1588 Abidjan 03
(00225) 05 77 87 31
L'HARMATTAN MAURITANIE
Espace El Kettab du livre francophone
N° 472 avenue Palais des Congrès
BP 316 Nouakchott
(00222) 63 25 980
L'HARMATTAN CAMEROUN
Immeuble Olympia, face à la Camair
BP 11486 Yaoundé
(237) 458 67 00/976.61.66
harmattancam@yahoo.fr

639294 - Février 2016
Achevé d'imprimer par

1livre.com
du rêve à la réalité !

www.ingramcontent.com/pod-product-compliance
Lightning Source LLC
LaVergne TN
LVHW011433061026
849535LV00004BA/800